A PRIMER of MEDIEVAL LATIN

An Anthology of Prose and Poetry

by

CHARLES H. BEESON

The University of Chicago

SCOTT, FORESMAN AND COMPANY

CHICAGO   ATLANTA   NEW YORK

PREFACE

The present volume is offered as a contribution to the promotion of the study of medieval Latin. It is intended to serve a twofold purpose. Its first object is to provide a collection of material that will prepare students, especially in the modern languages and history, who have had at least four years of high-school Latin, to read ordinary medieval Latin texts with a fair degree of ease and assurance. Its second object is to meet the needs of more advanced students who are interested in the field by furnishing an anthology of medieval Latin prose and poetry. The selections have been made with three classes of readers in mind: the classical student who is interested in the survival of the classical tradition in the Middle Ages; the student of the medieval literatures; and the student of medieval thought and culture. An attempt has been made to include as many of the great names as possible from Cassiodorus to Roger Bacon; to give specimens of various literary types; to present the widest possible view of the manifold aspects of medieval culture; and to give examples of the different kinds and styles of Latin.

The common view that medieval Latin is a corruption of classical Latin is as false as the view that medieval literature is a corruption of the classical literature. It rests on the assumptions that medieval Latin is a dead language and that the name is as definite a term as classical Latin. On the contrary, medieval Latin has all the colors of a spectrum grating, one style imperceptibly shading off into another, but the extremes are farther apart than the language of Plautus and of the writers of the Augustan History. This is not surprising when one considers the long period of its development and the constant interplay of contending forces—classical Latin,

1

ecclesiastical Latin, and the vernaculars. There are out-standing types, like (a) the *Letters* of Lupus of Ferrières, and of Gerbert, which reflect the language as well as the spirit of Cicero; (b) the language of Gregory of Tours, which may fairly be re-garded as a corruption of the classical speech; (c) the diction of Bede, which represents a perfect fusion of the conflicting elements; (d) the ecclesiastical Latin of the liturgies and the so-called "monks' Latin" of the miracles, which reaches its lowest ebb in the *Gesta Romanorum*. But there are many intermediate styles, due to the normal process of development of the language and to the relative amount of admixture of the classical, ecclesi-astical, and vernacular idioms.

The scheme of having short selections was inevitable in view of the twofold purpose of the book. It has made it pos-sible to select passages that contain a minimum number of difficulties, and it was the only means of giving anything like a comprehensive view of the wide range of medieval literary activity and of even approximately meeting suggestions as to what should be included. Law, theology, and the diplomata have been excluded because of their greater difficulty and because of lack of space. A few difficult selections have been added as specimens of style or on account of the importance of the author or subject-matter. It is perhaps needless to say that the selections have been made without bias; criticism of the Church has been included for the same reason as has criticism of women—no survey of medieval literature would be complete without them; it will be observed that the critics are them-selves Churchmen.

It was desirable to have the selections complete in them-selves, if possible. This has resulted in the inclusion of what might seem an unduly large number of stories, fables, and miracles. Here my chief fear has been that I might confirm the opinion or add to the number of those who think that the Middle Ages produced nothing serious or dignified outside of law and theology. But a knowledge of this material is essential to an understanding of the medieval mind; it plays too great a rôle in the vernacular literatures to be passed over, and it comprises literary documents that are extremely important—the writers of these tales are the heirs and successors of the Orient in the fine art of story-telling.

The chronological arrangement of selections has not been feasible throughout, for it is at the beginning of our period that the most difficult Latin occurs. The first part of the book is composed, with one or two exceptions, of easy selections, written in a simple style. In reading these, two of the three difficulties of the student (style, vocabulary, and syntax) are reduced to a minimum. Their word order is simple, often approaching that of the modern languages; they contain a maximum number of classical words, and the new words often have the meaning of their English derivatives. The student can therefore devote his attention to the new syntax. Beginning with Selection XLIII the order is, with a few exceptions, chronological.

The Introduction gives the important facts about vocabulary, orthography, forms, syntax, and meter. The statements are based on the selections included in this book, but they cover almost the entire ground of medieval Latin usage. Some of the constructions listed are classical but are not familiar to the student of high-school Latin or are relatively infrequent. These summaries were made primarily for the purpose of relieving the footnotes and of enabling those who are not interested in such matters to pass over them easily. A study of them will, however, insure a much more rapid progress on the part of most students.

No attempt has been made to establish a critical text; in a few instances, even, the text has been simplified. The sources cited in the Table of Contents have occasionally passed over a late edition where the text is available in familiar or easily accessible collections, such as Migne, the *Monumenta Germaniae Historica*, etc. In order to avoid adding to the troubles of the beginner it seemed wise to adopt the classical orthography throughout, even when in poetry *ae* rimes with *e*. It would be impossible in the present state of our texts to reproduce the orthography of

Cassiodorus, Gregory the Great, and others; and to change from one system to another would only cause confusion.

Latin titles for the selections have been kept where possible, and English titles have been supplied for the others. The captions for the authors and texts have been made as brief as possible at the risk often of being somewhat commonplace.

The notes are primarily intended to facilitate translation and the understanding of the text. The instructor can add such comments as his judgment and interests suggest. The Bible is cited according to the Latin Vulgate, but the references to the English version are added in parentheses if they differ. The vocabulary is based on Lewis's *Elementary Latin Dictionary*, but any other dictionary will serve as well. The arrangement is as follows: words or meanings not in Lewis or not easily derived from Lewis are explained in the footnotes if they occur in only one or two selections; if they occur oftener they will be found in the Vocabulary at the end of the book. The first occurrence of such words is indicated by an asterisk in the text. Only the more important proper names have been defined.

It is doubtful if the study of medieval Latin can best be promoted by the preparation of anthologies. They are undoubtedly useful as surveys, e.g., in such a course as Traube used to give on the History of Latin Literature from Cassiodorus to Dante; they may also serve to illustrate certain types of literature, especially of poetry, e.g., epic, lyric, and dramatic poetry, historical poems, hymns, etc. But what is most needed is a series of inexpensive complete texts, based on good MSS, with a brief introduction, a select critical apparatus, a few notes, and a glossary. Such a series is the Hilka Sammlung (Heidelberg, Carl Winter), represented in this book by a number of selections. It is hoped that the publication of these specimens here will make this excellent collection better known and more widely used.

It is a pleasure to express my thanks to the many scholars who have shown an interest in the success of this volume and have assisted me with their help and advice. First to Professor J. M. Manly, General Chairman of the Research Committee of the Modern Language Association and to Professor G. R. Coffman, at one time Chairman, later Executive Secretary, of the Committee on the Influence of Latin Culture on Medieval Literature, who prompted the preparation of the book. Professor Manly has made many valuable suggestions, and Professor Coffman has been indefatigable in enlisting the support and arousing the interest of scholars in the promotion of medieval Latin studies; the book has profited greatly from suggestions that have come from him or through him. I am indebted also to my colleagues in the University, Professors J. W. Thompson, P. S. Allen, T. A. Jenkins, T. P. Cross, and C. N. Gould; also to Professor Joseph Christopher of the Catholic University at Washington, the Reverend Mr. John Colville of Belair, South Australia, Professor G. H. Gerould of Princeton University, Dr. Eleanor Hammond of Boston, Professors E. C. Hills and L. J. Paetow of the University of California, James Hinton of Emory University, H. M. Jones of the University of Texas, G. L. Kittredge and E. K. Rand of Harvard University, Dr. Irene McKehan of the University of Colorado, J. W. Rankin of the University of Missouri, C. P. G. Scott of Yonkers, N. Y., J. S. P. Tatlock of Stanford University, Lynn Thorndyke of Columbia University, and Karl Young of Yale University. Thanks are also due to Professor H. F. Scott of Ohio University, who has read the proof throughout. It would be a useless task to cite the books and periodicals that have been consulted in the preparation of the volume. The works of G. G. Coulton and H. O. Taylor have been of especial value; for the metric I have depended largely on Wilhelm Meyer. Finally, for whatever knowledge I have of the field I have attempted to cover I must acknowledge my indebtedness to that greatest of all medievalists, my former teacher and friend, Ludwig Traube.

CHARLES H. BEESON

June, 1925.

MEDIEVAL LATIN AND
REVIVAL OF INTEREST IN MEDIEVAL STUDIES

It is a pleasure to write a word concerning Professor Beeson's work in preparing this *Primer of Medieval Latin* and concerning its relation to Medieval Latin studies in this country. In the making of textbooks there is little glory for the scholar. Nevertheless, for such a task a genuine scholar is sometimes essential. The present book is a case in point.

It had its inception in December, 1921, when a group of medievalists from the Modern Language Association of America at a meeting in Baltimore discussed the possibilities for Medieval Latin studies in this country. They realized that the initial activity for such development must come from within the colleges and universities, that the very first need was an anthology for elementary courses in Medieval Latin, and that such a book must be prepared by a recognized scholar in this field. The officers of this group approached Professor Beeson as the logical person for this task, and after presenting to him the plans for the development of Medieval Latin studies persuaded him to undertake the preparation of this Primer. While he has been engaged in the work, medievalists in section meetings of The American Philological Association, the American Historical Association, and the Modern Language Association have discussed a syllabus of the proposed contents. As a result, though this text is not an official publication of any organization, it includes suggestions from these associations as well as from individuals and thus has a definite relation to the recent international revival of interest in medieval studies.

GEORGE R. COFFMAN,
Secretary of the Committee on Medieval Latin Studies
of the American Council of Learned Societies.

CONTENTS

7

CONTENTS

PAGE

PART II. POETRY

A PRIMER OF MEDIEVAL LATIN

INTRODUCTION

VOCABULARY

The bulk of the vocabulary of medieval Latin (ML.) is derived from classical Latin (CL.), but many new words and new meanings have been added.[1]

1. A CL. word has taken on a new meaning, which sometimes developed in the late Latin (LL.) period: acquiesco, adiuro, assertio, castellum, castrum, causa, comes, destino, discretus, dux, eques, infans, mansio, miles, obsequium, parentes, placitum, scholares, seu, solacium, vel, villa, virtus, virtutes.

   (a) A few adjectives and pronouns have changed their meanings or are used loosely: totus = quisque, toti = omnes, tanti = tot; quid = uter, quanti = quot, neuter = nullus, nullus (and nemo) = neuter, aliquis = ullus, quicumque = quisque and quivis, quisquis = quisque, quisque = quisquis, etc.

   (b) Intra = infra, subito and repente = cito; absque = sine, super = de, pro = propter; seu and vel = et.

2. Especially large is the group of CL. words that developed new meanings in ecclesiastical Latin (EL.): aedificatio, basilica, benedico, capitulum, cardinalis, cella, communio, conversatio, daemon, dominicus, dominus, fervens, festivitas, gentes, gen-

---

1. For definition of the words listed below see Vocabulary.

tiles, laudes, lignum, matutinus, nativitas, oratio, ordino, paganus, pietas, pontifex, praedico, saecularis, seduco, tribulatio.

3. Words that are rare in CL. became common, sometimes driving out the classical competitor: adiutorium, baro (*baron*), caballus (*horse*), caballarius (*horseman*), manduco, papa, tristor.

4. LL. words came in, sometimes *via* EL.: anterior, associo, coquina, decanus, fructifico, grossus, iuramentum, iussio, leprosus, passio, repatrio, sufficientia, trinitas.

5. New words came in from EL.: appropio, annihilo, compatior, glorifico, missa, oratorium, peccator, praelatus, prior refrigerium, resurrectio, retributio.

6. Many new words developed in ML.: cappa, depaupero, dispareo, duellum (restoration of an early Latin word, *war*, *duel*), excorio, incarcero, incarnatio, modernus (*modern*), murilegus, posse (noun), quadrivium, sacrista, totaliter, trivium, vale (noun), etc.

(*a*) Compounds, both old and new, are often used with the force of the simple form: comporto, concivis, consocius, diffugio, discurro, elambo, exoro, pertranseo.

(*b*) Diminutives, both old and new forms, are often used without diminutive force: aucella and avicula (from avis), vasculum (from vas), etc.

(*c*) Abstract nouns, old and new, are used with concrete force more freely than in CL.: christianitas for christiani, gentilitas for gentiles, etc.

(*d*) ML. is rich in new formations in -arius, -anus, -osus, -tor, -trix, etc., in abstracts and diminutives.

7. Many Greek words came into ML., for the most part *via* EL.: abbas, angelus, apostolus, baptismus, catholicus, clerus, coenobium, diaconus, dioecesis, ecclesia, elemosina, episcopus, evangelium, haeresis, hebdomada, heremus, hymnus, idolum, laicus, martyr, monachus, monasterium, paracletus, pascha, pincerna, presbyter, propheta, psalmus, scandalizo.

(*a*) A few Hebrew words came in *via* the Greek: sabbatum, cherubim, seraphim, etc.

8. Germanic and Celtic words are Latinized: bancus, burgensis, marca, etc.

ORTHOGRAPHY

9. There are numerous differences, generally reflecting a different pronunciation, between CL. and ML. orthography: e.g., e = ae[1] and oe (hec, pre, etc.); this sometimes causes confusion, e.g., ille, que, cepit, equus, etc.; aecclesia, cottidiae occur occasionally. i = e (quatinus); i = y (dyabolus, giro); o = u (diabulus); d = t (aput, capud); f = ph (nephandus, fisica); t = th (spata, orathorium); ci = ti, pronounced *tsi* (oracio, nacio); ch = h (k sound), (michi, nichil); *h* was freely added or omitted, frequently causing confusion (ac, hostium, hortus, and especially in forms like hii, hiis, where it is sometimes impossible to tell whether the form is from hic or is); *p* is often inserted (hiemps, contempno, columpna); assimilation is the rule, except in the case of in- negative.

INFLECTION AND SYNTAX

10. Towns frequently lost their original name and took the name of the tribe, generally in the accusative or ablative plural. These forms came to be used for all cases, i.e., they were regarded as indeclinable, e.g., Parisius (accusative plural) for Lutetia Parisiorum.

11. A few irregularities occur: iteri for itinere, orbs for orbis, nectare for nectar, isdem for idem; generally in the poetical selections.

CONJUGATION

12. Ligui occurs for ligavi, confugiere for confugere, volerent for vellent.

---

1. e, ē, ae, and oe rime in poetry.

13. The compound tenses are frequently formed with fui, fuissem, etc., instead of sum, essem, etc.

14. Fore occurs for esse, and the future passive participle with fore for the future passive infinitive.

15. The perfect participle frequently ends in -sus instead of -tus, especially in compounds of tendo.

Number

16. Words that are invariably or regularly plural in CL. are found in the singular: altare, angustia, codicillus, cunabulum, facetia, insidia, palatium, spolium, versutia.

(a) Populi occurs in the plural, meaning "crowds."

(b) The plural of adjectives is used to designate a class; infideles, "infidels."

Gender

17. The gender of nouns occasionally shifts: mons, praestigia, and scopulus become neuter; stirps and pratum become masculine; caelum is masculine in the plural.

(a) There are a few examples of the shift that is so common in Vulgar Latin, by which a neuter plural becomes a feminine singular, e.g., fortia; other feminines are: chronica, physica, lilia, reticula.

18. As in CL. the neuter plural is common as a substantive, e.g., obscura noctis; abrupta vitiorum.

19. Masculine and neuter adjectives are used as substantives, e.g., infernus, festum.

Cases

20. The subject is frequently omitted when a new subject is introduced.

21. The indefinite "they" unexpressed is commoner than in CL.

22. The nominative absolute occurs occasionally.

23. The partitive genitive occurs with aliquis, multi, unus.

24. By an extension of the classical usage the genitive is found with cumulatus, dubius, eruditus, misericors, and recordor.

25. The dative is used where CL. would use a genitive, accusative, or a prepositional phrase, or ablative.

(a) With misereor, compatiens.

(b) With sciscitor, which takes an accusative or a prepositional phrase in CL.

(c) With adfero, dirigo, proicio, and other verbs of motion.

(d) In place of the ablative of agent.

26. The accusative is used:

(a) Instead of the genitive or ablative with indigeo, inexpertus, memor.

(b) Instead of the dative, or ad with the accusative, with appropinquo, incurro.

(c) Instead of the ablative or genitive, with inexpertus, utor, to express price, with coram, with requiro in place of the ablative with a preposition.

(d) Induo takes two accusatives or an accusative and an ablative.

(e) The accusative absolute occurs a few times.

(f) The accusative with a preposition occurs with aio (ad), confido (in), iungo (ad).

(g) The accusative without a preposition is common after verbs of motion.

27. The ablative absolute is frequently found where CL. would use a participle in agreement with the subject or object.

28. The ablative with a, ab is used with a comparative.

29. Means is expressed by the ablative with ab, cum, de, ex, in, as well as by the simple ablative; plenus de occurs once.

30. The locative ablative is used with or without a preposition.

31. Time is expressed with or without a preposition, e.g., in die, quadam die, in una dierum, uno dierum, quadam vice.

32. Duration of time is frequently expressed by the ablative instead of the accusative.

33. The descriptive ablative is used with ex.

34. Cause is expressed with gaudeo by the ablative with de, instead of in, or the simple ablative.

35. Manner is frequently expressed by the ablative with ab or in.

36. The ablative instead of the genitive occurs with paenitet.

37. Confido takes the ablative with in, instead of the dative or the ablative alone.

Prepositional phrases are used more freely and with less accuracy than in CL. Characteristic is the use of the phrase to make explicit a case relation.

38. A phrase is used to take the place of a subjective or possessive genitive, e.g., digitus de manu, consilia de meis amicis.

39. A phrase is used to express a partitive idea after certain verbs, e.g., ex aqua bibere, Eng. "drink of the water"; dedit de fructu, cf. Fr. "donnez-moi de l'eau."

40. The distinction of *place in which* and *motion to a place* is often disregarded, e.g., in manibus venit and captus in manus, in regiam ambulavit and in fastigia nidificant.

(a) Prepositions are used with names of towns instead of the accusative or ablative alone.

41. Phrases are used in idioms that are quite foreign to the Roman way of thinking, e.g., mittere pro, mittere post, currere propter, etc.

Pronouns

42. The personal pronoun is not necessarily emphatic when expressed.

43. The reflexive pronoun is not always used reflexively: sibi = ei, suus = eius, and vice versa; occasionally they are reversed in a single sentence; cf. Fr. "son."

44. The reciprocal relation is expressed by ab invicem, ad invicem, sibi vicibus, nobis vicissim, in addition to the words used in CL.

45. Ipse is used (1) as a demonstrative pronoun, in place of is, etc.; (2) in place of the definite article; (3) it is sometimes superfluous.

46. Idem is used for is, hic, ille; cf. the similar use of "same" in English.

   (a) dictus, iam dictus, praedictus, supradictus, praefatus, etc., are often used with about the same meaning as idem.

47. Iste has lost its force as a demonstrative of the second person.

48. Hic, is, iste, and ille are often used interchangeably, sometimes for the same person in a single line.

   (a) The demonstrative pronouns are often equivalent to the definite article.

49. Numquid, "any," and ut quid, "why," are the favorite words for introducing questions.

50. The indefinite pronouns are often confused; see 1 (a) above.

51. Quidam is often equivalent to the indefinite article.

52. Unus is frequently used with the force of an indefinite article.

   (a) The correlatives unus . . . alter occur for alter . . . alter.

ADVERBS

53. Adverbs are freely combined with prepositions; the combination is sometimes felt as a phrase and sometimes as an adverb: ab inde, a longe, a modo (amodo, ammodo), ad invicem, deforis, ex inde, ex tunc, insimul, pro tunc; the practice of printing them as one or two words varies.

54. In addition to tam . . . quam, ita . . . ut we find also tamquam . . . sicut, ita . . . sicut, etc.

Conjunctions

55. The practice of CL. in the use of connectives (a et b et c or abcque) is not carefully observed.

56. Et is often superfluous; nec = non, nec non = et; nec dum = non dum.

57. Nam = autem and autem = nam.

58. Many conjunctions have become so weakened as to be often untranslatable; they often serve merely as particles of transition, e.g., at, autem, enim, etenim, nam, namque, sed, siquidem, tamen, vero.

Comparison

There are several departures from the usage of CL. in the comparison of adjectives and adverbs

59. The positive sometimes has comparative force.

60. The comparative is frequently used with positive force.

61. The comparative is very often used with the force of a superlative; cf. the French idiom.

(a) The comparative is sometimes strengthened by quam.

62. Quam is sometimes used with a positive that suggests comparison, e.g., supra quam.

Verb

63. Some verbs that are intransitive in CL. become transitive, e.g., germino, lacrimor, etc.

Voice

64. Many verbs that are deponent in CL. have active forms and vice versa, e.g., consilio, exhorto, hospito, medito, praedo, interpreto, remunero, scruto, etc.; but lacrimor.

65. The reflexive is sometimes omitted; cavere se occurs twice.

TENSES

66. The tenses are used more loosely than in CL.

67. The present is used for the future—a common usage in CL. also, especially in colloquial passages.

68. The imperfect is used for the perfect (aorist).

69. The perfect is used for the imperfect.

70. The pluperfect is used for the perfect (aorist).

71. The imperfect and pluperfect are used side by side without difference in meaning.

72. The tense relation between the main and the subordinate clause is not always accurately expressed, e.g., qui me aperiet invenerit.

73. The present participle is often used loosely, as in English, to express a completed act in reference to the main verb.

74. The sequence of tenses in general follows the usage of CL.

THE INDICATIVE

75. The future indicative is used, as in CL., to express a command.

76. The indicative is used in many clauses that in CL. would require the subjunctive, e.g., in volitive clauses, anticipatory clauses, with utinam, in result clauses and substantive clauses of fact, in descriptive qui clauses, cum clauses of situation and cause, causal clauses with quod in indirect discourse, in indirect questions, with licet, and in conditional clauses.

THE INFINITIVE

The infinitive has a much wider range of use than in CL.

77. It is especially common with facio.

78. It is freely used with verbs that in CL. would take the subjunctive, e.g., with decerno, praecipio; metuo, timeo; rogo, peto; permitto, contingo.

79. It is frequently used to express purpose.

(a) Expressions of the type da mihi comedere are common.

Indirect Discourse

80. The most notable departure from CL. usage is found in the construction of indirect discourse. The old construction of the infinitive with subject accusative is still common, but a new one, the seeds of which existed as early as Plautus, gained the upper hand in EL., chiefly through the influence of the Vulgate, and survived in the Romance languages. The infinitive is displaced by a substantive clause introduced by quod, quia, quoniam, or ut. The indicative or the subjunctive may be used. (The usage varies with different writers. In this book quod is by far the most common; the indicative and subjunctive occur with about equal frequency. Other introductory words occur elsewhere.)

81. Sometimes the old and the new construction occur in succession, after the same verb.

82. The force of the introductory word is sometimes so weak as to permit the accusative and infinitive construction.

83. Occasionally the introductory word is so weak that it does not affect the quotation at all, i.e., it remains a direct statement; quod or quia is equivalent to a mere mark of quotation.

84. An indirect question may take the indicative.

(a) An indirect question may be introduced by si.

The Subjunctive

85. In independent clauses the negative is frequently non instead of ne.

(a) In expressions of command the present subjunctive is used where CL. prefers the perfect.

86. Volitive clauses are frequently introduced by quod and occasionally by quatenus. The indicative sometimes occurs.

(a) The volitive subjunctive occurs with conor, moveo, and promitto, contrary to the usage of CL.

87. In clauses of comparison tamquam, as well as quasi, is used.

88. Clauses of purpose are introduced by quod and quatenus.

89. Clauses of fear are introduced by quod and quatenus.

90. The subjunctive is used after antequam and usque dum whether the clause is anticipatory or not.

(a) The indicative is used after quousque in an anticipatory clause.

91. Utinam is used with the imperfect subjunctive where the wish is possible of fulfillment.

(a) The indicative with utinam is found.

92. Clauses of obligation may be introduced by quod.

93. Clauses of request (after obsecro, peto, rogo) are introduced by quod and quatenus.

94. Clauses of consent (after permitto) may be introduced by quod.

95. Clauses of result and substantive clauses of fact are frequently introduced by quod (often preceded by adeo, ita, sic, talis, taliter, tam, in tantum, tantum). The indicative is commoner than the subjunctive.

(a) The indicative also occurs in clauses introduced by ut.

96. Descriptive (characterizing) clauses with qui may take the indicative.

97. Clauses of situation and causal clauses with cum may take the indicative.

98. The subjunctive is common in clauses of situation introduced by dum; usque dum also occurs.

99. Dum occasionally introduces a causal clause with the indicative.

100. Causal clauses are occasionally introduced by eo quod, quatenus, quia, ex quo (= Eng. "since"); the indicative and subjunctive are used indifferently.

101. Quamquam is occasionally found with the subjunctive.

102. Postquam and mox ut (= simulatque) occur with the subjunctive.

Assumptions (Conditions)

103. The present subjunctive occurs in a present assumption of fact.

104. In general assumptions present and future tenses occur side by side.

105. The subjunctive occurs in clauses of repeated action.

106. The imperfect subjunctive occurs in both clauses of a less vivid future assumption.

107. The imperfect subjunctive occurs in both clauses of an assumption contrary to fact in past time.

(a) The imperfect indicative occurs once in the conclusion.

Participles

108. The present participle is used like the future of CL. to express purpose.

109. The present participle with sum, eram, etc., is used to express tense relation (analytical tendency).

110. Constitutus and existens are used as substitutes for the present participle of sum.

111. The ablative of the gerund is freely used with the force of a present participle.

Idiomatic Expressions

112. Medieval Latin uses idioms that are quite foreign to CL. Debeo, volo, oportet, and possum are often weakened to mere tense or mood signs and are frequently untranslatable, e.g., debeo stands for "will" or "shall" (volitive and future), "may," "might," or "ought" in its various meanings (natural likelihood, obligation, etc.). Examples are: natura dedit quod filia deberet copulari (p. 64, l. 5), sciebam quia deberemus abire (p. 32, l. 28), in omnibus quae manducari debent (p. 124, l. 2, for quae manducantur), ut debeat baptizare (p. 135, l. 13, for a purpose clause), cum esset decretum ut cantare deberent (p. 144, l. 17); similarly cum ire vellet (p. 216, l. 5, for cum iret).

113. Habeo is used in periphrastic expressions, reflecting the analytical tendency of popular Latin. The classical use of habeo with the perfect participle, the forerunner of the compound tenses with *have*, is extended to adjectives and prepositional phrases, e.g., causas exosas habebat (p. 129, l. 22). It is used like debeo, e.g., cantare habes, "you must sing"; the answer is, quid debeo cantare? (p. 144, l. 29); mori habes (p. 146, l. 29), habent eum percutere (p. 64, l. 27, cf. Eng. "I have to go"). Other uses are: habeo septem menses (p. 75, l. 16, cf. Fr. "avoir sept mois"); fastidio habeas (p. 41, l. 17).

114. Facio is often used with a noun or adjective where CL. would express only the verbal idea contained in the noun, e.g., facere confessionem for confiteri, moram facere for morari, confugium facere, etc.

SUMMARY

115. The outstanding differences between ML. and CL. may be summed up as follows:

I. The enlarged vocabulary and extended use of Greek words and new formations.

(a) The shift in meaning of nouns and verbs toward that of the English derivative.

(b) The breakdown in the sharp distinctions in the meaning of certain adjectives, pronouns, and prepositions.

II. The breakdown in the sharp distinctions between cases.

III. The extended use of the prepositional phrase to indicate case relations.

IV. The extended use of the infinitive, especially to express purpose and with verbs like facio.

V. The use of clauses with quod, quia, etc., in Indirect Discourse.

VI. The use of other conjunctions than ut (especially quod) in subjunctive (especially substantive) clauses.

(a) The use of quod as a universal conjunction for "that," even in sentences like "It is the third day that."

VII. The breakdown in the distinction between the indicative and subjunctive in subordinate clauses of all kinds.

VIII. The use of sum, habeo, debeo, etc., as auxiliaries (tense and mood signs).

IX. The abandonment of the periodic sentence in favor of a simpler sentence structure, which often differs but little from that of the modern languages.

VERSIFICATION

The medieval poets employed the classical meters, based on the quantity of the syllables, especially the hexameter and pentameter. The number of such poems is extraordinarily large, but most of them are without merit, being little more than exercises in versification.

The following points are to be noted[1]:

116. In foreign and in unusual Latin proper names the vowels are treated as long or short as occasion demands.

117. Long vowels in Greek words are often shortened, e.g., cŏlon, ecclĕsia, herĕmus, irŏnia, etc. In prose also the Greek accent generally prevailed.

118. In Latin words the final -o of nouns (nom.) and verbs is often shortened, and less frequently the final vowels of other words, e.g., ergă, ergŏ, posteă, quandŏ, studiosĕ, etc.

119. Elsewhere there are occasional changes, generally from long to short, e.g., cotĭdianus, dĕbetis, găza, mavĭs, nĕquam, but fūga, hēri.

120. Muliēris is the invariable form in medieval poetry; similar cases occur occasionally (filiōlus); forms like seü, heü, suävis, suësco are not uncommon.

121. Syllables are frequently lengthened under the ictus, especially at the end of the first hemistich of the hexameter and pentameter.

---

1. The metrical irregularities of quantitative verse are indicated in the text.

122. The letter *h* is frequently treated as a consonant in making position and in preventing elision.

123. The use of hiatus varies in different poets, but in general it is more common than in the classical poets.

124. The following meters are represented in this book: Dactylic hexameter: CLII, CLV, CLVII, CLX, CLXI, CLXXI (pp. 318 ff). Elegiac distich: CL, CLI, CLIII, CLIV, CLVI, CLIX, CLXXIX, CLXXX (pp. 316 ff). Iambic dimeter: CXLIX, CLVIII (pp. 315 ff).

125. The great achievement of the medieval poets was the development of rhythmical verse. Here the syllables are *counted*, not measured in terms of longs and shorts; there is no substitution of a long syllable for two shorts or vice versa. Accent displaces quantity. The word accent and verse ictus may conflict except at the end of the verse or half-verse, where they must coincide; it is this *close* that determines the rhythm of the verse. The metrical schemes therefore are reckoned from the end of the verse, not the beginning, e.g., a five-syllabled trochaic verse is expressed thus: 5◡—(i.e.,—́|◡—́|◡—́); similarly the scheme for a five-syllabled iambic verse is: 5—◡ (◡|—́◡|—́◡); for the iambic trimeter (see 131, *c*) the scheme is: ◡|—́◡|—́◡||—́|◡—́|◡—́|◡—́, i.e., 5—◡ +7◡—.

126. Another feature of medieval metric is the use of rime. The ends of the two hemistichs may rime, or the ends of lines in various combinations, abab, aabb, etc. At first only the last vowel was involved, but later two-syllabled rimes became common. Rime is also employed by writers of quantitative verse.

127. Elision gradually disappeared; there are only three or four cases in the rhythmical poems in this book.

128. Hiatus was in general avoided; most of the cases in this book are found in a half dozen selections (-am, -em, etc., before an initial vowel were not regarded as hiatus).

129. In the great majority of poems the meters employed are the trochaic and iambic. The effect is often monotonous, but the monotony is relieved by sharply dividing the longer ver-

ses in the middle and by combining into strophes verses of different length, and sometimes of different meter.

The meters employed in this book are:

130. Trochaic

(a) six-syllabled verses, 6 − ⌣; CLXXV.

(b) seven-syllabled verses, 7⌣ − ; CLXXXIII, CXCI.

(c) eight-syllabled verses, 8 − ⌣; CLXXXVI, CXCVII, CXCVIII.

(d) thirteen-syllabled verses, 7⌣ − +6 − ⌣; CLXXXIX.

(e) fifteen-syllabled verses, 8 − ⌣+7⌣ − ; CLXVIII.

In combinations

(f) 4 − ⌣ and 7⌣ − ; CLXXXVII, CXCV.

(g) 7⌣ − and 6 − ⌣; CLXXXVIII, CXC, CXCIII, CLXXXI.

(h) 8 − ⌣ and 7⌣ − ; CLXXIV, CLXXXII, CLXXXIV, CLXXXV, CXC, CXCVI, CXCIX.

131. Iambic

(a) eight-syllabled verses, 8⌣ − ; CLXVII, CLXIX, CLXXVII.

(b) ten-syllabled verses, 4⌣ − +6⌣ − ; CC.

(c) twelve-syllabled verses, 5 − ⌣+7⌣ − ; CLXII, CLXIII.

6⌣ − +6⌣ − ; CLXIV.

132. Different meters combined

(a) trochaic and iambic verses, 6 − ⌣ and 4⌣ − ; CXCIV.

(b) trochaic and hexameter verses, CLXXXI.

133. Dactylic

(a) hexameter, versus leonini, CLXXVI, CLXXVIII.

(b) tetrameter, CXCII.

PART ONE. PROSE

I.[1] THE WONDERS OF INDIA

Mense Maio, postquam vicimus Darium, regem Persarum, apud flumen qui dicebatur Granicus, subiugavimus nobis omnem illius terram et posuimus in provinciis orientis nostros honoratos, et divites facti sumus de[2] multis divitiis, sicut iam tibi in priore epistola significavi. Sed ne videatur multiplicata 5 ipsa locutio, non replicabo[3] facta priora, quae cognita sunt. Mense Iulio deficiente venimus in Indiam Phasiacen, ubi cum magna celeritate Porum regem vicimus, et omnes divites facti sumus de multis divitiis illius. Et ut semper in memoria teneatur, rectum mihi videtur ut scribam de multitudine exercitus 10 eius, in quo fuerunt sine[4] peditibus quattuordecim milia octingentae quadrigae, omnes falcatae, et quadringenti elephanti, qui portabant turres, ubi stabant homines armati ad pugnandum, et apprehendimus ipsam civitatem* Pori et domum eius, in qua fuerunt quadringentae columnae aureae cum capitellis[5] 15 aureis, et parietes illius domus erant investiti[6] de laminis aureis, quae erant grossae,[7] quantum est grossus unus digitus hominis de[8] manu[8]; etiam ego ipsas laminas incidere feci[9] in multis locis. Vinea quoque de auro pendebat inter columnas, quae folia aurea habebat, et racemi illius erant de crystallo, et inter- 20

I. **1.** From the *Epistola Alexandri Macedonis ad Aristotelem magistrum suum*, which goes back to a Greek version of the Alexander Romance. Alexander, like Charlemagne at a later period, became a figure of romance soon after his death. His dramatic expedition to India and the marvels of a strange land appealed to the imagination of the Greeks and Romans and later to the medieval world. **2.** with abl. of means; see Introduction, section 29, and cf. l. 16, below. **3.** *repeat.* **4** =*praeter.* **5.** *capitals.* **6.** *covered.* **7.** *thick.* **8.** in place of a genitive; see Int., sec. 38. **9.** See Int., sec. 77.

positas habebant gemmas ignitas[10] et smaragdos, et omnes
ipsae mansiones[11]* erant ornatae de gemmis quae margaritae
nominantur, et de unionibus[12] et carbunculis.[13] Regias[14] vero
habebant de ebore albo, habebant et lacunaria, id est subficta,[15]
5 de ligno, quod nominatur ebenum, et est lignum fuscum quod
nascitur in India et Aethiopia, et camerae erant factae de
lignis cupresseis. Et foras[16] ipsam domum erant statuae de auro
positae, et erant ibi platani aurei, et inter illas erant multa
genera de aucellis[17] cum variis coloribus, et habebant ungulas
10 et rostra inaurata et in auriculis pendebant eis margaritae et
uniones. Multa vasa gemmea et crystallina seu* et[18] aurea
invenimus ibi, de argento pauca.

Cumque omnia in mea habuissem potestate, desideravi
videre interiorem Indiam, et perveni ad portas Caspias cum
15 universo exercitu; ubi cum admirarer ipsam terram, quae erat
bona, cognovi ibi aliqua quae odiosa mihi videbantur esse.
In ipsis autem locis erant diversi serpentes et ferae, quae in
ipsis vallibus et campis et silvis et montibus habitabant, et
dixerunt nobis homines de ipsa terra, ut essemus solliciti pro*
20 ipsis serpentibus et feris. Sed ego volendo[19] persequi Porum
regem, qui de proelio fugerat, antequam in desertas solitudines
abiret, tuli[20] centum quinquaginta duces, qui ipsam viam noverant; et mense Augusto perreximus per ardentissimum solem
et per loca arenosa, et promisi praemia illis, qui me portabant[21]
25 per incognita loca Indiae, si me perducerent in Bactriacen cum
omni exercitu meo salvo, ubi sunt gentes quae nominantur
Seres, et sunt ibi arbores habentes ipsa folia velut lanam,[22]
quam homines loci illius colligunt et vestimenta sibi exinde[23]
faciunt. Nam[24] et ipsi duces nostri coeperunt de eadem[25]

---

10. *fiery.* **11.** *rooms;* cf. "In my father's house are many mansions."
12. single large *pearls.* **13.** *carbuncles.* **14.** *doors.* **15.** *ceiling.* **16.** preposition; for meanings of *ipse,* see Int., sec. 45. **17.** (*little*) *birds.* **18** = *etiam.*
19. equivalent to a present participle. **20.** *took.* **21.** *conducted.* **22.** i. e.,
cotton. **23** = *inde;* see Int., sec. 53 and cf. p. 34, l. 12. **24.** See Int., sec. 58.
25. See Int., sec. 46.   [From here on, references to the Introduction will
be indicated only by the section number.]

lanugine colligere. Illi namque qui nobis viam ostendebant, sicut ego cognoscere potui, volebant nos portare per loca mortalia, ubi erat multitudo serpentium et ferarum et beluarum. Quod ego ut vidi, ex parte pro culpa mea hoc evenire dixi, quia despexi consilia de[26] amicis[26] meis et de hominibus de loco 5 Caspiae, qui dixerunt mihi ut non sic festinarem vincere. Praecepi militibus meis ut omnes se armarent eo quod timebam ne forte supervenirent hostes et tollerent divitias auri et gemmarum, quas milites mei portabant. Tantum[27] enim erant divites facti, qui[28] vix ipsum aurum portare poterant; insuper 10 et ipsa arma gravabant multum, quia omnia ego feceram includere in auro, et resplendebat totus exercitus meus ad similitudinem stellarum; et erat magna admiratio[29] videre talem exercitum, quia et in ornamento et in virtute supra erant quam[30] aliae gentes. Ego certe videndo prosperitatem meam 15 nimium gaudebam de[31] nobilissimo numero iuventutis. Sed quia solet[32] aliquando, ubi habet homo[33] prosperitatem, sequuntur illum adversa, coepimus sitim habere maiorem.[34] Quam cum non potuissemus durare, tunc quidam miles, Zefirus nomine, invenit aquam in una[35] petra cavata; implevit exinde 20 ipsum[36] capsidem[37] suum et adduxit illam mihi, quia plus amavit vitam meam quam se ipsum. Ego vero convocavi exercitum meum et coram omnibus effudi ipsam aquam in terram, ne forte, dum videret ipse exercitus quia biberem ego ipse aquam, plus inciperent illi sitire. Laudavi bonitatem Zefiri 25 quam habuit in me, et dona ei optima feci. Ista[38] namque causa,* quae facta est de ipsa aqua, confortavit* ipsum exercitum et deinde coepimus ire.

Cumque ambularemus apparuit mihi non longe flumen in

---

26 =*amicorum.* **27** =*tam.* **28** =*ut ei;* for mood see 76; cf. also p. 32, l. 22. **29.** *marvel.* **30.** For *quam* after a positive see 62. **31.** See 34. **32.** used impersonally; in CL. it would be *adversa sequi solent.* **33.** indefinite, *one*, Fr. "on." **34.** comparative for a positive; see 60. **35.** indefinite article, *a;* see 52. **36.** often fades into the definite article (ll. 23 and 27, below) or is used superfluously, as here. **37** =*cassidem.* **38.** no longer a demonstrative of the second person, but used instead of *hic, is*, and *ille.*

desertis locis, et erant in ripa ipsius fluminis cannae altae sexaginta pedibus et erant grossae plus quam pinus, quia inde fiebant tabulae ad faciendas casas. Tunc ego statim feci figere alipergum,[39] quia et homines et animalia nimium sitiebant.
5 Cumque ex eadem[40] aqua bibere voluissem, tantum erat amara sicut elleborum, quod vulgo velatrum[41] dicitur, unde nec homo nec ulla animalia sine tormento bibere poterant. Angustiabar[42] ego plus propter ipsa animalia quam pro nostra necessitate, et cognovi quia plus durat homo omnia mala quam ani-
10 malia. Habebam mecum mille elephantos, qui portabant aurum, et quadringentos currus falcatos, ubi[43] erant per[44] currum quattuor caballi[45] et mille ducentos currus alios, ubi erant duo caballi per currum; caballicantes[46] erant nobiscum viginti milia, pedones[47] ducenti quinquaginta milia, et erant
15 prope duo milia muli,[48] qui portabant causam[49] de ipso aliper-go[49] et causam de ipso populo, cameli, dromede[50] et boves duo milia, qui portabant annonam; et boves et vaccae et pecora ad comedendum maxima multitudo. Multi ex eisdem equis et elephantis et mulis frena aurea habebant.
20 Ipsa namque pecora non poterant se continere prae nimio siti; milites autem lingebant ferrum, alii biberunt oleum, alii ad talem necessitatem perveniebant qui etiam urinam suam bibebant. De qua causa nimium angustiatus sum et plus eram sollicitus de ipso populo quam de meo periculo. Praecepi ut
25 omnes armati sequerentur et talem legem dedi ut vindictam darem[51] in illum quem armatum non invenissem, unde omnes mirabantur, quia,[52] ubi nullus appareret inimicus, quid necesse esset in tali siti pergere armatos. Sed ego sciebam quia per loca deberemus[53] abire quae plena[54] erant de bestiis et serpen-
30 tibus.

---

39. *camp.* 40. See p. 30, l. 29. 41 = *veratrum, hellebore.* 42. *was disturbed.* 43. used loosely. 44. Cf. Eng. "per dozen." 45 = *equi.* 46 = *equites.* 47 = *pedites.* 48 = *mulorum.* 49. *things belonging to the camp.* 50. *dromedaries.* 51. the reverse of the classical idiom, *poenam dare, pay a penalty.* 52. superfluous. 53. See 80 and 112. 54. See 29.

Igitur secuti sumus ripam iam dicti fluminis, qui habebat
ipsam aquam amaram, et ad octavam horam diei venimus ad
unum castellum, quod erat positum in eodem flumine in una
insula et erat aedificatum ex praedictis cannis, de quibus supra
diximus. Vidimus ibi paucos homines nudos de Indis, qui 5
statim, ut nos viderunt, absconderunt se. Ego vero volebam
loqui cum illis, ut ostenderent mihi aquam. Sed cum nullus
ex eis appareret, praecepi paucas sagittas iactare[55] in eodem
castello,[56] ut si sua voluntate non volerent[57] exire, propter
timorem tamen sagittarum exirent. Sed illi propter timorem 10
plus se absconderunt. Tunc ego misi in eodem flumine ducentos
milites de Macedonibus cum levibus armis. Iam quartam
partem fluminis nataverant et subito nova causa nobis apparuit. Vidimus venire de profundo aquarum hippotamos[58]
fortiores quam sunt elephanti. Hippotami dicuntur, qui 15
medii[59] sunt homines, medii[59] caballi. Videntibus autem nobis
et plangentibus manducaverunt ipsos Macedones, quos in
eodem flumine ad natandum misimus. Ego vero iratus contra
illos, qui nos per talia loca portabant, iussi ex eis centum in
ipso flumine mittere. Tunc coeperunt exire hippotami sicut 20
formicae et devoraverunt illos. Sed ne forte cum eisdem hippo-
tamis nocte pugnaremus moti[60] exinde sumus.

Igitur cum pervenimus ad horam diei undecimam vidimus in
medio ipso flumine homines cum navicellis[61] rotundis factis de
canna. Interrogavimus illos ubi aquam dulcem inveniremus. 25
Illi vero sua lingua dixerunt quia deberemus invenire lacum
cum aqua dulcissima, in quo loco portare nos debebant illi qui
nobis viam trahebant.[62] Ambulavimus tota nocte fatigati de
siti et erat angustia quia ibant omnes armati. Insuper et alia
nobis angustia advenit: occurrebant nobis leones, ursi, pardi, 30
tigres, et tota nocte pugnavimus cum eis. Alio vero die cum

---

55. For the infinitive see 78; the subject is omitted, as often. **56** =
castellum; see 40 and cf. ll. 17 and 19, below. **57** = *vellent.* **58.** The
Eng. word is from the (correct) longer form. **59.** *half...half.* **60.** middle
voice. **61.** *boats.* **62.** *were showing, leading.*

iam lassi essemus, erat quasi octava hora, quando pervenimus
ad ipsum lacum. Cumque bibissem aquam dulcem, gaudio
magno repletus sum et bibit totus exercitus et omnia animalia.
Tunc iussi alipergum figere in latitudine et longitudine ad tria
5 miliaria.⁶³ Deinde fecimus incidere ipsam silvam quae erat⁶⁴
de⁶⁵ gyro in gyrum⁶⁵ super ipsum lacum. Ipse lacus erat
spatiosus ad unum miliarium. Tunc fecimus poni elephantos
in media parte de ipso alipergo, ut bene continere se posset
ipse exercitus, si aliquid nobis nocte superveniret. Tunc
10 accenderunt focos mille quingentos quia ligna ad sufficiendum
habebamus de ipsa silva.

II.¹ TWO MODERN INVENTIONS

Abinde venimus ad mare rubrum. Et erat ibi mons altus;
ascendimus eum et quasi essemus² in caelo.

Cogitavi cum amicis meis ut instruerem tale ingenium*
15 quatenus³* ascenderem caelum et viderem si est⁴ hoc caelum
quod videmus. Praeparavi ingenium ubi sederem et apprehendi griphas⁵ atque ligui⁶ eas cum⁷ catenis et posui vectes
ante eos et in summitate⁸ eorum cibaria illorum et coeperunt
ascendere caelum. Divina quidem virtus obumbrans eos
20 deiecit ad terram longius⁹ ab exercitu meo iter dierum decem
in loco campestri et nullam laesionem sustinui in ipsis cancellis
ferreis. Tantam altitudinem ascendi ut sicut area videbatur¹⁰
esse terra sub me. Mare autem ita videbatur mihi sicut draco

---

63. *miles;* in CL., *milestones.* **64.** with *super, surrounded.* **65** = *in gyro.*
II. 1. From the translation of the Alexander Romance of the pseudo-
Callisthenes (third or fourth century) made by the Neapolitan arch-
priest Leo, who found a copy of the Greek version on a visit to Constantinople (c. 942). Leo's translation is the source of most of the medieval
texts that deal with Alexander. Versions of the romance are found in
thirty languages. **2.** The construction is elliptical; *it was as if we were.*
3. with subjunctive; see 88. **4.** For the indicative in indirect questions
see 84. **5** = *grypas.* **6** = *ligavi.* **7.** with abl. of means; see also p. 35, l. 8.
8. *top, back.* **9.** comparative for positive; see 60. **10.** For indicative
see 95 (*a*).

gyrans* eam et cum forti angustia iunctus sum militibus meis. Videntes[11] me exercitus meus acclamaverunt laudantes me.

Venit iterum in cor meum ut mensurarem[12] fundum maris. Feci venire astrologos et geometricos[13] praecepique illis ut construerent mihi vasculum in quo valerem[14] descendere in profundum maris et perquirere admirabiles bestias quae ibi habitant. Illi dicebant hoc fieri non posse nisi tali modo: faciamus doleum olovitreum[15] et ligetur catenis et regant eum fortissimi milites. Hoc audito praecepi cito talia facere et tali modo perquisivi profundum maris. Vidi ibi diversas figuras piscium atque ex[16] diversis coloribus; vidi ibi et alias bestias habentes imagines terrenarum bestiarum, ambulantes per fundum maris quasi quadrupedia.[17] Veniebant usque ad me et fugiebant. Vidi ibi et alias admirabiles causas quas recitare non possum. Gaude mi, karissima mater.

III.[1] THE PRINCESS'S COURTSHIP

Et dum[2] hortaretur iuvenem, subito introivit filia regis speciosa atque auro fulgens, iam adulta virgo; dedit osculum patri, post haec discumbentibus omnibus amicis. Quae dum oscularetur, pervenit ad naufragum.[3] Retrorsum rediit ad patrem, et ait: "Bone rex et pater optime, quis est nescio[4] hic[4] iuvenis qui contra te in honorato loco discumbit et nescio quid flebili vultu dolet?" Cui rex ait: "Hic iuvenis naufragus est et in gymnasio mihi servitium[5] gratissime fecit; propter quod

---

11. agreement according to sense.   12. *measure, explore.*   13 = *geometres.*   14 = *possem.*   15. *glass.*   16. See 33.   17. *four-footed animals.*

III.   1. From the History of Apollonius of Tyre, the favorite romance of the Middle Ages, familiar to all the peoples of Europe. It was first translated in England in the tenth or eleventh century, where it has left its influence on the literature for a period of seven hundred years. The text was in a constant state of flux, almost every MS representing a separate version. In its present form it is apparently a sixth-century revision of a third-century original (from a Greek source?).   2. For the subjunctive see 98. King Archistrates is entertaining the shipwrecked Apollonius at dinner.   3. i.e., Apollonius.   4. *this strange.*   5. *service.*

ad cenam illum invitavi. Quis autem sit aut unde, nescio. Sed
si vis, interroga illum; decet enim te, filia sapientissima, omnia
nosse. Et forsitan, dum cognoveris, misereberis illi."[6] Hor-
tante igitur patre, verecundissimo sermone interrogatur a
5 puella Apollonius; et accedens ad eum ait: "Licet taciturnitas
tua sit tristior, generositas[7] autem tuam nobilitatem ostendit.
Sed si tibi molestum non est, indica mihi nomen et casus tuos."
Apollonius ait: "Si nomen quaeris, Apollonius sum vocatus; si
de thesauro quaeris, in mare perdidi." Puella ait: "Apertius
10 indica mihi, ut intellegam."

Apollonius vero[8] universos casus suos exposuit et finito sermone lacrimas effundere coepit. Quem ut vidit rex flentem,
respiciens filiam suam ait: "Nata dulcis, peccasti, quod dum
eius nomen et casus adulescentis agnosceres, veteres ei reno-
15 vasti dolores. Ergo, dulcis et sapiens filia, ex[9] quo[9] agnovisti
veritatem, iustum est ut ei liberalitatem tuam quasi regina
ostendas." Puella vero respiciens Apollonium ait: "Iam
noster es, iuvenis, depone maerorem; et quia permittit indulgentia patris mei, locupletabo te." Apollonius vero cum
20 gemitu egit gratias. Rex vero videns tantam bonitatem filiae
suae valde gavisus est et ait ad[10] eam: "Nata dulcis, me salvum
habeas,[11] iube tibi adferri lyram et aufer iuveni lacrimas, et
exhilara[12] ad convivium." Puella vero iussit sibi adferri lyram.
At ubi accepit, cum nimia dulcedine vocis chordarum sonos,
25 melos cum voce miscebat. Omnes convivae coeperunt mirari
dicentes: "Non[13] potest esse melius, non esse dulcius[14] plus[14]
isto, quod audivimus." Inter quos solus tacebat Apollonius.
Ad quem rex ait: "Apolloni, foedam rem facis. Omnes filiam
meam in arte musica laudant, quare tu solus tacendo vituperas?"
30 Apollonius ait: "Domine rex, si permittis,[15] dicam quod sentio:

---

6 = *illius*. **7.** *bearing;* his lofty bearing betrays his noble birth. **8.** See
58. **9.** This phrase, like *cum* and Eng. *since,* is first temporal and then
causal. **10.** See 26 (*f*). **11.** conditional in force, *if you wish me safe.* **12.**
cheer. **13** = *nihil.* **14.** double comparative. **15.** present for future, as
often in colloquial speech.

filia enim tua in artem musicam incidit, sed non didicit. Denique iube mihi dari lyram et statim scies quod ante nesciebas."
Rex Archistrates dixit: "Apolloni, ut intellego, in omnibus es
locuples." Et induit statum,[16] et corona caput coronavit, et
accipiens lyram introivit triclinium. Et ita fecit ut discum- 5
bentes non Apollonium sed Apollinem existimarent. Atque
ita facto silentio "arripuit plectrum animumque accommodat
arti." Miscetur vox cantu modulata chordis. Discumbentes
una cum rege in laude clamare coeperunt et dicere: "Non
potest melius, non potest dulcius." Post haec deponens lyram 10
ingreditur in comico habitu et mirabili manu[17] et saltu inauditas
actiones expressit, post haec induit tragicum; et nihilominus
admirabiliter complacuit ita ut omnes amici regis hoc se
numquam audisse testarentur nec vidisse.

Inter haec filia regis, ut vidit iuvenem omnium artium studio- 15
rumque esse cumulatum,[18] vulneris saevo capitur igne. Incidit
in amorem. Et finito convivio sic ait puella ad patrem suum:
"Permiseras[19] mihi paulo ante ut, si quid voluissem, de tuo
tamen, Apollonio darem, rex et pater optime." Cui dixit:
"Et permisi et permitto et opto." Permisso sibi a patre quod[20] 20
ipsa ultro praestare volebat,[20] intuens Apollonium ait: "Apolloni magister, accipe indulgentia patris mei ducenta talenta
auri, argenti pondera[21] XL, servos XX et vestem copiosissimam."
Et intuens Apollonii famulos, quos donaverat, dixit: "Afferte
quaequae promisi et praesentibus omnibus exponite in tricli- 25
nio." Laudant omnes liberalitatem puellae. Peractoque convivio levaverunt se universi; vale* dicentes regi et reginae
discesserunt. Ipse quoque Apollonius ait: "Bone rex, miserorum misericors,[22] et tu, regina[23] amatrix[24] studiorum, valete."
Et haec dicens, respiciens famulos quos illi puella donaverat, 30
ait: "Tollite, famuli, hoc quod mihi regina donavit: aurum,

---

16 =*habitu* of l. 11, below; he assumed the rôle of a musician. **17.**
gestures. **18.** with genitive; see 24. **19.** For tense see 70. **20.** a part of
the abl. absolute with *permisso.* **21.** *pounds.* **22.** with genitive. **23.**
princess. **24.** *fond of.*

argentum et vestem; et eamus hospitalia²⁵ quaerentes." Puella
vero timens ne amatum non videns torqueretur, respexit
patrem suum et ait: "Bone rex, pater optime, placet tibi ut
hodie Apollonius a nobis locupletatus abscedat, et quod illi
5 dedisti a malis hominibus ei rapiatur?" Cui rex ait: "Bene
dicis, domina; iube ergo ei dari unam zaetam,²⁶ ubi digne
quiescat." Accepta igitur mansione²⁷ Apollonius bene acceptus
requievit, agens deo gratias, qui ei non denegavit regem con-
solatorem.

10 Sed "regina"²⁸ sui "iam dudum saucia cura" Apolloni "figit
in pectore vultus verbaque" cantusque memor "credit genus
esse deorum." Nec somnum oculis "nec membris dat cura
quietem."²⁸ Vigilans²⁹ primo³⁰ mane³⁰ irrumpit cubiculum
patris. Pater videns filiam ait: "Filia dulcis, quid est quod
15 tam mane praeter consuetudinem vigilasti?" Puella ait:
"Hesterna studia me excitaverunt. Peto itaque, pater, ut me
tradas hospiti nostro Apollonio studiorum percipiendorum
gratia." Rex vero gaudio plenus iussit ad se iuvenem vocari.
Cui sic ait: "Apolloni, studiorum tuorum felicitatem filia mea
20 a te discere concupivit. Peto itaque ut desiderio natae meae
parueris, et iuro tibi per regni mei vires: quicquid tibi iratum
abstulit mare, ego in terris restituam." Apollonius, hoc audito,
docet puellam, sicuti et ipse didicerat. Interposito brevi
temporis spatio, cum non posset puella ulla ratione vulnus
25 amoris tolerare, simulata infirmitate membra prostravit fluxa,
et coepit iacere imbecillis³¹ in toro. Rex ut vidit filiam suam
subitaneam³² valetudinem incurrisse, sollicitus adhibet medicos,
qui, temptantes venas, tangunt singulas corporis partes, nec
omnino inveniunt aegritudinis causas.

30 Rex autem post paucos dies, tenens Apollonium manu, forum
petit et cum eo deambulavit. Iuvenes scholastici* tres nobilissimi, qui per longum tempus filiam eius petebat in matri-

---

25. *inn.* **26.** *room;* also spelled *diaeta.* **27.** Cf. p. 30, l. 2. **28.** *Aeneid*
IV, 1-5. **29.** *waking up;* see 73. **30** =*prima luce.* **31** =*imbecillus.* **32.**
sudden.

monium, pariter omnes una voce salutaverunt eum. Quos
videns rex subridens ait illis: "Quid est hoc quod una voce
me pariter salutastis?" Unus ex ipsis ait: "Petentibus nobis
filiam vestram in matrimonium tu saepius nos differendo
fatigas; propter quod hodie una simul venimus. Elige ex 5
nobis quem vis habere generum." Rex ait: "Non apto
tempore me interpellastis; filia enim mea studiis vacat et prae
amore studiorum imbecillis iacet. Sed ne videar vos diutius
differre, scribite in codicillos nomina vestra et dotis quantitatem*; et dirigo[33] ipsos codicillos filiae[34] meae, et illa sibi 10
eligat quem voluerit habere maritum." Illi tres itaque iuvenes
scripserunt nomina sua et dotis quantitatem. Rex accepit
codicillos anuloque suo signavit datque Apollonio dicens:
"Tolle, magister, praeter[35] tui contumeliam[35] hos codicillos et
perfer discipulae tuae; hic enim locus te desiderat." 15

Apollonius acceptis codicillis pergit domum regiam et
introivit cubiculum tradiditque codicillos. Puella patris
agnovit signaculum.[36] Quae ad amores[37] suos sic ait: "Quid
est, magister, quod sic singularis[38] cubiculum introisti?" Cui
Apollonius respondit: "Domina, es nondum mulier et male[39] 20
habes.[39] Sed potius accipe codicillos patris tui et lege trium
nomina petitorum." Puella vero reserato codicillo[40] legit,
perlectoque nomen ibidem non legit quem volebat et amabat.
Et respiciens Apollonium ait: "Magister Apolloni, ita tibi
non dolet quod ego nubam?" Apollonius dixit: "Immo 25
gratulor quod abundantia horum studiorum docta et a me
patefacta deo volente et cui animus tuus desiderat, nubas."
Cui puella ait: "Magister, si amares, utique doleres tuam
doctrinam." Et scripsit codicillos et signatos suo anulo iuveni
tradidit. Pertulit Apollonius in forum tradiditque regi. Ac- 30
cepto codicillo rex resignavit et aperuit illum. In quibus
rescripserat filia sua: "Bone rex et pater optime, quoniam

---

33. For tense cf. p. 36, l. 30.   **34** = *ad filiam;* see 25 (*c*).   **35.** *without being offended.*   **36.** *seal.*   **37.** *beloved one;* cf. Eng. "my love."   **38** = *solus.*   **39.** *you are ill.*   **40.** only in plural in CL.

clementiae tuae indulgentia permittis mihi, dicam: illum volo coniugem, naufragio patrimonio deceptum. Et si miraris, pater, quod tam pudica virgo tam impudenter scripserim: per ceram mandavi, quae pudorem non habet."

5   Et perlectis codicillis rex ignorans quem naufragum diceret,[41] respiciens illos tres iuvenes qui nomina sua scripserant vel* qui dotem in illis codicillis designaverant, ait illis: "Quis vestrum naufragium fecit?" Unus vero ex iis, Ardalion nomine, dixit: "Ego." Alius ait: "Tace, morbus te consumat

10 nec salvus sis, cum scio[42] te coaetaneum[43] meum[43] et mecum litteris eruditum, et portam civitatis numquam existi; ubi ergo naufragium fecisti?" Et cum rex non inveniret quis eorum naufragium fecisset, respiciens Apollonium ait: "Tolle, magister Apolloni, hos codicillos et lege. Potest enim fieri

15 ut, quod ego non inveni, tu intellegas, quia praesens fuisti." Apollonius accepto codicillo legit et, ut sensit se a regina amari, erubuit. Et rex tenens ei[44] manum paululum secessit ab eis iuvenibus et ait: "Quid est, magister Apolloni, invenisti naufragum?" Apollonius ait: "Bone rex, si permittis, inveni."

20   Et his dictis videns rex faciem eius roseo colore perfusam, intellexit dictum et ait gaudens: "Quod filia mea cupit, hoc est et meum votum; nihil enim in huiusmodi negotio sine deo agi potest." Et respiciens illos tres iuvenes ait: "Certe dixi vobis quia non apto tempore interpellastis. Ite, et dum

25 tempus fuerit mittam ad vos." Et dimisit eos a se.

  Et tenens manum iam genero, non hospiti, ingreditur domum regiam. Ipso autem Apollonio relicto rex solus intrat ad filiam suam dicens: "Dulcis nata, quem tibi elegisti coniugem?" Puella vero prostravit se ad pedes patris sui et ait: "Pater

30 carissime, quia cupis audire natae tuae desiderium: illum volo coniugem et amo, patrimonio deceptum et naufragum, magis-

---

41. *meant.* **42.** For indicative see 97. **43.** *are of the same age as myself.* **44.** dative of reference instead of genitive; so also *genero,* l. 26, below and *ei,* p. 41, l. 8.

trum meum Apollonium; cui si non me tradideris, a[45] praesenti[45] perdes filiam." Et cum rex filiae non posset ferre lacrimas erexit eam et adloquitur dicens: "Nata dulcis, noli de
aliqua re cogitare, quia talem concupisti quem ego, ex quo
eum vidi, tibi coniungere optavi. Sed[46] ego tibi vere consentio, 5
quia et ego amando factus sum pater." Et exiens foras respiciens Apollonium ait: "Magister Apolloni, quia scrutavi[47]
filiam meam quid ei in animo resideret nuptiarum causa,[48]
lacrimis fusis multa inter alia mihi narravit dicens et adiurans*
me ait: 'Iuraveras magistro meo Apollonio, ut si desideriis 10
meis in doctrinis paruisset, dares illi quicquid iratum abstulit
mare. Modo[49] vero, quia paruit tuis praeceptis et, obsequiis ab
ipso tibi factis et meae voluntati in doctrinis, aurum, argentum,
vestes, mancipia aut possessiones non quaerit, nisi solum
regnum quod putaverat perdidisse, tuo[49] sacramento per 15
meam iussionem* me ei tradas.' Unde, magister Apolloni,
peto ne nuptias filiae meae fastidio[50] habeas."[50] Apollonius
ait: "Quod a deo est, sit, et si tua est voluntas, impleatur."

Rex ait: "Diem nuptiarum sine mora statuam." Postera
vero die vocantur amici, invocantur vicinarum urbium potes- 20
tates,[51] viri magni et nobiles, quibus convocatis in unum
pariter rex ait: "Amici, scitis quare vos in unum congrega-
verim?" Qui respondentes dixerunt: "Nescimus." Rex ait:
"Scitote filiam meam velle nubere Tyrio Apollonio. Peto ut
omnibus sit laetitia, quia filia mea sapientissima sociatur 25
viro prudentissimo." Inter haec diem nuptiarum sine mora
indicit et quando in unum se coniungerent praecepit. Quid
multa? Dies supervenit nuptiarum, omnes laeti atque alacres
in unum conveniunt. Gaudet rex cum filia, gaudet et Tyrius
Apollonius, qui talem meruit habere coniugem. Celebrantur 30

---

45 =*statim*. **46.** not adversative; see 58. **47.** deponent in CL. **48.** *in
the matter of*, *in regard to*. **49.** loosely connected; (*therefore*) *in accordance
with your oath*, etc. **50**=*fastidias;* see 113. **51.** abstract for concrete; cf.
Eng. "the powers."

nuptiae regio more, decora dignitate; gaudet universa civitas;
exultant cives, peregrini et hospites; fit magnum gaudium in
citharis, lyris et canticis et organis modulatis cum vocibus.
Peracta laetitia, ingens amor fit inter coniuges, mirus affectus,
5 incomparabilis⁵² dilectio,* inaudita laetitia, quae perpetua
caritate complectitur.

IV¹

DE TORTUCA² ET AQUILA

Tortuca, manens in locis humidis et imis, rogavit aquilam
quod³ portaret eam in altum. Desiderat enim videre montes
et colles et nemora. Aquila acquievit* et tortucam in altum
10 portavit, dixitque ei: "Vides iam quae numquam vidisti."
Dixit tortuca: "Bene video; mallem tamen esse in foramine meo." Aquila vero dimisit eam cadere et cadens fracta
est.

Mistice.⁴ Ita contigit aliquando quod aliquis, vivens in pau-
15 pere tecto, desiderat ascendere super pennas ventorum et
volare. Rogat aquilam, id est diabolum,* quod aliquo modo
eum exaltet. Assumit munera et dat ea ut promoveatur, et sic
per simoniam⁵ ascendit ad dignitatis altitudinem; et sic diabolus portat ipsum; sed quandoque, talis in se reversus, intellegit
20 statum suum periculosum; mallet esse in paupere tecto quam
in dignitatis periculo. Sed diabolus, aliquando vitae suae
terminum anticipans, subita morte eum perimit, et sic eum
in puteum inferni ruit,⁶ ubi totus confringitur. Unde dicitur:
Sic⁷ est cum stultus scandit pernicibus alis:
25   Incidit a scalis in loca plena malis.

---

52. Eng.
IV. 1. This and the six following selections are from the *Narrationes* of
Odo de Cerinton (c. 1180); Odo used a tenth-century collection of fables
known by the name of *Romulus*, also the works of Pliny the Elder,
Isidore, and the *Physiologus*. **2.** *tortoise.* **3.** See 93. **4.** *mystical interpretation.* **5.** *simony.* **6.** *hurls.* **7.** The elegiac distich points the moral
(*moralitas*).

V

DE MURE DOMESTICA ET CAMPESTRI

Quaedam mus domestica quaerebat a campestri quid comederet vel quo sustentaretur. Quae respondit: "Duras fabas, sicca grana frumenti vel hordei comedo." Et ait mus domestica: "Arida sunt cibaria tua. Mirum est quod fame non peris." Quaesivit etiam silvestris quid comederet mus domestica; 5 quae respondit: "Certe comedo pingues morcellos[1] et album panem; sed venias ad prandium meum et optime comedes." Placuit muri campestri et venit ad domum alterius muris. Sedebant autem homines in domo ad prandium, qui micas et morcellos de mensa proiecerunt. Mus domestica dixit silvestri: 10 "Exeas de foramine; ecce quot bona proiciuntur." Exivitque campestris et, uno morcello accepto, saltavit catus* post murem et fere eam cepit; sed ipsa sic territa vix evasit et in foramine existens[2] dixit muri domesticae: "Habes singulis diebus talem socium, scilicet murilegum,* qui te cotidie nititur devorare?" 15 Quae respondit: "Utique habeo, quoniam patrem meum et matrem meam interfecit." Et ait campestris: "Ecce nollem habere totum mundum cum tali periculo." Unde quidam ex parte muris campestris:

Rodere malŏ fabam quam cura perpete rodi.   20
Tutius est certe modico gaudere salubri,
    Quam magnis tristi condicione frui.

VI

DE VULPE, QUI DICITUR REYNARDUS, OBVIANTE
TEBERTO MURILEGO

Vulpes, qui et Reynardus dicitur, obviavit semel Teberto, id est murilego, cui dixit Reynardus: "Dic mihi, quot fraudes vel artificia nosti?" Qui respondit se unum artificium tantum- 25 modo scire. Cui vulpes: "Quod est illud?" Respondit murilegus: "Quando canes me sequuntur scio super arborem ascendere et

---

V. **1.** *morsels.* **2.** *existo* often = *sum.*

sic evadere." Tunc catus quaesivit a vulpe, dicens: "Quot fraudes
noscis et tu?" Qui respondit: "Scio autem xviii, et adhuc habeo
sacculum plenum. Propterea veni mecum et docebo te artificia
mea; quibus agnitis morsus canum semper evades." Euntibus
5 autem illis simul, ecce venatores et canes insequebantur eos a
tergo, et ait catus: "Audio canes et iam timor invasit me."
Cui vulpes: "Ne timeas." Et appropinquantibus canibus,
dixit catus: "Certe amplius non sequar te; volo enim uti arti-
ficio meo," et ascendens arborem evasit, et, ipso dimisso, canes
10 vulpem insecuti sunt et tandem eum ceperunt. Catus vero,
in alto sedens et eventum rei considerans, clamavit, dicens:
"Reynarde, Reynarde, aperi sacculum tuum, quia iam tempus
est. Certe omnes fraudes tuae non tibi proficiunt."

Mistice. Per catum intellegendi sunt simplices, qui unicum
15 artificium tantum sciunt, scilicet per contemplationem
Domini invocare et super arborem crucis Christi per fiduciam
ascendere et sic a canibus, id est, ab humani generis inimicis,
liberantur. Per Reynardum vero designantur advocati, causidi-
ci fraudulenti, qui xviii fraudes obtinent, insuper et sacculum
20 plenum. Tandem veniunt venatores infernales et cum canibus
suis ipsos insequuntur, rapiunt et lacerant. Dicat ergo iustus
ad tales: "Aperite sacculum vestrum," etc.

VII

QUALITER[1] MURES INIERUNT CONSILIUM QUOMODO
A CATO PRAEMUNIRI POSSENT

Mures inierunt consilium qualiter a cato se praemunire
possent, et ait quaedam sapientior ceteris: "Ligetur campana[2]
25 in collo cati. Tunc poterimus praecavere ipsum, et audire
quocumque porrexerit,[3] et sic eius insidias evitare." Placuit
omnibus consilium hoc, et ait una: "Quae igitur est inter nos
tanta innata audacia, ut in collo cati liget campanam?" Respondit una mus: "Certe non ego." Respondit alia: "Certe non
30 ego audeo pro toto mundo ipsum catum[4] appropinquare."

VII. 1 =*quomodo.* 2. *bell.* 3. *goes.* 4. accusative for dative; see 26 (*b*).

Mistice. Sic plerumque contigit quod clerici,* monachi* et subditi[5] insurgunt contra praelatum* suum, dicentes: "Utinam esset talis amotus et alium praelatum haberemus." Placet istud consilium omnibus. Tandem inter se dicunt: "Quis apponet se contra eum? Quis accusabit eum?" Tunc omnes et singuli, 5 sibi timentes, dicunt: "Non ego certe, nec ego"; et sic subditi praelatos vivere permittunt.

VIII

DE ANTILOPE[1]

Quoddam animal est quod vocatur antilops; quod cum virgultis ludit cum cornibus, tandem cornua eius implicantur cum virgultis quod[2] non potest ea extrahere et tunc incipit 10 clamare; quo audito veniunt venatores et interficiunt eum.

Mistice. Sic contigit quod plerique delectati sunt et ludunt cum negotiis huius mundi et sic in eisdem implicantur quod evelli non possunt et sic a venatoribus, id est a daemonibus,* capiuntur et interficiuntur. 15

IX

DE PANTHERA

Panthera, quoddam animal de se emittens saporem et odorem ita quod animalia crudelia, ut leo, lupus et leopardus, ipsam pantheram nocere volentes, bono ipsius odore percepto, continue[1] mansuescunt eamque amplius non infestant.

Mistice. Ita sunt quidam ita benigni in sermone et opere ut 20 etiam inimici eorum, illos audientes, ex dulci colloquio mitigati, iram et odium auferunt et eos diligunt. Unde Salomon in parabolis[2]: "Responsio mollis frangit iram; sermo durus suscitat furorem"; et iterum: "Sermo[3] bonus supra datum[4] optimum." 25

---

5. *subjects.*
VIII. 1. *antelope.* 2 = *ut;* see 95.
IX. 1 = *continuo.* 2. Proverbs xv, 1. 3. Ecclesiasticus xviii, 17. 4. *gift.*

X

DE HYDRO

Quoddam animal dicitur hydrus, cuius natura est se involvere luto, ut melius posset labi. Tandem in os crocodili, quando dormit, intrat et sic, ventrem eius ingrediens, cor eius mordet et sic crocodilum interimit.

5   Mistice. Hydrus significat filium Dei, qui assumpsit lutum nostrae carnis ut facilius laberetur in os diaboli, et sic, ventrem eius ingrediens et cor eius mordens, ipsum interficit.

XI[1]

DE PHOENICE

Est et volatile[2] quod dicitur phoenix, cuius figuram gerit Dominus noster Iesus Christus qui dicit in evangelio[3] suo:
10 "Potestatem habeo ponendi animam meam et potestatem habeo iterum sumendi eam. Nemo eam tollet a me." Propter haec enim verba irati sunt Iudaei. Est itaque haec avis in Indiae partibus. De ea dicit physiologus quia expletis quingentis annis vitae suae intrat in lignum[4] Libani repletque ambas
15 alas suas diversis aromatibus eiusdem ligni faciensque variis de pigmentis* clausum nidum, congregat sarmentorum acervum maximum subter domum ponens. Accedensque ad aerem solis ignem trahit secum et incendit sarmenta ac ingreditur in nidum suum mense Faminoth, id est Martio, et comburit se ipsam. Et
20 cinis prima die vertitur in vermem, secunda die in volucrem, tertia vero die revocatur in pristinum statum. Haec avis significat Christum utrisque alis odore suavissimo repletis, id est, veteris et novi testamenti.

XI. 1. This and the following selection are from the Latin *Physiologus*, a work in which the peculiarities of animals and fabulous creatures were given a mystical, symbolical interpretation. There are numerous translations and versions of the text; it was a popular source book for medieval writers and is also important in the history of art. **2** = *avis*. **3.** John ix, 17, 18. **4.** i.e., the cedars of Lebanon.

XII

DE PELLICANO[1]

De pellicano dicit David in psalmo ci[2]: "Similis factus sum
pellicano in solitudine." Physiologus dicit de eo quod nimis
amans[3] sit[3] filios suos. Cum autem genuerit natos et coe-
perint crescere, percutientes lacerant parentes suos in faciem.
Illi autem repercutiendo[4] occidunt filios suos. Tertia autem 5
die mater eorum percutiens costam suam aperit latus suum et
infundit sanguinem super corpora mortuorum, sicque cruore
ipsius sanantur resuscitati pulli. Ita et Dominus noster Iesus
Christus per Isaiam[5] prophetam dicit: "Filios genui et exal-
tavi; ipsi autem me spreverunt." Nos igitur auctor et conditor 10
noster omnipotens Deus creavit et cum non essemus fecit nos
ut essemus. Nos vero e contrario percussimus eum cum in
conspectu eius potius creaturae servivimus quam creatori.
Idcirco in crucem ascendere dignatus est percussoque latere
eius exivit sanguis et aqua in salutem nostram et vitam aeter- 15
nam. Amen.

XIII[1]

DE MAGISTRO QUI LEGIT[2] IN AERE ET IN AQUA

Audivi quod[3] rex Franciae valde commotus fuerat et iratus
contra praecipuum magistrum Petrum Baalardum,[4] qui Parisius[5] legebat, et prohibuit ei ne de* cetero* legeret in terra sua.

XII. 1. *pelican.* **2.** Psalms ci, 7 (cii, 6). **3** = *amet;* see 109. **4.** *striking
back.* **5.** Isaiah i, 2.
XIII. 1. xiii-xxiii are stories (*exempla*) taken from the sermons of
James of Vitry, cardinal bishop of Tusculum, †1240 († = died). They were
inserted in the sermons, generally at the end, for the entertainment and
edification of his hearers. They are important for the cultural history of
the Middle Ages and for the study of comparative literature. Many of
them are oriental in origin (James spent nine years in Palestine). Later,
collections of such *exempla* were made for the use of preachers as well as
to furnish entertaining reading (cf. note on xxiv, p. 55). **2.** *lectured.*
3. See 80. **4.** the famous Abelard. **5.** *at Paris;* see 10.

Ipse vero ascendit super[6] arborem praeminentem[7] prope civitatem Parisiensem, et omnes scholares* Parisienses secuti sunt
eum audientes sub arbore magistri sui lectiones.* Cum autem
rex quadam die de palatio[8] suo videret multitudinem scholarium
5 sub arbore residentium, quaesivit quid hoc esset, et dictum est
ei quod clerici erant, qui magistrum Petrum audiebant. Ille vero
valde iratus fecit magistrum ad se venire[9] et dixit ei: "Quomodo ita audax fuisti quod contra prohibitionem meam in terra
mea legisti?" Cui ille: "Domine, non legi post prohibitionem
10 vestram in terra vestra, verum tamen legi in aere." Tunc rex
inhibuit[10] ei ne in terra sua vel in aere suo doceret. At ille intravit in naviculam et de navicula docebat turbas discipulorum.
Cumque rex quadam die videret scholares in ripa fluminis
residentes, quaesivit quid hoc esset, et dictum est ei quod
15 magister Petrus in loco illo scholas regebat, et cum magna
indignatione fecit eum vocari et dixit ei: "Nonne tibi inhibueram
ne legeres in terra mea vel in aere?" Et illo respondente: "Nec
in terra tua nec in aere legi, sed in aqua tua," rex subridens et
in mansuetudinem iram convertens, ait: "Vicisti me; de cetero,
20 ubicumque volueris, tam in terra mea, quam in aere vel in
aqua lege."

XIV

DE EQUO PRAELATI QUEM FRATER EIUS
QUADAM ARTE OBTINUIT

Audivi quod quidam praelatus in Francia optimum equum
habebat; frater autem eius miles* valde desiderabat ipsum,[1]
ut uteretur illo[1] in torneamentis,[2] et nullo modo potuit obtinere.
25 Tandem cum[3] multis precibus obtinuit quod[4] frater eius tribus
diebus equum sibi commodaret. Et accedens ad quendam

---

6. would be omitted in CL. 7. *tall.* 8. *palace.* 9. See 77. 10 = *prohibuit.*
XIV. 1. refer to the same thing. 2. Eng. 3. See 29. 4. For mood
see 86.

capellanum[5] dicti[6] praelati coepit diligenter inquirere cuiusmodi verba frater eius, dum equitaret, diceret frequentius.[7] At ille coepit cogitare et respondit: "Dominus meus equitando dicit horas[8] suas nec video[9] aliquod verbum quod frequentius dicat quam illud quod dicit in principio cuiuslibet horae, id est: 'Deus[10] in adiutorium* meum intende.' "[10] Tunc miles ille coepit equum sibi accommodatum[11] equitare et frequenter dicens verba praedicta, quotiens dicebat, fortiter cum calcaribus equum pungebat et ita in triduo illo equum instruxit ut, quotienscumque dicebat: "Deus in adiutorium meum intende," equus timens calcaria, licet non pungeretur, magnos saltus dabat et impetuose[12] currens vix poterat retineri. Postmodum, cum praelatus ille equum equitaret, frater eius comitabatur eum ut videret finem. Cum autem praelatus diceret: "Deus in adiutorium meum intende," equus coepit magnos saltus dare et currere ita quod fere deiecit sessorem.[13] Cum autem pluries* hoc fecisset dixit miles: "Domine, iste equus non competit vobis, vos enim gravis persona estis et si[14] forte caderetis, multum laedi possetis."[15] Tunc praelatus valde tristis effectus ait: "Equus iste composito gradu valde suaviter me ferre solebat, nunc autem—nescio quomodo istud accidit illi—doleo quod equum bonum amisi, sed ex[16] quo[16] ita est, accipe illum; magis autem competit militibus quam praelatis." Et ita equum optatum obtinuit.

5. *chaplain*. 6. scarcely more than a definite article. 7. See 61. 8. the office or service prescribed for the canonical hours; cf. xlvi, p. 116. 9. *think of, know*. 10. "Make haste, O Lord, to deliver me," Psalms lxix, 2 (lxx, 1). 11 = *commodatum*. 12. *impetuously*. 13. *rider*. 14. For tenses see 106. 15. *you might*. 16. *since*.

XV

DE REGE ET EIUS ASTRONIMO*

Contra illos vero qui luminaria* caeli dicunt esse in[1] signa[1] futurorum et in auguriis et divinationibus confidunt audivi quod[2] astrologus quidam cum aliquando vera divinaret, sicut etiam daemones quaedam praevident futura, rex, de cuius
5 familia[3] erat, coepit ei valde credere et in eius divinationibus confidere. Quadam autem die valde tristis stabat coram rege; cum rex ab eo quaereret quare tristaretur* et maestus esset, nolebat dicere ei; tandem ad multam instantiam[4] lugens et dolens in secreto dixit regi: "Domine, respexi in astralabio[5] meo
10 et pro certo ex dispositione stellarum perpendi[6] quod non potestis vivere nisi dimidio anno."[7]   Quo audito rex credidit et coepit singulis[8] diebus[8] angustiari,[9] macerari et valde tristis esse, ita[10] quod milites multum mirabantur et dolebant. Nam rex more solito nolebat eos hilariter[11] videre vel loqui eis. Tandem ad
15 multas preces et instantiam unius, qui magis[12] familiaris erat ei, confessus est quod clericus eius, qui optimus erat astroni- mus, de morte imminente praedixerat ei. Tunc miles ille, metuens ne rex nimia tristitia absorberetur et gravem incurrens[13] infirmitatem moreretur (nam et multi metu moriendi mori-
20 untur), vocato coram omnibus astronimo, dixit illi: "Quomodo tu certus es de morte regis?" Qui respondit: "Certus sum de morte eius, quam ex arte mea, quae infallibilis[14] est, perpendi." Cui miles: "Melius debes scire de te ipso quam de alio. Scis quanto[15] victurus es tempore?" At ille: "Scio utique et certus
25 sum quod citra viginti annos non moriar." Cui miles: "Mentitus[16] es in caput tuum."[16] Et extracto cultello* coram cunctis occidit eum. Tunc rex attendens quod divinationes astronimi mendaces essent, resumptis viribus confortatus est et postea diu vixit.

XV. 1. *signs.* **2.** See 80; *astrologus* belongs in the *cum* clause. **3.** *retinue.* **4.** *urging.* **5.** *astrolabe.* **6.** *I have reached the conclusion.* **7.** For case see 32. **8.** = *in dies.* **9.** *be disturbed.* **10.** See 95. **11.** *cheerfully.* **12.** com- parative for superlative; so also p. 49, l. 2. **13.** *incurring,* with accusative. **14.** Eng. **15.** *how long?* **16.** Daniel xiii, 55.

XVI

DE ILLO QUI DIVERSOS MORBOS IN DAMNUM SUUM APERUIT

Hi autem qui peccata sua excusant et ad[1] imitationem priorum[2] parentum, dum peccata sua defendere volunt, peccata peccatis addunt similes sunt cuidam qui iter faciebat per civitatem, cui talis erat consuetudo, quod, quicumque extraneus transibat, pro quolibet morbo seu 5 macula, quam in corpore habebat, unum denarium* solvebat. Erat autem ille homo luscus. Cum vero unus denarius ab eo peteretur coepit se defendere et dicere quod non solveret et, dum hoc diceret,[3] apparuit quod erat balbus seu blaesus. Unde et pro secundo vitio alium dena- 10 rium exegerunt ab eo. Qui si tacuisset, damnum non duplicasset. Ipso autem arripiente frenum suum ut diverteret et ad partem aliam equum converteret, apparuit quod manus aliquantulum incurvata erat nec eam plene extendere poterat, et pro tertio morbo tertium denarium petierunt ab eo. Cum vero 15 valde iratus de equo descenderet et se ad defendendum pararet, apparuit quod claudicaret et ob hoc quartum denarium ab eo exegerunt. Illo vero exuente cappam,* ut magis expeditus esset ad pugnandum, apparuit quod strumam in dorso haberet, et ita oportuit quod quintum denarium persolveret,[4] nam 20 quanto amplius se defendere voluit, tanto maius damnum semper incurrit.

XVII

DE ILLO QUI VOLUIT EMERE CANTILENAS[1]

Sicut fures in carcere non cantant, ita nos in hoc exilio potius lugeremus quam vanitatis et lasciviae cantilenas cantaremus. Quidam enim in maioribus sollemnitatibus* magis[2] vacant 25

XVI. 1. *in.* 2. *first.* 3. For mood see 98. 4. For mood see 92.
XVII. 1. *songs, melodies.* 2. *too much.*

cantilenis et vanitatibus. Audivi de quodam fatuo rustico
qui, imminente festo* sancti* villae suae, perrexit ad proximae
civitatis nundinas ut emeret cantilenas. Quidam autem truffa-
tor[3] dixit quod venderet ei saccum plenum optimis cantilenis
5 et implevit saccum muscis quibusdam pungitivis,[4] quae vespae
appellantur, quae more suo cantabant in sacco. Cumque
audisset rusticus gavisus est valde dicens: "Si ita cantant intra
saccum, quanto magis extra cantabunt." Et cum tulisset
saccum in die festo, ubi omnes congregati erant ante ecclesiam*
10 in platea, aperto sacco vespae famelicae omnes invaserunt et
usque ad sanguinem pungendo et mordendo vulneraverunt, ita
quod in luctum versae sunt cantilenae.

XVIII

DE MAUGRINO,[1] QUI NESCIEBAT CHARTAM LEGERE

Hic est Maugrinus, quem episcopus* suus, quando pecunia
indigebat, ad se vocabat et, sicut providerat, praesentatis* sibi
15 litteris coram Maugrino, dicebat: "Domine Maugrine, ego
patior in oculis, non possum ad praesens legere chartam istam;
legatis mihi illam." Ille vero, qui legere nesciebat, agnoscens
intentionem episcopi, apertis litteris dicebat: "Domine, in hac
charta continetur quod vos pecunia multum indigetis et quod
20 ego decem marcas* accommodem vobis." Et ita soluta pecunia manus episcopi evadebat.

XIX

DE MAUGRINO, QUI SCHOLAREM LIGARI FECIT

Hic autem sacerdos valde inlitteratus erat et pecuniosus atque
avarus. Et accidit quod[1] in parochia[2] eius, quae erat in civitate
Parisiensi, quidam scholaris infirmaretur,* et mittens pro[3] eo

---

3. *joker, cheat.* 4. *stinging.*
XVIII. 1. Maugrinus was mentioned in a previous story.
XIX. 1. See 95. 2. *parish.* 3. See 41.

coepit Latine peccata sua confiteri. Sacerdos vero, non intellegens quid diceret, vocavit servientes clerici[4] et ait: "Dominus vester versus est in frenesim[5] et nescit quid dicat; ligate eum, ne aliquem insaniendo laedat." Sanatus autem clericus conquestus est episcopo Parisiensi de sacerdote illo qui eum 5 ligari fecit et freneticum[6] reputavit eo[7] quod[7] Latinis verbis, cum nesciret Gallicam linguam, suam faciebat confessionem. Episcopus vero, simulata aegritudine, misit pro sacerdote et ait illi: "Maugrine domine" (sic enim vocabatur homo ille), "vos estis homo sapiens et discretus*; et ideo misi pro vobis ut 10 confessionem vobis faciam et iniungatis mihi paenitentiam."* Cum autem ille se excusaret et episcopus non acquiesceret coepit Latinis verbis loqui ei ex dialectica et aliis facultatibus,[8] tamquam[9] confessionem suam faceret et Latinis verbis peccata diceret. Maugrinus vero ad singula verba dicebat: "Deus 15 vobis indulgeat." Tandem episcopus non valens amplius a risu continere respondit: "Et Deus numquam mihi indulgeat; sed nec ego indulgeo tibi." Et cum vellet ei auferre parochiam redemit se centum libris.*

XX

DE DIABOLO QUI DUXIT UXOREM CUIUS LITIGIA
NON POTERAT SUSTINERE

Audivi quod quidam daemon in specie hominis cuidam diviti 20 homini serviebat et, cum servitium eius et industria multum placerent homini, dedit ei filiam suam in[1] uxorem[1] et divitias multas. Illa autem omni die et nocte litigabat cum marito suo nec eum quiescere permittebat. In fine autem anni dixit patri uxoris suae: "Volo recedere et in patriam meam redire." 25 Cui pater uxoris ait: "Nonne multa tibi dedi ita quod nihil desit tibi? Quare vis recedere?" Dixit ille: "Modis omnibus volo

---

4 = *scholaris* of l. 24, p. 52. **5.** *fit of madness.* **6.** *mad.* **7.** *because;* see 100. **8.** *subjects.* **9.** For mood see 87.
XX. 1. Biblical, *to wife.*

repatriare."* Cui socer ait: "Ubi est patria tua?" Ait ille:
"Dicam tibi et veritatem non celabo; patria mea est infernus,*
ubi numquam tantam discordiam vel molestiam sustinui quantam hoc anno passus sum a litigiosa uxore mea. Malo esse in
5 inferno quam amplius cum ipsa commorari." Et hoc dicto
ab oculis eorum evanuit.

XXI

DE BACHONE[1] QUI PENDEBAT IN QUADAM VILLA*

Aliquando transivi per quandam villam in Francia, ubi suspenderant pernam seu bachonem in platea hac condicione ut,
qui vellet iuramento* firmare quod uno integro anno post con-
10 tractum matrimonium permansisset cum uxore ita quod de[2]
matrimonio[2] non paenituisset, bachonem haberet. Et cum
per decem annos ibi pependisset non est unus solus inventus
qui bachonem lucraretur, omnibus infra* annum de matrimonio contracto paenitentibus.

XXII

EXEMPLUM CONTRA MALITIAM MULIERUM ET DE ILLO CUI PATER DEDIT UXOREM

15 Ecce quam pauci hodie uxoribus suis adhaerent fide et dilectione sicut instituit Dominus noster Iesus Christus qui est
benedictus in[1] saecula saeculorum.[1] Amen.

Ut autem de malitia filiarum Evae aliquid subdam,[2] nolui
sub silentio praeterire quod audivi de quodam iuvene, qui
20 rogabat patrem suum ut ei duas uxores daret. Cumque vehementer instaret dedit ei pater unam, promittens quod in fine
anni daret alteram. Illa vero adeo primo anno maritum
afflixit quod non poterat sustinere sed mallet mori quam vivere. Cumque pater finito anno diceret filio: "Vis habere

---

XXI. 1. *flitch of bacon.* **2** = *matrimonii.*
XXII. 1. Biblical, *for ever and ever.* **2.** *add.*

secundam uxorem?" respondit ille: "Si una me afflixit fere usque ad mortem, quomodo duas ferre possem?" Accidit autem in civitate illa ut caperetur maleficus et latro pessimus, qui multos de civitate illa spoliaverat et occiderat. Cumque cives convenirent et quaereret iudex a singulis ut quilibet 5 consilium suum daret quomodo latro ille magis[3] torqueri valeret, quibusdam dicentibus: "Distrahatur caudis equorum et suspendatur," aliis dicentibus: "Igne cremetur," ceteris vero consulentibus ut vivus excoriaretur,* cum perventum fuisset ad illum qui malam habebat uxorem, respondit: "Date illi uxo- 10 rem meam; non video qualiter ipsum magis affligere valeatis."

XXIII

DE ARBORE IN QUA SE SUSPENDEBANT MULIERES

De quodam alio audivi, qui habebat arborem in horto suo, in qua duae eius uxores suspenderant semetipsas. Cui quidam eius vicinus ait: "Valde fortunata est arbor illa et bonum omen habet. Habeo autem uxorem pessimam; rogo te, da 15 mihi surculum ex ea, ut plantem* in horto meo."

XXIV[1]

DE SECTANDA[2] FIDELITATE[2]

Rex quidam regnavit in cuius imperio erat quidam iuvenis a piratis captus, qui scripsit patri suo pro redemptione. Pater noluit eum redimere sic quod iuvenis multo tempore in carcere

---

3 = superlative.
XXIV. 1. xxiv-xxviii are taken from the *Gesta Romanorum*, the most remarkable collection of medieval tales that we have, compiled at the end of the thirteenth century for the use of preachers as well as to furnish entertaining and edifying reading. It was one of the most popular books of the Middle Ages and is important as a source for later writers (Gower, Chaucer, Shakespeare). The stories are not all drawn from Roman sources, but from Greek, oriental, and other sources as well. **2.** *keeping faith.*

erat maceratus. Ille qui eum in vinculis habebat quandam
pulchram filiam ac oculis hominum gratiosam genuerat, quae
nutrita in domo erat quousque[3] viginti annos in aetate sua
compleverat, quae saepius[4] incarceratum* visitatum[5] ivit[6] ac
5 consolabatur. Sed ille in [7] tantum[7] desolatus[8] erat quod nullam
consolationem recipere poterat sed suspiria et gemitus continue[9]
emittebat. Accidit quodam die quod, cum puella eum visitaret,
ait iuvenis ei: "O bona puella, utinam velles pro mea liberatione
laborare!" Quae ait: "Quomodo potero hoc attentare? Pater
10 tuus qui te genuit non vult te redimere, ego vero, cum sim tibi
extranea, quomodo[10] deberem[10] hoc cogitare? Et si te libera-
rem[11] offensionem patris mei incurrerem quia tuam redemptionem[12] perderet pater meus. Verumtamen mihi unum concede
et liberabo te." Ait ille: "O bona puella, pete a me quid[13] tibi
15 placuerit. Si mihi est possibile* ego concedam." At illa:
"Nihil aliud peto pro tua liberatione nisi quod me in uxorem
ducas tempore opportuno." Qui ait: "Hoc tibi firmiter
promitto." Statim puella patre ignorante ipsum a vinculis
liberavit et cum eo ad patriam suam[14] fugit. Cum vero ad
20 patrem suum venisset,[15] ait ei pater: "O fili, de tuo adventu
gaudeo. Sed dic mihi qualis est[16] ista puella quam tecum
duxisti?" Ait ille: "Filia regis est quam in uxorem habeo."
Ait pater: "Sub poena amissionis hereditatis tuae nolo ut
eam in uxorem ducas." Ait ille: "O pater, quid dicis?
25 Plus ei teneor* quam tibi. Quando captus eram in manus[17]
inimici et fortiter vinculatus tibi pro mea redemptione scripsi
et noluisti me redimere. Ipsa vero non[18] tantum[18] a carcere
sed[18] a periculo mortis me liberavit; ideo eam in uxorem ducere
volo." Ait pater: "Fili, probo tibi quod non possis in eam
30 confidere et per[19] consequens[19] nullo modo in uxorem ducere.
Patrem proprium decepit quando ipso ignorante te a carcere

---

3. *until.* 4. comparative for positive. 5. supine. 6. See 69. 7 = *tam.*
8. *wretched.* 9 = *continenter.* 10. *why should I?* 11. See 106. 12. *ransom.*
13 = *quodcumque.* 14 = *eius*; see 43. 15. subject omitted. 16. See 84.
17 = *manibus.* 18 = *non solum . . . sed etiam.* 19. *in consequence.*

liberavit. Pro[20] qua liberatione pater eius multa perdidit quae pro tua redemptione habuisset. Ergo videtur quod tu non possis in eam confidere et per consequens nullo modo in uxorem ducere. Item alia ratio est. Ista licet[21] te liberavit hoc fuit causa[22] libidinis ut posset te in virum habere et ideo quia eius libido erat causa[23] liberationis tuae non mihi videtur quod uxor tua erit." Puella audiens istas rationes ait: "Ad primam respondeo quando dicis quod ego decepi patrem meum proprium quod non est verum. Ille decipitur qui in aliquo bono diminuitur.[24] Sed pater meus tam locuples est quod alicuius auxilio non indiget. Cum hoc perpendi, iuvenem istum a carcere liberavi et si pater meus pro eo redemptionem accepisset non multum propter hoc ditior fuisset et tu per redemptionem depauperatus* esses. Ergo in[25] isto actu[25] te salvayi* quod redemptionem non dedisti, et patri meo nullam iniuriam feci. Ad aliam rationem quando dicis quod ego ex libidine hoc feci respondeo: hoc nullo modo potest fieri quia libido aut est propter pulchritudinem aut propter divitias aut propter fortitudinem. Sed filius tuus nullum[26] istorum habuit quia pulchritudo eius per carcerem erat annihilata[27]; nec dives fuit quia non habuit unde se ipsum redimeret; nec fortis quia fortitudinem perdidit per carceris macerationem.[28] Ergo sola pietas* me movebat quod[29] ipsum liberavi." Pater hoc audiens non potuit filium arguere ulterius. Filius ergo cum magna sollemnitate eam in uxorem duxit et in pace vitam finivit.

Moralisatio.[30] Carissimi, filius captus a piratis erat totum genus humanum, captum per peccatum primi parentis in carcere daemonis, scilicet in eius potestate. Pater, qui noluit eum redimere, est mundus iste, qui nullo modo volebat hominem iuvare a carcere diaboli sed potius eum tenere. Filia, quae eum in carcere visitavit, est divinitas animae coniuncta, quae

---

20 = *propter*. 21. takes subjunctive in CL. 22. ablative; follows the gen. in CL. 23. nominative. 24. *suffers loss*. 25. *by this act*. 26 = *nihil*. 27. *destroyed*. 28. *weakening effect*. 29. See 86 (a). 30. *explanation in a moral sense*.

humano generi compatiebatur,* quae post passionem* suam ad
infernum descendit et hominem a vinculis diaboli liberavit.
Pater vero caelestis nostris divitiis non indiget quia super
omnia est dives et summe³¹ bonus. Ideo Christus motus pietate
5 ad nos de caelis descendit, nos visitavit, quando carnem nostram assumpsit, et tamen nihil aliud petiit pro nostra redemptione nisi quod sit homini desponsatus,³² iuxta illud Oseae II³³:
"Desponsabo eam mihi in fide." Verum tamen pater noster
mundus, cui multi oboediunt, contra hoc semper murmurat et al-
10 legat*: "Si Deo adhaereas, hereditatem meam, id est, mundana,*
non habebis, quia impossibile³⁴ est Deo servire et Mammonae,
Matth. vi."³⁵ Sed melius est nobis spernere mundum quam
societatem Dei amittere, iuxta illud Matth.³⁶: "Qui reliquerit
patrem et matrem, uxorem aut agros propter me, centuplum³⁷
15 accipiet et vitam aeternam possidebit. Quam nobis" etc.

XXV

DE VERSUTIA¹ DIABOLI ET QUOMODO DEI
IUDICIA SUNT OCCULTA

Erat quidam heremita* qui in quadam spelunca iacebat² et
diebus et noctibus devote³ Deo serviebat. Iuxta cellam suam
erat quidam pastor ovium qui pascebat oves. Accidit uno die
quod pastor erat somno oppressus; ipso dormiente quidam latro
20 venit et omnes oves secum abstulit. Superveniens dominus
ovium a pastore quaerit ubi oves erant; ille vero incepit iurare
quod oves perdidit, sed quomodo penitus ignorabat. Dominus
hoc audiens, furore repletus, ipsum occidit. Heremita hoc
videns ait in corde suo: "O Domine, ecce homo iste culpam
25 innocenti dedit et ipsum occidit; ex quo ergo permittatis⁴ talia

---

31. *supremely.* **32.** *betrothed.* **33.** Hosea ii, 20. **34.** Eng. **35.** Matthew
vi, 24. **36.** Matthew xix, 29. **37.** *hundredfold.*
    XXV. 1. plural in CL. **2.** *dwelt.* **3.** *devotedly.* **4.** plural of ad-
dress.

fieri, ad mundum vadam et sicut ceteri vitam ducam." His co-
gitatis heremitarium[5] dimisit et ad mundum perrexit; sed Deus
ipsum dimittere nolebat et angelum* in forma hominis ad eum
misit ut ei se associaret.[6] Cum eum angelus in via euntem
invenisset, ait ei: "Carissime, quo vadis?" At ille: "Ad istam 5
civitatem ante me." Angelus dixit ei: "Ego in via ero comes
tuus, quia angelus Dei sum ego, et ad te veni ut simus socii in
hac via." Ambo ambulabant versus civitatem; cum autem
intrassent, hospitium a quodam milite propter[7] Dei amorem[7]
petebant, miles vero satis gratanter[8] eos recepit et honorifice[9] 10
ac splendide cum bona devotione[10] in omnibus ministravit.
Miles iste tantum unicum filium habebat in cunabulis iacentem,
quem multum dilexerat. Cena facta, camera[11] est aperta et
lecti satis honorifice ornati pro angelo et heremita. Media
vero nocte surrexit angelus et puerum in cunabulis strangu- 15
lavit. Hoc videns heremita intra se cogitavit: "Numquid
iste erat angelus Dei bonus? Miles omnia necessaria propter
Dei amorem ei dedit, et non habuit nisi unicum filium innocentem, et iste eum occidit!" Sed tamen non audebat ei quicquam dicere. Mane vero ambo surrexerunt et ad civitatem 20
aliam perrexerunt, in qua in domo unius civis satis honorifice
erant recepti et splendide ministrati. Civis iste quendam
aureum ciphum,[12] quem miro modo dilexit, habuit. Media
vero nocte surrexit angelus et furatus est ciphum illum. Heremita hoc videns intra se cogitabat: "Iste malus angelus est, 25
ut credo; iste civis nobis optime fecit et iste est furatus ciphum
suum." Tamen nihil ei loquebatur quia timuit eum. Mane
vero surrexerunt et per viam ambulabant donec ad quandam
aquam pervenerunt, ultra[13] quam erat pons. Pontem ascenderunt et quidam pauper eis obviabat.* Ait angelus: "Caris- 30
sime, monstra nobis viam versus talem[14] civitatem." Pauper
vertit se et cum digito viam versus civitatem ostendit. Cum

---

5. hermitage. **6** = sociaret. **7.** for the love of God. **8.** joyfully. **9.** with
honor. **10.** zeal. **11.** room. **12.** goblet. **13** = supra. **14.** such and such,
mentioning the name of the city.

vero vertisset se, angelus subito per scapulas eum accepit[15] et
ultra pontem proiecit, et submersus est pauper. Quod cum
heremita vidisset ait in corde suo: "Iam scio quod iste diabolus est et non angelus Dei bonus; quid mali fecit pauper iste?
5 Et tamen eum occidit." Ab illo tempore cogitabat ab eo
recedere, verumtamen timuit et nihil loquebatur ei. Cum
vero circa horam vespertinam ad civitatem pervenissent, ad
domum cuiusdam divitis accesserunt et hospitium pro Dei
amore petebant; ille vero simpliciter[16] eis negavit. Ait angelus
10 Dei: "Amore Dei saltem, tectum domus nobis concedatis ne
lupi aut malae bestiae hic nos devorent." Ille ait: "Ecce
domus ubi porci mei iacent; si placet vobis cum eis iacere, potestis: sin[17] autem, recedatis quia alium locum vobis non dabo."
Ait ei angelus: "Si aliud non potest fieri, cum porcis vestris
15 iacebimus." Et sic factum est. Mane vero surrexerunt,
angelus hospitem vocavit et ait: "Carissime, do tibi ciphum
istum." Et dedit ei ciphum quem furatus fuerat ab illo cive.
Heremita hoc videns ait intra se: "Iam sum expertus quod
iste est diabolus; bonus homo erat qui cum omni devotione
20 nos recepit, et furatus est ei ciphum et dedit isti pessimo qui
negavit nobis hospitium." Ait angelo: "Nolo vobiscum[18]
amplius expectare[19]; ad[20] Deum vos recommendo."[20] Angelus
dixit ei: "Audite me et tunc recedite. Primo, quando eras in
heremitario, dominus ovium pastorem iniuste occidit. Scias
25 quod pastor ille pro[21] tunc[21] mortem non meruit sed alias[22]
commisit quare mori deberet; tunc temporis inventus est sine
peccato; Deus ergo permisit eum occidi, ut poenam post mortem
evaderet propter peccatum quod alias commisit pro quo numquam paenitentiam faceret. Latro vero qui evasit cum ovibus
30 poenam aeternam sustinebit, et dominus ovium qui pastorem
occidit vitam suam emendabit per largas elemosinas* et opera
misericordiae. Demum filium illius militis de nocte strangu-

---

15. *took, seized.* **16.** *outright, emphatically.* **17** =*si minus.* **18.** plural of
address; cf. p. 58, l. 25. **19.** Biblical, "tarry," "abide." **20** =*vale, adieu*
(i.e., *ad deum*). **21** =*tunc temporis, at that time.* **22.** *on another occasion.*

THE THREE CASKETS 61

lavi qui nobis bonum hospitium dedit. Scias quod antequam puer ille natus erat, miles optimus elemosinarius[23] erat et multa opera misericordiae fecit sed postquam natus est puer factus est parcus, cupidus et omnia collegit ut puerum divitem faciat, sic quod[24] erat causa perditionis* eius, et ideo puerum occidi 5 et iam, sicut prius, miles factus est bonus christianus.* Deinde ciphum illius civis qui nos cum devotione recepit furatus fui; scias tu quod, antequam ciphus ille erat fabricatus, non erat sobrior eo in tota terra, sed tantum cipho gaudebat post fabricationem quod omni die tantum de eo bibebat, quod bis aut 10 ter omni die fuit inebriatus,[25] et ideo ciphum abstuli, et factus est sobrius sicut prius. Deinde pauperem in aquam proieci; scias quod pauper iste bonus christianus fuit, et si ad[26] dimidium miliare[26] ambulasset, alium in peccato mortali[27] occidisset, sed iam est salvatus et regnat in caelesti gloria. Deinde 15 ciphum illius civis dedi illi qui nobis hospitium negavit; scias quod nihil in terra fit sine causa; ipse nobis concessit domum porcorum et ideo ciphum ei dedi, et post vitam istam in inferno regnabit. Pone ergo ammodo* custodiam ori tuo ut de[28] Deo non attrahas[28]; ipse enim omnia novit." Heremita hoc 20 audiens cecidit ad pedes angeli et veniam petiit et ad heremitarium perrexit. Et factus est bonus christianus.

XXVI. THE THREE CASKETS

Honorius regnavit, dives valde, qui unicum filium habebat, quem multum dilexit. Fama eius imperatoris per mundum volabat quod in omnibus probus erat et iustus. Tamen contra 25 unum regem guerram[1] habebat et eum devastabat. Rex iste cum[2] multas persecutiones* ac damna infinita ab eo sustinebat tandem cogitabat: "Tantum unicam filiam habeo et adver-

---

23. *almsgiver.* **24** =*ut;* sc. *puer* as subject of *erat.* **25.** *drunk.* **26.** *a half-mile.* **27.** Eng. **28.** *censure.*
XXVI. 1. *war.* **2.** with indicative; see 97.

sarius meus unicum filium. Si per[3] aliquam viam[3] filiam meam
possem filio suo in matrimonium copulare pacem perpetuam
obtinerem." Misit sollemnes[4] nuntios ad imperatorem ut
saltem ei trewgam[5] ad tempus concederet quod[6] cum eo per-
5 sonaliter[7] loqui posset. Imperator habito consilio trewgam
unius anni concessit. Rex vero personaliter ad eum accessit et
filiam eius filio suo obtulit. At iste: "Non faciam nisi duo
habeam. Primo ut tua filia sit virgo; secundo ut post decessum
tuum totum regnum tuum filio meo destinetur." At ille: "Bene
10 placet mihi." Statim de conventione charta sigillata[8] est. Rex
vale imperatori fecit. Cum autem ad regnum suum venerat
navem parari fecit quia[9] oporteret ut filia sua per mare ad
imperatorem transiret. Facta nave et omnibus necessariis
paratis, puella intravit habens thesaurum secum in magna
15 copia ac milites quinque cum dominabus[10] et ancillis. Cum
autem per mare navigarent cete grandis ei occurrebat in mare et
navem deglutire[11] volebat. Nautae hoc percipientes timuerunt
valde et praecipue puella. Nautae vero ignem copiosum fecerunt et die ac nocte vigilabant. Sed accidit post triduum quod,
20 fessi propter magnas vigilias, dormierunt. Cete subito navem
cum omnibus contentis[12] deglutivit. Puella cum intellexit quod
in ventre ceti esset fortiter clamabat. Ad cuius clamorem
omnes excitati sunt. Nautae vero puellae dixerunt ac militibus:
"Carissimi, estote confortati, Deus nos salvabit; habeamus
25 bonum consilium quia sumus in ventre ceti." Ait puella:
"Audite consilium meum et erimus salvati." Qui dixerunt:
"Dic." Quae ait: "Accendamus ignem in magna copia et cete
quilibet vulneret sicut[13] profundius possit[13] et per ista duo
mortem recipiet et statim ad terram natabit et sic per gratiam
30 Dei evadere poterimus." Illi vero consilium puellae per omnia
impleverunt. Cete cum mortem sensit ad terram perrexit.

---

3 = *aliquo modo.* **4.** *distinguished.* **5.** *truce.* **6.** introduces purpose cl.
7. *in person.* **8.** *sealed.* **9.** with causal cl. in the subjunctive. **10.** like
filiabus to distinguish it from the masculine form. **11.** *swallow.* **12.** *con-tents.* **13.** *as deeply as possible.*

Iuxta quam terram erat quidam miles manens,[14] qui cena facta versus litus maris ambulavit. Cum ergo cete hinc inde natare vidisset et terrae appropinquare, servos vocat et cete ad terram traxit. Qui inceperunt cum instrumentis percutere. Puella cum sonitum audisset loquebatur pro omnibus et ait: "Caris- 5 simi, suaviter[15] percutite et latus ceti aperite; hic sumus in eius ventre filii bonorum virorum de generoso sanguine." Miles cum vocem puellae audisset ait servis suis: "Carissimi, latus ceti aperite et videamus quid lateat interius." Cum vero apertum fuisset, puella primo exivit immo quasi mortua, deinde 10 milites et ceteri alii. Coepit narrare cuius filia esset et[16] uxor filii imperatoris esse deberet.[17] Hoc audiens miles eam per aliquot dies cum tota familia secum retinuit donec perfectum[18] statum[18] suum recuperabant. Post hoc puellam cum muneribus ad imperatorem misit cum tota familia. Imperator cum eam 15 vidisset, ait: "Carissima filia, bene tibi sit nunc et in perpetuum. Sed tibi dico, filia, antequam filium meum habueris in maritum, te probabo per unum actum." Statim fecit fieri tres cophinos.[19] Primus erat de auro purissimo et lapidibus pretiosis. Et erat talis superscriptio[20] super cophinum: "Qui me aperiet, in me 20 invenerit[21] quod meruit." Et totus cophinus erat plenus ossibus mortuorum. Secundus erat de argento purissimo, plenus gemmis ex omni parte, qui talem superscriptionem habebat: "Qui me elegerit, in me invenerit quod natura dedit." Iste cophinus terra plenus erat. Tertius cophinus erat de plumbo 25 habens superscriptionem talem: "Potius eligo hic esse et requiescere, quam in thesauris regis permanere." In cophino isto erat tres anuli pretiosi. Tunc ait imperator puellae: "Carissima, hic sunt tres cophini; eligas quemcumque volueris; et si bene elegeris, filium meum in maritum obtinebis." Illa 30 vero tres cophinos intime[22] respexit et ait in corde suo: "Deus, qui omnia videt, det mihi gratiam sic eligendi ut de illo pro quo

---

14. *dwelling, stationed;* see 109. **15.** *gently, carefully.* **16.** Sc. *quod, that.*
17. *was destined;* see 112. **18.** *health.* **19.** *caskets.* **20.** Eng. **21.** See
72. **22.** *closely.*

multum laboravi non deficiam." Quae primum cophinum
tetigit et scripturam legit: "Qui me," etc. Illa cogitabat:
"Cophinus exterius est pretiosus, sed quid interius lateat penitus
ignoro, ideo eum eligere nolo." Deinde secundum legit, etc.
5 Quae ait: "Numquam natura dedit quod filia patris mei deberet copulari filio imperatoris. Et ideo," etc. Tertium cophinum
legit dicens: "Melius est mihi cum filio regis requiescere quam
in thesauris patris mei." Et alta[23] voce clamabat: "Istum
cophinum tertium eligo." Imperator cum audisset, ait: "O
10 bona puella, satis prudenter elegisti. In isto cophino sunt tres
anuli mei pretiosi; unum pro me, unum pro filio, tertium pro
te in signum desponsationis."[24] Statim fecit nuptias celebrare,
et tradidit ei filium suum, et sic in pace vitam finierunt.

Moralitas.[25] Carissimi, imperator est Deus, qui diu guerram
15 cum homine habuit in tantum quod tota natura humana erat
destructa per peccatum. Modo trewgae nobis datae sunt per
Dominum, id est, Christum. Filia quae filio imperatoris debet[26]
desponsari[27] est anima. Oportet ergo ut navis paretur pro ea
cum nuntiis, id est, corpus in quo anima residet cum quinque
20 sensibus et ceteris, nautae sunt ratio, voluntas, etc. Sed oportet per mare, id est, per mundum, transire. Cete grande est
diabolus, contra quem debemus vigilare. Sed si nos contingit
dormire in peccatis deglutiet corpus et animam. Fac ergo, sicut
fecit puella; ignem devotionis accende et eum cum instrumentis,
25 id est, bonis operibus percute, donec recedat et potestatem suam
contra te amittat. Tunc servi militis, id est, praedicatores[28]
et confessores,* habent[29] eum percutere, donec puella, id est,
anima, ab eorum potestate exeat et ad curiam Dei veniat. Sed
est sciendum quod tres cophini ei praesentantur. Per primum
30 cophinum potentes ac divites intelleguntur, qui habent talem
superscriptionem: "Qui me," etc., id est, quando anima a
corpore separetur, nihil in me Deus inveniet nisi peccata quae .

---

23. *loud.*   **24.** *betrothal.*   **25** =*moralisatio* of l. 26, p. 57.   **26.** Cf. p. 63,
l. 12.   **27.** *be betrothed.*   **28.** *preachers.*   **29.** like the colloquial Eng. use of
have; see 113.

merui, quod est dolendum; vae[30] qui hunc eligit. Per secundum intellegitur mundi sapientes, quorum eloquia splendunt sicut argentum et intus pleni sunt terrenis, cum tali superscriptione: "Qui me elegerit," etc. Natura semper appetit animae contrarium et illi non maritantur Christo. Per tertium cophinum 5 designantur boni christiani, qui sunt plumbei, id est, quod non curant de aliquo mundano; in quibus sunt tres anuli, scilicet, fides, spes et caritas; qui istos eligit, filium Dei habere potest libentius quam in thesauro mundano permanere. Studeamus.

XXVII. KING LEAR

Theodosius in civitate[1] Romana[1] regnavit, prudens valde et 10 potens, qui tres filias pulchras habebat, dixitque filiae seniori[2]: "Quantum diligis me?" At illa: "Certe plus quam me ipsam." Ait ei pater: "Et te ad magnas divitias promovebo." Statim ipsam dedit uni regi opulento et potenti in uxorem. Post haec venit ad secundam filiam et ait ei: "Quantum diligis 15 me?" At illa: "Tantum sicut[3] me ipsam." Imperator vero eam cuidam duci* tradidit in uxorem. Et post haec venit ad tertiam filiam et ait ei: "Quantum me diligis?" At illa: "Tantum sicut vales, et non plus neque minus." Ait ei pater: "Ex quo ita est, non ita opulenter ero maritare sicut et sorores 20 tuae"; tradidit eam cuidam comiti* in uxorem. Accidit cito post haec quod imperator bellum contra regem Aegypti habebat. Rex vero imperatorem de imperio fugabat unde bonum[4] refugii[4] habere non poterat. Scripsit litteras anulo suo signatas ad primam filiam suam, quae dixit quod patrem suum plus 25 quam se ipsam dilexit, ut ei succurreret in sua necessitate eo quod de imperio expulsus erat. Filia, cum has litteras eius legisset, viro suo regi casum primo narrabat. Ait rex: "Bonum

---

30. Sc. *illi.*
XXVII. 1. *Rome.* **2.** *oldest;* see 61. **3** =*quantum.* **4** =*bonum refugium.*

est ut succurramus ei in hac sua magna necessitate. Colligam exercitum et cum toto posse* meo adiuvabo eum." Ait illa: "Istud non potest fieri sine magnis expensis.[5] Sufficit quod ei concedatis, quamdiu est extra imperium suum, quinque milites 5 qui ei associentur."[6] Et sic factum est. Filia patri rescripsit quod alium auxilium ab ea habere non posset, nisi quinque milites de sumptibus regis in societate[7] sua. Imperator cum hoc audisset contristatus est valde et infra se dicebat: "Heu mihi, tota spes mea erat in seniore filia mea eo quod dixit quod 10 plus me dilexit quam se ipsam, et propter hoc ad magnam dignitatem ipsam promovi." Scripsit statim secundae filiae, quae dixit: "Tantum te diligo quantum me ipsam," quod succurreret ei in tanta necessitate. At illa, cum audisset, viro suo denuntiabat[8] et ipsi consiliavit[9] ut nihil aliud ei concederet 15 nisi victum et vestitum quamdiu viveret honeste pro tali rege, et super hoc litteras patri suo rescripsit. Imperator cum hoc audisset contristatus est valde dicens: "Deceptus sum per duas filias. Iam temptabo tertiam quae mihi dixit: 'Tantum te diligo quantum vales.' " Litteras scripsit ei ut ei succurreret 20 in tanta necessitate et quomodo sorores suae ei respondebant. Tertia filia cum vidisset inopiam patris sui ad virum suum dixit: "Domine mi reverende, mihi succurre in hac necessitate. Iam pater meus expulsus est ab hereditate sua." Ait ei vir eius: "Quid vis tu ut ei faciam?" At illa: "Exercitum colligas 25 et ad debellandum inimicum suum pergas cum eo." Ait comes: "Voluntatem tuam adimplebo."[10] Statim collegit magnum exercitum et sumptibus suis propriis cum imperatore perrexit ad bellum. Victoriam obtinuit et imperatorem in imperio suo posuit. Tunc ait imperator: "Benedicta* hora in qua genui 30 filiam meam iuniorem.[11] Ipsam minus aliis filiabus dilexi et mihi in magna necessitate succurrit et aliae filiae meae defecerunt, propter quod totum imperium relinquero post deces-

---

5. *expense.*   6. *attend.*   7. *retinue.*   8 = *annuntiabat;* see 68.   9. deponent in CL.   10 = *implebo.*   11 = superlative.

sum meum filiae meae iuniori," et sic factum est. Post decessum patris filia iunior regnavit et in pace vitam finivit.

Moraliter.[12] Carissimi, iste imperator potest dici quilibet homo mundanus qui habet tres filias. Prima filia, quae dicit: "Diligo patrem plus quam me ipsam," certe est mundus iste, 5 quem homo tantum diligit, quod vitam suam circa[13] mundana expendit, sed quando est in necessitate mortis tunc mundus vix cum[14] omni dilectione[15] quam habuit concedet ei quinque milites, id est, quinque tabulas ad modum cistae ad involvendum corpus suum. Secunda filia, quae tantum diligit patrem 10 sicut se ipsam, est uxor tua, filii tui et parentes, qui inveniunt necessaria quousque in terram positus fueris et nihil aliud. Tertia filia quae dicebat: "Tantum te diligo quantum vales," est Deus, quem nimis[16] parum[16] diligimus. Sed si ad eum venerimus in necessitate puro corde et munda mente sine 15 dubio eius auxilium obtinebimus contra regem Aegypti, id est, contra diabolum, et ponet nos in nostram hereditatem, scilicet in regnum caeleste, etc.

XXVIII

DE MULIERUM SUBTILI DECEPTIONE*

Darius regnavit prudens valde, qui tres filios habuit quos multum dilexit. Cum vero mori deberet[1] totam hereditatem 20 primogenito* legavit; secundo filio dedit omnia quae in tempore[2] suo acquisivit; tertio filio, scilicet minori, tria iocalia[3] pretiosa dedit, scilicet anulum aureum, monile et pannum[4] pretiosum. Anulus illam virtutem habuit quod qui ipsum in digito gestabat gratiam omnium habuit, in tantum quod, quicquid 25

---

12. Cf. *moralisatio* of l. 26, p. 57. **13.** *on.* **14.** *in spite of.* **15.** Biblical, *love.* **16** = *parum.*
XXVIII. 1. *was about.* **2** = *vita.* **3.** strictly, *jewels;* here used loosely.
4. *rug.*

ab eis peteret, obtineret; monile illam virtutem habuit quod
qui eum in pectore portabat, quicquid cor suum desiderabat
quod possibile esset, obtineret. Pannus illam virtutem habuit
quod, quicumque super eum sederet et intra se cogitaret ubi-
5 cumque esse vellet, subito ibi esset. Ista tria iocalia dedit
filio suo iuniori ut[5] ad studium pergeret et mater ea custodiret
et tempore opportuno ei daret; statimque rex spiritum[6] emisit,[6]
qui honorifice est sepultus. Duo primi filii eius legata[7] occu-
pabant, tertius filius anulum a matre recepit ut ad studium
10 pergeret; cui mater dixit: "Fili, scientiam acquire et a muliere
caveas ne forte anulum perdas." Ionathas anulum accepit,
ad studium accessit et in scientia profecit. Post hoc cito quadam die in platea ei quaedam puella occurrebat satis formosa
et, captus eius amore, eam secum duxit; continuo anulo ute-
15 batur et gratiam omnium habuit et quicquid ab eis voluit
habere obtinuit. Puella eius concubina mirabatur quod tam
laute viveret cum tamen pecuniam non haberet; rationem quadam[8] vice,[8] cum laetus esset, quaesivit, dicens quod creatura*
sub caelo non esset quam magis diligeret; ideo sibi dicere
20 deberet. Ille, de malitia non praemeditatus sibi, dixit virtutem anuli esse talem, etc. At illa: "Cum singulis[9] diebus[9] cum
hominibus conversare[9] soles, perdere posses; ideo custodiam
tibi eum fideliter." Qui tradidit ei anulum, sed cum repeteret,
penuria ductus, illa alta voce clamavit quod fures abstulissent;
25 qui motus flevit amare,[10] quia unde viveret non habuit. Qui
statim ad reginam, matrem suam, est reversus denuntians ei
anulum perditum. At illa: "Fili mi, tibi praedixi ut a muliere
te[11] caveres; ecce tibi iam trado monile quod diligentius custodias; si perdideris, honore et commodo perpetuo carebis."
30 Ionathas monile recepit et ad idem studium est reversus, et
ecce concubina eius in porta civitatis occurrit et cum gaudio
eum recepit; ille, ut prius, convivia multa habuit et laute vixit.

---

5. (with the command) that. 6. breathed his last. 7. legacies. 8.
one day. 9. associate daily. 10. adverb, bitterly. 11. See 65.

Concubina mirabatur quia nec aurum nec argentum videbat,
et cogitabat quod aliud iocale apportasset, quod sagaciter ab
eo indagavit[12]; qui ei monile ostendit et virtutem eius dixit.
Quae ait: "Semper monile tecum portas; una hora tantum[13]
cogitare posses quod[13] per annum sufficeret tibi; ideo trade 5
mihi ad custodiendum." At ille: "Timeo quod sicut anulum
perdidisti sic perderes monile et sic damnum maximum incurrerem." Quae ait: "O domine, iam per anulum scientiam ac-
quisivi; unde tibi fideliter promitto quod sic custodiam monile
quod nullus posset a me auferre." Ille credens dictis eius, 10
monile ei tradidit. Postquam[14] omnia consumpta fuissent
monile petiit; illa, sicut prius, iuravit quod furtive ablatum
esset. Quod audiens Ionathas flevit amare et ait: "Nonne
sensum perdidi quod[15] post anulum perditum monile tibi
tradidi!" Perrexit ad matrem et ei totum processum[16] 15
nuntiavit; illa non modicum* dolens dixit: "O fili carissime,
quare spem posuisti in muliere? Iam altera vice deceptus es
per eam et ab omnibus ut stultus reputaris; ammodo sapientiam addiscas quia nihil habeo tibi nisi pannum pretiosum
quem pater tuus tibi dedit, et si illum perdideris, ad me am- 20
plius redire non valeas." Ille pannum recepit et ad studium
perrexit et concubina eius, ut prius, gaudenter[17] eum recepit.
Qui expandens[18] pannum dixit: "Carissima, istum pannum
dedit mihi pater meus," et ambo posuerunt se super pannum.
Ionathas intra se cogitabat: "Utinam essemus in[19] tantam 25
distantiam[20] ubi nullus hominum ante venit!" Et sic factum
est; fuerunt enim in fine mundi in una foresta[21] quae multum
distabat ab hominibus. Illa tristabatur et Ionathas votum
vovit Deo caeli quod dimitteret eam bestiis ad devorandum
donec[22] redderet anulum et monile; quae promisit facere si 30
posset, et ad petitionem concubinae Ionathas virtutem panni

---

12. *drew out.* 13. *enough to.* 14. For subjunctive see 102. 15. *seeing*
that. 16. *course of events.* 17. *with joy.* 18. *spreading out.* 19. *at.* 20.
Eng. 21. *forest.* 22 = *nisi.*

dixit, scilicet, quicumque super eo quiesceret[23] et cogitaret ubi
esse vellet, ibi statim esset. Deinde ipsa se super pannum
posuit et caput eius in gremio suo collocavit et, cum dormire
coepisset,[24] ipsa partem panni supra quam sedebat ad se traxit.
5 At illa cogitabat: "Utinam essem in loco ubi mane fui!" Quod
et factum est, et Ionathas dormiens in foresta mansit. Cum
autem de somno surrexisset et pannum ablatum cum concubina
vidisset, flevit amarissime nec scivit ad quem locum pergeret.
Surrexit et, signo crucis se muniens, per quandam viam ambu-
10 lavit, per quam ad aquam profundam venit per quam transire
oportebat, quae tam amara et fervida fuit quod carnes pedum
usque ad nuda ossa separavit. Ille vero, de hoc contristatus,
vas implevit et secum portavit et ulterius veniens coepit esurire,
vidensque quandam arborem, de[25] fructu[25] eius comedit et
15 statim factus est leprosus.* De fructu illo etiam collegit et
secum portavit. Tunc veniens ad aliam aquam, per quam
transivit, quae aqua carnes restaurabat pedum, vas de ea
implevit et secum portavit et ulterius procedens coepit esurire;
et videns quandam arborem, de cuius fructu cepit et comedit
20 et, sicut per primum fructum infectus erat, sic per secundum
fructum a lepra[26] est mundatus.[27] De illo fructu etiam attulit
et secum portavit. Dum vero ulterius ambularet vidit quoddam
castrum,* et duo homines ei obviabant, quaerentes quis esset.
At ille: "Medicus peritus sum." Qui dixerunt: "Rex istius
25 regni manet in isto castro et est homo leprosus; si eum a lepra
curare posses, multas divitias tibi daret." At ille: "Etiam."[28]
Qui adducentes ipsum ad regem, dedit ei de secundo fructu et
curatus est a lepra, et de secunda aqua ad bibendum, quae
carnes eius restaurabat. Rex ergo multa donaria[29] ei contulit.
30 Ionathas igitur postea invenit navem de civitate sua et illuc
transfretavit.[30] Rumor per totam civitatem exivit quod magnus
medicus advenisset et concubina sua, quae abstulerat iocalia

---

23. *sat, lay.* **24.** Sc. *ille* as subject. **25.** Biblical, *eat of;* see 39. **26.** *leprosy.*
27. *cleansed.* **28.** expresses assent, *even so, very well.* **29** = *dona.* **30.** *sailed.*

ei, ad mortem infirmata[31] est mittens pro medico isto. Ionathas ignotus est ab omnibus sed ipse eam cognoscens dixit ei
quod medicina sua non valeret ei, nisi prius confiteretur omnia
peccata sua, et si aliquem defraudasset, quod redderet. Illa
vero alta voce confitebatur quomodo Ionatham decepisset de 5
anulo, monili et panno et quomodo eum in loco deserto reli-
quisset bestiis ad devorandum. Ille hoc audiens ait: "Dic,
domina, ubi sunt ista tria iocalia?" Et illa: "In arca mea."
Et dedit ei claves arcae et invenit ea. Ionathas ei de fructu
illius arboris a qua lepram recepit ad comedendum dedit et de 10
aqua prima, quae carnem de ossibus separavit, ad bibendum ei
tribuit; et cum gustasset et bibisset statim est arefacta[32] et,
dolores interiores sentiens, lacrimabiliter[33] clamavit et spiritum
emisit. Ionathas cum iocalibus suis ad matrem suam perrexit,
de cuius adventu totus populus gaudebat. Ille vero matri a 15
principio usque ad finem narravit quomodo Deus eum a multis
malis periculis liberavit et per aliquos annos vixit et vitam in
pace finivit.

XXIX[1]

DE HOMINE ET UXORE LITIGIOSA

Homo quidam habuit uxorem rebellem et contumacem, gar-
rulam et pertinacem. Contigit aliquando ut pariter ambularent 20
in prato, quod nuper dominus prati cum summa diligentia
falcaverat,[2] et ait homo: "Quam diligenter et congrue[3] falcatum
est hoc pratum!" "Mentiris," ait mulier, "quoniam forcipe[4]
praecisum est." "Semper," inquit vir, "verbis meis contraria

---

31. *sick.* **32.** *dried up, withered.* **33.** *mournfully.*
XXIX. 1. Translation from the French version of Marie de France (c.
1200). Most of Marie's fables are apparently derived from an English
translation of *Romulus* (see note on iv, p. 42), which in turn was derived
from the fables of Phaedrus. **2** =*falce demessuerat;* cf. p. 72, l. 2. **3** =
congruenter. **4.** *shears.*

fuisti. Sed tamen hoc vere scio quod pratum hoc vicinus meus
falce demessuit." "Deliras," ait mulier, "quia forcipe factum
est hoc." "Secundum consuetudinem tuam," inquit vir,
"semper novissima vis retinere verba," et deiciens illam incu-
5 buit super eam, et dixit: "Ego linguae officium, qua semper
proterva fuisti locuta, tibi impediam nisi mihi consentias."
Et ait: "Quo instrumento praecisum est pratum?" Quia
igitur linguam eius arripuerat et fortiter premebat, plena verba
formare non poterat, sed "orhipe" pro forcipe dixit. Tunc
10 incepit linguam incidere, et quaesivit ut quaesierat ante. Illa
autem, quia iam linguam amiserat et loqui non potuit, signo
quo valuit pertinaciam ostendit, forcipis formam et officium
digitis ostentans. Sic vir mulieri linguam amputavit.

Moralitas[5]: Sic litigiosi et contumaces iurgia sua semper
15 malo fine concludunt; malunt enim iniuste alios superare quam
ipsi iuste subiciantur.

XXX[1]

DE QUODAM SOLITARIO[2]

Fuit quidam solitarius habens duo colobia,[3] unum in sollemnitatibus et aliud cotidianum. Venit quidam pauper hiemis
tempore quaerens indumentum. Ille vero eduxit panem et
20 dedit ei dicens: "Accipe hoc, quia indumentum[4] non habeo
superfluum[5] quod tibi donem." Pauper vero non cessabat flere
ac vociferare dicens: "Miserere mei." Victus itaque monachus
a[6] prece pauperis, intrans cellam suam exuit se cotidiano colobio

---

5. *the moral.*
XXX. 1. xxx-xxxiii are from the *Liber de miraculis* of Johannes
Monachus, a monk belonging to some monastery near Amalfi (c. 950-1050).
The book is composed of translations of various Greek texts (chiefly the
Pratum Spirituale of Johannes Moschus) with which Johannes had become
acquainted during a visit to Constantinople. The discovery of this work
revealed a new route by which oriental tales reached western Europe.
The Latin is a good example of "monk's Latin." **2.** *hermit.* **3** = *pallia.*
4. *clothing.* **5.** Eng. **6.** See 29.

et dedit pauperi; sibi autem retinuit melius. Postea vero compunctus* dixit pauperi: "Redde mihi quod tibi dedi colobium et accipe hoc melius."

Cum autem accepisset, induit[7] se illud et abiens in civitatem vendidit illud cuidam meretrici. Illa vero induens se illud venit 5 semel et bis ubi erat ille monachus. Ut autem vidit indumentum suum, recognovit quia suum esset quo in sollemnitatibus utebatur. Contristatus est valde et intrans cellam suam dixit: "Vere quia[8] non placuit Deo hoc quod feci nec recepit meam devotionem, quoniam in talibus manibus[9] venit pallium meum, 10 quo ego in diebus festis induebar et modo meretrix utitur eo."

Prae tristitia vero non comedit die illa. Nocte vero cum obdormisset vidit Dominum nostrum Iesum Christum indutum vestimentum suum quod pauperi dedit et introeuntem in cellam suam et dicentem sibi: "Frater, frater." Qui ut aspexit, vidit 15 lucem magnam dixitque: "Quis es, Domine?" Qui dixit ei: "Aspice in me." Ut autem prospexit, dixit ei: "Cognoscis hoc?" Respondit: "Etiam, Domine; colobium meum est." Ait illi: "Ego sum Iesus. Non iam tristeris, sed gaude et laetare et age gratias Deo. Ex quo enim illud dedisti pauperi, ego 20 accepi." Et laetatus monachus valde in benignitate Domini nostri Iesu Christi, qui non permisit eum torqueri a cogitationibus, sed certificabat[10] eum in verbo quod ante praedixerat,[11] quia "quod uni ex minimis meis fecistis, mihi fecistis."

XXXI

DE QUODAM IUVENE

Narravit abbas* Iohannes, qui manebat in loco qui dicitur 25 Petra, de abbate Daniele Aegyptio dicens, quia cum ascendisset senex in locum qui dicitur Terenuthi ut venderet opus manuum

---

7. with two accusatives, *he put it on;* cf. l. 13, below; note abl. in l. 11, below. **8.** See 83. **9.** See 40. **10.** *gave assurance to.* **11.** Matthew xxv, 40.

suarum, iuvenis quidam accessit deprecans eum dicens: "Propter Deum te rogo, pater, ut venias in domum meam et facias
orationem super uxorem meam, quia sterilis est." Senex autem
victus a prece iuvenis, eo quod per nomen Domini eum adiura-
5 verat, abiit cum eo. Et facta oratione super uxore eius recessit
et abiit in cellam suam.

Non post multum vero tempus concepit mulier. Quod ut
viderunt pravi homines Deum non timentes, detrahebant seni
dicentes: "Vere scimus quia iuvenis ingenerabilis[1] est et non
10 generat, sed de abbate Daniele concepit mulier." Devenit
autem haec fama usque ad senem. Quod cum audisset, misit
ad virum mulieris dicens: "Cum genuerit uxor tua, notifica[2]
illud mihi."

Quando vero genuit mulier, nuntiatum est a iuvene abbati
15 Danieli in Cithi, quia[3] cum Dei adiutorio et orationibus tuis
genuit mulier. Tunc abiit abbas Daniel dixitque iuveni: "Fac
prandium et invita omnes parentes* et amicos tuos." Cum
autem omnes pranderent, accepit senex infantem in manibus
suis et coram omnibus dixit ei: "Quis est pater tuus, o infans?"
20 Dixit puer: "Iste est, domine mi," demonstrans iuvenem digito
manus suae. Erat enim puer dierum viginti quinque. Quod
videntes omnes qui aderant glorificaverunt* Deum. Ex tunc
obstrusa[4] sunt labia loquentium iniqua, qui Dei homini detrax-
erant.

XXXII

DE EO QUOD BONUM EST PONERE IN DEO
SPEM SUAM

25 Narravit nobis abbas Palladius dicens: "Senex quidam
saecularis* deprehensus est in Alexandria in homicidio. Qui,
diutius extortus[1] et maceratus suppliciis, dixit nequaquam se

---

1. *impotent.* **2.** Eng. **3.** See 83. **4.** *thrust out,* in a pout.
XXXII. 1. *put to the torture.*

fuisse solum in homicidio, sed socium habuisse quendam iuvenem qui erat annorum circiter triginta.

"Multum autem utrique adflicti sunt a tortoribus. Dicebat
enim senex quia[2] mecum fuit in homicidio; iuvenis autem dicebat: 'Nequaquam.' Quid multa? Post diversa tormenta 5
acceperunt utrique sententiam ut infurcarentur.[3] Et accipi-
entes eos, milites una cum carnificibus deduxerunt in eum
locum qui dicitur Quinto. Ibi enim soliti erant puniri qui
huiusmodi noxae erant. Est enim in loco illo templum Saturni
desertum. 10

"Cum autem venissent omnes simul in loco milites cum carnificibus, voluerunt iuvenem primum appendere[4] in ligno.*
Qui procidens ad pedes militum rogabat eos dicens: 'Propter
Deum, domini mei, facite[5] caritatem,* ut contra orientem
faciatis me aspicere, cum appenderitis me.' Et dixerunt: 15
'Quare?' Et dixit eis: 'Vere, domini mei, non habeo[6] nisi
septem menses, ex quo sanctum baptismum* suscepi et factus
sum christianus.' Senex autem indignans et irridens verba
iuvenis, ait: 'Me vero contra Serapin et Saturnum facite
aspicere.' Ut autem audierunt milites blasphemiam[7] senis, 20
appenderunt ipsum primum.

"Providentia vero Dei usque[8] dum[8] illum infurcarent, ecce
caballarius[9] in festinantia[10] missus ad milites ab Augustalio[11] ut
senem quidem appenderent, iuvenem autem ad se reducerent.
Quod audientes milites gavisi sunt gaudio magno et qui ibi 25
stabant glorificaverunt Deum qui salvos facit sperantes in se.
Et reducentes illum ad praetorium praesentaverunt Augustalio.
Quem ut vidit, dedit ei absolutionem et dimisit in pace. Iuvenis
autem abiit et factus est perfectissimus monachus." Haec vero
scripsimus ut sciant omnes quia novit Dominus iustos de 30
temptationibus[7] eripere, impios autem servare ad diem tormentorum.

---

2. See 83.   **3.** *be hanged on the gallows.*   **4** = *suspendere.*   **5.** See 114.
6. See 113.   **7.** Eng.   **8** = *dum.*   **9.** *horseman, cavalier.*   **10** = *festinatione.*
11. *governor.*

XXXIII

SIMILE SUPRADICTO

Idem abbas Palladius narravit nobis et hoc quod quidam amator Christi fuerat habitans in Alexandria, valde religiosus et elimosinator[1] et susceptor[2] pauperum atque monachorum, habens uxorem fidelem et timentem Deum et ieiunantem*
5 cotidie; habebant vero et unicam filiam annorum sex. Hic autem vir quodam tempore voluit navigare in Constantinopolim; erat enim negotiator. Et dimisit uxorem et filiam in domo cum servo uno. Cum vero exiret a domo ut iret ad navem, dixit ei cum lacrimis uxor sua: "Cui nos dimittis,
10 domine mi?" At ille respondens ait: "Dominatrici vestrae sanctae Dei genetrici et virgini Mariae."

Una[3] autem dierum[3] cum sederet mulier una cum filia sua ut operaretur opus suum, inspiratus a diabolo servus voluit occidere matrem cum filia et tollere quicquid haberet in domo et
15 fugere. Tollens vero gladium a coquina ascendit in triclinium, ubi erat mulier cum filia sua. Et cum appropinquasset ad ianuam triclinii, statim percussus caecitate nequissimus servus non valebat neque in triclinium ascendere neque in coquinam descendere. Cum autem per unam horam vim sibi faceret ut
20 intraret et non valeret, coepit vocare dominam suam ut iret ad eum. Illa autem coepit admirari quomodo staret in medio ianuarum et non pergeret ad ipsam. Dixitque ei: "Tu veni ad me; sic enim decet." Nesciebat enim quia caecus effectus esset. Coepit vero servus magis eam vocare et coniurare ut
25 iret et appropinquaret ei. Illa autem iuravit se nequaquam ire ad eum. Qui dixit: "Saltem puellam mitte ad me." Cui respondit mulier: "Neque puella veniet ad te neque ego. Iam dixi tibi, si vis venire, veni; sin[4] autem, sta illic." Tunc vidit quia nihil valuit ex his quae cogitaverat facere, arreptoque
30 gladio transfixit viscera sua. Domina autem, ut vidit quod

---

XXXIII. 1. *almsgiver.* **2.** *protector.* **3.** See 31. **4.** See p. 60, l. 13.

fecerat in semetipsum nequissimus servus, exclamavit. Quod
audientes vicini concurrentes simul cum praetorianis[5] invenerunt
eum semivivum et adhuc spirantem. Et interrogantes eum pro[6]
quo[6] hoc fecisset, confessus est coram omnibus quae agere
voluit; et tunc expiravit. Tunc dederunt omnes laudem Deo 5
qui salvavit matrem cum filia et salvat omnes per auxilium
sanctae genetricis suae. Amen.

XXXIV[1]

DE FAMILIARITATE MULIERUM PERICULOSA

Narravit mihi quidam homo valde religiosus quod in partibus
in quibus commoratus[2] fuerat[2] accidit quod quaedam valde
religiosa et honesta matrona, frequenter veniens ad ecclesiam 10
die ac nocte, devotissime Domino serviebat. Quidam autem
monachus, custos et thesaurarius[3] monasterii,* magnum nomen
religionis habebat et revera ita erat. Cum autem frequenter
in ecclesia de iis quae pertinent ad religionem mutuo loquerentur, diabolus invidens honestati et famae eorum immisit eis 15
vehementes temptationes, ita quod amor spiritualis[4] conversus
est in carnalem,* unde dixerunt sibi[5] et assignaverunt noctem
in qua recederet monachus a monasterio cum thesauro ecclesiae, et matrona a domo sua cum summa pecuniae quam auferret clam marito. Cum autem sic discederent et fugerent, 20
monachi surgentes ad matutinas* viderunt arcas fractas et
thesaurum ecclesiae asportatum, et cum non invenirent monachum festinanter secuti sunt eum. Similiter maritus dictae[6]
mulieris, videns arcam suam apertam et pecuniam ablatam,
secutus est uxorem suam et, apprehendentes monachum et 25

---

5. *soldiers, police.* 6 = *quare.* Note the free word-order in this selection.
XXXIV. 1. From Wright's Latin Stories. This theme is common in
medieval stories. 2. *had dwelt.* 3. *treasurer.* 4. Eng. 5. reflexive, *to each
other.* 6. See 46 (*a*).

mulierem cum thesauro, reduxerunt eos et in arto carcere
posuerunt. Tantum autem scandalum* fuit per totam regionem et ita omnes infamabant religiosas personas quod longe maius damnum fuit de infamia et scandalo quam de ipso
5 peccato. Tunc monachus ad se reversus, coepit cum multis
lacrimis rogare beatam Virginem, cui semper ab infantia ser-
vierat et nihil umquam tale ei acciderat. Similiter et dicta
matrona coepit instanter auxilium beatae Virginis implorare,
quam frequenter diebus ac noctibus consueverat salutare, et
10 coram[7] eius imaginem genua flectere. Tandem beata Virgo
valde irata eis apparuit et, postquam eis multum improperavit,*
ait: "Remissionem peccati possem vobis obtinere a filio meo;
sed quid possum facere de tanto scandalo? Vos enim fetere
fecistis nomen religiosarum personarum coram omni populo,
15 ita quod de[8] cetero[8] eis non credetur. Hoc est enim quasi
damnum irrecuperabile."[9] Tandem orationibus* eorum pia
Virgo devicta, compulit daemones qui haec procuraverant
venire, iniungens eis quod, sicut religionem infamaverant,
ita infamiam cessare procurarent. Illi vero, cum non possent
20 eius imperiis resistere, post multas anxietates et varias cogitationes reperta via quomodo cessaret infamia, restituerunt
nocte monachum in ecclesia et arcam fractam sicut prius
reparantes et in ea thesaurum reponentes, arcam etiam quam
matrona aperuerat clauserunt et serraverunt[10] et pecuniam
25 in ea reposuerunt, et in camera sua in loco ubi orare solebat
mulierem posuerunt. Cum autem monachi repperissent
thesaurarium domus suae sicut consueverat Dominum exorare,
et maritus uxorem suam reperiret, et thesaurum sicut prius
fuerat repperissent, coeperunt obstupescere et mirari, et cur-
30 rentes ad carcerem viderunt monachum et mulierem in com-
pedibus, sicut eos prius dimiserant. Sic enim videbatur eis
quia unus daemon transfiguravit[11] se in speciem monachi et

---

7. takes the abl. in CL. **8.** *in the future.* **9.** *irreparable.* **10.** *locked.*
11. *transformed.*

alius in speciem mulieris. Cum autem tota civitas ad videnda
miracula convenisset daemones, cunctis audientibus, dixerunt: "Recedamus; satis enim istis illusimus et de religiosis
personis mala cogitare fecimus." Et hoc dicto subito dis-
paruerunt.* Omnes autem ad pedes monachi et mulieris 5
inclamati veniam postulaverunt. Ecce quantam infamiam
et scandalum atque inaestimabile damnum diabolus contra
religiosas personas procurasset nisi beata Virgo succurrisset.

XXXV[1]

LEGENDA AUREA

Incipiensque igitur Barlaam coepit et de mundi creatione*
et hominis praevaricatione[2] ac filii Dei incarnatione,* passione 10
et resurrectione* longum sermonem contexere nec non et de
die iudicii et de retributione* bonorum et malorum multa
proferre et servientes idolis* plurimum exprobrare ac de eorum
fatuitate tale exemplum ponere dicens: "Sagittarius quidam
aviculam[3] parvam nomine philomenam[4] capiens, cum vellet[5] 15
eam occidere, vox data est philomenae et ait: 'Quid tibi
proderit, o homo, si me occideris? Neque enim ventrem tuum
de me implere valebis, sed si me dimittere velles, tria tibi
mandata darem, quae si diligentius conservares, magnam inde
utilitatem consequi posses.' Ille vero ad eius loquelam stupe- 20
factus promisit quod eam dimitteret si haec sibi mandata
proferret. Et illa: 'Numquam rem quae apprehendi non

XXXV. 1. This and the following selection are from the *Legenda aurea*
of James of Voragine (†c. 1298), a collection of lives of the saints and one
of the most popular religious works of the Middle Ages. xxxv is taken
from *Barlaam and Josaphat,* the most popular medieval religious romance,
which in turn is derived from a Buddhistic romance dealing with the
life of Buddha (Barlaam = Buddha). Such lives served not only to
edify the reader, but to increase the fame of the saints or some religious
center. **2.** Biblical, *transgression.* **3.** diminutive, *bird.* **4.** *nightingale.*
5. *was about to.*

potest apprehendere studeas; de re perdita irrecuperabili[6]
numquam doleas; verbum[7] incredibile numquam credas; haec
tria custodi et bene tibi erit.' Ille autem, ut promiserat, eam
dimisit. Philomena igitur per aera volitans dixit ei: 'Vae
5 tibi, homo, quod malum consilium habuisti et quod magnum
thesaurum hodie perdidisti; est enim in meis visceribus margarita quae struthionis[8] ovum sua vincit magnitudine.' Quod
ille audiens valde contristatus est quod eam dimiserit, et eam
apprehendere conabatur, dicens: 'Veni in domum meam et
10 omnem tibi humanitatem exhibebo et honorifice te dimittam.'
Cui philomena: 'Nunc pro certo cognovi te fatuum esse,
nam ex his quae tibi dixi nullum profectum habuisti, quia et
de me, perdita et irrecuperabili, doles et me temptas capere,
cum nequeas meo itinere pergere, et insuper margaritam tam
15 grandem in meis visceribus credidisti esse, cum ego tota ad
magnitudinem ovi struthionis non valeam pertingere.' Sic
ergo stulti sunt illi qui confidunt in idolis quia plasmatos[9]
a se adorant et custoditos a se custodes suos appellant.''

Coepitque contra fallacem mundi delectationem et vani-
20 tatem multa disputare et plura ad hoc exempla adducere,[10]
dicens: "Qui corporales* delectationes desiderant et animas
suas fame mori permittunt similes sunt cuidam homini qui
dum a[11] facie[11] unicornis[12] ne ab eo devoraretur velocius fugeret,
in quoddam[13] barathrum magnum cecidit; dum autem caderet,
25 manibus arbustulam[14] apprehendit quandam et in base quadam
lubrica et instabili pedes fixit. Respiciens vero vidit duos
mures, unum album et unum nigrum, incessanter* radicem
arbustulae quam apprehenderat corrodentes et iam prope[15]
erat ut ipsam absciderent.[15] In fundo autem barathri vidit
30 draconem terribilem, spirantem ignem et aperto ore ipsum
devorare cupientem; super basim vero, ubi pedes tenebat,
vidit quattuor aspidum capita inde prodeuntia. Elevans

---

6. *that cannot be recovered.* **7.** *statement.* **8.** *ostrich.* **9** =*factos.* **10.**
Eng. **11** =*ab,* Biblical expression. **12.** *unicorn.* **13** =indefinite article.
14. *small tree, shrub.* **15.** *they were on the point of cutting it off.*

autem oculos vidit exiguum mellis de ramis illius arbustulae
stillans oblitusque periculi in quo undique positus erat se
ipsum dulcedini illius modici mellis totum dedit. Unicornis
autem mortis tenet[16] figuram, quae hominem semper persequitur
et apprehendere cupit, barathrum vero mundus est, omnibus 5
malis plenus. Arbustula uniuscuiusque vita est, quae per horas
diei et noctis quasi per murem album et nigrum incessanter
consumitur et incisioni[17] appropinquat. Basis vero aspidum
quattuor[18] corpus ex quattuor elementis compositum, quibus
inordinatis,[19] corporis compago dissolvitur. Draco terribilis[18] 10
os inferni, cunctos devorare cupiens; dulcedo ramusculi[20]
delectatio fallax mundi, per quam homo seducitur ut periculum
suum minime intueatur." Addidit quoque dicens: "Similes
sunt iterum mundi amatores homini qui tres amicos habuit,
quorum unum plus quam se, secundum tantum quantum se, 15
tertium minus quam se et quasi nihil dilexit. In magno itaque
periculo positus et a rege citatus, cucurrit ad primum amicum,
eius auxilium quaerens, et qualiter eum dilexerit semper commemorans. Cui ille: 'Nescio quis sis, o homo; habeo alios
amicos, cum quibus me hodie laetari oportet, quos et amicos 20
amodo possidebo; praebeo tamen tibi duo ciliciola[21] ut habeas
quibus valeas operiri.' Confusus igitur ad secundum venit et
similiter eius auxilium postulavit. Cui ille: 'Non vacat mihi
tecum subire agonem,[22] curis etenim multis circumdor; modicum
tamen usque ad ostium palati te sociabo[23] et statim domum 25
revertar, propriis vacans negotiis.' Tristis igitur et desperans
ad tertium amicum perrexit sibique[24] facie demissa dixit: 'Non
habeo os loquendi ad te quoniam non, ut debui, amavi te sed,
in tribulatione* circumdatus et ab amicis destitutus, rogo ut
mihi auxilium feras et mihi veniam praebeas.' Et ille hilari 30
vultu dixit: 'Certe amicum carissimum fateor te esse et tui,
licet modici, beneficii non immemor praecedam te et apud

---

16. *represents.* 17. *cutting in two.* 18. Sc. *est.* 19. *disordered.* 20.
branch; sc. *est.* 21. *small garments of goat's hair.* 22. *struggle,* referring
to the trial before the king. 23. *accompany.* 24. *ei;* see 43.

regem interveniam[25] pro te ne in manibus te tradat inimicorum.'
Primus igitur amicus est divitiarum possessio, pro quibus homo
multis periculis subiacet,[26] veniente vero mortis termino, nihil
ex omnibus nisi viles accipit ad sepeliendum panniculos.[27]
5 Secundus amicus est uxor, filii et parentes, qui tantum usque
ad monumentum secum pergentes protinus revertuntur, suis
vacantes curis. Tertius amicus est fides, spes et caritas et
elemosina et cetera bona opera, quae nos cum eximus de
corpore possunt praecedere et pro nobis apud Deum inter-
10 venire et ab inimicis daemonibus nos liberare."

XXXVI

DEI ORDINATIONI RESISTENDUM NON EST

Huius Conradi tempore, scilicet anno Domini MXXV, comes
Lupoldus, ut in quadam chronica* dicitur, iram regis metuens
cum uxore sua in insulam fugiens in quodam tugurio latita-
bant.[1] In qua silva dum Caesar venaretur, nocte super-
15 veniente in eodem tugurio ipsum oportuit hospitare.* Cui
hospita praegnans vicinaque[2] partui decenter, ut potuit,
stravit[3] et necessaria ministravit. Eadem nocte mulier filium
peperit et vocem tertio ad se venientem Caesar audivit: "Con-
rade, hic puer modo progenitus gener tuus erit." Mane ille
20 surgens duos armigeros[4] sibi[5] secretarios[5] ad se vocavit, dicens:
"Ite et puerulum illum de manibus matris violenter auferte et
ipsum per medium scindentes cor eius mihi portate." Conciti
illi euntes de gremio matris puerum rapuerunt. Quem videntes
elegantissimae formae, misericordia commoti, ipsum super
25 quandam arborem ne a feris devoraretur reposuerunt et leporem
scindentes cor eius Caesari detulerunt. Eodem die dum qui-

---

25. *intercede.* **26.** *is exposed to.* **27.** *rags.*
XXXVI. 1. plural, construction according to sense. **2.** figurative, *close
to.* **3.** *prepared their couches.* **4.** *squires, attendants.* **5.** *in his confidence.*

dam dux inde[6] transiret et puerum vagientem audiret, eum ad se
duci fecit et, dum filium non haberet, uxori[7] attulit et, nutriri
eum faciens, a se de uxore sua genitum esse finxit et Heinricum
vocavit. Cum igitur iam crevisset, erat corpore pulcherrimus,
ore facundus et omnibus gratiosus. Quem Caesar, tam de- 5
corum et prudentem videns, a patre ipsum petiit et in curia*
sua manere fecit, sed cum videret puerum omnibus gratiosum
et ab omnibus commendari, dubitare coepit ne post se regnaret
et ne iste sit ille quem occidi mandaverat. Volens igitur esse
securus, litteras manibus suis scriptas per eum[8] uxori dirigit in 10
hunc modum: "In[9] quantum est tibi cara vita tua,[9] mox[10] ut[10]
litteras istas receperis puerum hunc necabis." Dum igitur
pergens in quadam ecclesia hospitatus fuisset et fessus super
bancum[11] quiesceret et bursa[12] in qua erant litterae dependeret,
sacerdos, curiositate ductus, bursam aperuit et litteras sigillo[13] 15
regis munitas videns ipsas salvo sigillo aperuit et legens scelus
abhorruit et radens[14] subtiliter[15] quod[16] dicebatur[16]: "Istum
necabis," scripsit: "Filiam nostram isti in uxorem dabis."
Cumque regina litteras sigillo imperatoris munitas videret et
de manu imperatoris scriptas esse cognosceret, convocatis 20
principibus, celebravit nuptias et filiam suam eidem in uxorem
dedit. Quae nuptiae Aquisgrani[17] celebratae sunt. Cum autem
Caesari a dicentibus narraretur quod sollemniter fuissent filiae
suae nuptiae celebratae, ille obstupefactus, a duobus armigeris
et duce et sacerdote veritate comperta, Dei ordinationi[18] resis- 25
tendum non esse vidit et ideo pro puero mittens, eum esse suum
generum approbavit et post se regnare instituit. In loco autem
ubi puer Heinricus natus fuit nobile monasterium aedificatum
est quod usque hodie Ursania nominata est.

---

6 = *ibi*. 7. See 25 (c). 8. the young man. 9. *as you value your life*.
10 = *simulatque*. 11. *bench*. 12. *bag, purse*. 13. *seal*. 14. *erasing*. 15.
cleverly. 16. *the words*. 17. Aix-la-Chapelle. 18. *ordinance*.

XXXVII[1]

DE FORMICA, GALLO, CANE

Balaam, qui lingua Arabica vocatur Lucaman, dixit filio suo: Fili, ne sit formica sapientior te, quae congregat in aestate unde vivat in hieme. Fili, ne sit gallus vigilantior te, qui in matutinis[2] vigilat, et tu dormis. Fili, ne sit gallus fortior te, 5 qui iustificat[3] decem uxores suas, tu solam castigare non potes. Fili, ne sit canis corde nobilior te, qui benefactorum[4] suorum non obliviscitur, tu autem benefactorum tuorum oblivisceris. Fili, ne videatur tibi parum[5] unum habere inimicum vel nimium mille habere amicos. Dico tibi:
10 Exemplum I. De dimidio amico.

Arabs moriturus vocato filio suo dixit: "Dic, fili, quot tibi, dum vixi, adquisieris amicos." Respondens filius dixit: "Centum, ut arbitror, mihi adquisivi amicos." Dixit pater: "Philosophus dicit: 'Ne laudes amicum donec probaveris eum.'
15 Ego quidem prior natus sum et unius dimidietatem[6] vix mihi adquisivi. Tu ergo centum quomodo tibi adquisisti? Vade igitur probare[7] omnes, ut cognoscas si quis omnium tibi perfectus erit amicus." Dixit filius: "Quomodo probare consulis?" Dixit pater: "Vitulum interfectum et frustatim[8] comminutum 20 in sacco repone, ita ut saccus forinsecus[9] sanguine infectus sit. Et cum ad amicum veneris, dic ei: 'Hominem, care mi, forte interfeci; rogo te ut eum secreto sepelias; nemo enim te suspectum[10] habebit,[10] sicque me salvare poteris.'" Fecit filius

---

XXXVII. 1. This and the three following selections are from the *Disciplina clericalis* of Petrus Alfonsi, a Spanish Jew who had been converted to Christianity (1106). It is the oldest story book of the Middle Ages, a collection of oriental tales, proverbs, and fables in which, however, the religious zeal of the new convert constantly appears. Spain is the most important gateway by which oriental tales found entrance into western Europe. The *Disciplina* was used by the compilers of such collections as the *Gesta Romanorum* and the *Legenda aurea*. It has been translated into many languages, even Icelandic. **2.** *morning* (sc. *horis*). **3.** *keeps in order, rules;* so also *castigare*. **4.** Eng. **5.** *a little thing.* **6.** *a half.* **7.** Infinitive expresses purpose. **8.** *into bits.* **9.** *on the outside.* **10.** See 113.

sicut pater imperavit. Primus autem amicus ad quem venit dixit ei: "Fer tecum mortuum super collum tuum. Sicut fecisti malum, patere[11] satisfactionem.[12] In domum meam non intrabis." Cum autem per singulos sic fecisset, eodem responso ei omnes responderunt. Ad patrem ergo rediens, nuntiavit quae 5 fecerat. Dixit pater: "Contigit tibi quod dixit philosophus: 'Multi sunt dum numerantur amici, sed in necessitate pauci.' Vade ad dimidium amicum meum quem habeo, et vide quid dicat tibi." Venit et, sicut aliis dixerat, huic ait. Qui dixit: "Intra[13] domum. Non est hoc secretum quod vicinis debeat 10 propalari."[14] Emissa ergo uxore cum omni familia sua sepulturam[15] fodit. Cum autem ille omnia parata videret, rem prout erat disseruit, gratias agens. Deinde patri retulit quae fecerat. Pater vero ait: "Pro tali amico dicit philosophus: 'Hic est vere amicus qui te adiuvat, cum saeculum* tibi deficit.'" Dixit 15 filius ad patrem: "Vidisti hominem qui integrum sibi amicum lucratus fuerit?" Tunc pater: "Non vidi quidem, sed audivi." Tunc filius: "Renuntia mihi de eo, si forte talem mihi adquisiero." At pater:

Exemplum II. De integro amico. 20

"Relatum est mihi de duobus negotiatoribus, quorum unus erat in Aegypto, alter Baldach, seque[16] solo auditu[17] cognoverant et per internuntios pro sibi necessariis mittebant. Contigit autem ut qui erat Baldach in[18] negotiationem[18] in Aegyptum iret. Aegyptiacus audito eius adventu occurrit ei et suscepit 25 eum gaudens in domum suam et in omnibus ei servivit sicut mos est amicorum per octo dies, et ostendit ei omnes manerias[19] cantus quas habebat in domo sua. Finitis octo diebus infirmatus est. Quod valde graviter dominus de amico suo ferens adscivit[20] omnes medicos Aegyptiacos ut amicum hospitem 30 viderent. Medici vero, palpato[21] pulsu,[21] iterum et iterum urina respecta, nullam in eo agnoverunt infirmitatem. Et quia per hoc nullam corporalem agnovere infirmitatem, amoris

---

11. imperative. 12. *reparation*, i.e., *punishment*. 13. imperative. 14. *be made public.* 15. *grave.* 16. reciprocal. 17. *by hearsay.* 18. *on business.* 19. *kinds.* 20. *summoned.* 21. *feeling the pulse.*

sciunt esse passionem. Hoc agnito dominus venit ad eum et quaesivit si qua esset mulier in domo sua quam diligeret. Ad haec aeger: "Ostende mihi omnes domus tuae mulieres, et si forte inter eas hanc videro, tibi ostendam." Quo audito ei
5 ostendit cantatrices[22] et pedissequas; quarum nulla ei complacuit. Post hoc ostendit ei omnes filias; has quoque sicut et priores omnino reppulit atque neglexit. Habebat autem dominus quandam nobilem puellam in domo sua, quam iam diu educaverat ut eam acciperet in uxorem; quam et ostendit ei.
10 Aeger vero, adspecta hac, ait: "Ex hac est mihi mors et in hac est mihi vita." Quo audito dedit ei puellam nobilem in uxorem cum omnibus quae erat cum ea accepturus. Et praeterea dedit ei ea quae erat daturus puellae si eam acciperet in uxorem. His completis, accepta uxore, cum his quae cum uxore acceperat
15 et negotiatione facta rediit in patriam.

Contigit autem post haec ut Aegyptiacus omnia sua multis modis amitteret et pauper effectus cogitavit apud se quod iret Baldach ad amicum quem ibi habebat, ut sui misereretur. Iter ergo nudus et famelicus arripuit atque Baldach intempestae
20 noctis silentio pervenit. Pudor autem ei obstabat ne domum amici adiret, ne forte incognitus tali tempore domo expelleretur. Templum ergo quoddam antiquum intravit ut ibidem pernoctaret. Sed cum ibi anxius multa secum diu volveret occurrerunt sibi[23] duo viri prope templum in civitate, quorum unus alium
25 interfecit clamque aufugit. Multi ergo cives pro strepitu decurrentes interfectum reppererunt, et quaerentes quisnam homicidium perpetrasset, intraverunt templum sperantes homicidam ibi reperire. Aegyptiacum vero illic reppererunt et sciscitantes ab eo quisnam virum interfecisset audierunt ab
30 ipso quia "ego illum interfeci." Paupertatem enim suam morte saltem finire vehementer cupiebat. Captus itaque et incarceratus[24] est. Mane autem facto producitur ante iudices et morte condemnatus ducitur ad crucem. Multi vero de more

---

22. *singing-girls.* **23.** reciprocal. **24.** *imprisoned.*

accurrerunt, quorum unus fuit amicus eius cuius causa Baldach
adierat. Et acutius eum intuens deprehendit esse amicum quem
in Aegypto reliquerat. Reminiscens itaque bonorum quae
sibi in Aegypto fecerat, cogitans etiam quia post mortem retri-
buere illi non poterat, mortem pro ipso subire se decrevit. 5
Voce igitur magna exclamavit: "Quid innocentem condemnatis
quove eum ducitis? Non mortem meruit, ego virum interfeci."
At illi iniecerunt manus in eum atque ligatum secum ad crucem
traxerunt aliumque a poena mortis absolverunt. Homicida
vero in eodem agmine haec intuens gradiebatur atque secum 10
ait: "Hunc interfeci et iste damnatur. Hic innocens supplicio
deputatur,²⁵ ego vero nocens libertate fruor. Quaenam causa
est huius iniustitiae? Nescio, nisi sola sit Dei patientia. Verum
Deus, iudex iustus, impunitum scelus nullum dimittit. Ne
igitur posterius in me durius vindicet, huius me prodam cri- 15
minis reum; sicque eos a morte absolvendo quod commisi luam
peccatum." Obiecit se ergo periculo dicens: "Me,²⁶ me, qui
feci; istum dimittite innoxium." Iudices autem non parum²⁷
admirantes, hunc, alio a morte absoluto, ligaverunt. Iamque
de iudicio dubitantes, hunc cum reliquis prius liberatis ante 20
regem duxerunt eique omnia ex ordine referentes ipsum etiam
haesitare compulerunt. Communi itaque consilio²⁸ rex eis
omne crimen quod sibi imposuerant condonavit, eo tamen
pacto ut criminis sibi impositi causas patefacerent. At illi rei
veritatem ei exposuerunt. Communi autem consensu omnibus 25
absolutis, indigena qui pro amico mori decreverat ipsum in
domum suam introduxit eique, omni honore pro ritu facto,
inquit: "Si mecum manere adquiescis, omnia nobis prout decet
erunt communia; si vero repatriare volueris, quae mea sunt
aequa lance partiamur." At ille natalis soli dulcedine irretitus, 30
partem totius substantiae quam ei obtulerat recepit sicque
repatriavit.

---

25. *condemned.* **26.** accusative of exclamation. **27.** *a little.* **28** =*consensu* of l. 25, below.

XXXVIII

DE MAIMUNDO SERVO

Iuvenis senem interrogavit: "Cum invitatus fuero ad prandium, quid faciam? Parum[1] vel nimis[2] comedam?" Cui senex: "Nimis. Quoniam si amicus tuus fuerit qui te invitavit, multum gaudebit; si autem inimicus, dolebit." Hoc audito
5 risit puer. Ad quem senex: "Quid rides?" Puer: "Recordatus sum[3] verbi quod audivi de Maimundo nigro. Quidam enim senex quaesivit ab eo quantum posset comedere. Cui ipse: 'De cuius prandio, de meo vel de alterius?' At ille: 'De tuo.' Maimundus: 'Quanto[4] minus[4] possum.' Senex: 'De
10 alterius quantum?' Maimundus: 'Quanto[5] magis[5] possum.'" Senex: "Tu modo recordaris verborum cuiusdam gulosi,[6] pigri, stulti, garruli et nugigeruli[7] et quicquid tale de illo dicitur vel eo amplius in eo invenitur." Iuvenis: "Multum placet mihi de eo audire, quia quicquid de eo est, derisorium[8] est. Et si
15 quid de eius dictis vel factis mente retines, eloquere, et habebo pro munere." Senex: "Dominus suus praecepit ei quadam nocte ut clauderet ianuam. Ipse vero desidia pressus surgere non potuit[9] et ideo dixit quia clausa erat ianua. Mane autem facto dixit dominus servo: 'Maimunde, aperi ianuam.' Cui
20 servus: 'Domine, sciebam quod volebas eam hodie esse apertam et ideo nolui eam sero claudere.' Tunc primum comperit dominus quod propter pigritiam dimiserat et dixit: 'Surge, fac opus tuum, quia dies est et sol iam altus est.' Cui servus: 'Domine, si sol iam altus est da mihi comedere.' Cui
25 dominus: 'Pessime serve, vis nocte comedere?' Servus: 'Si nox est permitte me dormire.' Alia vice[10] dixit dominus servo noctu: 'Maimunde, surge et videas utrum pluat necne.' Ipse vero advocavit canem qui iacebat extra ianuam et cum venisset

---

XXXVIII. **1.** *a little.* **2.** *a great deal.* **3.** regularly takes the accusative in CL. **4** = *quam minimum.* **5** = *quam maximum.* **6.** *gluttonous.* **7.** *worthless fellow, fool.* **8.** *ridiculous, laughable.* **9** = *voluit.* **10.** *time.*

canis palpavit pedes eius. Quibus inventis siccis domino
inquit: 'Domine, non pluit.' Alia vice dominus interrogavit
servum noctu an ignis esset in domo. Ipse vero vocato murilego temptavit an[11] calidus esset an non. Et cum invenisset
eum frigidum, ait: 'Domine, non.' " Iuvenis: "Pigritiam 5
audivi; modo garrulitatem eius audire cupio." Senex: "Dictum fuit quod dominus suus veniebat de foro laetus pro lucro,
quia multum lucratus fuerat. Et exivit servus Maimundus
contra dominum suum. Quem cum videret dominus, timuit
ne aliquos rumores, ut mos suus erat, diceret et dixit: 'Cave 10
ne dicas mihi rumores malos.' Servus: 'Non dicam rumores
malos, sed canis nostra parvula Bispella mortua est.' Cui
dominus: 'Quomodo mortua est?' Servus: 'Mulus noster
exterritus fuit et rupit camum[12] suum et dum fugeret sub
pedibus suis canem suffocavit.'[13] Dominus: 'Quid actum 15
fuit de mulo?' Servus: 'In puteum cecidit, et mortuus est.'
Dominus: 'Quomodo exterritus fuit mulus?' Servus: 'Filius
tuus de solario[14] cecidit ita quod mortuus est et inde exterritus
fuit mulus.' Dominus: 'Quid agit genetrix eius?' Servus:
'Prae nimio dolore nati mortua est.' Dominus: 'Quis cus- 20
todit domum?' Servus: 'Nullus, quoniam in cinerem vertitur
et quicquid in ea erat.' Dominus: 'Quomodo combusta fuit?'
Servus: 'Eadem nocte qua domina mortua fuit, pedissequa
quae vigilabat pro domina, oblita fuit candelam in thalamo,
et ita combusta est domus tota.' Dominus: 'Pedissequa ubi 25
est?' Servus: 'Ipsa volebat ignem exstinguere et cecidit
trabs super caput eius et mortua est.' Dominus: 'Tu quomodo evasisti cum tam piger sis?' Servus: 'Cum viderem
pedissequam defunctam effugi.' "

---

11 = *utrum*. **12.** *halter*. **13.** *crushed*, lit., *choked*. **14.** *house-top, bal-
cony.*

XXXIX

DE DECEM TONELLIS[1] OLEI

Contigit quod[2] quidam homo habuit filium, cui post mortem suam nihil praeter domum dimisit. Iste cum magno labore corpori suo vix etiam quae natura exigit suppeditabat, et tamen domum suam, licet[3] magna coactus inedia, vendere 5 nolebat. Habebat autem puer iste quendam vicinum valde divitem, qui domum pueri emere cupiebat ut suam largiorem faceret. Puer autem nec prece nec pretio vendere volebat. Quod postquam dives ille comperit, quibus ingeniis[4] et quibus artibus puero subtraheret domum cogitavit. At iuvenis 10 secundum posse[5] suum familiaritatem eius devitavit. Denique contristatus dives ille causa[6] domus[6] et quod non posset puerum decipere, quadam die venit ad puerum et inquit ei: "O puer, accommoda[7] mihi parvam tuae partem curiae pretio, quoniam in ea sub terra decem tonellos cum oleo custodire volo et nihil 15 tibi nocebunt, et habebis inde aliquod sustentamentum[8] vitae." Puer autem coactus necessitate concessit et dedit illi claves domus. Iuvenis vero interim more solito liberis[9] liberaliter[9] serviens victum perquisivit. At dives homo, acceptis clavibus, curiam iuvenis suffodiens quinque tonellos plenos oleo ibi 20 recondidit et quinque dimidios. Et hoc facto iuvenem advocavit clavesque domus illi tribuens ait: "O iuvenis, oleum meum tibi committo atque in tua custodia[10] trado." Iuvenis simplex, putans omnes tonellos esse plenos, in custodia recepit. At post longum tempus contigit quod in terra illa oleum carum 25 fuit. Dives hoc videns puero inquit: "O amice, veni et iuva me oleum effodere quod tuae iam dudum mandavi custodiae et laboris praemium accipies et tutelae." Iuvenis, audita prece cum pretio, diviti concessit ut secundum posse suum

---

XXXIX. 1. *casks.* **2.** See 95. **3.** with a participle not in classical prose. **4.** Cf. p. 34, l. 14. **5.** noun, *ability.* **6.** *because of the house,* connected with the following causal clause by *et.* **7** = *commoda.* **8.** *means of support.* **9.** word play. **10** = *custodiam.*

eum iuvaret. Dives vero non oblitus fraudis suae nequissimae
adduxit homines ut oleum emerent. Quibus adductis terram
aperuerunt et quinque plenos tonellos et quinque dimidios
invenerunt. Perceptis talibus advocavit puerum ita dicendo:
"Amice, causa tuae custodiae amisi oleum; insuper quod tibi 5
commisi fraudulenter[11] abstulisti. Quapropter volo ut mea
mihi restituas." His dictis eum accepit[12] et, vellet[13] nollet,[13]
ad iustitiam[14] deduxit. Iustitia eum videns accusavit, sed
iuvenis quid contra diceret nescivit. Sed tamen indutias
unius diei quaesivit. Quod iustitia, quia iustum erat, con- 10
cessit. In civitate autem illa morabatur[15] quidam philosophus,
qui cognominabatur[16] Auxilium Egentium, bonus homo atque
religiosus. Iuvenis autem, audito bonitatis illius praeconio,
perrexit ad eum quaesivitque ab eo consilium dicens: "Si
vera sunt quae multis referentibus de te mihi dicta sunt, 15
more domestico[17] fer mihi auxilium; etenim iniuste accusor."
Philosophus, audita prece iuvenis, interrogavit si iuste vel
iniuste accusarent eum. Iuvenis vero quod iniuste accusaretur
firmavit sacramento. Audita rei sinceritate, philosophus
pietate commotus ait: "Auxiliante Deo feram tibi auxilium; 20
sed sicut a iustitia respectum[18] usque in crastinum diem ac-
cepisti, quin[19] eas ad placita* dimittere noli,[19] et ero ibi paratus
succurrere tuae veritati atque eorum nocere falsitati."* Iuvenis
autem quod philosophus ei iusserat egit. Mane autem facto
venit philosophus ad iustitiam. Quem postquam vidit ius- 25
titia, ut sapientem et philosophum vocavit vocatumque iuxta
se sedere fecit. Inde iustitia vocavit accusantem et accusa-
tum et praecepit quod suorum recordarentur placitorum;
et ita fecerunt. Illis vero sic coram adstantibus, iustitia ait
philosopho quod causas eorum audiret et inde iudicium faceret. 30
Inde philosophus: "Praecipe nunc, iustitia, clarum oleum
de quinque tonellis plenis mensurari[20] et scias quantum sit

---

11. *by fraud.* **12.** *seized.* **13.** *whether he would or not, willy nilly.* **14.**
abstract for concrete, *the justice, judge.* **15.** *dwelt.* **16** =*nominabatur.* **17.**
your own, your. **18.** *postponement.* **19.** *do not fail to go.* **20.** *be measured.*

ibi clari olei; et similiter de quinque dimidiis, et scias quantum clari olei ibi fuerit. Deinde spissum oleum de quinque
plenis tonellis sit mensuratum et scias quantum spissi olei
fuerit ibi; et similiter de quinque dimidiis facias mensurari
5 et scias quantum spissi olei in eis sit. Et si tantum spissi olei
inveneris in dimidiis tonellis quantum et in plenis, scias oleum
fuisse furatum. Et si in dimidiis tonellis inveneris talem
partem spissitudinis[21] qualem oleum clarum ibi existens exigit,
quod quidem et in plenis tonellis invenire poteris, scias oleum
10 non fuisse furatum." Iustitia haec audiens confirmavit iudicium factumque est ita. Et hoc modo iuvenis evasit sensu[22]
philosophi. Finitis placitis iuvenis philosopho grates reddidit.
Tunc philosophus ait illi: "Numquamne illud philosophi
audisti, 'non emas domum, antequam cognoscas vicinum?'"
15 Ad haec iuvenis: "Primum[23] habuimus domum, antequam[23]
iuxta nos hospitaretur." Cui philosophus: "Primum[24] vendas
domum quam maneas iuxta malum vicinum."

XL

DE DUOBUS BURGENSIBUS ET RUSTICO

Arabs castigavit[1] filium suum: "Fili, si fueris in via cum aliquo
socio, dilige eum sicut te ipsum et non[2] mediteris aliquem
20 decipere, ne et tu decipiaris, veluti duobus contigit burgensibus*
et rustico." Filius: "Pater, refer mihi, ut aliquid utilitatis
inde capiant posteri." Pater: "Dictum fuit de duobus burgensibus et rustico, causa orationis Mech[3] adeuntibus, quod
essent socii victus[4] donec venirent prope Mech, et tunc defecit
25 illis cibus ita quod non remansit eis quicquam nisi tantum farinae

---

21. *thick oil*, lit., *density*. 22. *by the common sense.* 23 = *prius (ante)*
. . . *quam*. 24 = *potius*.
XL. 1. *instructed, admonished.* 2. *Non* is frequently used instead of
ne in independent volitive clauses. 3. *Mecca.* 4. genitive depending on
socii (partners).

qua[5] solum panem et[6] parvum facerent. Burgenses vero hoc videntes dixerunt ad invicem: 'Parum panis habemus et noster multum comedit socius. Quapropter oportet nos habere consilium quomodo sibi partem panis auferre possimus et quod nobiscum debet, soli comedamus.' Deinde acceperunt con- 5 silium huiuscemodi quod facerent panem et coquerent et dum coqueretur dormirent et quisquis eorum mirabiliora somniando videret, solus panem comederet. Hoc artificiose[7] dicebant quia rusticum simplicem ad huiusmodi ficticia[8] deputabant. Et fecerunt panem miseruntque[9] in ignem, deinde iacuerunt ut 10 dormirent. At rusticus percepta eorum astutia, dormientibus sociis, de igne extraxit panem semicoctum[10] et comedit et iterum iacuit. Sed unus de burgensibus, sicut[11] somno perterritus esset, evigilavit[12] sociumque vocavit. Cui alter de burgensibus ait: 'Quid[13] habes?'[13] At ille inquit: 'Mirabile 15 somnium vidi; nam mihi visum erat quod duo angeli aperiebant portas caeli et me sumentes ante Deum ducebant.' Cui socius: 'Mirabile est hoc somnium quod vidisti. At ego somniavi quod ego, duobus angelis ducentibus et terram findentibus, ducerer in infernum.' Rusticus vero hoc totum audiebat et 20 tamen se dormire fingebat. Sed burgenses, decepti et decipere volentes, ut evigilaret rusticum vocaverunt. Rusticus vero callide et sicut[11] territus esset respondit: 'Qui sunt qui me vocant?' At illi: 'Socii tui sumus.' Et rusticus: 'Rediistis iam?' At ipsi contra: 'Quo perreximus unde redire debeamus?' Ad 25 haec rusticus: 'Nunc visum erat mihi quod duo angeli unum ex vobis accipiebant et aperiebant portas caeli ducebantque ante Deum; deinde alium accipiebant duo alii angeli et aperta terra ducebant in infernum. Et his visis putavi neminem[14] vestrum iam amplius rediturum et surrexi et panem comedi.' " 30 Et pater: "O fili, sic evenit eis qui socium decipere voluerunt, quia suo ingenio decepti fuerunt." Tunc filius: "Ita evenit eis,

---

5 = *ut ea.*   6. *and that too.*   7. *artfully.*   8. *tricks.*   9. *put.*   10. *half-baked.*   11 = *quasi.*   12. *woke up.*   13. *What is the matter?*   14 = *neutrum.*

sicut in proverbio dictum est: 'Qui totum voluit, totum perdidit.' Haec autem natura est canis, cui faverunt[15] illi, quorum unus alii cibum auferre cupit. Sed si naturam cameli
sequerentur,[16] mitiorem naturam imitarentur.[16] Nam talis
5 est natura cameli: quando insimul[17] datur praebenda[18] multis,
quod nullus eorum comedet, donec omnes insimul edant; et si
unus ita infirmatur quod nequeat comedere, donec removeatur
alii ieiunabunt. Et isti burgenses postquam volebant animalis
naturam sibi assumere, mitissimi animalis naturam sibi debuis-
10 sent[19] vindicare; et merito cibum amiserunt. Quin etiam hoc
eis evenisse voluissem, quod magistro meo narrante iam dudum
audivi evenisse incisori[20] regis pro[21] discipulo[22] suo Nedui,
videlicet quod fustibus caederentur." Pater ad haec: "Dic
mihi, fili, quid audisti? Quomodo contigit discipulo, quoniam
15 talis narratio animi erit recreatio?"*

"Narravit mihi magister meus quendam regem habuisse
unum incisorem qui diversos diversis aptos temporibus ei
incidebat pannos. At ille discipulos sutores[23] habebat, quorum
quisquis artificiose suebat quod magister incisor regis artificiose
20 scindebat. Inter quos discipulos unus erat nomine Nedui, qui
socios arte sutoria[24] superabat. Sed, die festo veniente, rex
suorum ad se incisorem pannorum vocavit et pro[25] tempore[25]
pretiosas vestes sibi et suis familiaribus parari praecepit. Quod
ut citius et sine impedimento fieret, unum de camerariis[26] suis
25 eunuchum, cuius illud erat officium, sutoribus custodem addidit
et ut eorum curvos[27] ungues observaret et eis ad sufficientiam*
necessaria ministraret, rogavit. Sed in[28] una dierum[28] ministri
calidum panem et mel cum aliis ferculis incisori et consociis*
comedendum dederunt. Et qui aderant comedere coeperunt.
30 Quibus epulantibus ait eunuchus: 'Magister, quare Nedui
absente comeditis nec illum expectatis?' Magister inquit:

---

15. *were like.* **16.** For tenses see 107. **17** = *simul.* **18.** *allowance of
food.* **19** = *debuerunt.* **20.** *cutter, tailor.* **21** = *propter.* **22.** *apprentice.*
23. *tailors;* in CL. *cobblers.* **24.** *sartorial.* **25** = *aptos temporibus* of l.
17, above. **26.** *chamberlains.* **27.** *thieving.* **28.** *one day.*

'Quia mel non comederet, etiamsi adesset.' Et comederunt. Deinde venit Nedui et ait: 'Quare me absente comedistis nec partem meam mihi reservastis?' Cui eunuchus: 'Magister tuus dixit quod mel non comederes, etiamsi adesses.' At ille tacuit et quomodo illud magistro suo recompensare[29] posset 5 cogitavit. Et hoc facto, magistro absente, secreto dixit eunucho: 'Domine, magister meus quandoque[30] frenesim[31] patiens sensum perdit et indiscrete* circumstantes verberat atque interimit.' Cui eunuchus: 'Si scirem horam quando ei hoc contigit, ne quid inconsulte ageret, ligarem et loris corrigerem.' 10 At Nedui ait: 'Cum videris illum huc et illuc aspicientem terramque manibus verberantem atque sua sede surgentem et scamnum super quod sedet manibus rapientem, tunc eum scias insanum esse, et nisi tibi et tuis provideris caput fuste dolabit.' Ad haec eunuchus: 'Tu[32] benedicaris[32] quia ammodo mihi et 15 meis providebo.' Talibus dictis Nedui sequenti die magistri sui secreto forfices[33] abscondit. At incisor, quaerens forfices et non inveniens, coepit manibus terram percutere et huc et illuc aspicere suaque sede surgere et scamnum super quod sedebat manu demovere. Hoc videns eunuchus statim suos vocavit 20 clientes et praecepit incisorem ligari et, ne aliquos verberaret, graviter verberari. Sed incisor clamabat ita dicendo: 'Quid forisfeci?[34] Ut* quid talibus me afficitis verberibus?' At illi acrius verberando tacebant. Quando autem lassi fuerunt verberando et ipse vapulando, exosum vitae[35] solverunt. Qui, 25 respirans sed longo temporis intervallo, quaesivit ab eunucho quid forisfecisset. Cui eunuchus: 'Dixit mihi Nedui discipulus tuus quod quandoque insanires nec nisi vinculis et verberibus correptus cessares, et ideo te ligavi et verberavi.' Hoc audito incisor Nedui discipulum suum vocavit et ait: 'Amice, quando 30 novisti me esse insanum?' Ad haec discipulus: 'Quando me mel non comedere scivisti?' Eunuchus et alii hoc audientes

---

29. *repay.* **30.** *sometimes.* **31.** See p. 53, l. 3. **32.** *blessings on you.* **33.** *shears.* **34** =*offendi, nocui.* **35.** genitive with *exosum* (sc. *eum*).

riserunt et utrumque merito poenas suscepisse iudicaverunt."
Ad haec pater: "Merito hoc illi accidit, quia si custodiret[36] quod
Moyses praecepit,[37] ut diligeret fratrem suum sicut se ipsum,
hoc ei non evenisset."

XLI.[1] VERGIL AND LUCINIUS

5   Florebat per idem tempus Romae ille famosissimus poeta
Virgilius, qui de Manthua, Siciliae civitate, oriundus optime
notus erat regi, quia et saepe fuerat ab eo muneribus honoratus.
Huic ergo ob notitiam sui et quia tunc temporis inter philosophos praecipuus habebatur, cum muneribus magnis pater
10 transmittit filium,[2] obsecrans eum per deos suos quatenus[3]
puerum et scientia sua instrueret et a malignorum insidiis diligentius custodiret. Timebat enim pater ne aliquid sinistri per
invidiam pateretur, quia hoc a divinis et astrorum peritis
acceperat. At Virgilius, ob reverentiam et amicitiam regis
15 puerum recipiens, primo quidem ei litterarum tradidit elementa
ac deinde blandiendo leniendoque, ut moris est magistrorum,
syllabam ex litteris conficere et ex syllabis formare dictionem

---

36. For tense see 107. **37.** Leviticus xix, 18.
XLI. 1. This and the following selection are from the *Dolopathos sive
de rege et septem sapientibus* of Joannes of Alta Silva (c. 1200), based, as
he asserted, on oral tradition. The story of the Seven Sages had an extraordinary vogue. It apparently originated in India, and eight oriental
versions have survived (Book of Sindibâd). In the West we have the
Dolopathos in two versions and the Seven Sages in at least forty, practi-
cally every European language being represented. In the *Dolopathos* the
Instructor Sindibâd has been replaced by Vergil, who at a very early
date came to be regarded as the possessor of all-embracing knowledge—
reflected in the extraordinary efforts of the commentators to derive
allegorical meanings from his writings. With his knowledge was supposed
to go equally great power. He was first merely the protecting genius of
Naples, his later home and burial place, then of Rome, and was finally
transformed in popular legend into a magician with universal power. The
belief in Vergil as the prophet of the fourth eclogue and the association of
virga, the magician's wand, contributed to the development of the legend.
2. His name is given below, *Lucinius*. **3.** See 93.

et ex dictionibus[4] vero perficere orationem eum in[5] angustia temporis[5] perdocuit. Sicque paulatim proficiens puer iam per se et legere et utramque linguam, Graecam videlicet et Latinam, proferre[6] coepit. Laetabatur Virgilius et tantam in puero velocitatem ingenii mirabatur spemque de eo concipiens 5 meliorem, ampliorem ei curam impendebat. Puer vero animum dictis magistri accommodans, qui naturaliter elegantis erat ingenii, quicquid semel audisset, subtili statim ingenio intellectum vivaci memoriae commendabat, nec opus erat ei secundo[7] super hoc requirere praeceptorem.[8] Unde factum 10 est ut infra unius anni circulum[9] consocios suos, qui eum et aetate praecedebant iamque quinquennio vel septennio[10] sub disciplina fuerant magistrorum, transcenderet[11] rogaretque Virgilium quatenus eum altioribus instruere dignaretur. Ipse vero videns in eo infanti* abolitam ruditatem[12] 15 iamque habilem fore[13] ad percipiendam artium disciplinam, eius libenter annuit voluntati. Ob dilectionem igitur ipsius earundem[14] artium liberalium immensam prolixitatem* in tantam brevitatem quadam mirabili et ineffabili* subtilitate contraxit[15] ingenii, ut eas intra libelluli[16] manualis compen- 20 dium[16] concluderet possetque eas quivis in tribus annis facile ad perfectum[17] addiscere quas ipse vix cum magno etiam sudore percipere valuisset. Hunc autem libellum nulli umquam vel hora una concedere voluit, non magistro, non discipulo, sed nec ipsi principi orbis Augusto nisi tantum Lucinio cuius pro- 25 fectui incumbebat. Huic ad cuius utilitatem ipsum ediderat, tradidit eundem, ei in conclavi et seorsum ab aliis in eodem de artibus amicabiliter[18] disserens.

Et primo quidem ei grammaticam, quae prima est et mater artium, exposuit; quam ipse cum tanta velocitate comprehendit 30 ut ipse etiam Virgilius miraretur. Dehinc ad dialecticam ven-

---

4. *sentences.* **5** = *brevi tempore.* **6.** *speak.* **7.** *a second time.* **8** = *a praeceptore.* **9.** *course.* **10.** *seven years.* **11.** *surpassed.* **12.** *ignorance.* **13** = *esse;* so also l. 8, p. 98. **14** = *earum.* **15.** *condensed.* **16.** *handbook, manual.* **17.** *perfection.* **18.** *in a friendly manner.*

tum est, in qua quantum[19] acuti fuerit ingenii mirum dictu est.
Nullus enim eo exercitatorum etiam magistrorum in opponen-
dis[20] quaestionibus callidior, nullus facilior in solvendis.[21] Inde
ad florigeros* rhetoricae campos transivit, ex qua venustatem
5 eloquii integre[22] comparavit.[22] His igitur tribus[23] ad plenum
adeptis, ad reliquas quattuor, quas quadrivium* vocamus,
migravit easque non cum multo labore comprehendit dicebatque
harum ultimam, astronomiam scilicet,[24] fore ceteris digniorem;
cui etiam in tantum animum dedit, ut per quasdam regulas
10 sibi a Virgilio traditas ex planetarum[25] aliarumque stellarum
motu et aeris facie cognosceret quicquid per mundum fieret
universum. Quod didicisse multum ei profuit, ut in sequentibus monstrabitur.

Postquam igitur Lucinius omnium artium ex[26] integro[26] con-
15 secutus est scientiam, libros quoque poetarum et philosophorum
ab eodem Virgilio non omisit audire. Extunc itaque et deinceps
ad altiorem philosophiam oculum mentis dirigens, nomen magnorum philosophorum sortitus est et honorem, non tamen
sine multorum invidia. Invidebant enim ei quam plurimum
20 qui ad summam scientiae eius perspicacitatem[27] pertingere non
valebant dolebantque puerulo reverentiam exhiberi, quae sibi
senibus negabatur. Unde et eum veneno vel alio aliquo modo
extinguere cogitabant, sed eorum malitiam terror Virgilii et
regalis prosapiae auctoritas aliquantulum refrenabat. Verum
25 cum invidia suum semper possideat et torqueat possessorem
nec eum vel momento quiescere patiatur, non potuit illorum
odium, quod germinabat[28] et stimulabat invidia, diutius cohi-
beri, quin, eo[29] dolo ad convivium invitato,[29] vino venenum
admiscerent. Quod tamen eum non latuit, quia iam antea hoc
30 ipsum et eorum erga se malevolentiam per praedictas* regulas
cognoverat. Verumtamen haec callide ignorare se simulans

---

19 = *quam.* 20. *proposing.* 21. *solving.* 22. *attained complete mastery of.* 23. the *trivium* of the medieval schools. 24. *that is.* 25. *planets.* 26 = *integre* of l. 5, above. 27. *understanding.* 28. transitive. 29. The regular construction would be the dative instead of the ablative absolute.

aiebat invitantibus non decere nec debere tantum tantorumque
convivium absque Virgilio et Romanorum nobilibus celebrari;
si veniret ille, eorum quidem munificentiam gratanter[30] reciperet, paratus etiam, cum opportunum foret, eorum vicem[31]
rependere[31] largitati; ceterum autem sine Virgilio suo, cum fidei 5
suae commissus esset et magisterii eius virgam[32] supra modum
pertimesceret, se non[33] posse sed[33] nec audere quicquam vel
modicum facere affirmabat. His et huiusmodi auditis, illi
contenebrati[34] in malitia sua invitant Virgilium, vocant etiam
aliquos Romanorum cives, parvi pendentes si et isti illo potu 10
letifero deficerent,[35] tantummodo[36] ne Lucinius manus eorum
veneficas evaderet. Instructo igitur convivio, discumbunt
singuli secundum aetatum vel dignitatum differentiam, Virgilio tamen utpote honorabiliori, quem honorare omnibus a
Caesare praeceptum erat, primum locum convivii tenente. 15
Ille vero qui invitaverat quique caput malitiae erat cum
quibusdam aliis ministrabat. Apponuntur convivantibus supra numerum fercula, diversa pigmentorum genera propinantur
et cum magna laetitia et abundantia convivium celebratur.
Interim autem Lucinius, regulas suas animo revolvens, expecta- 20
bat quando potus ille quem sibi miscuerant deferretur.

Dum ergo perageretur convivium refectique essent convivae
omnibus quae ad esum[37] humana excogitari possunt arte, ecce
ille pestifer, tortuosus serpens, quem caput malitiae vocavi,
aureum poculum magnae capacitatis attulit plenum morte 25
posuitque ante Virgilium. Statimque nares discumbentium
quadam suavitate odoris capiuntur, irritantur ad bibendum
appetitus singulorum. Iam singuli potum letiferum postula-
bant iamque Virgilio porrigebatur, cum Lucinius poculum
rapiens manuque cunctis silentium indicens: "Vereor," ait, 30
"ne ista suavitas aliquod contineat amarum, quia apis cum

---

30. *with pleasure.* **31.** *repay.* **32.** a reference to the medieval association of *virga*, the magician's wand, with the name of the poet. **33** =
non modo non . . . sed ne . . . quidem. **34.** *darkened, blinded.* **35.** *die.*
36=*dummodo.* **37.** *eating.*

melle gerit aculeum et piscator hamum in esca iacit[38] piscibus
capiendis." Illi autem, quos cauteriata[39] redarguebat[40] con-
scientia, ad haec verba rubore perfusi[41] satis secundum poetam
"vultu et colore actum criminis fatebantur." Attamen dissimu-
5 lare et respondere aliquid temptantes, aiebant regis filium non
aequas sibi obsequium praestantibus referre gratias, qui tale
verbum licet ioculariter[42] in medium protulisset. At ille:
"Ex hoc," inquit, "probabitur vos ad[43] hoc verbum, quod non
iocans sed iratus protuli, immunes[43] esse meque ac socios bono
10 ac simplici animo invitatos, si primi biberitis ex potu; alioquin
per patris Caesarisque salutem vitae nostrae contraria machinati
estis." Quid agerent, quo se verterent, quid ad obiecta re-
sponderent? Undique eis angustiae, undique coartatio[44] spiritus,[44] undique desperatio salutis. Videbant enim sibi duo pro-
15 posita, quorum unum vitare non poterant, mori videlicet aut
bibere. Sed quid[45] ex duobus eligerent, ignorabant; sciebant
enim quia etsi biberent moriendum sibi esset, sin autem, ut
malefici Caesari traderentur diversis tormentorum generibus
cruciandi. Melius tamen rati propria deficere manu quam
20 aliorum ludibrio subiacere[46]: "In hoc," inquiunt, "scies, o
Lucini, nos nihil tibi mali vel consedentibus fuisse machinatos,
si post sumptum hoc pigmentum tribus supervixerimus[47]
diebus." Sumptoque qui detulerat poculo bibit ac deinde
participibus sceleris sui tradidit ebibendum. Qui biberunt et
25 secundum dictum sapientis in foveam quam foderant aliis
incidentes statim in ipso convivio, oculis a capite exsilientibus,
expirarunt. Sicque illustris puer sua industria[48] se et suos a
morte liberans in aemulos callide vindicavit nomenque sibi
celebre apud nobiles et ignobiles acquisivit, nec[49] ultra ausus est
30 quispiam contra eum sinistri aliquid machinari, sed nec[49] cogi-

---

38. *puts.* **39.** *guilty;* cf. I Timothy iv, 2, "having their conscience seared
with a hot iron." **40.** *confounded.* **41** =*suffusi.* **42.** *in jest.* **43.** *devoid
of guilt with reference to.* **44.** *panting for breath.* **45** =*utrum.* **46.** *expose themselves.* **47.** *survive.* **48.** *carefulness.* **49** =*et non modo non
. . . sed ne.*

tare quidem, omnibus divinitatem ei inesse putantibus, per quam haberet praescientiam[50] futurorum. Ipse autem cum tantus esset tantusque aestimaretur ab hominibus paremque eum sibi in omni facultate Virgilius praedicaret, numquam tamen ei[51] considere[51] voluit vel aequari, sed semper sub virga 5 eius et disciplina mansit ac si tunc primum elementa disceret litterarum. Unde ex hoc maxime eius humilitas* comprobatur, quia cum ipse procerae staturae esset, Virgilius vero pusillae, ambulans vel stans cum magistro, incurvato contracto corpore erat, ne altior eo vel praestantior videretur. 10

XLII. THE TREASURE

Fuit antiquo tempore rex quidam magnus et potens. Qui, congregandi thesauros maximam curam habens, magnae altitudinis latitudinisque turrim auro, argento pretiosisque quibuscumque[1] rebus usque ad summum repleverat. Habebat autem hic militem quem in multis fidelem expertus fuerat, cui 15 et claves sui commisit thesauri. At miles thesaurum servandum suscipiens, cum iam multis annis evolutis labore et senio fractus esset nec posset iam tumultum curamque curiae sustinere, regem obnixe rogabat quatenus suae deinceps debilitati senectutique parcens, claves sui thesauri reciperet eumque 20 sineret ad propriam redire domum liceretque ei inter filios reliquum vitae suae tempus quietum ducere et iucundum. Rex vero considerans quod rationabiliter[2] necessarioque peteret, eum magnis donatum muneribus maestus tamen abire permisit. Receptis igitur clavibus et thesauro, ipsum iterum alii commisit 25 servandum. Miles autem domum veniens curam sibi suaeque familiae sollicitus impendebat. Habebat hic multos filios, quorum primogenitus militari iam balteo cingebatur. Quem cum pater nimis tenere diligeret, omnes ei suas exposuit divitias

---

50. *foreknowledge.* **51.** *sit down in his presence.*
XLII. **1.** *every.* **2.** *with reason.*

iussitque ut large expendens famam sibi et amicos divitiis compararet. Ipse vero, ex licentia paternis fiducialius[3] largius-
que utens rebus, equos, arma, vestes ceteraque quibus magis[4]
adulescentum[5] aetas[5] extolli[6] delectarique solet, studuit com-
5 parare, amicos multos muneribus emens facile post munera ab
amicitia recessuros. In brevi ergo tempore loculos patris
minuit, exhausta pecunia ad patrem redit dicens sibi pecunias
defecisse. Tunc demum pater recogitans secum paenitensque
facti: "Quoniam," inquit, "te, fili, nimis et stulte dilexi, quic-
10 quid habebam tuae subdideram potestati. At tu cernens
frenum tibi laxatum, temperantiae immemor ita omnia con-
sumpsisti, ut nihil mihi praeter solam domum reliqueris. Quid
ergo tibi magis faciam? Doleo quidem quod fama nomenque
tuum in flore iuventutis deperit, sed unde te sustentem non
15 habeo. Hoc tantum unum superest consilii, sed periculosum,
ut si ea largitate qua prius vivere vis, turrim in qua regis positi
sunt thesauri sub obscurae noctis silentio adeamus." Audito
hoc filius: "Nullum," ait, "pater, grave[7] licet[7] periculum tecum
subire refugio, tantum[8] ne desint divitiae, ne si illae defecerint,
20 nominis quoque mei gloria evanescat." Consurgunt igitur
ambo nocte, turrim adeunt, perforant malleis ferreis murum;
intrat pater sublatoque[9] quantum placuit[9] de thesauro exiit
obstruitque foramen. Revertuntur domum onusti opibus
alienis, et iuvenis iterum sua utitur largitate. Quandocumque
25 iterum opus erat opibus ad thesaurum sibi notum revertebantur.
    Contigit autem ut rex thesaurum videre vellet, accersitoque
custode intrat turrim videtque magnam thesauri partem subla-
tam fore. Furore ergo repletus, dissimulans tamen egreditur
venitque ad decrepitum quendam senem, consilium quaesiturus.
30 Fuerat hic senex aliquando famosissimus latro quem compre-
hensum rex oculis privaverat eique de mensa sua cotidianos
constituerat[10] cibos. Hic regi consilium saepe bonum et utile

---

3. *too confidently,* i.e., *recklessly.* **4** = *maxime.* **5** = *adulescentes.* **6.** middle, *take pride.* **7.** *though great, however great.* **8** = *modo.* **9.** ablative
absolute, with a clause in place of a noun. **10.** *provided.*

praebebat, utpote qui multa viderat et audierat suoque experimento didicerat multa. Narrat ei rex damnum suum quaeritque quomodo perdita recuperare possit. Cui senex tale dat consilium: "Si," inquit, "o rex, nosse cupis quis hoc an tuus custos an alius egerit, iube fasciculum herbae viridis in turrim 5 inferri supponique ignem. Tu autem serrato[11] ostio turrim iterum atque iterum circumeas, considerando si per aliquam muri rimulam[12] fumum egredi videris. Hoc facto ad me redeas consilium accepturus[13] quid post haec tibi agendum sit." Rex autem dictum senis festinanter impleri iubens, clausit ostium et 10 coepit tacitus turris ambitum circumire. Ecce autem ex calore ignis viridisque materiae humore fumus permaxime[14] excitatus totam usque ad testudinem[15] replevit turrim. Qui dum alias spiraculum non haberet, per locum foraminis illius, eo quod lapide tantum sine caemento[16] obstructum fuerat, egreditur. 15 Quod intuens rex festinus venit ad senem; quid viderit manifestat. Audiens hoc senex: "Scias," ait, "o rex, fures tibi tuos per locum ubi fumus egreditur abstulisse thesauros; quos nisi aliqua arte capias, quod superest asportabunt. Non enim cessabunt, quippe quibus adhuc prospere cessit res, donec totum thesaurum 20 exhauriant. Meo igitur utens consilio damnum dissimula et preme silentio, ne rumore hoc per aures populi discurrente tuum furibus studium innotescat. Et tu interim cuppam[17] latam et profundam calenti imple bitumine, resa,[18] pice et glutine, quam foramini introrsus opponas, ut dum fur more 25 solito securus nullam deceptionem suspicans ad assuetum thesaurum recurrerit, repente in cuppam corruat captusque et colligatus glutine se tibi, velit nolit, in[19] crastinum[19] manifestet." Admiratus rex astutum senis consilium cuppam ilico ferventi impletam glutine opponit foramini serratoque ostio 30 abscedit. Ecce autem fatalis illa dies, quae neminem bonum malumve praeterit, miserum patrem cum filio eadem nocte ad

---

11. *locked.* **12.** *crevice.* **13.** Future participle expresses purpose. **14.** *very greatly.* **15.** *roof.* **16.** *mortar.* **17.** *cask.* **18.** *resin.* **19** = *crastino.*

turrim adduxit, remotoque a foramine lapide intrat pater, nihil
de praetensis laqueis suspicatus, dumque festinat ut heri et
nudius tertius in pavimentum salire, incautus miser, ut erat
vestitus calceatusque, cuppam mento tenus insilit statimque
5 vallatus[20] glutine redditur immobilis, ita ut nec manum nec
pedem vel aliquod membrorum movere posset, excepta lingua
quae tantum ab hac iniuria libera remanserat.   Ingemiscens
igitur infelix filium advocat, insinuat[21] quibus laqueis teneatur
adstrictus, orat ut ei cito, antequam aliquis superveniat, caput
10 amputet et abscedat, ne forte per caput cognitus aeternam suo
generi maculam inferat et iacturam.   At vero filius totis viribus
patrem conatus extrahere, cum laborem suum frustrari videret,
coepit anxiari[22] et haesitare quid de duobus ageret; hinc etenim
horrebat suas in nece patris cruentare manus, hinc vero metue-
15 bat per faciem patris deprehendi.   Dum ergo eum a nece retra-
heret amor, timor et necessitas urgeret, nesciens quid utilius
ad tempus ageret, caput patris cultro abscisum fugiens asportavit.

In crastinum autem rex summo[23] mane[23] de lectulo surgens
20 intravit turrim cucurritque ad cuppam invenitque murum perforatum et totam illam bituminis superficiem infectam sanguine,
furem quoque adesse suum, sed truncato capite deprehendit.
Festinans ergo ad suum recurrit consiliarium, illum videlicet
senem, annuntians captum quidem furem, sed capite mutilatum.
25 Quod cum audisset senex, parumper subridens: "Miror," ait,
"huius latronis astutiam.   Quia enim nobilis erat nec voluit se
vel genus suum prodere, idcirco a socio sibi caput amputari
fecit.   Unde et difficile videtur mihi te posse aut thesaurum
recuperare aut cognoscere furem."   Tunc rex vehementer
30 urgebat senem ut daret consilium, minime de thesauro perdito
aiens se curare, si tantummodo furem[24] quis fuerit agnovisset.[24]
Cui senex: "Fac illum," inquit, "abstractum de cuppa, caudae

---

20. enveloped.   **21.** = narrat.   **22.** be distressed.   **23.** = prima luce.   **24.** Cf.
Eng. "I know thee who thou art."

equi fortissimi alligari trahique per plateas et vicos* civitatum regni tui. Porro milites armati subsequantur, capientes[25] si quos viderint viros vel mulieres ad aspectum cadaveris lacrimari tibique eos praesentent. Et si fuerit ibi socius aut uxor aut filii, nequaquam poterunt a lacrimis temperare." Bonum rex 5 ratus senis consilium iubet festinato[26] truncum equo fortissimo pedibus alligatum cum armatis militibus trahi per proximam civitatem. Qui dum miser traheretur, contigit eum ante fores domus suae devenire. Stabat autem ille filius eius maior, qui et ei in furto fuerat socius, ante ipsas fores. Qui cum videret 10 patrem sic miserabiliter trahi, flere quidem non audens, sed nec valens lacrimas prohibere, occasione reperta cultellum lignumque arripit, quasi aliquid incisurus, sinistraeque manus pollicem ex industria sibi amputat. Tunc vero sub occasione pollicis vocem emittit luctuosam, erumpunt lacrimae, accurrit 15 mater, fratres et sorores dilacerant manibus vestes oraque et capillos, in persona filii patris miseriam lamentantes. Affuerunt ilico milites qui eos caperent ducerentque ad regem. At vero rex maximo effluctuans[27] gaudio, sperans quod perdita recuperare posset, pollicebatur illis vitam et gratiam suam, si 20 crimen confiterentur redderentque thesauros suos. Iuvenis autem ille ex metu et necessitate audaciam sumens: "Non ideo," ait, "o serenissime rex, ego aut mei, quia hic miser truncus ad nos aliquid[28] pertineat, lacrimas effundimus, sed quia hic dies nefastus mihi sinistrae manus pollicem abstulit. 25 Ob hoc ergo lacrimae effusae, exaratae facies, capilli evulsi, quia ego adhuc iuvenis hodie heu uno et potiori membro debilitatus sum." Rex vero pollicem adhuc fluentem sanguine certissimum veritatis argumentum fore ratus, motus misericordia super fortuna iuvenis: "Non est," ait, "mirum si dolet cui male 30 contigit. Vade in pace et hunc diem male ominatum de[29] cetero[29] praecaveto." Sic ergo ille astutia sua se suosque

---

25. Present participle expresses purpose. **26.** *hastily.* **27.** *overwhelmed.* **28.** *at all.* **29.** Cf. p. 78, l. 15.

liberans ad propria remeavit, et rex similitudine delusus veritatis redit ad senem consilium accepturus.

Senex vero asserebat* regem vix posse invenire quod quaereret, suadebat tamen ut cadaver iterum per eandem traheretur
5 civitatem. Quod et factum est. Cumque ut prius ventum esset ad domum eius, filius, internum animi dolorem non ferens, filium parvulum in puteum qui pro foribus erat clam proiecit, tuncque vultum unguibus carpens[30] voce lacrimosa populos* quasi ad liberandum filium convocat. Accurrit iterum mater
10 cum filiis, girant[31] puteum, lacrimantur,[32] aliique funibus ad extrahendum puerulum in puteum se demittunt et alii eos iterum sursum trahunt. Quid plura? Capitur iterum ille solus duciturque ad regem et interim cadaver per alias civitates incassum tractum ad regem vix ossibus et nervis cohaerens re-
15 ducitur. Porro rex videns hunc iterum captum quem antea dimiserat et nimium admiratus: "Quid prosunt," ait, "tibi callidae deceptiones? Dii summi te produnt, furta tua et crimina te accusant. Redde ergo thesaurum et iuro tibi per meam magnique Iovis potentiam quod nec te vita nec aliquo privabo
20 membrorum,[33] sed sanum et integrum liberumque dimittam." Tunc latro calliditate sua utens, producta primo suspiria ab imo pectoris trahit, dehinc talem emittit vocem: "O me,"[34] inquiens,[35] "omnium infelicissimum hominum, quem tanto dii odio persequuntur, ut nec solum mihi diem absque* doloribus et
25 cruciatibus corporis et animi transire permittant! Heri mihi dies infelix pollicem abstulit, hic hodie infelicior filium unicum demersit in puteum, et ecce de thesauro regis requiror." Tunc etiam lacrimis falsis, immo verissimis perfusus[36]: "Magnum," ait, "o rex, beneficium solaciumque praestiteris misero, si me
30 ab hac vita quae omni tormento, omni morte mihi gravior videtur, subtraxeris." Rex autem cum iuvenem crebris perfundi lacrimis mortemque loco beneficii quaerere videret

---

30. *tearing.*   **31.** *gather around.*   **32.** here deponent.   **33** = *membro.*
34. acc. of exclamation.   **35.** superfluous; equivalent to quotation marks.
36. *bathed.*

audiretque quod vere ipso die filium perdidisset hesternoque pollicem, miseratus hominem abire permisit, centum ei argenti marcas pro solacio tribuens. Sic iterum rex deceptus consiliarium suum adiit aiens quod in[37] vanum[37] operam insumpsisset. 5

Sed senex ad regem: "Unum," ait, "adhuc superest agendum, quo nisi furem superstitem capias, iam frustra ad alia te convertes: elige tibi milites fortissimos quadraginta, quorum viginti nigris armis nigrisque equis muniantur[38] aliique viginti albis equis armisque eiusdem coloris sint armati. Hisque 10 cadaver ligno pedibus suspensum nocte ac die custodiendum committas, viginti albis hinc, inde viginti nigris circa ipsum ordinatis. Hi profecto si vigilanter custodierint, tuum capient furem quia non patietur ipse diutius pendere socium, etiam si sciat se mortem protinus subiturum." Rex autem, prout 15 dixerat senex, milites nigris albisque munitos armis circa suspensum cadaver ordinavit. At vero fur ille, suum patrisque opprobrium ferre non valens malensque semel mori quam diu infeliciter vivere, deliberavit in animo quod aut patrem turpi ludibrio subtraheret aut ipse cum eo pariter moreretur. Sub- 20 tili ergo ingenio arma partita fabricat, tota scilicet[39] ab una parte alba et nigra ab altera. Quibus armatus equum hinc albo, inde nigro panno coopertum ascendit, sicque lucente luna per medios transit milites, ut nigra pars armorum eius viginti albos deluderet et alba pars deciperet nigros putarentque 25 nigri unum esse ex albis et albi unum ex nigris fore. Sic ergo pertransiens* venit ad patrem depositumque a ligno asportavit. Facto autem mane milites videntes furem furtim sublatum sibi confusi redierunt ad regem, narrantes quomodo eos miles albis nigrisque armis partitis[40] decepisset. Desperans ergo 30 iam rex posse recuperari perdita, et furem et thesaurum cessavit quaerere.

---

37. *in vain.* **38.** *equipped = armati* of the next line. **39.** Cf. p. 98, l. 8. **40.** i.e., half white, half black.

XLIII.[1] THE EDUCATION OF A MONK

QUID AGENDUM A MONACHIS QUI ARTES IN LIBRO
SEQUENTI POSITAS NON INTELLEGUNT

Quapropter[2] toto nisu, toto labore, totis desideriis exquira-
mus ut ad tale tantumque munus,[3] Domino largiente, pervenire mereamur. Hoc enim nobis est salutare, proficuum,[4]
gloriosum, perpetuum, quod nulla mors, nulla mobilitas, nulla
5 possit separare[5] oblivio; sed in illa suavitate[6] patriae[6] cum
Domino faciet aeterna exultatione gaudere. Quod si alicui
fratrum (ut meminit Vergilius[7]) "Frigidus obstiterit circum
praecordia sanguis," ut nec humanis nec divinis litteris perfecte possit erudiri, aliqua tamen scientiae[8] mediocritate
10 suffultus,[8] eligat certe quod sequitur: "Rura mihi et rigui
placeant in vallibus amnes."[9] Quia nec ipsum est a monachis
alienum hortos colere, agros exercere, et pomorum fecunditate
gratulari; legitur enim in psalmo centesimo vicesimo septimo[10]:
"Labores manuum tuarum manducabis*; beatus es, et bene
15 tibi erit."

Quod si huius studii requirantur auctores, de hortis scripsit
pulcherrime Gargilius Martialis, qui et nutrimenta holerum et
virtutes eorum diligenter exposuit, ut ex illius commentarii[11]
lectione, praestante Domino, unusquisque et saturari valeat

XLIII. 1. From the *Institutiones divinarum et humanarum litterarum* of
Cassiodorus (c. 490-583), an encyclopedia of religious and profane knowledge
compiled (551-562) for the monks of the monastery of Vivarium, in southern
Italy, which Cassiodorus founded on his retirement from public life.   In
sharp contrast to the ideals of Benedict (note 1, p. 114) Cassiodorus trans-
planted on Italian soil the scholarly traditions of the Greek monasteries
and of the Christian schools of the orient.   His activity in collecting,
correcting, and copying MSS was of great importance in the transmission
of our Latin texts. **2.** Cassiodorus has been praising *sapientia*. **3.** i.e.,
sapientia. **4.** *beneficial.* **5.** *take away.* **6** = *suavi patria.* **7.** *Georgics* II, 484.
8. i.e., with a moderate endowment of learning.   **9.** *Georgics* II , 485.
10. cxxvii, 2 (cxxviii, 2). **11.** *treatise.*

et sanari; quem vobis inter alios codices reliqui. Pari etiam modo in agris colendis, in apibus, in columbis, nec non et piscibus alendis inter ceteros Columella et Aemilianus auctores probabiles extiterunt. Sed Columella sedecim libris per diversas agriculturae species eloquens ac facundus illabitur, 5 disertis potius quam imperitis accommodus, ut operis eius studiosi non solum communi fructu sed etiam gratissimis epulis expleantur. Aemilianus etiam facundissimus explanator[12] duodecim libris de hortis vel pecoribus aliisque rebus plenissima lucidatione[13] disseruit; quem vobis inter alios lec- 10 titandum, Domino praestante, dereliqui.*

Haec tamen cum peregrinis atque aegrotantibus praeparantur fiunt caelestia, quamvis videantur esse terrena. Quale est enim languentes[14] aut dulcibus pomis reficere aut columbarum fetibus enutrire aut piscibus alere aut mellis suavitate 15 mulcere? Nam cum vel aquam frigidam Dominus in nomine suo pauperibus praecipiat offerri[15] quanto gratius erit diversis egentibus escas suavissimas dare, pro quibus in iudicio[16] fructum multiplicata possitis mercede percipere. Non[17] debet[17] neglegi undecumque* potest homini probabiliter[18] subveniri. 20

DE POSITIONE MONASTERII VIVARIENSIS[19] SIVE CASTELLIENSIS

Invitat siquidem* vos locus Vivariensis monasterii ad multa peregrinis et egentibus praeparanda, quando habetis hortos inriguos et piscosi amnis Pellenae fluenta vicina; qui nec magnitudine undarum suspectus habetur nec exiguitate temnibilis.[20] Influit vobis arte moderatus, ubicumque necessarius 25 indicatur, et hortis vestris sufficiens et molinis.[21] Adest enim

---

12. *author.* **13.** *clearness.* **14.** *sick.* **15.** Matthew x, 42; Mark ix, 41. **16** =*die iudicii.* **17.** *one ought not fail to help,* etc. **18.** *laudably, fitly.* **19.** *Vivarium,* so called from its fish ponds (*vivariis,* l. 5, p. 110). **20.** *contemptible.* **21.** *mills.*

cum desideratur et cum vota compleverit remotus abscedit,
sic quodammodo ministerio devotus existens[22] ut nec oneret
importunus nec possit deesse cum quaeritur. Maria quoque
vobis ita subiacent[23] ut piscationibus[24] variis pateant; et captus
5 piscis, cum libuerit, vivariis possit includi. Fecimus enim
illic, iuvante Domino, grata receptacula[25] ubi sub claustro* fideli
vagetur piscium multitudo; ita consentanea[26] montium speluncis
ut nullatenus* se sentiat[27] captum, cui libertas est escas sumere
et per solitas se cavernas abscondere. Balnea quoque, con-
10 gruenter aegris praeparata corporibus, iussimus aedificari, ubi
fontium[28] perspicuitas[28] decenter illabitur, quae et potui
gratissima cognoscitur[29] et lavacris.[30] Ita fit ut monasterium
vestrum potius quaeratur ab aliis quam vos extranea loca
iuste desiderare possitis. Verum haec, ut scitis, oblecta-
15 menta sunt praesentium rerum, non spes futura fidelium[31];
istud transiturum, illud sine fine est mansurum. Sed illic[32]
positi, ad illa potius desideria transferamus quae nos faciant
regnare cum Christo.

Nam si vos in monasterio Vivariensi, sicut credere dignum
20 est, divina gratia suffragante, coenobiorum[33]* consuetudo[33]
competenter[34] erudiat et aliquid sublimius defaecatis[35] animis
optare contingat, habetis montis Castelli secreta suavia ubi
velut anachoritae,[36] praestante Domino, feliciter esse[37] possitis.
Sunt enim remota et imitantia heremi* loca quando muris
25 pristinis ambientibus probantur inclusa. Quapropter vobis
aptum erit eligere, exercitatis iam atque probatissimis, illud
habitaculum,* si prius in corde vestro fuerit praeparatus
ascensus. Legendo enim cognoscitis unum de duobus, quid
aut desiderare aut tolerare possitis. Tantum[38] est ut, con-

---

22. serves as a present participle of *sum*. 23. *are near*. 24. *fishing.*
25. *receptacles*, here, *ponds*. 26. *like*. 27. Sc. *piscis* as subj. 28 = *aqua
perspicua*. 29. a favorite periphrasis = *est;* cf. ll. 25 below, and 2, p. 113.
30. *bathing*. 31. *faithful*, in the Biblical sense. 32. in the monastery.
33. *monastic life*. 34. *properly*. 35. *purified*. 36. *anchorites, hermits.*
37. *live*. 38. i.e., It is a great thing by virtue of an upright life to teach
by practice if not by precept.

versationis[39] probitate servata, qui non valet alios sermonibus docere, morum videlicet[40] instruat sanctitate.[38]

DE ANTIQUARIIS[41] ET COMMEMORATIONE ORTHOGRAPHIAE[42]

Ego tamen fateor[43] votum meum quod, inter vos quaecumque possunt corporeo labore compleri, antiquariorum mihi studia (si tamen veraciter scribant) non immerito forsitan 5 plus placere; quod et mentem suam, relegendo scripturas divinas, salubriter instruant et, Domini praecepta scribendo longe lateque disseminent. Felix intentio, laudanda sedulitas, manu hominibus praedicare, digitis linguas aperire, salutem mortalibus tacitam dare, et contra diaboli subreptiones[44] 10 inlicitas calamo atramentoque pugnare. Tot enim vulnera Satanas* accipit quot antiquarius Domini verba describit. Uno itaque loco situs, operis sui disseminatione[45] per diversas provincias vadit. In locis sanctis legitur labor ipsius; audiunt populi unde se a prava voluntate convertant et Domino pura 15 mente deserviant. Operatur absens de opere suo.

Sed ne tanto bono mutatis litteris scriptores verba vitiosa permisceant aut ineruditus emendator nesciat errata corrigere, orthographos antiquos legant, id est, Veleium Longum, Curtium Valerianum, Papirianum, Adamantium Martyrium de V et 20 B, eiusdem de primis, mediis atque ultimis syllabis, eiusdem de B littera trifariam in nomine[46] posita, et Eutychen de aspiratione, sed et Focam de differentia generis.[47] Quos ego, quantum potui, studiosa curiositate collegi. Et ne quempiam memoratorum codicum obscuritas derelicta[48] turbaret (quo- 25

---

39. *manner of life.* **40.** *at least.* **41.** *scribes.* **42.** Eng. **43.** The thought is: "I admit that among the monkish tasks requiring physical effort that of the scribe appeals to me most"; see 82. **44.** *deceptions.* **45.** Eng. **46.** In the Latin grammarians this word includes the adjective as well as the noun. **47.** *gender.* **48.** Cf. p. 109, l. 11.

niam antiquarum declinationum[49] permixtione pro maxima
parte confusi sunt), magno studio laboris incubui ut in libro
sequestrato[50] atque composito[51] qui inscribitur[52] *De ortho-
graphia* ad vos defloratae[53] regulae pervenirent et, dubietate[54]
5 sublata, liberior animus viam emendationis incederet. Diome-
dem quoque et Theoctistum aliqua de tali arte conscripsisse
comperimus; qui, si inventi fuerint, vos quoque eorum deflo-
rata colligite. Forte et alios invenire possitis per quos notitia
vestra potius instruatur. Isti tamen qui memorati sunt, si
10 adsiduo studio relegantur, omnem vobis caliginem ignora-
tionis abscindunt, ut quod hactenus ignoratum est habeatur
ex maxima parte notissimum.

His[55] etiam addidimus in codicibus cooperiendis[56] doctos[57]
artifices, ut litterarum sacrarum pulchritudinem facies desuper[58]
15 decora vestiret: exemplum illud dominicae[59] figurationis[60] ex
aliqua parte forsitan imitantes, qui eos quos ad cenam aesti-
mavit invitandos in gloria caelestis convivii stolis nuptialibus
operuit. Quibus multiplices species[61] facturarum[61] in uno
codice depictas, ni fallor, decenter expressimus; ut qualem
20 maluerit studiosus tegumenti formam ipse sibi possit eligere.
Paravimus etiam nocturnis vigiliis mechanicas[62] lucernas,
conservatrices[63] illuminantium flammarum, ipsas sibi nu-
trientes incendium quae, humano ministerio cessante, prolixe
custodiant uberrimi luminis abundantissimam claritatem, ubi
25 olei[64] pinguedo[64] non deficit quamvis flammis ardentibus
iugiter* torreatur.

Sed nec horarum[65] modulos[65] passi sumus vos ullatenus[66]
ignorare, qui ad magnas utilitates[67] humani generis noscuntur

---

49. *declension, inflection.* **50.** *selected.* **51.** *compiled.* **52.** *is entitled.*
53. *selected.* **54.** *doubt.* **55.** *In addition to these things I have provided,*
etc. **56.** *covering, binding.* **57.** *skilled.* **58.** *outside.* **59** =*Domini* and
furnishes the antecedent to *qui.* **60.** *parable;* cf. Matthew xxii, 11. **61.**
styles of binding. **62.** *mechanical, cleverly constructed.* **63.** *preservers.*
64 =*oleum pingue.* **65.** *hour-meter, clock.* **66.** *by any means.* **67.** plural
for singular.

inventi. Quapropter horologium vobis unum quod solis claritas
indicet praeparasse cognoscor; alterum vero aquatile,[68] quod
die noctuque horarum iugiter indicat quantitatem,[69] quia
frequenter nonnullis diebus solis claritas abesse cognoscitur.
Haec ergo procurata sunt ut milites Christi, certissimis signis 5
admoniti, ad opus divinum exercendum quasi tubis clangenti-
bus[70] evocentur.

DE MONACHIS CURAM INFIRMORUM HABENTIBUS

Sed et vos alloquor fratres egregios qui humani corporis
salutem sedula curiositate[71] tractatis et confugientibus ad loca
sanctorum officia beatae pietatis impenditis, tristes passioni- 10
bus alienis, de periclitantibus maesti, susceptorum dolore
confixi,[72] et in alienis calamitatibus maerore proprio semper
attoniti,[73] ut sicut artis vestrae peritiam decet languentibus[74]
sincero studio serviatis, ab illo mercedem recepturi a quo
possunt pro temporalibus aeterna retribui. Et ideo discite 15
quidem naturas herbarum commixtionesque[75] specierum solli-
cita mente tractate, sed non ponatis in herbis spem, non in
humanis consiliis sospitatem.[76] Nam quamvis medicina
legatur a Domino constituta, ipse tamen sanos efficit, qui
vitam sine dubitatione concedit; scriptum est enim: "Omne 20
quod facitis in verbo aut in opere in nomine Domini Iesu
facite, gratias agentes Deo et patri per ipsum."[77] Quod si
vobis non fuerit Graecarum litterarum nota facundia, imprimis
habetis herbarium[78] Dioscoridis, qui herbas agrorum mirabili
proprietate[79] disseruit atque depinxit. Post haec legite Hippo- 25
cratem atque Galenum Latina lingua conversos,[80] id est,
Therapeutica[81] Galeni ad philosophum Glauconem destinata*

---

68. *water.* **69.** *number;* cf. 1 (*a*). **70.** *sounding.* **71.** *care.* **72.** *grieved.*
73. *distressed.* **74.** Cf. p. 109, l. 14. **75.** *compounding.* **76.** *safety, health.*
77. Colossians iii, 17. **78.** *herb-book.* **79.** *accuracy, correctness.* **80.** *translated.* **81.** Eng.

et anonymum[81] quendam, qui ex diversis auctoribus probatur esse collectus.[82] Deinde Aurelii Coelii *De medicina* et Hippocratis *De herbis et curis* diversosque alios de medendi arte compositos, quos vobis in bibliothecae nostrae sinibus[83] recon-
5 ditos, Deo auxiliante, dereliqui.

XLIV[1]

DE CELLARARIO[2] MONASTERII QUALIS SIT

Cellararius monasterii elegatur de congregatione* sapiens, maturis moribus, sobrius, non multum edax, non elatus,[3] non turbulentus, non iniuriosus, non tardus,[4] non prodigus, sed timens Deum, qui omni congregationi sit sicut pater. Curam
10 gerat de omnibus; sine iussione abbatis nihil faciat; quae iubentur custodiat.[5] Fratres non contristet[6]; si quis frater ab eo forte aliqua inrationabiliter[7] postulat, non spernendo eum contristet, sed rationabiliter cum humilitate male petenti deneget. Animam suam custodiat, memor[8] semper illud apostolicum*
15 quia "Qui[9] bene ministraverit, gradum bonum sibi adquirit." Infirmorum, infantum, hospitum pauperumque cum omni sollicitudine curam gerat, sciens sine dubio quia pro his omnibus in die iudicii rationem redditurus est. Omnia vasa monasterii cunctamque substantiam ac si altaris[10] vasa sacrata

---

82. *compiled.* **83.** *shelves.*
XLIV. 1. xliv-xlvi are from the famous *Regula* prepared by St. Benedict for the monks of his monastery at Monte Cassino, which he founded in 529. This Rule was later adopted by most of the monasteries of western Europe. The three virtues enjoined were silence, humility, and obedience; the three occupations were the worship of God, reading, and manual labor. The devotion to learning which later made the Benedictines famous formed no part of the founder's plan. The profane authors were not included among the texts recommended for reading by the monks. For Benedict's attitude toward education see the sketch of his life by Gregory the Great (liv, p. 132). None of the printed texts reproduces all the barbarities of Benedict's Latin. **2.** *cellarer.* **3.** *puffed up.* **4.** *indolent.* **5.** *carry out.* **6.** *hurt the feelings of.* **7.** *unreasonably.* **8.** governs an accusative. **9.** i Timothy iii, 13. **10.** plural in CL.

conspiciat; nihil ducat neglegendum; neque avaritiae studeat neque prodigus sit et stirpator[11] substantiae monasterii, sed omnia mensurate[12] faciat et secundum iussionem abbatis. Humilitatem ante omnia habeat, et cui non est substantia quod tribuatur, sermo[13] responsionis porrigatur bonus,[13] ut 5 scriptum est[14]: "Sermo bonus super datum[15] optimum." Omnia quae ei iniunxerit abbas, ipsa habeat sub cura sua; a quibus eum prohibuerit, non praesumat.* Fratribus constitutam annonam sine aliquo typho[16] vel mora offerat, ut non scandalizentur,* memor divini eloquii quid[17] mereatur[17] "qui[18] 10 scandalizaverit unum de pusillis." Si congregatio maior fuerit, solacia* ei dentur, a quibus adiutus et ipse aequo animo impleat officium sibi commissum. Horis competentibus* et dentur quae danda sunt, et petantur quae petenda sunt, ut nemo perturbetur neque contristetur[19] in domo Dei. 15

XLV

DE HEBDOMADARIO[1] LECTORE

Mensae fratrum edentium lectio deesse non debet. Ne fortuito casu quis arripuerit codicem legere ibi; sed lecturus tota hebdomada* dominica* ingrediatur. Qui ingrediens post missas* et communionem* petat ab omnibus pro se orari[2] ut avertat ab ipso Deus spiritum elationis[3]; et dicat hunc versum 20 in oratorio* tertio[4] cum omnibus, ipso[5] tamen incipiente: "Domine,[6] labia mea aperies et os meum adnuntiabit laudem tuam"; et sic accepta benedictione[7] ingrediatur ad legendum. Et summum fiat silentium ad mensam ut nullius mussitatio[8]

11. *squanderer.* 12. *in due measure.* 13. *he should return a soft answer.* 14. Ecclesiasticus xviii, 17. 15. *gift.* 16. Greek word, *haughtiness.* 17. indirect question depending on *eloquii.* 18. Matthew xviii, 6; Mark ix, 42. 19. *be inconvenienced.*
XLV. 1. *weekly.* 2. infinitive for subjunctive, *that they pray.* 3. *of pride.* 4. *three times.* 5. the reader. 6. Psalms l, 17 (li, 15). 7. *blessing.* 8. *whispering.*

vel vox nisi solius legentis ibi audiatur. Quae vero necessaria
sunt comedentibus et bibentibus sic sibi[9] vicibus ministrent
fratres ut nullus indigeat[10] petere aliquid. Si quid tamen
opus fuerit, sonitu cuiuscumque signi potius petatur quam
5 voce; nec praesumat ibi aliquis de ipsa lectione aut aliunde
quicquam requirere ne detur occasio[11]; nisi forte prior* pro
aedificatione* voluerit aliquid breviter dicere. Frater autem
hebdomadarius accipiat mixtum[12] priusquam incipiat legere
propter communionem sanctam et ne forte grave sit ei ieiunium
10 sustinere; postea autem cum[13] coquinae* hebdomadariis et
servitoribus[13] reficiat.[14] Fratres autem non per ordinem legant
aut cantent sed qui aedificent audientes.

XLVI

DE OPERA MANUUM COTIDIANA

Otiositas[1] inimica est animae et ideo certis[2] temporibus
occupari debent fratres in labore manuum, certis iterum horis
15 in lectione divina. Ideoque hac dispositione credimus utraque
tempora ordinari: id est ut a pascha* usque[3] kalendas Octobris a[4] mane[4] exeuntes a prima hora usque paene quartam
laborent quod necessarium fuerit; ab hora autem quarta usque
horam quasi sextam lectioni vacent. Post sextam autem
20 surgentes a mensa pausent[5] in lecta[6] sua cum omni[7] silentio,
aut forte qui voluerit legere sibi sic legat ut alterum non in-
quietet. Agatur nona temperius,[8] mediante[9] octava hora, et

---

9. reciprocal, strengthened by *vicibus*. 10. with infinitive not
classical. 11. Sc. *diabolo*. 12. either *mess of pottage* or *bread and
wine*. 13. Translate, *with the weekly cooks and other servants*. 14 = *se
reficiat*.
XLVI. 1. *idleness*. 2. *specified*. 3 = *usque ad*. 4 = *mane*. 5. *rest*, the
midday siesta. 6 = *lectis*. 7. *strict*. 8. *a little earlier*. 9. *being divided in
the middle*.

iterum quod faciendum est operentur usque ad vesperam. Si autem necessitas loci aut paupertas exegerit ut ad fruges recolligendas[10] per se occupentur, non contristentur quia tunc vere monachi sunt, si labore manuum suarum vivunt sicut et patres nostri et apostoli.* Omnia tamen mensurate[11] fiant 5 propter pusillanimes.[12]

A[13] kalendas autem Octobris usque ad caput[14] quadragesimae* usque ad horam secundam plenam[15] lectioni vacent; hora secunda agatur tertia et usque nonam omnes in opus suum laborent quod eis iniungitur. Facto autem primo[16] signo[16] 10 horae nonae disiungant ab opere suo singuli, et sint parati dum secundum signum pulsaverit.[17] Post refectionem* autem vacent lectionibus suis aut psalmis.* In quadragesimae vero diebus a mane usque ad tertiam plenam vacent lectionibus suis et usque decimam plenam operentur quod eis iniungitur. 15 In quibus diebus quadragesimae accipiant omnes singulos codices de bibliotheca quos per[18] ordinem ex integro[18] legant, qui codices in[19] caput[19] quadragesimae dandi sunt. Ante omnia sane deputentur[20] unus aut duo seniores qui circumeant monasterium horis quibus vacant fratres lectioni, et videant ne 20 forte inveniatur frater acediosus[21] qui vacat otio aut fabulis et non est intentus lectioni et non solum sibi inutilis est sed etiam alios extollit.[22] Hic talis si, quod[23] absit,[23] repertus fuerit, corripiatur semel et secundo[24]; si non emendaverit,[25] correctioni regulari[26] subiaceat[27] taliter* ut ceteri timeant. 25 Neque frater ad fratrem iungatur[28] horis incompetentibus.[29]

---

10. *harvesting.* 11. Cf. p. 115, l. 3. 12. *weak, faint-hearted.* 13. only here in the *Regula* with the accusative. 14 =*initium.* 15. i.e., at the end of the hour, followed by *tierce,* i.e., *tertia* (sc. *hora*). 16. *the first bell.* 17. intransitive. 18. *entirely through.* 19 =*initio.* 20. *deputed.* 21. *slothful.* 22. *disturbs.* 23. *which may God forbid.* 24 =*iterum.* 25 =*se emendaverit.* 26. *provided by the Rule.* The punishments were: reproof, excommunication, corporal punishment, expulsion from the monastery. 27. *let him be subject to.* 28. *associate with,* regularly takes the dative. 29. *unsuitable.*

Dominico item die lectioni vacent omnes, excepto³⁰ his³⁰ qui variis officiis deputati sunt. Si quis vero ita neglegens et desidiosus fuerit ut non velit aut non possit meditare³¹ aut legere, iniungatur ei opus quod faciat ut non vacet. Fratribus
5 infirmis aut delicatis³² tale opus aut ars iniungatur ut nec otiosi sint nec violentia laboris opprimantur aut effugentur³³; quorum imbecillitas ab abbate consideranda est.

XLVII.¹ ATTILA IN ITALY

Attila vero nancta occasione de recessu Vesegothorum et, quod saepe optaverat, cernens hostium solutionem² per partes,
10 mox iam securus ad oppressionem Romanorum movit procinctum³ primaque adgressione Aquileiensem obsedit civitatem, quae est metropolis* Venetiarum, in mucrone vel lingua Adriatica posita sinus, cuius ab oriente muros Natissa amnis fluens a monte Piccis elambit.⁴ Ibique cum diu multumque
15 obsidens nihil penitus praevaleret, fortissimis intrinsecus⁵

---

30. irregular construction; *excepto* with a clause is normal. Benedict also writes *excepto hos* as well as the classical *exceptis his*. **31.** deponent in CL. **32.** *sick.* **33.** *be driven away.* The night and day were divided each into twelve hours, that varied in length according to the season. The winter program (for November first) may be stated, roughly, as follows: 2:00 (A.M.)-3:30, vigils, *vigiliae* (*vigiliae nocturnae, nocturna laus*), also called "matins"; 3:30-5:00, *meditatio;* 5:00-5:45, matins, *matutini* (sc. *cantus* or *cursus*) or *matutina* (sc. *hora*), later called "lauds"; 5:45-8:15, reading (prime at 6:30, twenty minutes); 8:15-8:30, tierce; 8:30-2:30, work (less 15 minutes at 12:00 for sext); 2:30-3:00, noon and dinner; 3:00-4:15, reading; 4:15-4:45, vespers, *vespera;* 4:45-5:00, public reading; 5:00-5:15, complin, *completorium;* 5:15, bed. The important differences in the summer program are: dinner about noon, followed by the siesta, and supper about 5:30.
XLVII. 1. From Jordanes's History of the Goths, which was compiled in 551, chiefly from Cassiodorus's History of the Goths, now lost. Jordanes describes himself as *agrammatus.* **2.** *division.* **3** = *exercitum.* **4** = *lambit.* **5** = *intra.*

Romanorum militibus resistentibus, exercitu iam murmurante
et discedere cupiente, Attila deambulans circa muros, dum,
utrum solveret castra an adhuc* remoraretur, deliberat, anim-
advertit candidas aves, id est ciconias, qui in fastigia[6] domorum
nidificant,[7] de civitate fetus suos trahere atque contra morem 5
per rura forinsecus[8] comportare.[9] Et, ut erat sagacissimus
inquisitor, praesensit et ad suos: "Respicite," inquit, "aves
futurarum rerum providas perituram relinquere civitatem
casurasque arces periculo imminente deserere. Non hoc
vacuum, non hoc credatur incertum; rebus[10] praesciis consue- 10
tudinem mutat ventura formido." Quid plura? Animos
suorum rursus ad oppugnandam Aquileiam inflammat. Qui
machinis constructis omniaque[11] genera tormentorum adhi-
bita,[11] nec mora, et invadunt civitatem, spoliant, dividunt
vastantque crudeliter ita ut vix eius vestigia ut appareant 15
reliquerunt. Ex hinc iam audaciores et necdum Romanorum
sanguine satiati per reliquas Venetum civitates Huni bacchan-
tur. Mediolanum quoque Liguriae metropolim et quondam
regiam urbem pari tenore devastant, nec non et Ticinum
aequali sorte deiciunt, vicinaque loca saevientes allidunt, 20
demoliunturque paene totam Italiam. Cumque ad Romam
animus fuisset eius attentus accedere, sui eum, ut Priscus
historicus refert, removerunt,[12] non urbi cui inimici erant
consulentes, sed Alarici, quondam Vesegothorum regis, obi-
cientes exemplum, veriti regis sui fortunam, quia ille post 25
fractam Romam non diu supervixerit,[13] sed protinus rebus
humanis excessit. Igitur dum eius animus ancipiti negotio
inter ire et non ire fluctuaret secumque deliberans tardaret,
placida ei legatio a Roma advenit. Nam Leo papa* per[14] se[14]
ad eum accedit in agro Venetum Ambuleio, ubi Mincius amnis 30
commeantium frequentatione transitur. Qui mox deposuit

---

6. accusative for ablative. **7.** *build nests.* **8** =*extra.* **9** =*portare.*
10. *creatures.* **11.** accusative absolute; see 26 (*e*). **12.** *dissuaded.* **13** =
vixerit. **14** =*ipse.*

exercitatum[15] furorem et rediens quo venerat iter ultra Danu-
vium promissa pace discessit, illud prae omnibus denuntians
atque interminando decernens, graviora se in Italia inlaturum
nisi ad se Honoriam Valentiniani principis germanam, filiam
5 Placidiae Augustae, cum portione sibi regalium opum debita
mitterent.　Ferebatur enim quia[16] haec Honoria, dum propter
aulae decus ad castitatem teneretur nutu fratris inclusa, clam
eunucho misso Attilam invitasse[16] ut contra fratris potentiam
eius patrociniis uteretur; prorsus indignum facinus, ut licentiam
10 libidinis malo publico compararet.

XLVIII.[1]　QUEEN RADEGUNDA AS A NUN

Adhuc monachabus[2] omnibus soporantibus[3] calceamenta
tergens et unguens, retransmittebat[4] per singulas.　Nam et
reliquo tempore praeter dies paschales* ac summae festivitatis,*
donec infirmitas permisit, in cinerem ac cilicium semper vitam
15 duxit austeram, prius se levans ut psalleret quam congregatio
surrexisset.　Nam de officiis monasterialibus[5] nihil sibi placuit
nisi prima serviret, et ipsa se castigabat si bonum post alteram
ageret.　Ergo suis vicibus scopans[6] monasterii plateas simul
et angulos, quicquid erat foedum purgans, et sarcinas quas
20 alii horrent videre non abhorrebat evehere.　Ligna supportans
bracchiis, focum flatibus et forcipibus admonens,[7] cadens
nec laesa se retrahens, extra suam hebdomadam[8] infirmantibus
serviens, ipsa cibos decoquens, aegrotis facies abluens, ipsa

---

15. *usual.*　**16.** See 82.
XLVIII.　**1.** From Fortunatus's (†600) life of his friend and patroness,
Queen Radegunda, wife of Clotaire I, who had retired to a monastery at
Poitiers.　A record of his twenty years' friendship with the Queen is preserved in his poems.　**2.** *nuns.*　**3.** *sleeping.*　**4.** *returned.*　**5.** *belonging to
a monastery.*　**6.** *sweeping.*　**7.** *attending to.*　**8.** *period of fasting and labor,*
in honor of the Lord's passion, also called *septimana.*

calidum[9] porrigens, visitabat quos fovebat, ieiuna rediens cellulam.*

Illud quoque quis explicet quanto fervore excitata ad coquinam concursitabat,[10] suam faciens septimanam? Denique nulla monacharum nisi ipsa de posticio,[11] quantum ligni opus 5 erat, sola ferebat in sarcina. Aquam de puteo trahebat et dispensabat per vascula. Holus purgans, legumen lavans, flatu focum vivificans[12]; et ut decoqueret escas satagebat exaestuans, vasa de foco ipsa levans, discos[13] lavans et inferens. Hinc consummatis conviviis ipsa vascula diluens, purgans nitide[14] 10 coquinam, quicquid erat lutulentum ferebat foras in locum designatum. Humilitate sanctissima pedes lavans et osculans, et adhuc omnes prostrata deprecabatur veniam neglegentia pro commissa.

XLIX.[1] PREFACES

Decedente atque immo potius pereunte[2] ab[2] urbibus Galli- 15 canis liberalium cultura litterarum, cum nonnullae res gererentur vel rectae vel improbae, ac feritas gentium* desaeviret, regum furor[3] acueretur, ecclesiae impugnarentur ab haereticis,* a catholicis* tegerentur, ferveret Christi fides in plurimis, tepesceret in nonnullis, ipsae quoque ecclesiae vel ditarentur 20 a devotis vel nudarentur a perfidis, nec reperiri possit quisquam peritus[4] dialectica in arte aut grammaticus, qui haec

---

9. *hot drink.* **10** = *cursitabat.* **11** = *postico.* **12.** *quickening.* **13.** *dishes.* **14.** *neatly.*

XLIX. 1. xlix-lii are from the History of the Franks, by Gregory of Tours. Besides its historical importance the work is of great value because of the picture it gives us of the Latin language in the period of its decline. It is the last great work written while Latin was yet the language of the people. Latin was Gregory's native tongue. Many of the stories with which he interlards his narrative are told with an epic simplicity and vigor. **2.** *perishing from,* Biblical expression. **3.** *cruelty.* **4.** with genitive in CL.

aut stilo prosaico[5] aut metrico[6] depingeret versu: ingemiscebant
saepius plerique, dicentes: "Vae diebus nostris, quia periit
studium litterarum a nobis, nec reperiretur[7] in populis qui
gesta praesentia promulgare possit in paginis."[8] Ista etenim[9]
5 atque et[10] his similia iugiter intuens[11] dici, pro[12] commemoratione praeteritorum, ut notitiam adtingerent venientium,
etsi inculto effatu,[13] nequivi tamen obtegere vel certamina
flagitiosorum vel vitam recte viventium; et praesertim his
illicitus[14] stimulis,[15] quod a nostris fari[16] plerumque miratus
10 sum quia philosophantem rhetorem intellegunt pauci, loquentem rusticum multi.

Scripturus bella regum cum gentibus adversis, martyrum*
cum paganis,* ecclesiarum cum haereticis, prius fidem meam
proferre cupio, ut qui legeret me non dubitet esse catholicum.
15 Illud[17] etiam placuit propter eos qui adpropinquantem mundi
finem desperant,[18] ut, collectam[19] per chronicas vel historias
anteriorum* annorum summam,[19] explanetur aperte quanti[20]
ab exordio mundi sint anni. Sed prius veniam legentibus[21]
precor, si aut in litteris[22] aut in syllabis[23] grammaticam artem
20 excessero,[24] de[25] qua[25] adplene[26] non sum imbutus; illud tantum
studens, ut quod in ecclesia credi praedicatur[27]* sine aliquo[28]
fuco aut cordis haesitatione retineam, quia scio peccatis[29]
obnoxium[29] per credulitatem[30] puram obtinere posse veniam
apud Deum.

---

5. *prose.* **6.** *metrical.* **7** =*reperiri possit* of l. 21, p. 121. **8.** *writings.* **9** =
enim. **10.** superfluous. **11** =*videns.* **12.** We expect the main verb here,
*I have undertaken to narrate past events that they may come to the knowledge
of future generations;* the entire paragraph is loosely hung together. **13** =
sermone. **14** =*illectus.* **15.** explained by the *quod* clause. **16.** passive.
17. explained by what follows. **18.** *look forward with despair to.* **19.**
accusative absolute. **20** =*quot;* see 1 (*a*). **21** =*a legentibus.* **22.** *orthography.* **23.** *inflection.* **24.** *transgress.* **25** =*qua.* **26** =*plene.* **27.** *is
preached,* with an infinitive clause, *that we should believe.* **28** =*ullo.* **29.**
sinner. **30.** in a good sense, *faith.*

L. THE STORY OF ATTALUS

Theudericus[1] vero et Childebertus[1] foedus inierunt et, dato
sibi[2] sacramento, ut nullus[3] contra alium[4] moveretur,[5] obsides
ab invicem acceperunt, quo facilius firmarentur quae fuerant
dicta. Multi tunc filii senatorum in hac obsidione[6] dati sunt;
sed orto iterum inter reges scandalum,[7] ad servitium[8] publicum 5
sunt addicti, et quicumque[9] eos ad custodiendum accepit.
Multi tamen ex eis per fugam lapsi, in patriam redierunt,
nonnulli in servitio sunt retenti.   Inter quos Attalus, nepos
beati Gregorii, Lingonici[10] episcopi, ad[11] publicum servitium[11]
mancipatus est custosque equorum destinatus.   Erat[12] enim 10
intra Treverici[13] termini[14] territorio[15] cuidam barbaro serviens.[12]
Denique beatus Gregorius ad inquirendum eum pueros destinavit, qui, inventum,[16] obtulerunt homini[17] munera. Sed
respuit ea, dicens: "Hic tali generatione* decem auri libras[18]
redimi debet." Quibus redeuntibus, Leo quidam ex[19] coquina 15
domini sui ait: "Utinam[20] me permitteres et forsitan ego
poteram[20] eum reducere de captivitate." Gaviso autem
domino, directus[21] venit ad locum voluitque puerum clam
abstrahere[22] sed non potuit. Tunc locatum[23] secum hominem
quendam[23] ait: "Veni mecum et venunda me in domo bar- 20
bari illius, sitque tibi lucrum pretium meum, tantum[24] liberi-
orem aditum habeam faciendi id quod decrevi." Accepta
vero sacramenta, homo ille abiit et, venditum duodecim aureis,

---

L. 1. sons of Clovis. **2.** reciprocal. **3** =*neuter*. **4** =*alterum*. **5.** middle
voice. **6.** *state of being a hostage;* translate, *captivity;* for case see 40.
7 =*scandalo, quarrel;* the confusion of ablative and accusative forms is
common in Gregory. **8.** They were made public slaves and assigned by
the king to his subjects. **9** =*quivis*. **10.** *of Langres*. **11.** dative in CL.
12 =*serviebat;* see 109. **13.** *of Treves*. **14.** Like *fines*, this word first meant
boundary, then *territory, country*. **15** =*territorium*. **16.** Sc. *eum*, accusative
absolute; so also l. 23. **17.** i.e., *barbaro*. **18.** accusative instead of the
ablative of price. **19.** *belonging to*. **20** =*si mihi permittas forsan possim*.
21. *straightway*. **22.** *take away*. **23.** accusative absolute, *bargaining with
a certain man*. **24** =*modo*.

discessit. Sciscitatus[25] autem emptor[25] rudi[26] famulo[27] quid operis sciret respondit[28]: "In omnibus quae manducari debent[29] in mensis dominorum valde scitus sum operari, nec metuo quod[30] reperiri possit similis[31] mei[31] in hac scientia. Verum[32]
5 enim[32] dico tibi quia, etiam si regi epulum cupias praeparare, fercula regalia componere possum, nec quisquam a[33] me melius." At ille: "Ecce enim dies[34] solis[34] adest" (sic enim barbaries[35] vocitare diem dominicum consueta est[36]); "in[37] hac die vicini atque parentes mei invitabuntur in domo mea. Rogo ut
10 facias mihi prandium quod admirentur et dicant quia in domo regis melius non aspeximus." Et ille: "Iubeat," inquit, "dominus meus congregari pullorum gallinaceorum multi- tudinem et faciam quae praecipis." Praeparatis[38] ergo quae dixerat puer, illuxit dominica dies fecitque[39] epulum magnum
15 deliciisque refertum. Epulantibus autem omnibus et lau- dantibus prandium, parentes illius discesserunt. Dominus enim dedit gratiam puero huic et accepit potestatem super omnia quae habebat dominus suus in promptu, diligebatque eum valde et omnibus qui cum eo erant ipse dispensabat
20 cibaria et pulmenta.

Post anni vero curriculum, cum iam securus esset dominus illius[40] de eo,[40] abiit in pratum,[41] qui erat domi[42] proximus, cum Attalo puero, custode equorum; et decubans[43] in terram cum eo a[44] longe,[44] aversis dorsis, ut[45] non[45] cognoscerentur simul,
25 dicit puero: "Tempus est enim ut iam cogitare de patria debeamus. Ideoque moneo te ut hac nocte, cum equos ad claudendum adduxeris, sopore non deprimaris, sed cum primum te vocitavero adsis et ambulemus."[46] Vocaverat enim bar- barus ille multos parentum suorum ad epulum inter quos erat

---

25. nominative absolute. 26 = *novo*. 27. dative with *sciscitatus*. 28. Sc. *famulus* as subject. 29. See 112. 30 = *ne*. 31. *my equal*. 32. *in short*. 33. *than;* see 28. 34. *Sunday*. 35. abstract for concrete, *barbari*. 36 = *consuevit*. 37. See 31. 38. Sc. *eis*. 39. change of subject; so also with *accepit* and *diligebat* below. 40. refer to the same person. 41. masculine. 42 = *domo* or *domui*. 43 = *decumbens*. 44. *at a distance*. 45 = *ne*. 46 = *abeamus*.

et gener eius,[47] qui acceperat filiam illius.[47] Media autem
nocte a convivio surgentibus et quieti datis,[48] prosecutus est
Leo generum domini sui cum potu, porrigensque[49] ei bibere[50]
in metatum[51] eius ait ad eum homo[52]: "Dic tu, o creditor[53]
soceri mei, sic[54] valeas,[54] quando enim voluntatem adhibebis,[55] 5
ut adsumptis[56] equitibus[57] eius, eas in patriam tuam?" Hoc
quasi ioco delectans[58] dixit. Similiter et ille ioculariter[59]
respondens veritatem, ait: "Hac nocte delibero, si Dei voluntas fuerit." Et ille: "Utinam," inquit, "custodiant me
famuli mei, ne aliquid de rebus meis adsumas." Et ridentes 10
discesserunt.[60] Dormientibus autem cunctis, vocavit Leo
Attalum, stratisque equitibus, interrogat si[61] haberet gladium.
Respondit: "Non est mihi necesse nisi tantum lancea parvula." At ille ingressus mansionem domini sui, adprehendit
scutum eius ac frameam. Quo interrogante quis esset aut 15
quid sibi vellet respondit: "Ego sum Leo, servus tuus, et
suscito Attalo[62] ut surgat velocius et deducat equos ad pastum;
detinetur enim sopore quasi ebrius." Qui ait: "Fac ut libet."
Et haec dicens obdormivit. Ille vero egressus foris, munivit
puerum arma,[63] invenitque ianuas atrii[64] divinitus reseratas, 20
quas in initio noctis cum cuneis malleo percussis obseraverat
pro custodia caballorum[65]; et gratias agens[66] Deo, sumptis
reliquis equitibus secum, discesserunt, unum etiam volucrum[67]
cum vestimentis tollentes. Venientes autem ad Mosellam[68]
fluvium, ut transirent, cum detinerentur a quibusdam, relictis 25
equitibus et vestimentis, enatantes[69] super parma positi[70]
amnem, in ulteriorem egressi sunt ripam, et inter obscura[71]

---

47. refer to the same person. 48. middle voice. 49. nominative
absolute. 50. See 79 (a). 51 = hospitio. 52 = gener. 53. passive, trusted
servant. 54. so may you prosper, on condition that you tell the truth; a
common formula of adjuration and asseveration; cf. per salutem meam,
p. 126, l. 14. 55. carry out. 56. taking. 57 = equis. 58. middle voice.
59. in jest. 60. parted. 61. See 84 (a). 62 = Attalum, object of suscito.
63 = armis. 64. court (yard). 65. Cf. p. 32, l. 13. 66 = agentes. 67. a
roll. 68. It should be the Meuse. 69. swimming across. 70. middle
voice. 71 = obscuram noctem.

noctis[71] ingressi silvas, latuerunt. Tertia enim nox advenerat, quod[72] nullum cibum gustantes iter[73] terebant.[73] Tunc nutu Dei repertam[74] arborem[74] plenam pomis, qua[75] vulgo pruna vocant, comedunt et parumper[76] sustentati, ingressi sunt iter
5 Campaniae.[77] Quibus[78] pergentibus,[78] audiunt pedibulum[79] equitum currentium dixeruntque: "Prosternamus[80] terrae[81] ne appareamus hominibus venientibus." Et ecce ex improviso stirps rubi magnus adfuit, post quem transeuntes, proiecerunt se terrae cum evaginatis* gladiis, scilicet ut, si adver-
10 terentur,* confestim se quasi ab improbis defensarent. Verumtamen[82] cum venissent in loco illo, coram[83] stirpe spineo restiterunt; dixitque unus, dum equi urinam proicerent: "Vae mihi, quia fugiunt hi detestabiles nec reperiri possunt; verum dico per salutem meam quia, si invenirentur,[84] unum pati-
15 bulum[85] condemnari et alium gladiorum ictibus in frusta discerpi iubebam."[84] Erat enim barbarus ille, qui haec aiebat, dominus eorum, de Remense[86] urbe veniens, hos inquirens, et repperisset utique in via si nox obstaculum[87] non praebuisset. Tunc motis equitibus, discesserunt. Hi autem nocte ipsa
20 adtigerunt ad[88] urbem,[88] ingressique invenerunt hominem quem sciscitati[89] ubinam esset domus Paulelli presbyteri,* indicavit eis. Qui dum per plateam praeterirent, signum[90] ad matutinos[91] motum est[90] (erat enim dies dominica), pulsantesque ianuam presbyteri ingressi sunt exposuitque puer
25 de domino suo. Cui ait presbyter: "Vera est enim visio mea. Nam videbam duas in hac nocte columbas advolare et considere in manu mea, ex quibus una alba,[92] alia autem

---

72 = *ex quo;* see 115, vi (*a*). **73.** *traveled.* **74.** accusative absolute. **75** = *quae.* **76.** expresses degree, not time. **77.** *Champagne.* **78** = *qui pergentes;* see 27. **79.** *noise of feet.* **80.** Sc. *nos.* **81** = *in terram.* **82.** expresses merely transition. **83.** *behind, under.* **84.** See 107 (*a*). **85** = *ad patibulum.* **86.** *Rheims.* **87** = *impedimentum.* **88** = *urbem.* **89.** nominative absolute. **90.** *the bell rang.* **91.** *matins.* **92.** The two colors refer to the master and the slave (Leo) respectively.

nigra[92] erat." Dixitque puer presbytero: "Indulgeat[93] Dominus pro die sua sancta. Nam nos rogamus ut aliquid victu[94] praebeas; quarta enim inlucescit dies quod[95] nihil panis pulmentique gustavimus." Occultatis autem pueris, praebuit eis infusum[96] cum vino et panem et abiit ad matutinos. Secu- 5 tusque est barbarus, iterum inquirens pueros; sed inlusus a presbytero, regressus est. Presbyter enim amicitiam cum beato Gregorio antiquam habebat. Tunc resumptis pueri epulo viribus, per duos dies in domo presbyteri commorantes, abscesserunt et sic usque ad sanctum Gregorium perlati[97] sunt.[97] 10

Gavisus autem pontifex* visis pueris, flevit super collum Attali, nepotis sui; Leonem autem a iugo servitutis absolvens cum omni generatione[98] sua, dedit ei terram propriam, in qua cum uxore ac liberis liber vixit omnibus diebus vitae suae.

LI. PREFACE TO BOOK V

Taedet me bellorum civilium diversitates[1] quae Francorum 15 gentem et regnum valde proterunt memorare; in[2] quo, quod peius est, tempore illud quod Dominus de dolorum praedixit initium[3] iam videmus: consurgit pater in filium, filius in patrem, frater in fratrem, proximus in propinquum. Debebant enim eos exempla anteriorum regum terrere, qui, ut divisi, statim 20 ab inimicis sunt interempti. Quotiens et ipsa urbs urbium[4] et totius mundi caput iniens bella civilia, diruit[5]; quae[6] ces-

---

93. Ordinarily they would not be permitted to eat before Mass. 94. dative. 95. See 115, vi (a). 96. *soup*, or, omitting *et, bread soaked in wine.* 97 = *pervenerunt.* 98. *family.*

LI. 1. *details.* 2. The Latin is confused; the thought is: "We already see the beginning of those troubles which the Lord foretold" (Matthew x, 21). 3 = *initio.* 4. i.e., Rome. 5. intransitive, *fallen in ruins.* 6. may be explained as accusative-ablative absolute (= *quibus cessantibus*), or *cessante* may be an impersonal abl. abs. and *quae* feminine; the singular idea *bellum civile* may account for *cessante.*

sante[6] rursum quasi ex humo surrexit. Utinam et vos, o
reges, in his proelia[7] in quibus parentes vestri desudaverunt,
exercemini[8] ut gentes vestra pace[9] conterritae, vestris viribus
premerentur. Recordamini quid caput[10] victoriarum ves-
5 trarum Chlodovechus fecerit, qui adversos reges interfecit,
noxias gentes elisit, patrias[11] subiugavit, quarum regnum
vobis integrum inlaesumque reliquit. Et cum hoc fecerit
neque aurum neque argentum, sicut nunc est in thesauris
vestris, habebat. Quid agitis? Quid quaeritis? Quid non
10 abundatis? In domibus deliciae supercrescunt,[12] in promp-
tuariis* vinum, triticum oleumque redundat, in thesauris
aurum atque argentum coacervatur. Unum vobis deest, quod
pacem non habentes, Dei gratiam indigetis.[13] Cur unus tollit
alteri suum? Cur alter concupiscit alienum? Cavete illo,[14]
15 quaeso, apostoli: "Si[15] ab invicem mordetis et comeditis,
videte ne ab invicem consumamini." Scrutamini diligenter
veterum scripta et videbitis quid civilia bella parturiant.
Requirite quod de Carthaginiensibus scribat Orosius,[16] qui
cum post septingentos annos subversam dicat civitatem et
20 regionem eorum, addidit: "Quae res eam tamdiu servavit?
Concordiam. Quae res eam post tanta distruxit tempora?
Discordiam." Cavete discordiam, cavete bella civilia, quae
vos populumque vestrum expugnant.[17] Quid aliud sperandum
erit nisi cum exercitus vester ceciderit vos sine solacio relicti
25 atque a gentibus adversis oppressi, protinus conruatis? Si
tibi, o rex, bellum civile delectat, illud[18] quod apostolus in
hominem agi meminit exerce,[18] ut spiritus concupiscat[19] adversus carnem, et vitia virtutibus cedant, et tu liber capiti tuo,
id est Christo, servias, qui quondam radicem[20] malorum
30 servieras conpeditus.[21]

---

7 = *proeliis*. 8 = *exerceamini*, reflexive. 9. *union.* 10. *fountainhead.*
11. *lands.* 12. *increase beyond measure.* 13. See 26 (*a*). 14 = *ab illo.* 15.
Galatians v, 15. 16. Orosius V, 8 reads *concordia* and *discordia.* 17.
destroy. 18. *control that (impulse) which the apostle says is active in man*
(Galatians v, 17). 19. "lusteth against the flesh." 20 = *radici.* 21.
bondman.

LII. THE DEATH OF CHILPERIC

His itaque cum hac praeda pergentibus, Chilpericus, Nero
nostri temporis et Herodis, ad villam Calensem, quae distat
ab urbe Parisiaca quasi centum stadiis, accedit; ibique vena-
tiones exercet. Quadam vero die regressus de venatione iam
subobscura nocte, dum de equo susciperetur[1] et unam manum 5
super scapulam pueri retineret, adveniens quidam eum cultro
percutit sub ascellam[2] iteratoque ictu ventrem eius perforat;
statimque profluente copia sanguinis tam per os quam per
aditum vulneris, iniquum fudit spiritum. Quam vero malitiam
gesserit superior lectio[3] docet. Nam regiones plurimas saepius[4] 10
devastavit atque succendit; de quibus nihil doloris sed laetitiam magis habebat, sicut quondam Nero,[5] cum inter incendia
palatii tragoedas[6] decantaret.* Persaepe homines pro facultatibus eorum iniuste punivit. In cuius tempore pauci quodammodo[7] episcopatum* clerici meruerunt. Erat enim gulae 15
deditus, cuius deus venter fuit. Nullumque sibi[8] adserebat
esse prudentiorem. Confecitque duos libros, quasi[9] Sedulium
meditatus,[9] quorum versiculi debiles nullis pedibus[10] subsistere
possunt; in quibus, dum non intellegebat, pro longis syllabas
breves posuit et pro breves longas statuebat; et alia opuscula 20
vel[11] hymnos* sive[11] missas, quae nulla ratione suscipi[12] possunt.
Causas pauperum exosas[13] habebat.[13] Sacerdotes Domini
adsidue blasphemabat[14] nec aliunde[15] magis, dum[16] secretius
esset,[16] exercebat ridicula vel iocos quam de ecclesiarum
episcopis. Illum ferebat levem, alium superbum, illum abun- 25
dantem, istum luxuriosum; illum adserebat elatum, hunc
tumidum; nullum plus odio[17] quam ecclesias habens. Aiebat
enim plerumque: "Ecce pauper remansit fiscus noster, ecce
divitiae nostrae ad ecclesias sunt translatae; nulli penitus nisi

---

LII. 1. *was being assisted.* 2. *arm.* 3. *narrative.* 4 = *saepe.* 5. Suetonius,
Nero 38. 6 = *tragoedias.* 7. apparently = *admodum.* 8. dative with the
comparative. 9. *on the model of.* 10. play on the two meanings of *feet.*
11 = *et . . . et.* 12. *approved.* 13. *hated;* see 113. 14. Eng. 15. *on any other
subject.* 16. *in private; secretius* = *secreto.* 17. variant of *exosas,* l. 22, above.

soli episcopi regnant; periet[18] honor noster et translatus est
ad episcopos civitatum." Haec agens adsidue testamenta
quae in[19] ecclesias conscripta erant plerumque disrupit[20]
ipsasque patris sui praeceptiones, putans quod[21] non rema-
5 neret qui voluntatem eius servaret, saepe calcavit.[22] Iam de
libidine atque luxuria non potest reperiri in cogitatione quod
non perpetrasset in opere,[23] novaque semper ad laedendum
populum ingenia perquaerebat; nam, si[24] quos hoc[25] tempore[25]
culpabiles repperisset, oculos eis iubebat erui. Et in prae-
10 ceptionibus quas ad iudices pro suis utilitatibus[26] dirigebat
haec addebat: "Si quis praecepta nostra contempserit, oculorum avulsione[27] multetur." Nullum umquam pure dilexit,
a nullo dilectus est; ideoque cum spiritum exalasset, omnes
eum reliquerunt sui. Mallulfus autem Silvanectensis epis-
15 copus, qui iam tertia die in tentorio residebat et ipsum
videre non poterat, ut eum interemptum audivit, advenit;
ablutumque vestimentis melioribus induit, noctem in hymnis
deductam,[28] in nave levavit et in basilica sancti Vincenti,
quae est Parisius, sepelivit, Fredegunde regina in ecclesia
20 derelicta.

LIII[1]

DE HORTULANO[2] MONACHO MONASTERII EIUSDEM

Gregorius. Felix, qui appellatur Curvus, quem ipse bene
nosti, qui eiusdem monasterii nuper praepositus fuit, multa
mihi de fratribus eiusdem monasterii admiranda narrabat;

---

18 = *periit.* **19.** *in favor of.* **20.** Cf. Eng. "break a will." **21.** *that.* **22.**
trod under foot. **23.** *deed.* **24.** See 105. **25.** *in recent years.* **26.** plural
for singular. **27.** *tearing out.* **28.** *passed.*
LIII. 1. LIII-LVI are from the *Dialogues* of Gregory the Great (written in
593); the two following selections are from his *Letters.* Gregory was a man
of curious contrasts: highly educated, yet an enemy of classical culture;
a practical and far-sighted statesman, yet a child of his times in his interest in the miraculous. The popularity of the *Dialogues* testifies to the widespread and continued interest in such tales. **2.** *gardener.*

ex quibus aliqua quae ad memoriam veniunt supprimo, quia ad alia festino. Sed unum dicam quod ab eo narratum praetereundum nullo modo aestimo.

In eodem monasterio quidam magnae vitae monachus erat hortulanus. Fur vero venire consueverat, per saepem ascendere 5 et occulte holera auferre. Cumque ille multa plantaret, quae minus[3] inveniret, et alia pedibus conculcata, alia direpta conspiceret, totum hortum circumiens, invenit iter unde[4] fur venire consueverat. Qui in eodem horto deambulans, repperit etiam serpentem, cui praecipiens dixit: "Sequere me," atque ad 10 aditum furis perveniens, imperavit serpenti, dicens: "In nomine Iesu praecipio tibi ut aditum istum custodias ac furem huc ingredi non permittas." Protinus serpens totum se in itinere in transversum tetendit et ad cellam monachus rediit. Cumque meridiano tempore cuncti fratres quiescerent,[5] more 15 solito fur advenit, ascendit saepem; et cum in hortum pedem deponeret vidit subito quia tensus serpens clausisset viam, et tremefactus post semetipsum concidit, eiusque pes per calceamentum in sude saepis inhaesit sicque, usque dum hortulanus rediret, deorsum capite pependit. Consueta hora 20 venit hortulanus, pendentem in saepe furem repperit, serpenti autem dixit: "Gratias Deo, implesti quod iussi; recede modo." Qui statim abscessit. Ad furem vero perveniens, ait: "Quid est, frater? Tradidit te mihi Deus. Quare in labore monachorum furtum toties facere praesumpsisti?"[6] Et haec dicens 25 pedem illius a saepe in qua inhaeserat solvit eumque sine laesione deposuit. Cui dixit: "Sequere me." Quem sequentem duxit ad horti aditum et holera, quae furto appetebat auferre, ei cum magna dulcedine praebuit, dicens: "Vade, et post haec furtum non facias; sed cum necesse habes, huc ad me 30 ingredere, et quae tu cum peccato laboras tollere, ego tibi devotus dabo."

---

3 = *non*. **4** = *quo*. **5.** the midday siesta. **6.** *dared*.

LIV. ST. BENEDICT

Fuit vir vitae venerabilis, gratia[1] Benedictus[2] et nomine,
ab ipso suae pueritiae tempore cor gerens senile. Aetatem[3]
quippe moribus transiens,[3] nulli animum voluptati dedit sed
dum in hac terra adhuc esset, quo temporaliter[4] libere uti
5 potuisset, despexit iam quasi aridum[5] mundum cum flore.[5]
Qui, liberiori[6] genere ex provincia Nursiae exortus, Romae
liberalibus litterarum studiis traditus fuerat. Sed cum in eis
multos ire per[7] abrupta vitiorum[7] cerneret, eum quem quasi
in ingressu[8] mundi posuerat, retraxit pedem ne, si quid de
10 scientia eius attingeret, ipse quoque postmodum in immane
praecipitium totus iret. Despectis itaque litterarum studiis,
relicta domo rebusque patris, soli Deo placere desiderans,
sanctae[9] conversationis* habitum[9] quaesivit. Recessit igitur
scienter nescius, et sapienter indoctus. Huius ego omnia gesta
15 non didici sed pauca quae narro quattuor discipulis illius referentibus agnovi: Constantino scilicet reverentissimo valde
viro, qui ei in monasterii regimine successit; Valentiniano
quoque, qui annis multis Lateranensi monasterio praefuit;
Simplicio, qui congregationem illius post eum tertius rexit;
20 Honorato etiam, qui nunc adhuc cellae* eius in qua prius
conversatus fuerat, praeest.

LV

DE SIMULATIONE REGIS TOTILAE DEPREHENSA

Gothorum[1] temporibus cum rex eorum Totila sanctum
virum prophetiae[2] habere spiritum audisset, ad eius monasterium pergens, paulo[3] longius[3] substitit eique se venturum

---

LIV. 1. Biblical, *grace*. **2.** a play on the etymology of his name. **3.** *living
a holy life.* **4.** *in a worldly fashion.* **5.** Cf. Isaiah xl, 8, "The grass
withereth, the flower fadeth; but the word of our God shall stand forever."
6 =*liberaliori.* **7** =*in immane praecipitium (precipice)* of l. 10. **8.** *threshold.*
9. *garb of a holy life,* i.e., of a monk.
LV. 1. *the Ostrogoths;* this visit took place in 542. **2.** *of prophecy.* **3.** *a
short distance away.*

esse nuntiavit. Cui dum protinus mandatum de monasterio
fuisset ut veniret ipse, sicut[4] perfidae mentis fuit, an vir Dei
prophetiae spiritum haberet explorare conatus est. Quidam
vero eius spatharius[5] Riggo dicebatur, cui calceamenta[6] sua
praebuit eumque indui vestibus regalibus fecit, quem[7] quasi 5
in persona sua pergere ad Dei hominem praecepit. In cuius
obsequio* tres, qui sibi prae ceteris adhaerere consueverant,
comites misit, scilicet, Vulteric, Ruderic et Blidin, ut ante
servi Dei oculos, ipsum regem Totilam esse simulantes, eius
lateribus obambularent; cui alia quoque obsequia atque 10
spatharios praebuit ut tam ex eisdem obsequiis quam ex
purpureis vestibus rex esse putaretur. Cumque idem Riggo,
decoratus vestibus, obsequentum frequentia comitatus, monasterium fuisset ingressus, vir Dei eminus sedebat. Quem
venientem conspiciens, cum[8] iam[8] ab eo audiri potuisset 15
clamavit, dicens: "Pone, fili, pone hoc quod portas[9]; non
est tuum." Qui Riggo protinus in terram cecidit et quia tanto
viro illudere praesumpsisset expavit, omnesque qui cum eo
ad hominem Dei veniebant terrae consternati sunt.[10] Surgentes
autem ad eum propinquare minime praesumpserunt, sed ad 20
suum regem reversi, nuntiaverunt trepidi in quanta velocitate
fuerant deprehensi.

LVI

DE PRESBYTERO PROVINCIAE VALERIAE QUI
FUREM AD SEPULCHRUM SUUM TENUIT

In Valeria namque[1] provincia res est haec gesta quam
narro, mihique beatae[2] memoriae[2] abbatis mei Valentionis
relatione* cognita. Ibi etenim quidam venerabilis sacerdos 25
erat, qui cum clericis[3] suis, Dei laudibus bonisque operibus

---

4 = *ut, since.* **5.** *swordbearer.* **6.** The king's shoes were purple. **7** =
et eum. **8.** *as soon as.* **9.** like *gero, wear.* **10** = *ceciderunt.*
LVI. 1. Notice the different particles of transition in this selection:
namque, etenim, autem, vero, etc. **2.** *of blessed memory.* **3.** *assistants.*

intentus, sanctae[4] conversationis[4] vitam ducebat. Super-
veniente autem vocationis[5] suae die, defunctus est atque ante
ecclesiam sepultus. Eidem vero ecclesiae caulae inhaerebant[6]
ovium, atque idem locus in quo sepultus est ad easdem oves
5 tendentibus pervius erat. Quadam autem nocte cum, clericis
intra ecclesiam psallentibus,* fur venisset ut ingressus caulas
furtum faceret, vervecem tulit, et concitus exiit. Cum vero
pervenisset ad locum ubi vir Domini sepultus erat, repente
haesit et gressum movere non potuit. Vervecem quidem de
10 collo deposuit eumque dimittere voluit, sed manum laxare
non valuit. Coepit[7] igitur stare[7] miser cum praeda sua, reus
et ligatus. Volebat vervecem dimittere, nec valebat; volebat
egredi cum vervece, nec poterat. Miro itaque modo fur,[8]
qui a vivis videri timuerat, hunc mortuus tenebat. Cumque
15 ita gressus[9] manusque illius fuissent obstricta, immobilis
perstitit. Facto autem mane expletisque laudibus Dei, ab
ecclesia egressi sunt clerici et invenerunt ignotum hominem
vervecem tenentem manu. Res venit in dubium utrum
vervecem tolleret[10] an offerret,[10] sed culpae reus citius indi-
20 cavit poenam. Mirati omnes quia ingressus fur viri Dei merito
ad praedam suam stabat ligatus. Qui se pro eo protinus in
orationem dederunt, suisque precibus vix obtinere valuerunt
ut, qui res eorum venerat rapere, saltem vacuus[11] exire mere-
retur. Itaque fur, qui diu steterat cum praeda captivus,
25 quandoque[12] exiit vacuus et liber.

---

4. Cf. p. 132, l. 13.   **5.** *death.*   **6.** *were adjacent.*   **7** =*stabat.*   **8.** anacoluthon.   **9.** *feet.*   **10.** *was taking away or bringing.*   **11.** *empty handed.*
12. *at last.*

LVII

GREGORIUS CANDIDO PRESBYTERO EUNTI AD PATRIMONIUM[1] GALLIAE

Pergens, auxiliante Domino Deo nostro Iesu Christo, ad patrimonium quod est in Galliis gubernandum, volumus ut dilectio[2] tua[2] ex solidis* quos acceperit vestimenta pauperum vel pueros Anglos qui sunt ab annis decem et septem vel decem et octo, ut in monasteriis dati Deo proficiant, comparet[3] 5 quatenus solidi Galliarum, qui in terra nostra expendi non possunt, apud locum proprium utiliter[4] expendantur. Si quid vero de pecuniis redituum quae dicuntur ablatae recipere potueris, ex his quoque vestimenta pauperum comparare te volumus vel, sicut praefati sumus, pueros qui in omnipotentis 10 Dei servitio proficiant. Sed, quia pagani sunt qui illic inveniri possunt volo ut cum eis presbyter transmittatur ne quid aegritudinis contingat in via, ut quos morituros conspexerit debeat baptizare.[5] Ita igitur tua dilectio faciat ut haec diligenter implere festinet. 15

LVIII

GREGORIUS DESIDERIO EPISCOPO GALLIAE

Cum multa nobis bona de vestris fuissent studiis nuntiata, ita cordi nostro nata est laetitia, ut negare ea quae sibi fraternitas[1] vestra[1] concedenda poposcerat minime pateremur. Sed post hoc pervenit[2] ad nos (quod sine verecundia memorare non possumus) fraternitatem tuam grammaticam qui- 20 busdam exponere. Quam rem ita moleste suscepimus ac sumus vehementius[3] aspernati ut ea quae prius dicta fuerant in gemitum et tristitiam verteremus, quia in uno se ore cum Iovis laudibus Christi laudes non capiunt. Et quam grave

---

LVII. **1.** i.e., of the church. **2.** term of address, like "My dear sir." **3.** *purchase.* **4.** Gallic money was of less value than Roman. **5.** Eng. LVIII. **1.** *you, my dear brother;* cf. l. 3, above; note *vestra* here, but *tuam,* l. 20. **2.** *was reported;* cf. *perlata sunt,* p. 136, l. 8. **3** =*vehementer.*

nefandumque sit episcopis canere quod[4] nec laico* religioso
conveniat,[4] ipse considera. Et quamvis dilectissimus filius
noster Candidus presbyter postmodum veniens, hac de re
subtiliter requisitus,[5] negaverit atque conatus vos fuerit ex-
5 cusare, de nostris tamen adhuc animis non recessit quia
quanto exsecrabile[6] est hoc de sacerdote enarrari tanto utrum
ita necne sit districta[7] et ueraci oportet satisfactione cognosci.
Unde si post hoc evidenter ea quae ad nos perlata sunt falsa
esse claruerint[8] nec vos nugis et saecularibus litteris studere
10 constiterit, Deo nostro gratias agimus, qui cor vestrum macu-
lari blasphemis[9] nefandorum laudibus non permisit, et de
concedendis quae poscitis securi iam et sine aliqua dubitatione
tractabimus.   Monachos vero quos una cum dilectissimo
filio nostro Laurentio presbytero et Mellito abbate ad reve-
15 rendissimum fratrem et coepiscopum[10] nostrum Augustinum
transmisimus, vobis in omnibus commendamus ut, fraternitate
vestra solaciante,[11] nulla illos ad proficiscendum mora valeat
impedire.

LIX[1]

DE FABULA

Fabulas poetae a fando nominaverunt, quia non sunt res
20 factae, sed tantum loquendo fictae. Quae ideo sunt inductae
ut fictorum mutorum animalium inter se conloquio imago

---

4. i.e., *Iovis laudes.* 5. *questioned.* 6. *detestable.* 7. *strict.* 8. *it be-*
comes clear; the perfect is lacking in CL. 9. Eng. 10. i.e., *archbishop*
of Canterbury. 11. *helping.*

LIX. 1. This and the following selection are from the *Origines (Etymologies)*
of Isidore of Seville (†636), an encyclopedia of classical learning which became the school book of the Middle Ages. The number of MSS of Isidore's
works probably surpassed that of any other text except the Bible, and
there is scarcely a medieval work of any extent that does not show an
acquaintance with Isidore's writings. His influence was quite out of
proportion to the intrinsic merit of his works. Many of his etymologies,
however, are no worse than most ancient attempts and some modern ones
to explain the origin of a word.

quaedam vitae hominum nosceretur. Has primus invenisse
traditur Alcmaeon Crotoniensis, appellanturque Aesopiae,
quia is apud Phrygas in hac re polluit.[2] Sunt autem fabulae
aut Aesopicae aut Lybisticae. Aesopicae sunt cum animalia
muta inter se sermocinasse[3] finguntur, vel quae animam non 5
habent, ut urbes, arbores, montes, petrae, flumina. Lybisticae
autem, dum hominum cum bestiis aut bestiarum cum hominibus fingitur vocis esse commercium. Fabulas poetae quasdam
delectandi causa finxerunt, quasdam ad naturam rerum,
nonnullas ad mores hominum interpretati sunt.[4] Delectandi 10
causa fictas,[5] ut eas quas volgo dicunt, vel quales Plautus et
Terentius composuerunt. Ad naturam rerum fabulas fingunt,
ut "Vulcanus claudus," quia per naturam numquam rectus est
ignis; ut illa triformis bestia "prima leo, postrema draco,
media ipsa chimaera"[6]; id est caprea, aetates hominum per 15
eam volentes distinguere; quarum ferox et horrens prima
adulescentia, ut leo; dimidium vitae tempus lucidissimum, ut
caprea, eo quod acutissime videat; tunc fit senectus casibus
inflexis, draco. Sic et Hippocentauri fabulam esse confictam,
id est hominem equo mixtum, ad exprimendam humanae 20
vitae velocitatem, quia equum constat esse velocissimum.
Ad mores, ut apud Horatium mus loquitur muri et mustela
vulpeculae, ut per narrationem fictam ad id quod agitur verax
significatio referatur. Unde Aesopi tales sunt fabulae ad[7]
morum finem relatae,[7] vel sicut in libro Iudicum[8] ligna sibi 25
regem requirunt et loquuntur ad oleam et ad ficum et ad
vitem et ad rubum; quod totum utique ad mores fingitur ut
ad rem quae intenditur, ficta quidem narratione sed veraci
significatione, veniatur. Sic et Demosthenes orator fabulam[9]
usus est adversus Philippum, qui cum ab Atheniensibus 30

---

2. perfect lacking in CL. **3.** *as conversing.* **4** = *finxerunt*, as l. 12 shows.
5. Isidore's *Origines* is a mosaic of excerpts which are often put together
without being made to conform to the syntax of the context; here the
governing verb is omitted. **6.** Lucretius V, 903. **7** = *ad mores fictae.*
8. Judges ix, 8. **9** = *fabula.*

postularet ut sibi decem oratores darentur et discederet,
finxit ille fabulam qua dissuaderet, dicens lupos aliquando
pastoribus, quorum diligentiam decipere voluissent, suasisse
ut in amicitiam convenirent, ea tamen condicione, ut[10] si[10]
5 canes, in quibus erat causa iurgiorum, iure illis traderentur;
adnuisse pastores et in spem securitatis dedisse canes, quos
ovium suarum vigilantissimos custodes habebant. Tunc
lupi, adempta omni formidine, omne quod in gregibus illis
erat, non pro[11] satietate tantum, verum etiam pro libidine
10 laceraverunt. Philippum quoque principes populi postulare
quo facilius possit opprimere spoliatam custodibus urbem.

LX

DE DIEBUS ET NOCTE

De diebus. Dies est praesentia solis, sive sol supra terras,
sicut nox[1] sol sub terris. Ut enim dies aut nox sit, causa est
aut supra terram sol, aut sub terris. Dies legitimus viginti
15 quattuor horarum, usque dum dies et nox spatia sui cursus
ab oriente usque ad alium orientalem solem caeli volubilitate
concludat. Abusive[2] autem dies unus spatium ab oriente sole
usque ad occidentem. Sunt autem diei spatia duo, interdianum[3]
atque nocturnum; et est dies quidem horarum viginti quattuor,
20 spatium autem horarum duodecim. Vocatus autem dies a[4]
parte meliore.[4] Unde et in usu est ut sine commemoratione
noctis numerum dicamus[5] dierum, sicut et in lege divina
scriptum est[6]: "Factum est vespere et mane dies unus."
Dies secundum Aegyptios incohat ab occasu solis; secundum
25 Persas ab ortu solis; secundum Athenienses a sexta hora diei;

---

10 = *ut*. **11** = *ad*.
LX. 1. The forms of *sum* are freely omitted in this chapter. **2.** *incor-
rectly*. **3.** *day*. **4.** *from the better half*, explained by what follows. **5.** *speak
of*. **6.** Genesis i, 5.

secundum Romanos a media nocte. Unde et tunc gallicinium[7] est, quorum vox diei ostendit praeconium, quando et mesonyctios[8] afflatus fit. Dies dicti a diis, quorum nomina Romani quibusdam sideribus sacraverunt. Primum enim diem a Sole appellaverunt, qui princeps est omnium siderum, sicut 5 et idem dies caput est cunctorum dierum. Secundum a Luna, quae Soli et splendore et magnitudine proxima est, et ex eo mutuat lumen. Tertium ab stella Martis, quae Vesper vocatur. Quartum ab stella Mercurii, quam quidem candidum circulum dicunt. Quintum ab stella Iovis, quam Phaethontem aiunt. 10 Sextum a Veneris stella, quam Luciferum asserunt, quae inter omnia sidera plus[9] lucis habet. Septimus ab stella Saturni, quae sexto caelo locata, triginta annis fertur explere cursum suum. Proinde autem ex his septem stellis nomina dierum gentiles* dederunt eo quod per eosdem aliquid sibi 15 effici existimarent, dicentes habere a Sole spiritum, a luna corpus, a Mercurio ingenium et linguam, a Venere voluptatem, a Marte sanguinem, a Iove temperantiam, a Saturno humorem.[10] Talis quippe extitit gentilium stultitia, qui sibi finxerunt tam ridiculosa[11] figmenta.* Apud Hebraeos autem dies 20 prima una sabbati[12] dicitur, qui apud nos dies dominicus est, quem gentiles Soli dicaverunt. Secunda sabbati secunda feria,[13] quem saeculares[14] diem Lunae vocant. Tertia sabbati tertia feria, quem diem illi Martis vocant. Quarta sabbati quarta feria, qui Mercurii dies dicitur a paganis. Quinta 25 sabbati quinta feria est, id est, quintus a die dominico, qui apud gentiles Iovis vocatur. Sexta sabbati sexta feria dicitur, qui apud eosdem paganos Veneris nuncupatur. Sabbatum autem septimus a dominico dies est, quem gentiles Saturno dicaverunt et Saturni nominaverunt. Sabbatum autem ex 30 Hebraeo in Latinum requies interpretatur[15] eo quod Deus in eo requievisset ab omnibus operibus suis.

---

7 =*gallorum cantus.* **8.** *midnight* (Greek). **9** =superlative. **10.** *fluids.* **11.** *absurd.* **12.** *Sabbath.* **13.** *day of the week.* **14** =*gentiles.* **15.** passive.

Partes diei tres sunt: mane, meridies et suprema. Mane
lux matura et plena, nec iam crepusculum. Et dictum mane
a mano[16]; manum enim antiqui bonum dicebant. Quid enim
melius luce? Alii mane aestimant vocari a Manibus, quorum
5 conversatio a luna ad terram est. Alii putant ab aere, quia
manus, id est rarus, est atque perspicuus. Meridies dicta
quasi medidies, hoc est medius dies; vel quia tunc purior dies
est. Merum enim purum dicitur.[17] In toto enim die nihil
clarius meridie, quando sol de medio caelo rutilat et omnem
10 orbem pari claritate inlustrat. Suprema est postrema pars
diei, quando sol cursum suum in occasum vertit; dicta quod
superest ad partem ultimam diei. Serum vocatum a clausis
seris, quando iam nox venit, ut unusquisque somno tutior sit.
Hodie quasi hoc die; et quotidie, non cotidie, ut sit quot die-
15 bus. Cras quod est postea. Hesternum est pridie; et dictum
hesternum ab eo quod iam dies ipse sit a nobis extraneus[18]
et praetereundo alienus. Pridie autem quasi priori die. Per-
endie, id est per ante diem, vel in[19] antecessum,[19] id est prius.

Nox a nocendo dicta, eo quod oculis noceat. Quae idcirco
20 lunae ac siderum lucem habet, ne indecora esset et ut con-
solaretur omnes nocte operantes, et ut quibusdam animantibus,
quae lucem solis ferre non possunt, ad[20] sufficientiam[20] tempe-
raretur. Noctis autem et diei alternatio[21] propter vicissitudinem
dormiendi vigilandique effecta est, et ut operis diurni laborem
25 noctis requies temperet. Noctem autem fieri, aut quia longo
itinere lassatur sol, et cum ad ultimum caeli spatium pervenit,
elanguescit ac tabefactus[22] efflat suos ignes; aut quia eadem
vi sub terras cogitur qua super terras pertulit lumen, et sic
umbra terrae noctem facit.

---

16. *good; mane* in origin is an adverb from *manus.* **17.** *means.*
18 = *externus* (pronounced *esternus*). **19.** *in advance*, defined by *prius.*
20. *sufficiently.* **21.** Eng. **22.** *melted.*

LXI.[1] THE FOUNDING OF BOBBIO

Beatus ergo Columbanus cum vidisset, ut superius diximus,
devictum a Theuderico[2] Theudebertum,[2] relicta[3] Gallia atque
Germania, Italiam ingreditur, ubi ab Agilulfo Langobardorum
rege honorifice receptus est. Qui,[4] largita optione, ut intra
Italiam quocumque in loco voluisset habitaret, ibi Dei consultu[5] 5
actum est, dum ille penes[6] Mediolanium[7] urbem moraretur
et haereseorum[8] fraudes, id est, Arrianae[9] perfidiae, scripturarum cauterio[10] discerpi ac desecari vellet, contra quos etiam
libellum florenti scientia edidit, vir quidam nomine Iocundus
ad regem venit, qui regi indicat se in solitudine ruribus Appen- 10
ninis basilicam* beati Petri apostolorum principis scire, in
qua virtutes* expertus sit fieri, loca ubertate fecunda, aquis
inrigua, piscium copia. Quem locum veterum traditio[11] Bobi-
um nuncupabant ob rivum in eo loco hoc nomine fluentem
amnemque alium profluentem nomine Triveam; super quem 15
olim Hannibal hiemans, hominum, equorum, elephantorum
atrocissima damna sensit. Ubi cum venisset, omni cum
intentione basilicam inibi semirutam reperiens, prisco decori
renovans reddidit. In cuius restauratione[11] mira Domini
virtus[12] panditur. Nam cum per praerupta saxorum scopula[13] 20
trabes ex abietibus inter densa saltus locis inaccessibilibus[11] caederentur, vel alibi caesa,[13] inibi[14] casu elapsa[13] aspero, aditum
plaustrorum denegabant, mirum in modum trabem, quem[13] vix
triginta vel quadraginta plano terrae solo positum vehere
non[15] valerent, ibi cum duobus vel tribus, prout ardui callis 25
meatus patiebatur, vir Dei accedens, suis ac suorum humeris
immane pondus imponebat; et ubi antea prae asperitate

LXI. **1.** From the life of the famous Irish monk and missionary
Columbanus, written by Jonas, a monk of Bobbio. **2.** son of Childebert
II. **3.** He was driven out by the hostility of Brunhilda, the mother of
Childebert. **4.** anacoluthon. **5.** *will.* **6** = *apud.* **7.** *Milan.* **8** = *haereticorum.* **9.** *Arian.* **10.** *cautery.* **11.** Eng. Note plural verb *nuncupabant.*
12. *power.* **13.** Note wrong gender. **14.** i.e., in the dense places. **15.**
superfluous after *vix.*

itineris libero[16] gressu vix graderentur, onerati mox trabium
pondere festini gradiebantur, ut versa vice, qui onera ferrent,
acsi ab aliis veherentur, firmis vestigiis velut otio vagantes,
ovantes irent. Videns itaque vir Dei tanti auxilii supplementum,
5 suos hortatur ut arreptum[17] opus laeti perficiant, animoque
roborati, eo consistere in heremo studeant; Dei in hoc volun-
tatis[18] esse adfirmat. Tecta itaque templi culmina, murorum
restaurat ruinas, ceteraque quaeque ad monasterii necessitatem pertinent, construere parat. Tecta itaque templi culmina, murorum
10 Porro beatus Columbanus, expleto anni circulo, in ante-
dicto[19] coenobio Ebobiensi vita beata functus, animam membris solutam caelo reddidit viiii. Kl. Decembris.[20] Cuius
strenuitatem si quis nosse velit, in eius dictis reperiet. Re-
liquiaeque eius eo habentur in loco conditae, ubi et virtutum
15 decore pollent praesule* Christo, cui est gloria per omnia
saecula saeculorum. Amen.

LXII.[1] HOW CHRISTIANITY CAME TO BRITAIN

Nec silentio praetereunda opinio,[2] quae de beato Gregorio
traditione[3] maiorum ad[4] nos usque[4] perlata est. Dicunt[5]
quia die quadam cum, advenientibus nuper mercatoribus,
20 multa venalia in forum fuissent conlata, multi ad emendum
confluxissent, et ipsum Gregorium inter alios advenisse, ac

---

16. i.e., not hampered by a load. 17 = *inceptum*. 18 = *voluntatem*. 19.
above-mentioned. 20. anno 615.
    LXII. 1. LXII and the following selection are from the *Historia eccle-
siastica gentis Anglorum* of Bede (731), the "father of English history."
Bede owed his great reputation and his wide influence to the fact that in
his historical, theological, and scientific writings he collected about all the
learning of his time (especially from Jerome, Augustine, Cassiodorus, and
Isidore) and so made it available, first to the Anglo-Saxons, and later to
the continent. This tradition of scholarship was carried to Germany by
Bonifatius, to France by Alcuin, and again to Germany by Alcuin's pupil
Hrabanus Maurus. Bede's Latin, while not classical, is in the main clear
and simple and grammatically correct. 2. *story*. 3. Eng. 4 = *usque ad.*
5. followed by a *quia* clause and an infinitive clause.

vidisse inter alia pueros venales positos candidi corporis ac
venusti vultus, capillorum quoque forma egregia. Quos cum
adspiceret interrogavit, ut aiunt, de qua regione vel terra
essent adlati. Dictumque est quia de Britannia insula, cuius
incolae talis essent aspectus. Rursus interrogavit utrum idem 5
insulani christiani an paganis adhuc erroribus essent implicati.
Dictum est quod essent pagani. At ille, intimo ex corde longa
trahens suspiria: "Heu, pro dolor!" inquit, "quod tam lucidi
vultus homines tenebrarum auctor possidet tantaque[6] gratia
frontispicii[6] mentem ab interna gratia vacuam gestat." 10
Rursus ergo interrogavit quod esset vocabulum gentis illius.
Responsum est quod Angli vocarentur. At ille: "Bene,"
inquit, "nam et angelicam* habent faciem et tales angelorum
in caelis[7] decet esse cohaeredes.[8] Quod habet nomen ipsa
provincia, de qua isti sunt adlati?" Responsum est quod 15
Deiri vocarentur idem provinciales. At ille: "Bene," inquit,
"Deiri; de ira eruti, et ad misericordiam Christi vocati. Rex
provinciae illius quomodo appellatur?" Responsum est quod
Aelli diceretur. At ille adludens[9] ad[9] nomen ait: "Alleluia,
laudem Dei creatoris illis in partibus oportet cantari." 20

Accedensque ad pontificem Romanae et apostolicae sedis[10]
(nondum enim erat ipse pontifex factus) rogavit ut genti
Anglorum in Britanniam aliquos verbi[11] ministros,[3] per quos
ad Christum converteretur, mitteret; se ipsum paratum esse
in hoc opus, Domino cooperante,[3] perficiendum, si tamen[12] 25
apostolico papae hoc ut fieret placeret. Quod dum perficere
non posset, quia, etsi pontifex concedere illi quod petierat
voluit, non tamen cives Romani ut tam longe ab urbe sece-
deret potuere permittere; mox, ut ipse pontificatus[3] officio
functus est, perfecit opus diu desideratum; alios quidem 30
praedicatores[13] mittens, sed ipse praedicationem* ut fructi-
ficaret* suis exhortationibus ac precibus adiuvans.

---

6. *so fair an outside; frontispicium* is used especially of the façade of a
church. **7.** See 17. **8.** *co-heirs.* **9.** *playing on.* **10.** *see.* **11.** *of the word
of God.* **12.** restrictive. **13.** *preachers.*

144 PRIMER OF MEDIEVAL LATIN

LXIII. THE STORY OF CAEDMON

In huius monasterio abbatissae[1] fuit frater quidam divina
gratia specialiter[2] insignis, quia carmina religioni et pietati
apta facere solebat; ita ut, quicquid ex divinis litteris per
interpretes disceret, hoc ipse post pusillum[3] verbis poeticis
5 maxima suavitate et compunctione[4] compositis, in sua, id est
Anglorum, lingua proferret. Cuius carminibus multorum
saepe animi ad contemptum saeculi et appetitum sunt vitae
caelestis accensi. Et quidem et alii post illum in gente Anglorum religiosa poemata facere temptabant; sed nullus eum
10 aequiperare potuit. Namque ipse non ab hominibus neque
per hominem institutus canendi artem didicit, sed divinitus
adiutus gratis[5] canendi donum accepit. Unde nil umquam
frivoli et supervacui poematis facere potuit, sed ea tantummodo
quae ad religionem pertinent, religiosam eius linguam decebant.
15 Siquidem[6] in habitu[7] saeculari[7] usque ad tempora provectioris
aetatis constitutus,[8] nil carminum aliquando didicerat. Unde
nonnumquam in convivio, cum esset laetitiae causa decretum
ut omnes per ordinem cantare deberent,[9] ille, ubi appropinquare sibi citharam cernebat, surgebat a media cena et egressus
20 ad suam domum[10] repedabat.[11]

Quod dum tempore quodam faceret, et relicta domu[12]
convivii egressus esset ad stabula iumentorum, quorum ei
custodia nocte illa erat delegata, ibique hora competenti
membra dedisset sopori, adstitit ei quidam per somnium,
25 eumque salutans ac suo appellans nomine: "Caedmon,"
inquit, "canta mihi aliquid." At ille respondens: "Nescio,"
inquit, "cantare; nam et ideo de convivio egressus huc secessi
quia cantare non poteram." Rursum ille qui cum eo loquebatur, "Attamen," ait, "mihi cantare habes."[13] "Quid,"

LXIII. 1. Hild, abbess of Whitby. **2.** *peculiarly.* **3.** *short time.* **4.**
humility. **5.** i.e., without training. **6.** See 58. **7.** Cf. p. 132, l. 13. **8** =
present participle of *sum.* **9.** nothing more than a mood sign, *should.*
10. evidently a separate building. **11.** *withdrew.* **12.** *hall.* **13.** like Eng.
have = *must,* so also *debeo;* see 113.

inquit, "debeo cantare?" Et ille: "Canta," inquit, "principium creaturarum." Quo accepto responso, statim ipse coepit cantare in laudem Dei conditoris versus quos numquam audierat, quorum iste est sensus: "Nunc laudare debemus auctorem regni caelestis, potentiam creatoris et consilium illius, facta 5 Patris gloriae. Quomodo ille, cum sit aeternus Deus, omnium miraculorum auctor exstitit, qui primo filiis hominum caelum pro culmine tecti, dehinc terram custos humani generis omnipotens creavit." Hic est sensus, non autem ordo ipse verborum, quae dormiens ille canebat; neque enim possunt carmina, 10 quamvis optime composita, ex alia in aliam linguam ad[14] verbum[14] sine detrimento sui decoris ac dignitatis transferri. Exsurgens autem a somno, cuncta quae dormiens cantaverat, memoriter retinuit, et eis mox plura in eundem modum verba Deo digni carminis adiunxit. 15

Veniensque mane ad vilicum qui sibi praeerat, quid doni percepisset indicavit atque ad abbatissam perductus, iussus est, multis doctioribus viris praesentibus, indicare somnium et dicere carmen ut universorum iudicio quid vel unde esset quod referebat probaretur. Visumque est omnibus caelestem 20 ei a Domino concessam esse gratiam. Exponebantque illi quendam sacrae historiae[15] sive doctrinae[15] sermonem, praecipientes eum, si posset, hunc in modulationem* carminis transferre. At ille, suscepto negotio, abiit et mane rediens, optimo carmine quod iubebatur compositum reddidit. Unde mox 25 abbatissa, amplexata[16] gratiam Dei in viro, saecularem illud habitum relinquere et monachicum[17] suscipere propositum* docuit, susceptumque in monasterium cum omnibus suis fratrum cohorti associavit,[18] iussitque illum seriem sacrae historiae doceri. At ipse cuncta quae audiendo discere poterat 30 rememorando[19] secum et quasi[20] mundum animal ruminando,[20] in carmen dulcissimum convertebat, suaviusque resonando[21]

---

14. *word for word.* **15.** *historical or doctrinal.* **16.** *esteeming.* **17** = *monasticum.* **18.** *attached.* **19** = *memorando.* **20.** *as it were, a clean animal chewing the cud,* explained by Leviticus xi, 3. **21.** *repeating, singing.*

doctores suos vicissim auditores sui faciebat. Canebat autem
de creatione mundi, et origine humani generis, et tota genesis[22]
historia, de egressu Israel ex Aegypto, et ingressu in terram
repromissionis,[23] de aliis plurimis sacrae scripturae historiis,
5 de incarnatione dominica, passione, resurrectione, et ascen-
sione[22] in caelum, de spiritus sancti adventu, et apostolorum
doctrina. Item de terrore futuri iudicii et horrore poenae
gehennalis[24] ac dulcedine regni caelestis multa carmina faciebat;
sed et alia perplura[25] de beneficiis et iudiciis divinis, in quibus
10 cunctis homines ab amore scelerum abstrahere, ad dilectionem
vero et sollertiam[26] bonae actionis excitare curabat.[27] Erat
enim vir multum religiosus et regularibus[28] disciplinis humiliter
subditus; adversum vero illos qui aliter facere volebant,
zelo[29] magni fervoris accensus; unde et pulchro vitam suam
15 fine conclusit.

Nam propinquante hora sui decessus, xiiii diebus praeveni-
ente corporea infirmitate pressus est, adeo tamen moderate
ut et loqui toto eo tempore posset et ingredi.[30] Erat enim in
proximo casa, in qua infirmiores et qui prope morituri esse
20 videbantur, induci solebant. Rogavit ergo ministrum suum,
vespere incumbente,[31] nocte qua de saeculo erat exiturus, ut
in ea sibi locum quiescendi praepararet; qui miratus cur hoc
rogaret, qui nequaquam adhuc moriturus esse videbatur,
fecit tamen quod dixerat. Cumque ibidem positi vicissim
25 aliqua gaudente animo, una cum eis qui ibidem ante inerant,
loquerentur ac iocarentur, et iam mediae noctis tempus esset
transcensum, interrogavit si eucharistiam[32] intus haberent.
Respondebant: "Quid opus est eucharistia? neque enim
mori adhuc[33] habes, qui tam hilariter[34] nobiscum velut sospes
30 loqueris." Rursus ille: "Et tamen," ait, "afferte mihi eucharistiam." Qua accepta in manu, interrogavit si omnes placidum

---

22. Eng. **23.** *promise.* **24.** *of hell.* **25.** *very many.* **26.** *practice.*
27. *tried.* **28.** *of the Rule.* **29.** *zeal.* **30.** *walk.* **31.** *approaching.* **32.**
eucharist, the consecrated element in the Lord's supper. **33.** *yet.* **34.**
gayly.

erga se animum et sine querela controversiae ac rancoris[22] haberent. Respondebant omnes placidissimam se mentem ad illum et ab omni ira remotam habere, eumque vicissim rogabant placidam erga ipsos mentem habere.[35] Qui confestim respondit: "Placidam ego mentem, filioli, erga omnes Dei famulos gero." 5 Sicque se caelesti muniens viatico,[36] vitae alterius ingressui paravit; et interrogavit quam prope esset hora qua fratres ad dicendas Domino laudes* nocturnas excitari deberent. Respondebant: "Non longe est." At ille: "Bene, ergo expectemus horam illam." Et signans se signo sanctae crucis reclinavit 10 caput ad cervical, modicumque obdormiens ita cum silentio vitam finivit.

LXIV.[1] BONIFACE DESTROYS THE OAK OF THOR

Cum vero Hessorum iam multi, catholica fide subditi ac septiformis[2] spiritus gratia confirmati, manus impositionem[3] acceperunt, et[4] alii quidem, nondum animo confortati, inte- 15 meratae[5] fidei documenta integre percipere[5] renuerunt; alii etiam lignis et fontibus clanculo,* alii autem aperte sacrificabant; alii vero haruspicia et divinationes, praestigia[6] atque incantationes[7] occulte, alii quidem manifeste[8] exercebant; alii quippe auguria et auspicia intendebant[9] diversosque 20 sacrificandi ritus incoluerunt[9]; alii etiam, quibus mens sanior inerat, omni abiecta gentilitatis[10] profanatione,[7] nihil horum commiserunt. Quorum consultu[11] atque consilio roborem[12]

---

35. For infin. see 78. **36.** i.e., *eucharistia.*
LXIV. 1. From the life of Boniface (English name, Wynfrith), archbishop of Mayence, the "apostle of Germany," written by Willibald, a presbyter of Mayence (768). Boniface's great success lay in the field of administration. He gave the impulse that was destined to make Fulda rank with Bobbio and St. Gall as centers of learning. **2.** *sevenfold;* see note 2, p. 324. **3.** Biblical, *laying on.* **4.** superfluous; so also p. 148, l. 5. **5.** *to accept wholly the teachings of the true faith.* **6** = *praestigias.* **7.** Eng. **8.** *openly.* **9.** synonym of *exercebant.* **10** = *gentilium*, abstract for concrete. **11.** *advice.* **12** = *robur.*

quendam mirae magnitudinis, qui prisco paganorum vocabulo appellatur robur Iovis,[13] in loco qui dicitur Gaesmere, servis Dei secum adstantibus, succidere temptavit. Cumque, mentis constantia confortatus, arborem succidisset—magna quippe
5 aderat copia paganorum, qui et inimicum deorum suorum intra se diligentissime devotabant[14]—sed[15] ad[16] modicum[16] quidem arbore praeciso,[17] confestim immensa roboris moles, divino desuper flatu exagitata, palmitum confracto culmine, corruit et quasi superni nutus solacio in quattuor etiam partes
10 disrupta est, et quattuor ingentis magnitudinis aequali longitudine trunci absque fratrum labore adstantium apparuerunt. Quo viso, prius devotantes[18] pagani etiam versa vice benedictionem[19] Domino, pristina abiecta maledictione, credentes reddiderunt. Tunc autem summae sanctitatis antistes,*
15 consilio inito cum fratribus, ligneum ex supradictae arboris metallo[20] oratorium construxit idque in honore sancti Petri apostoli dedicavit.

LXV.[1] THE SEVEN SLEEPERS

Haut ab re esse arbitror paulisper narrandi ordinem postponere, et quia adhuc stilus in Germania vertitur,[2] miraculum,
20 quod illic apud omnes celebre habetur, seu[3] et[3] quaedam alia breviter intimare.* In extremis circium[4] versus Germaniae finibus, in ipso oceani litore antrum sub eminenti rupe con-

---

13. i.e., Thor. **14** =*devovebant.* **15.** resumptive. **16.** *a little way.* **17.** *cut into.* **18.** denotes past time, as *prius* shows. **19.** *thanks.* **20.** *hard wood.*

LXV. 1. lxv-lxvii are from the History of the Lombards, the chief work of Paulus Diaconus, written toward the close of his life (†c. 787) at Monte Cassino. He was one of the great group of scholars that Charlemagne had drawn to his court. This work, in addition to its historical importance, is of great value because of the stories from Teutonic mythology. **2.** *is engaged.* **3.** *and also.* **4.** *northwest,* depending on *versus.*

spicitur, ubi septem viri, incertum ex quo tempore, longo
sopiti sopore quiescunt, ita inlaesis non solum corporibus sed
etiam vestimentis, ut ex hoc ipso, quod sine ulla per tot annorum
curricula corruptione[5] perdurant, apud indociles easdem et
barbaras nationes veneratione habeantur. Hi denique, quan- 5
tum ad habitum spectat, Romani esse cernuntur. E quibus
dum unum quidam cupiditate[6] stimulatus vellet[7] exuere, mox
eius, ut dicitur, bracchia aruerunt,[8] poenaque sua ceteros
perterruit, ne quis eos ulterius contingere auderet. Videres
ad quod eos profectum[9] per tot tempora providentia divina 10
conservet. Fortasse horum[10] quandoque, quia non aliter nisi
christiani esse putantur, gentes illae praedicatione salvandae
sunt.

LXVI. THE VISION OF GUNTHRAMNUS

Cuius[1] unum factum satis admirabile libet nos huic nostrae
historiae breviter inserere, praesertim cum hoc Francorum 15
historia noverimus minime contineri. Is cum venatum quodam
tempore in silvam isset et, ut adsolet fieri, hac illacque dis-
currentibus sociis, ipse cum uno fidelissimo tantum suo reman-
sisset, gravissimo somno depressus, caput in genibus eiusdem
fidelis sui reclinans, obdormivit. De cuius ore parvum animal, 20
in modum reptilis egressum, tenuem rivulum qui propter
discurrebat[2] ut transire posset satagere coepit. Tunc isdem[3]
in cuius gremio quiescebat spatham* suam vagina exemptam
super eundem rivulum posuit; super quam illud reptile, de
quo diximus, ad partem aliam transmeavit. Quod cum non 25
longe exinde in quoddam foramen montis ingressum fuisset
et post aliquantum spatii regressum super eandem spatham

---

5. *decay.* **6.** Eng. **7.** *tried.* **8.** *withered.* **9.** *profit*, neuter. **10.** with
praedicatione.
LXVI. 1. Gunthramnus, king of the Franks. **2** = *currebat.* **3** = *idem.*

praefatum* rivulum transmeasset, rursum in os Gunthramni,
de quo exierat, introivit. Gunthramnus post haec de somno
expergefactus mirificam se visionem vidisse narravit. Retulit
enim paruisse sibi in somnis quod fluvium quendam per pon-
5 tem ferreum transisset et sub montem⁴ quoddam introisset
ubi multos auri pondus⁵ aspexisset. Is vero in cuius gremio
caput tenuerat cum dormisset, quid de eo viderat ei per ordinem
retulit. Quid plura? Effossus est locus ille et inaestimabiles
thesauri, qui ibidem antiquitus positi fuerant, sunt reperti.
10 De quo auro ipse rex postmodum ciborium solidum mirae
magnitudinis et magni ponderis fecit multisque illud pretiosissimis gemmis decoratum ad sepulchrum Domini Hiero-
solimam transmittere voluit. Sed cum minime potuisset, idem
supra corpus beati Marcelli martyris, quod in civitate Cavalono⁶
15 sepultum est, ubi sedes regni illius erat, poni fecit; et est ibi
usque in praesentem diem. Non est usquam ullum opus ex
auro effectum quod ei valeat comparari. Sed nos, his breviter
quae relatu digna erant contactis,⁷ ad historiam revertamur.

LXVIJ. THE KING AND THE FLY

Rex vero Cunincpert¹ dum post haec cum stratore² suo,
20 qui lingua propria marpahis dicitur, consilium iniret in civitate
Ticinensi quomodo Aldonem et Grausonem vita privare deberet, repente in fenestra iuxta quam consistebant una de
maiusculis musca consedit; quam Cunincpert cultello ut
extingueret percutere volens, eius tantum pedem abscidit.
25 Aldo vero et Grauso dum ad palatium regis consilium nescientes
venirent, cum basilicae sancti Romani martyris, quae prope

---

4. neuter. 5. treated as accusative pl. 6. Châlon-sur-Saône. 7.
touched upon.
LXVII. 1. king of the Lombards. 2 =*curatore equorum.*

palatium sita est, propinquassent, repente eis obvius quidam
claudus uno pede truncato factus est; qui eis dixit quod eos
Cunincpert, si ad eum pergerent, occisurus esset. Qui haec
audientes, magno timore correpti, post altarium eiusdem
basilicae confugiere.[3] Moxque Cunincperto regi nuntiatum 5
est quod Aldo et Grauso in basilica beati Romani martyris
confugissent. Tunc Cunincpert stratorem suum arguere
coepit ut[4] quid[4] suum consilium prodere debuisset. Cui suus
strator ita respondit: "Domine mi rex, tu scis quia postquam
hoc consiliati sumus ego a tuo conspectu non exivi; et quomodo 10
hoc alicui dicere potui?" Tunc rex ad Aldonem et Grausonem
misit, interrogans eos ut quid in locum sanctum confugium
fecissent. Qui respondentes dixerunt: "Quia nuntiatum est
nobis quod nos dominus rex occidere vellet." Iterato[5] rex
misit ad eos, sciscitans quis fuerit ille qui eis nuntiaverit, 15
mandans eis ut, nisi ei nuntiatorem[6] proderent, eius gratiam
invenire non possint. Tunc illi sicut factum fuerat regi man-
daverunt, dicentes claudum hominem obvium se habuisse,
qui unum pedem truncatum habebat et genu tenus crure
ligneo utebatur, et hunc fuisse sui interitus nuntium. Tunc 20
intellexit rex muscam illam cui pedem truncaverat malignum
spiritum fuisse et ipsum sui secreti consilia prodidisse. Qui
statim Aldonem et Grausonem in sua fide de eadem basilica
suscipiens, eisdem culpam pepercit[7] et in reliquum eosdem in
loco fidelium habuit. 25

---

3 = *confugerunt.* **4.** (*asking*) *why.* **5** = *iterum.* **6.** *informer.* **7** = *condona-*
vit.

LXVIII[1]

KAROLUS, GRATIA DEI REX FRANCORUM ET LANGOBAR-
DORUM AC PATRICIUS[2] ROMANORUM, BAUGULFO[3] ABBATI
ET OMNI CONGREGATIONI, TIBI ETIAM COMMISSIS
FIDELIBUS, ORATORIBUS[4] NOSTRIS[4] IN OMNI-
POTENTIS DEI NOMINE AMABILEM DIREX-
IMUS SALUTEM

Cum nobis in his[5] annis a nonnullis monasteriis saepius
scripta dirigerentur, in quibus, quod[6] pro nobis fratres ibidem
commorantes in sacris et piis orationibus decertarent,[6] significaretur, cognovimus in plerisque praefatis conscriptionibus[7]
5 eorundem et sensus[8] rectos et sermones incultos[8]; quia, quod
pia devotio interius[9] fideliter dictabat, hoc exterius[9] propter
neglegentiam discendi lingua inerudita exprimere sine repre-
hensione non valebat. Unde factum est ut timere inciperemus
ne forte, sicut minor erat in scribendo prudentia,[10] ita quoque
10 et multo minor esset quam recte esse debuisset in sanctarum
scripturarum ad intellegendum sapientia. Et bene novimus
omnes quia, quamvis periculosi sint errores verborum, multo
periculosiores sunt errores sensuum.[11] Quamobrem hortamur
vos litterarum studia non solum non neglegere, verum etiam
15 humillima et Deo placita intentione ad hoc certatim discere,
ut facilius et rectius divinarum scripturarum mysteria valeatis
penetrare. Cum autem in sacris paginis schemata,[12] tropi[13]
et cetera his similia inserta inveniantur, nulli dubium est

LXVIII. 1. From Charlemagne's famous *De litteris colendis* (780-800).
While Charlemagne's effort was devoted chiefly to improving the education
of the clergy and to securing correct texts for the use of the church, the
impulse he gave reacted on learning in general and caused increased
activity and care in copying classical texts. **2.** title given to Charlemagne
by Pope Hadrian in 774. **3.** abbot of Fulda. **4.** *by our ambassadors.* **5.**
recent. **6.** subject of *significaretur.* **7** = *scripta* of l. 2, above. **8.** *correct
thoughts and uncouth expressions.* **9.** i.e., in the mind and in the letter.
10. *skill.* **11.** Cf. l. 5, above. **12.** *figures of speech.* **13.** *tropes, figurative
use of words.*

quod ea unusquisque legens tanto citius spiritualiter[14] intellegit, quanto prius in litterarum magisterio plenius instructus
fuerit. Tales vero ad hoc opus viri eligantur, qui et voluntatem
et possibilitatem[15] discendi et desiderium habeant alios instru-
endi. Et hoc tantum ea intentione agatur, qua devotione[16] 5
a nobis praecipitur. Optamus enim vos, sicut decet ecclesiae
milites, et interius[17] devotos et exterius[17] doctos castosque
bene vivendo et scholasticos[18] bene loquendo, ut quicumque
vos propter nomen Domini et sanctae conversationis nobilitatem[19] ad videndum expetierit, sicut de[20] aspectu vestro 10
aedificatur* visus,[21] ita quoque de[22] sapientia vestra, quam
in legendo seu cantando perceperit, instructus omnipotenti
Domino gratias agendo gaudens redeat.[23]   Huius itaque epistu-
lae exemplaria ad omnes suffragantes[24] tuosque coepiscopos[25]
et per universa monasteria dirigi non neglegas, si gratiam 15
nostram habere vis.

LXIX.[1] THE LAST OF THE MEROVINGIANS

Gens Merovingorum, de qua Franci reges sibi creare soliti
erant, usque in Hildricum regem, qui iussu Stephani, Romani
pontificis, depositus ac detonsus[2] atque in monasterium trusus
est, durasse putatur. Quae licet in illo finita possit videri 20
tamen iam dudum nullius vigoris erat, nec quicquam in se

---

14. *in the spiritual sense.* 15. *ability.* 16. *earnestness.* 17. *in spirit, in
discourse.* 18. *schooled.* 19. *reputation.* 20. *by.* 21. *his sight,* i.e., *he.*
22. *by,* with *instructus.* 23. *go away.* 24. *suffragans, assistants.* 25.
fellow-bishops.
   LXIX. 1. LXIX-LXXI are from Einhard's Life of Charlemagne (c. 816),
the best biography of the early Middle Ages. Einhard was educated at
Fulda, where he became acquainted with Suetonius's Lives of the Caesars.
Biography had hitherto, in the lives of the saints, been devoted chiefly to a
recital of the *virtutes* (miracles) of the subject, his piety, humility, etc.
(cf. XLVIII, p. 120). Einhard's Life marks the reappearance of the old
Graeco-Latin biography in European literature. The vivid picture we
get of Charlemagne, which forms the climax of the work, is in reality a
composite portrait (full length) of a group of imperial Caesars. **2.** *shorn.*

clarum praeter inane regis vocabulum praeferebat. Nam et
opes et potentia regni penes palatii praefectos, qui maiores[3]
domus[3] dicebantur et ad quos summa imperii pertinebat,
tenebantur. Neque regi aliud relinquebatur quam ut regio
5 tantum nomine contentus, crine profuso, barba submissa,[4]
solio resideret ac speciem dominantis effingeret, legatos undecumque[5] venientes audiret, eisque abeuntibus responsa, quae
erat edoctus vel etiam iussus, ex sua velut potestate redderet;
cum praeter inutile regis nomen et precarium vitae[6] stipendium,[6]
10 quod ei praefectus aulae prout videbatur exhibebat, nihil aliud
proprii possideret quam unam et eam praeparvi[7] redditus[8]
villam, in qua domum et ex qua famulos sibi necessaria minis-
trantes atque obsequium exhibentes paucae[9] numerositatis[9]
habebat. Quocumque eundum erat carpento ibat, quod
15 bubus iunctis et bubulco rustico[10] more agente[10] trahebatur.
Sic ad palatium, sic ad publicum populi sui conventum, qui
annuatim[11] ob regni utilitatem celebrabatur,[12] ire, sic domum
redire solebat. At regni administrationem et omnia quae vel
domi vel foris agenda ac disponenda erant praefectus aulae
20 procurabat.

LXX. THE BATTLE OF RONCESVALLES

Cum enim assiduo ac paene continuo cum Saxonibus bello
certaretur, dispositis per congrua[1] confiniorum[2] loca praesidiis,
Hispaniam quam maximo poterat belli apparatu adgreditur[3];
saltuque Pyrenaei superato, omnibus quae adierat oppidis
25 atque castellis in deditionem acceptis, salvo et incolumi
exercitu revertitur, praeter quod in ipso Pyrenaei iugo Was-
conicam[4] perfidiam parumper in redeundo contigit experiri.
Nam cum agmine longo, ut loci et angustiarum situs permit-

---

3. *mayors of the palace;* also called *praefecti aulae.* **4.** *long.* **5.** *from
whatsoever place.* **6.** *livelihood.* **7.** *very small.* **8.** *income.* **9** = *paucos.*
10. *who drove peasant fashion.* **11.** *annually.* **12.** *was held.*
LXX. 1. *suitable.* **2.** *borders.* **3.** Sc. *Carolus* as subject. **4.** *of the Basques.*

tebat, porrectus iret exercitus, Wascones in summi montis
vertice positis insidiis (est enim locus ex opacitate silvarum,
quarum ibi maxima est copia, insidiis ponendis oportunus)
extremam impedimentorum partem et eos qui novissimi
agminis incedentes subsidio praecedentes tuebantur desuper 5
incursantes in subiectam vallem deiciunt consertoque cum eis
proelio usque ad unum omnes interficiunt ac, direptis impedi-
mentis, noctis beneficio quae iam instabat protecti, summa
cum celeritate in diversa disperguntur. Adiuvabat in hoc facto
Wascones et levitas armorum et loci in quo res gerebatur situs; 10
e[5] contra[5] Francos et armorum gravitas et loci iniquitas per
omnia Wasconibus reddidit impares. In quo proelio Eggihardus,
regiae[6] mensae praepositus,[6] Anshelmus, comes[7] palatii[7] et
Hruodlandus, Britannici[8] limitis praefectus,[8] cum aliis complu-
ribus interficiuntur. Neque hoc factum ad praesens vindicari 15
poterat quia hostis re perpetrata ita dispersus est ut ne fama
quidem remaneret ubinam gentium quaeri potuisset.

LXXI. PORTRAIT OF CHARLEMAGNE

Corpore[1] fuit amplo atque robusto, statura eminenti, quae
tamen iustam non excederet (nam septem[2] suorum pedum pro-
ceritatem eius constat habuisse mensuram[2]), apice capitis 20
rotundo, oculis praegrandibus[3] ac vegetis, naso paululum
mediocritatem excedenti, canitie[4] pulchra, facie laeta et hilari.
Unde formae[5] auctoritas ac dignitas tam stanti quam sedenti
plurima acquirebatur. Quamquam cervix[6] obesa et brevior

---

5. on the other hand. **6.** lord high steward. **7.** judge of the palace court.
8. margrave of Brittany.
LXXI. 1. Suetonius, Tib. 68, corpore fuit amplo atque robusto, statura
quae iustam excederet; Calig. 50, statura fuit eminenti. **2.** i. e., his height
was seven times the length of his foot. **3.** very large; Tib. 68, cum praegrandibus oculis. **4.** Claudius 30, auctoritas dignitasque formae non defuit vel
stanti vel sedenti . . . erat et specie canitieque pulchra. **5.** Titus 3, forma
egregia et cui non minus auctoritatis inesset quam gratiae. **6.** Nero 51, cervice
obesa, ventre proiecto; Titus 3, ventre paulo proiectiore.

venterque proiectior videretur, tamen haec[7] ceterorum membrorum celabat aequalitas.[8] Incessu firmo totaque corporis
habitudine virili; voce clara quidem, sed quae minus corporis
formae conveniret. Valetudine[9] prospera,[10] praeter[11] quod,[11]
5 antequam decederet, per quattuor annos crebro febribus cor-
ripiebatur, ad extremum etiam uno[12] pede claudicaret. Et tunc
quidem plura suo arbitratu quam medicorum consilio faciebat;
quos paene exosos[13] habebat, quod ei in cibis assa, quibus
assuetus erat, dimittere et elixis adsuescere suadebant.

10 Exercebatur assidue equitando[14] ac venando, quod illi gen-
tilicium[15] erat; vix ulla in terris natio invenitur quae in hac
arte Francis possit aequari. Delectabatur etiam vaporibus
aquarum naturaliter calentium, frequenti natatu[16] corpus ex-
ercens; cuius adeo peritus fuit ut nullus ei iuste valeat anteferri.
15 Ob hoc etiam Aquisgrani[17] regiam exstruxit ibique extremis
vitae annis usque ad obitum perpetim[18] habitavit. Et non
solum filios ad balneum verum optimates[19] et amicos, aliquando
etiam satellitum et custodum corporis turbam invitavit,[20] ita
ut nonnumquam centum vel eo amplius homines una lavarentur.

20 In cibo et potu temperans, sed in potu temperantior, quippe
qui ebrietatem in qualicumque homine, nedum in se ac suis,
plurimum abominabatur. Cibo enim non[21] adeo abstinere poterat ut saepe quereretur noxia corpori suo esse ieiunia. Con-
vivabatur rarissime, et[22] hoc[22] praecipuis tantum festivitatibus;
25 tunc tamen cum magno hominum numero. Cena cotidiana
quaternis tantum ferculis praebebatur, praeter assam,[23] quam
venatores veribus[24] inferre solebant; qua ille libentius quam ullo
alio cibo vescebatur. Inter cenandum aut aliquod acroama aut

---

7. Aug. 79, *staturam brevem . . . sed quae aequitate membrorum occule-*
retur. 8. *symmetry.* 9. Claud. 31, *valetudine . . . prospera usus est.*
10. *good.* 11. *except that.* 12. Aug. 80, *crure sinistro non perinde valebat,*
ut saepe etiam inclaudicaret. 13. See p. 129, l. 22. 14. Titus 3, *equitandi*
peritissimus. 15. *natural.* 16. *swimming.* 17. *Aix.* 18. *without*
intermission. 19. *nobles.* 20. Titus 8, *non numquam in thermis suis*
admissa plebe lavit. 21. with *poterat, was unable.* 22. *and that, too;* sc.
faciebat. 23. *roast meat;* sc. *carnem; assa,* l. 8, is neut. pl. 24. from *veru.*

lectorem audiebat. Legebantur ei historiae et antiquorum res gestae. Delectabatur et libris sancti Augustini praecipueque his qui *De civitate Dei* praetitulati[25] sunt. Vini et omnis potus adeo parcus in bibendo erat ut super cenam raro plus quam ter biberet. 5

Aestate post cibum meridianum, pomorum aliquid sumens ac semel bibens, depositis vestibus et calceamentis, velut noctu solitus erat, duabus aut tribus horis quiescebat. Noctibus sic dormiebat ut somnum quater aut quinquies non solum expergiscendo sed etiam desurgendo interrumperet. 10

Cum calcearetur et amiciretur non tantum amicos admittebat verum etiam, si comes[26] palatii[26] litem aliquam esse diceret, quae sine eius iussu definiri[27] non posset, statim litigantes introducere iussit et velut pro tribunali sederet, lite cognita, sententiam dixit. Nec hoc tantum eo tempore sed etiam, quicquid ea die 15 cuiuslibet officii agendum aut cuiquam[28] ministrorum iniungendum erat, expediebat.

Erat eloquentia copiosus et exuberans poteratque quicquid vellet apertissime exprimere. Nec patrio[29] tantum sermone[29] contentus, etiam peregrinis linguis ediscendis operam impendit. 20 In quibus Latinam ita didicit ut aeque illa ac patria lingua orare sit solitus; Graecam vero melius intellegere quam pronuntiare poterat. Adeo quidem facundus erat ut etiam dicaculus[30] appareret.

Artes liberales studiosissime coluit, earumque doctores pluri- 25 mum veneratus magnis afficiebat honoribus. In discenda grammatica Petrum Pisanum[31] diaconem* senem audivit. In ceteris disciplinis Albinum cognomento Alcuinum, item diaconem, de Britannia Saxonici generis hominem, virum undecumque[32] doctissimum, praeceptorem habuit; apud quem et rhetoricae et 30 dialecticae, praecipue tamen astronomiae[33] ediscendae plurimum et temporis et laboris impertivit. Discebat artem[34] computandi[34] et intentione sagaci siderum cursum curiosissime rimabatur.

---

25. *entitled.* **26.** See p. 155, l. 13. **27.** *be settled.* **28** = *alicui.* **29.** i.e., German. **30.** *witty.* **31.** *of Pisa.* **32.** *in every respect.* **33.** Eng. **34.** *arithmetic.*

Temptabat et scribere, tabulasque et codicillos ad hoc in lecto
sub cervicalibus circumferre solebat, ut cum vacuum tempus
esset manum litteris effigiandis[35] adsuesceret sed parum successit labor praeposterus[36] ac sero incohatus.

5   Religionem christianam, qua ab infantia fuerat imbutus,[37]
sanctissime et cum summa pietate coluit, ac propter hoc pluri-
mae[38] pulchritudinis basilicam Aquisgrani exstruxit auroque et
argento et luminaribus atque ex aere solido cancellis et ianuis
adornavit.   Ad cuius structuram cum columnas et marmora
10 aliunde habere non posset, Roma atque Ravenna devehenda
curavit.   Ecclesiam et mane et vespere, item nocturnis[39] horis[39]
et sacrificii[40] tempore, quoad eum valetudo permiserat, impigre
frequentabat.   Curabatque magnopere ut omnia quae in ea
gerebantur cum quam maxima fierent honestate,[41] aedituos
15 creberrime commonens ne quid indecens[42] aut sordidum aut
inferri aut in ea remanere permitterent.   Sacrorum vasorum
ex auro et argento vestimentorumque sacerdotalium[43] tantam
in ea copiam procuravit[44] ut in sacrificiis celebrandis ne iani-
toribus quidem, qui ultimi ecclesiastici[33] ordinis sunt, privato
20 habitu ministrare necesse fuisset.

Legendi atque psallendi disciplinam diligentissime emendavit.
Erat enim utriusque admodum eruditus,[45] quamquam ipse
nec publice[46] legeret nec nisi submissim[47] et in[48] commune[48]
cantaret.

25 Circa pauperes sustentandos et gratuitam liberalitatem,
quam Graeci eleemosynam vocant, devotissimus, ut qui non
in patria solum et in suo regno id facere curaverit, verum
trans maria in Syriam et Aegyptum atque Africum, Hiero-
solymis, Alexandriae atque Karthagini, ubi christianos in
30 paupertate vivere compererat, penuriae illorum compatiens,[49]

---

35 = *effingendis, fashioning,* implying effort.   The meaning apparently is,
not that Charlemagne could not write at all, but that he could not write the
book-hand used in the MSS.   **36.** explained by *sero incohatus.*   **37.** *instructed.*   **38** = *maximae.*   **39.** See note 33, p. 118.   **40.** *Mass.*   **41.** *dignity.*
42. *unseemly.*   **43.** *belonging to a priest, priestly.*   **44.** *provided.*   **45.**
takes the genitive, like *doctus* and *peritus.*   **46.** *in public.*   **47.** *in a low
voice.*   **48.** i.e., with the other worshipers.   **49.** *pitying,* with the genitive.

pecuniam mittere solebat[50]; ob hoc maxime transmarinorum regum amicitias expetens, ut christianis sub eorum dominatu degentibus refrigerium* aliquod ac relevatio[51] proveniret.

LXXII[1]

DE PRODITIONE GANALONI ET DE BELLO RUNCIEVALLIS ET DE PASSIONE PUGNATORUM KAROLI

Postquam Karolus magnus, imperator famosissimus, totam Hispaniam diebus illis ad Domini et apostoli eius sancti Ia- 5 cobi decus acquisivit, rediens ab Hispania Pampiloniam cum suis exercitibus hospitatus est.[2] Et erant tunc[3] temporis[3] commorantes apud Caesaraugustam[4] duo reges Sarraceni, Marsirus scilicet et Belingandus frater eius, qui erant ab Ammirando Babylonis de Perside ad Hispaniam missi; qui 10 Karoli imperiis subiacebant,[5] et libenter ei in omnibus servie-bant, sed in caritate ficta, quibus Karolus per Ganalonum mandavit ut baptismum subirent aut tributum ei mitterent. Tunc miserunt ei triginta equos oneratos auro et argento gazisque Hispanicis et sexaginta equos vino dulcissimo et 15 puro oneratos miserunt pugnatoribus ad potandum et mille Sarracenas formosas. Ganalono vero viginti equos auro et argento et palliis oneratos fraudulenter[6] obtulerunt ut pug-natores in manus illorum traderet; qui concessit et pecuniam illam accepit. Itaque, firmato inter se pacto pravo traditionis, 20 rediit Ganalonus ad Karolum et dedit ei gazas quas reges illi miserant, dicens quod Marsirus vellet effici christianus et praeparabat iter suum ut veniret ad Karolum in Galliam et ibi baptismum acciperet et totam terram Hispanicam deinceps de illo teneret. Maiores vero pugnatores vinum solummodo[7] 25 ab eo acceperunt, mulieres vero nullatenus, sed minores sus-

---

50. should be in the same construction as *curaverit*. **51.** *relief.*
LXXII. **1.** From the *Historia Karoli Magni et Rotholandi* of the Pseudo-Turpin, a legendary account of Charlemagne, based on earlier Roland leg-ends, very popular in the Middle Ages. Its authorship was attributed to Turpin, archbishop of Rheims (†c. 800). **2.** *encamped.* **3** = *eo tempore.*
4. *Saragossa.* **5.** *were subject to.* **6.** *treacherously.* **7.** *only.*

tulerunt. Tunc Karolus credens verbis Ganaloni, disposuit
transire portus[8] Cisereos et redire in Galliam. Inde accepto
consilio a Ganalono Karolus praecepit carissimis suis, Rotho-
lando nepoti suo, Cenomannensi et Blaviensi comiti, et Olivero
5 Gebennensi comiti, ut cum maioribus pugnatoribus et viginti
milibus christianorum ultimam[9] custodiam in Runcievalle
facerent,[9] donec ipse Karolus cum aliis exercitibus portus
Cisereos transiret; itaque factum est. Sed quia praecedentibus
noctibus Sarracenico vino ebrii quidam cum mulieribus
10 paganis et christianis etiam feminis quas secum multi de
Gallia adduxerant fornicati[10] sunt, mortem incurrerunt.
Quid plura? Dum Karolus portus cum viginti milibus christianorum et Ganalono et Turpino transiret et praefati ultimam
custodiam facerent, Marsirus et Belingandus cum quinqua-
15 ginta milibus Sarracenorum summo mane exierunt de nemoribus
et collibus, ubi consilio Ganaloni duobus diebus totidemque
noctibus latuerant, et fecerunt duas turmas bellicas, unam
viginti milium, alteram triginta milium. Illa vero quae erat
viginti milium primum coepit post tergum subito percutere
20 nostros. Ilico nostri reversi sunt contra illos et expugnantes
eos a mane usque ad tertiam[11] omnes occiderunt, nec unus
quidem e viginti milibus evasit. Statim nostros, tanto bello
fatigatos et lassos, alia triginta milia Sarracenorum aggre-
diuntur et percusserunt eos a maiore usque ad minorem, nec
25 unus quidem e viginti milibus christianorum evasit. Alii
lanceis perforantur, alii spathis decollantur,[12] alii securibus
absciduntur, alii sagittis et iaculis perforantur, alii perticis
verberando perimuntur, alii cultellis vivi excoriantur, alii igni
cremantur, alii arboribus suspenduntur. Ibi interficiuntur
30 omnes pugnatores praeter Rotholandum et Balduinum et
Turpinum et Tedricum et Ganalonum. Balduinus et Tedricus
dispersi per nemora tunc latuere et propterea evaserunt. Tunc
Sarraceni una leuga[13] retro redierunt.

---

8. *mountain pass.*   9. *guard the rear.*   10. Eng.   11. Sc. *horam.*   12.
beheaded.   13. *league.*

LXXIII.[1] WHEN FRANK MEETS GREEK

Non videtur occultanda[2] sapientia[3] quam sapienti Graeciae idem missus[4] aperuit. Cum autumnali tempore ad urbem[5] quandam regiam cum sociis venisset, aliis[6] alio divisis,[6] ipse cuidam episcopo commendatus est, qui cum ieiuniis et orationibus incessanter incumberet, legatum illum paene con- 5 tinua mortificavit[7] inedia; vernali[8] autem temperie[8] iam aliquantulum arridente, praesentavit eum regi.[9] Qui et interrogavit eum qualis sibi idem videretur episcopus. At ille, ex imis praecordiis alta suspiria trahens: "Sanctissimus est," ait, "ille vester episcopus, quantum sine Deo possibile 10 est." Ad quod stupefactus rex: "Quomodo," inquit, "sine Deo aliquis sanctus esse potest?" Tum ille: "Scriptum est," inquit, " 'Deus caritas est'; qua iste vacuus est." Tunc rex vocavit eum ad convivium suum et inter medios proceres collocavit. A quibus talis lex constituta erat, ut[10] nullus[10] 15 in mensa regis, indigena sive advena, aliquod animal vel corpus[11] animalis in[12] partem aliam converteret[12] sed ita tantum ut positum erat de superiore parte manducaret. Allatus est autem piscis fluvialis et pigmentis[13] infusus in disco[14] positus. Cum hospes idem, consuetudinis illius ignarus, piscem illum 20 in partem alteram gyraret, exsurgentes omnes dixerunt ad regem: "Domine, ita estis inhonorati[15] sicut numquam anteriores vestri." At ille ingemiscens dixit ad legatum illum: "Obstare non possum istis quin morti continuo tradaris.

<hr>

LXXIII. 1. LXXIII-LXXV are from the *Gesta Karoli*, written by Notker, a monk of St. Gall (†912; see p. 181, l. 18), who professes to have obtained his anecdotes of Charlemagne from his teacher Werinbert and Werinbert's father, an old warrior who had served under the emperor. In these stories we see the beginning of the Charlemagne romance; we get a picture of the emperor as he had already begun to appear to the popular mind. **2** = *praetereunda*. **3.** *cleverness*. **4** = *legatus;* he was mentioned in the passage immediately preceding. **5.** Constantinople. **6.** The guests were assigned to various hosts. **7** = *necavit*. **8.** *the spring*. **9.** *the emperor*. **10** = *ne quis*. **11.** *part*. **12** = *in* . . . *gyraret* (*turn around*) of l. 21. **13.** *sauces*. **14.** *dish*. **15.** *insulted*.

Aliud[16] pete, quodcumque volueris, et complebo." Tunc parumper deliberans, cunctis audientibus, in haec verba prorupit: "Obsecro, domne* imperator, ut secundum promissionem vestram concedatis mihi unam petitionem parvulam."
5 Et rex ait: "Postula quodcumque volueris et impetrabis praeter[17] quod[17] contra legem Graecorum vitam tibi concedere non possum." Tum ille: "Hoc," inquit, "unum moriturus flagito, ut quicumque me piscem illum gyrare conspexit oculorum lumine privetur." Obstupefactus[18] ad talem condicionem
10 iuravit per Christum quod ipse hoc non videret sed tantum narrantibus crederet. Deinde regina ita se coepit excusare: "Per laetificam theotocon,[19] sanctam Mariam, ego illud non adverti." Post reliqui proceres, alius ante alium, tali se[20] periculo exuere[20] cupientes, hic per clavigerum[21] caeli,[21] ille per
15 doctorem[22] gentium,[22] reliqui per virtutes[23] angelicas[23] sanctorumque omnium turbas ab hac se noxa terribilibus sacramentis absolvere conabantur. Tum sapiens ille Francigena,[24] vanissima Hellade[25] in suis sedibus exsuperata, victor et sanus in patriam suam reversus est.

LXXIV. A MEDIEVAL TARQUIN

20   Sed extraneorum victor Karolus a propriis est mira quidem sed cassa fraude[1] circumventus. Nam de Sclavis ad Reginam[2] regressus, a filio per concubinam progenito, nomine gloriosissimi Pippini a matre ominaliter[3] insignito, paene captus et, quantum[4] in eo fuit,[4] est morti damnatus. Quod hoc modo compertum
25 est. Cum in ecclesia sancti Petri proceribus congregatis de morte imperatoris consiliatus fuisset,[5] finito consilio, "omnia[6]

---

16. *anything else*, except life. 17. *except that.* 18. Sc. *rex.* 19. Greek, *mother of God.* 20. *escape.* 21. St. Peter. 22. St. Paul. 23. *angelic hosts.* 24. *Frank.* 25. *Greece.*
    LXXIV. 1. *plot.* 2. *Regensburg, Ratisbon.* 3. *ominously;* a good omen for Pippin but bad for Charlemagne. 4. *as far as it was in his power.* 5. Sc. *Pippinus* as subject. 6. *Aeneid* IV, 298.

tuta timens"[6] iussit explorare si quis usquam in angulis aut
subter altaribus fuisset absconsus; et ecce, ut timuerunt,
invenerunt unum clericum subtus[7] altare celatum. Quem
apprehendentes ad iusiurandum compulerunt ne proditor
molitionis[8] eorum fieret. Qui ne vitam perderet, ut dictave- 5
runt,[9] iurare non abnuit. Sed illis recedentibus, iuramentum
illud sacrilegum parvi pendens, ad palatium properavit. Cumque cum maxima difficultate per septem seras et ostia tandem
ad cubiculum imperatoris penetrasset, pulsato aditu,[10] vigi-
lantissimum semper Karolum ad maximam perduxit admira- 10
tionem quis eo tempore eum praesumeret inquietare. Praecepit
tamen feminas, quae ad obsequium reginae vel filiarum eum
comitari solebant, ut exirent videre quis esset ad ianuam vel
quid inquireret. Quae exeuntes cognoscentesque personam
vilissimam, obseratis ostiis, cum ingenti risu et cachinno se 15
per angulos[11] vestibus ora repressae[12] conabantur abscondere.
Sed sagacissimus imperator, quem nihil sub caelo posset
effugere, diligenter a mulieribus exquisivit quid[13] haberent[13]
vel quis ostium pulsaret. Responsumque accipiens quia
quidam coctio[14] derasus,[15] insulsus et insaniens, linea[16] tantum 20
et femoralibus[17] indutus, se absque mora postularet alloqui,
iussit eum intromittere. Qui statim corruens ad pedes illius
cuncta patefecit ex ordine. Nihil vero minus suspicantes ante
horam diei tertiam omnes illi coniuratores dignissima poena
vel exiliis deportati sunt aut puniti. Ipse quoque nanus et 25
gipperosus[18] Pippinus, immanissime[19] caesus et detonsus, ad
cellulam[20] sancti Galli, quae cunctis locis imperii latissimi
pauperior visa est et angustior, castigandi gratia ad tempus
aliquantulum[21] destinatus est. Nec multo post quidam de
primoribus Francorum in regem manus mittere voluerunt. 30
Quod cum eum minime lateret et tamen non libenter eos

---

7. preposition.   **8.** *plot.*   **9.** They dictated the wording of the oath.
10. *door.*   **11.** i.e., of the room.   **12.** *covering.*   **13.** *what was the matter.*
14. *knave.*   **15.** *with shorn head.*   **16.** *shirt.*   **17.** *drawers.*   **18.** *hump-*
backed.   **19.** *without mercy.*   **20.** *monastery.*   **21.** adjective, *some.*

perderet quia, si bene voluissent, magnum christianis munimen
esse potuissent, direxit legatos suos ad eundem Pippinum,
sciscitans ab eo quid de his fieri oporteret. Quem cum in
horto cum senioribus fratribus, iunioribus ad maiora opera
5 detentis, urticas et noxia quaeque[22] tridente[23] extrahentem
repperissent ut usui[24] proficua[24] vivacius[25] excrescere valerent,
indicaverunt ei causam adventus sui. At ille, ex imis praecordiis suspiria trahens, ut omnes debiles animosiores[26] sanis
esse consueverunt, in haec verba respondit: "Si Karolus
10 consilium meum dignaretur, non ad tantas me deponeret[27]
iniurias. Ego[28] nihil illi demando.[28] Dicite illi quid me agentem
inveneritis." At illi, timentes ne[29] sine certo aliquo responso
ad formidabilem reverterentur[29] imperatorem, iterum atque
iterum requirebant ab eo quid domino renuntiare deberent.
15 Tunc ille stomachando: "Nihil," inquit, "aliud ei demando
nisi quod facio. Inutilia recrementa[30] extraho ut holera necessaria liberius excrescere valeant." Igitur illi tristes abscesse-
serunt quasi qui nihil rationabile[31] reportarent. Venientes
autem ad imperatorem et requisiti quid referrent, conquesti
20 sunt se tanto labore et itinere ne[32] in uno quidem sermone
certiorari.[32] Sagacissimo autem rege per ordinem interrogante ubi eum vel quid agentem reppererint quidque responsi
illis reddiderit, dixerunt: "In tripetio[33] rusticano sedentem
eum invenimus et tridente areolam[34] holerum novellantem[35];
25 causamque itineris nostri revolventes, hoc solum ab eo responsi
magnis[36] flagitationibus extorquere potuimus, 'nihil,' aiente,
'aliud ei demando nisi quod facio. Inutilia recrementa extraho
ut holera necessaria liberius excrescere valeant.' " His auditis,
astu non carens et sapientia pollens Augustus, confricatis
30 auribus et inflatis naribus, dixit ad eos: "Rationabile re-

---

22 =*quaecumque erant.* **23.** *three-tined fork.* **24.** *useful plants* =*holera necessaria* of l. 16 below. **25.** *more vigorously.* **26.** *more easily irritated.* **27.** *expose, condemn.* **28.** *I have no word to send him.* **29.** *to return.* **30.** *weeds.* **31.** *rational.* **32.** *they were wiser by not a single word.* **33.** *stool with three legs.* **34.** *bed, patch.* **35.** *cultivating.* **36.** *pressing.*

sponsum, optimi vassali,[37] reportastis." Illis itaque de periculo
vitae metuentibus, ipse vim[38] dictorum ad effectum perducens,[38]
cunctos illos insidiatores[39] suos de medio viventium auferens,
fidelibus suis occupata ab infructuosis loca crescendi et se
extendendi causa concessit. Unum vero adversariorum, qui 5
excelsissimum in Francia collem et quaecumque de eo prospicere
posset sibi in possessionem delegit,[40] in eodem colle altissimae
trabi[41] affixum iussit elevari; Pippinum vero nothum praecepit
eligere sibi quomodo vitam degere voluisset. Qui, optione
concessa, optavit locum in quodam monasterio tunc nobilis- 10
simo,[42] nunc autem, non incertum de qua causa, destructo.

LXXV. CHARLEMAGNE THE SEER

Contigit quoque ad quandam maritimam Galliae Narbonensis
urbem vagabundum[1] Karolum inopinato venire. Ad cuius
portum, eo prandente sed ignorato, piraterium[2] exploratores
Nordmannorum fecerunt. Cumque, visis navibus, alii Iudaeos, 15
alii vero Africanos, alii Britannos mercatores esse dicerent,
sapientissimus Karolus ex[3] instructione vel agilitate[3] non
mercatores sed hostes esse deprehendens, dixit ad suos: "Non
istae naves confertae mercimoniis sed hostibus fetae sunt
acerrimis." His auditis, alter alterum praevenire cupientes, 20
festine[4] properabant ad naves. Sed frustra. Nam comperto[5]
Nordmanni quod[5] ibidem esset, ut ipsi eum nuncupare solebant,
Martellus Karolus, ne omnis armatura[6] sua in illo aut retun-
deretur aut in minutissimas resoluta[7] particulas disperiret,
effugio satis incomparabili[8] insequentium non solum gladios 25

---

37. Eng. 38. i.e., carrying into effect this advice. 39. *plotters.* 40 =
delegerat, in case the conspiracy were successful. 41. *gallows.* 42. Prüm,
burned by the Normans in 882.
    LXXV. 1. *in his travels.* 2. *raid.* 3. *from the equipment and speed* of
the ships. 4 =*festinanter.* 5. Cf. p. 37, l. 20. 6. *weapons.* 7. *shattered.*
8. *unparalleled.*

sed et oculos evitarunt. Religiosus autem Karolus, iustus et
timoratus,[9] exsurgens de mensa ad fenestram orientalem[10]
constitit et inaestimabilibus lacrimis diutissime perfusus, cum
nullus eum compellare praesumeret, tandem aliquando ipse
5 bellicosissimis proceribus suis de[11] tali gestu et lacrimatione
satisfaciens[11]: "Scitis," inquit, "o fideles mei, quid tantopere
ploraverim? Non hoc," ait, "timeo quod isti nugae[12] et nihili[13]
mihi aliquid nocere praevaleant*; sed nimirum contristor quod
me vivente ausi sunt litus istud attingere et maximo dolore
10 torqueor quia praevideo quanta mala posteris meis et eorum
sunt facturi subiectis."

LXXVI.[1] ALCUIN TO CHARLEMAGNE

Domino piissimo et praestantissimo et omni honore dig-
nissimo David[2] regi Flaccus Albinus[3] verae beatitudinis[4]
aeternam in Christo salutem.

15 Ego vero Flaccus vester secundum exhortationem et bonam
voluntatem vestram aliis per tecta sancti Martini[5] sanctarum
mella scripturarum ministrare satago[6]; alios vetere antiquarum
disciplinarum mero inebriare studeo; alios grammaticae sub-
tilitatis enutrire pomis incipiam; quosdam stellarum[7] ordine,[7]
20 ceu pictor cuiuslibet[8] magnae domus culmina,[9] illuminare

9. *devout*. 10. *east*. 11. *explaining his conduct and his weeping*. 12.
fools. 13. *nobodies*.
LXXVI. 1. Alcuin, reputed the most learned man of his time, continued
the tradition of English scholarship established by Bede. His knowledge of
the classics, however, is generally overrated, except in the case of Vergil.
He was primarily a teacher and, like Charlemagne, whose chief adviser he
was in matters pertaining to education and the church, he was mainly
interested in the education of the clergy. 2. The members of Charlemagne's circle used assumed names in their intercourse, drawn from the
Bible or classical poetry. Charlemagne is David, Alcuin is Flaccus,
Einhard is Beseleel, etc. 3. the preferred Latin form of Alcuin's name.
4. Biblical, *salvation*. 5. Alcuin was abbot of the famous monastery
of St. Martin's at Tours. 6. with infinitive, *am busy supplying*. 7. i.e.,
astronomy. 8. *some*. 9. *ceiling; sc. illuminat*.

gestio. Plurima[10] plurimis factus[10] ut plurimos ad profectum[11] sanctae Dei ecclesiae et ad decorem imperialis* regni vestri erudiam, ne sit vacua[12] Dei omnipotentis in me gratia nec vestrae bonitatis largitio inanis.[12] Sed ex[13] parte[13] desunt mihi servulo[14] vestro exquisitiores[15] eruditionis scholasticae libelli, 5 quos habui in patria[16] per bonam et devotissimam magistri[17] mei industriam, vel[18] etiam mei ipsius qualemcumque[19] sudorem. Ideo haec vestrae[20] excellentiae[20] dico, ne[21] forte vestro placeat totius sapientiae desiderantissimo consilio,[21] ut aliquos ex pueris nostris remittam qui excipiant inde nobis necessaria 10 quaeque,[22] et revehant in Franciam flores[23] Britanniae; ut non sit tantummodo in Euborica[24] hortus[25] conclusus[25] sed in Turonica emissiones[26] paradisi[26] cum pomorum fructibus, ut veniens Auster perflaret hortos Ligeri fluminis, et fluant aromata* illius et novissime[27] fiat, quod sequitur in Cantico,[28] 15 unde hoc adsumpsi[29] paradigma[30]: "Veniat dilectus meus in hortum suum et comedat fructum pomorum suorum. Et dicat adulescentulis suis: 'Comedite, amici mei, bibite et inebriamini, carissimi.' Ego dormio, et cor meum vigilat." Vel illud exhortativum[31] ad sapientiam discendam Isaiae[32] pro- 20 phetae* elogium: "Omnes sitientes venite ad aquas; et qui non habetis argentum, properate, emite et comedite; venite, emite absque argento et absque ulla commutatione[33] vinum et lac."

Haec[34] sunt quae vestra[35] nobilissima intentio[35] non ignorat, quomodo per omnes sanctae scripturae paginas exhortamur[36] 25

---

10. *I teach many things to many pupils;* cf. 1 Corinthians ix, 22, "I am made all things to all men." 11. *profit.* 12. Cf. 1 Corinthians xv, 10, "and his grace which was bestowed upon me was not in vain." 13. *to some extent.* 14. *humble servant.* 15. *rarer, valuable.* 16. England. 17. Aelbehrtus, archbishop of York. 18 = *et.* 19. *such as it was.* 20. *your excellency;* cf. p. 135, l. 18. 21. *if perchance it might please you* (lit. *your plan) greatly concerned for the whole body of learning.* 22 = *quaecumque sunt.* 23 = *exquisitiores libelli* of l. 5, above. 24. Sc. *regione, York;* similarly with *Turonica, Touraine.* 25. Cf. Solomon's Song iv, 12, "a garden inclosed." 26. *blossomings of paradise; paradisus* = *hortus conclusus.* 27. *at last.* 28. *Solomon's Song* v, 1, 2. 29. *taken.* 30. *metaphor.* 31. *urging.* 32. lv, 1. 33. *price.* 34. refers to what follows. 35. *you, in your devotion to the Scriptures.* 36. passive.

ad sapientiam discendam. Nil esse ad beatam vitam sublimius adipiscendam, nil ad exercitium iucundius, nil contra
vitia fortius,[37] nil in[38] omni dignitate[38] laudabilius; etiam[39] et,[39]
secundum philosophorum dicta, nil ad regendum populum
5 necessarius,[40] nil ad componendam vitam in optimos mores
melius quam sapientiae decus et disciplinae laus et eruditionis
efficacia.[41] Unde et de laude illius sapientissimus exclamat
Salomon[42]: "Melior est sapientia cunctis pretiosissimis, et
omne desiderabile ei non potest comparari. Haec est quae
10 humiles exaltat,[43] quae sublimes honorat. Per illam reges
regnant et legum conditores iusta decernunt. Per illam principes imperant et potentes decernunt iustitiam. Beati qui
custodiunt vias eius, et beati qui vigilant ad fores illius cotidie."
Ad hanc omni studio discendam et cotidiano exercitio possi-
15 dendam exhortare,[44] domne rex, iuvenes quosque[45] in palatio[46]
excellentiae vestrae, quatenus in ea proficiant aetate florida,
ut ad honorem canitiem suam perducere digni habeantur et
per eam ad perpetuam valeant pervenire beatitudinem.[47] Ego
vero, secundum[48] modum ingenioli mei,[48] apud servos[49] vestros
20 in his partibus seminare sapientiae grana segnis non ero, memor
illius sententiae[50]: "Mane semina semen tuum et vespere non
cesset manus tua; quia nescis quid magis oriatur, hoc an
illud. Et si utraque simul, melius est."
Mane, florentibus per aetatem studiis, seminavi in Britannia.
25 Nunc vero, frigescente sanguine, quasi vespere in Francia
seminare non cesso, utraque enim, Dei gratia donante, oriri
optans. Mihi, fracto corpore, solacio est sententia sancti
Hieronymi, qui ait in epistula[51] ad Nepotianum: "Omnes
paene virtutes[52] corporis mutantur in senibus et, crescente
30 sola sapientia, decrescunt cetera." Et post paululum: "Senectus vero eorum qui adulescentiam suam honestis[53] artibus[53]

---

37. *effective.* **38.** *in any lofty station.* **39** = *et etiam;* cf. *vel etiam* p. 167, l. 7.
40. comparative = *magis necessarium.* **41.** *virtue.* **42.** Proverbs viii, 11-17.
43. *exalts.* **44.** imperative sing., though *vestrae* follows. **45** = *omnes.* **46.**
the palace school. **47.** *salvation.* **48.** *according to the measure of my poor*
ability. **49.** *subjects.* **50.** Ecclesiastes xi, 6. **51.** *Epistula* lii, 3. **52.** *powers.*
53. *noble accomplishments*

instruxerunt et in lege Domini meditati sunt die ac nocte,
aetate fit doctior, usu tritior, processu temporis sapientior;
et veterum studiorum dulcissimos fructus metit." In qua
epistula de sapientiae laude et veterum studiis plura potest,
cui placuerit, legere et intellegere quantum veteres in decore 5
sapientiae florere studuerunt.

LXXVII.[1] A DIALOGUE

Pippinus. Quid est littera?—Albinus. Custos historiae.
P. Quid est verbum? A. Proditor[2] animi. P. Quis generat
verbum? A. Lingua. P. Quid est lingua? A. Flagellum
aeris. P. Quid est aer? A. Custodia vitae. P. Quid est 10
vita? A. Beatorum laetitia, miserorum maestitia, expectatio
mortis. P. Quid est mors? A. Inevitabilis eventus, incerta
peregrinatio, lacrimae viventium, testamenti[3] firmamentum,[3]
latro hominis. P. Quid est homo? A. Mancipium mortis,
transiens viator, loci hospes. P. Cui similis est homo? A. 15
Pomo. P. Quomodo positus est homo? A. Ut lucerna in vento.
P. Ubi positus est? A. Intra sex parietes. P. Quos? A.
Supra, subtus; ante, retro; dextra laevaque. P. Quot habet
socios? A. Quattuor. P. Quos? A. Calorem, frigus, sic-
citatem, humorem. P. Quot modis variabilis[4] est? A. Sex. 20
P. Quibus? A. Esurie[5] et saturitate; requie et labore; vigiliis
et somno. P. Quid est somnus? A. Mortis imago. P. Quid
est libertas hominis? A. Innocentia. P. Quid est caput?
A. Culmen corporis. P. Quid est corpus? A. Domicilium

LXXVII. 1. This little work is entitled *Disputatio regalis et nobilissimi
iuvenis Pippini cum Albino scholastico.* The dialogue was a popular means
of imparting instruction and testing knowledge. The practice of having the
pupil ask the question and the teacher answer it grew out of the confusion
of the abbreviations D. and M., which originally stood for the Greek words
for teacher and pupil (διδάσκαλος, μαθητής), but were taken as standing
for *discipulus* and *magister.* The fondness for *aenigmata* is characteristic
of the Anglo-Saxons. **2.** *herald.* **3.** Cf. Hebrews ix, 17, *testamentum in
mortuis confirmatum est.* **4.** Eng. **5.** *hunger.*

animae. P. Quid sunt comae? A. Vestes capitis. P. Quid
est barba? A. Sexus discretio,[6] honor aetatis. P. Quid est
cerebrum? A. Servator memoriae. P. Quid sunt oculi?
A. Duces corporis, vasa luminis, animi indices. P. Quid sunt
5 nares? A. Adductio[7] odorum. P. Quid sunt aures? A.
Collatores[8] sonorum. P. Quid est frons? A. Imago animi.
P. Quid est os? A. Nutritor[9] corporis. P. Quid sunt dentes?
A. Molae morsorum.[10] P. Quid sunt labia? A. Valvae oris.
P. Quid est gula? A. Devorator[11] cibi. P. Quid sunt manus?
10 A. Operarii corporis. P. Quid sunt digiti? A. Chordarum
plectra. P. Quid est pulmo? A. Servator aeris. P. Quid est
cor? A. Receptaculum vitae. P. Quid est iecur? A. Custodia caloris. P. Quid est fel? A. Suscitatio[12] iracundiae.
P. Quid est splenis?[13] A. Risus et laetitiae capax. P. Quid
15 est stomachus? A. Ciborum coquator.[14] P. Quid est venter?
A. Custos fragilium. P. Quid sunt ossa? A. Fortitudo
corporis. P. Quid sunt coxae? A. Epistylia[15] columnarum.
P. Quid sunt crura? A. Columnae corporis. P. Quid sunt
pedes? A. Mobile fundamentum. P. Quid est sanguis?
20 A. Humor venarum, vitae alimentum. P. Quid sunt venae?
A. Fontes carnis. P. Quid est caelum? A. Sphaera volubilis,
culmen immensum. P. Quid est lux? A. Facies omnium
rerum. P. Quid est dies? A. Incitamentum laboris. P.
Quid est sol? A. Splendor orbis, caeli pulchritudo, naturae
25 gratia, honor diei, horarum distributor.[16] P. Quid est luna?
A. Oculus noctis, roris larga, praesaga tempestatum. P. Quid
sunt stellae? A. Pictura culminis, nautarum gubernatores,
noctis decor. P. Quid est pluvia? A. Conceptio[17] terrae,
frugum generatrix.[18] P. Quid est nebula? A. Nox in die,
30 labor oculorum. P. Quid est ventus? A. Aeris perturbatio,
mobilitas aquarum, siccitas[19] terrae. P. Quid est terra?
A. Mater crescentium, nutrix viventium, cellarium[20] vitae,

---

6. *distinction.* 7. *conductor.* 8. *collectors.* 9. *feeder.* 10. *food.* 11.
devourer. 12. for *suscitator, inciter.* 13. *spleen.* 14. *digester.* 15. *epistyle,*
architrave. 16. Eng. 17. *fertilizer.* 18. *producer.* 19. *dryer.* 20.
storehouse.

devoratrix[21] omnium. P. Quid est mare? A. Audaciae via,
limes terrae, divisor[22] regionum, hospitium fluviorum, fons
imbrium, refugium in periculis, gratia in voluptatibus. P.
Quid sunt flumina? A. Cursus indeficiens,[23] refectio solis,
irrigatio terrae. P. Quid est aqua? A. Subsidium vitae, 5
ablutio[24] sordium. P. Quid est ignis? A. Calor nimius,
fotus[25] nascentium, maturitas frugum. P. Quid est frigus?
A. Febricitas[26] membrorum. P. Quid est gelu? A. Persecutio[27] herbarum, perditor foliorum, vinculum terrae, pons[28]
aquarum. P. Quid est nix? A. Aqua sicca. P. Quid est 10
hiems? A. Aestatis exul. P. Quid est ver? A. Pictor terrae.
P. Quid est aestas? A. Revestio[29] terrae, maturitio[30] frugum.
P. Quid est autumnus? A. Horreum anni. P. Quid est
annus? A. Quadriga mundi. P. Quis ducit eam? A. Nox
et dies, frigus et calor. P. Quis est auriga eius? A. Sol et 15
luna. P. Quot habent palatia? A. Duodecim. P. Qui sunt
praetores palatiorum? A. Aries, Taurus, Gemini, Cancer,
Leo, Virgo, Libra, Scorpius, Sagittarius, Capricornus, Aquarius,
Pisces. P. Quot dies habitant in unoquoque palatio? A. Sol
xxx dies et decem semis horas. Luna duos dies et octo horas 20
et bisse[31] unius horae. P. Magister, timeo in altum ire. A.
Quis te duxit in altum? P. Curiositas. A. Si times, descendamus. Sequar quocumque ieris. P. Si scirem quid esset
navis, praepararem tibi ut venires ad me. A. Navis est
domus erratica, ubilibet[32] hospitium, viator sine vestigiis, 25
vicina harenae. P. Quid est harena? A. Murus terrae. P.
Quid est herba? A. Vestis terrae. P. Quid sunt holera?
A. Amici medicorum, laus coquorum. P. Quis est qui amara
dulcia facit? A. Fames. P. Quid est quod hominem lassum
non facit? A. Lucrum. P. Quid est vigilanti somnus? A. 30
Spes. P. Quid est spes? A. Refrigerium laboris, dubius
eventus. P. Quid est amicitia? A. Aequalitas animorum.
P. Quid est fides? A. Ignotae rei et mirandae certitudo.*

---

21. *devourer.* **22.** *separator.* **23.** *unfailing.* **24.** *cleanser.* **25.** *(means
of) warming.* **26.** *trembling.* **27** = *perditor.* **28.** i.e., *ice.* **29.** *reclothing.*
30. *ripening.* **31.** *two-thirds.* **32** = *ubivis.*

P. Quid est mirum? A. Nuper vidi hominem stantem, molientem, ambulantem, qui numquam fuit. P. Quomodo potest esse, pande mihi. A. Imago est in aqua. P. Cur hoc non intellexi per me, dum toties vidi hunc ipsum hominem? 5 A. Quia bonae indolis es iuvenis et naturalis ingenii, proponam tibi quaedam alia mira; tempta si per te ipsum possis conicere illa. P. Faciamus, ita tamen ut si secus, quam est, dicam, corrigas me. A. Faciam ut vis. Quidam ignotus mecum sine lingua et voce locutus est, qui numquam ante fuit nec postea 10 erit, et quem non audiebam, nec novi. P. Somnium te forte fatigavit, magister? A. Etiam, fili. Audi et aliud: vidi mortuos generare vivum, et aura vivi consumpti sunt mortui. P. De fricatione[33] arborum ignis natus est, consumens arbores. A. Verum est. Audivi mortuos multa loquentes. P. Numquam 15 bene, nisi suspendantur in aere.[34] A. Vere. Vidi ignem inextinctum pausare[35] in aqua. P. Silicem in aqua significare vis, reor. A. Ut reris, sic est. Vidi mortuum sedentem super vivum et in risu mortui moritur vivus. P. Hoc coqui nostri norunt.[36] A. Norunt. Sed pone digitum super os, ne pueri 20 hoc audiant, quid sit. Fui in venatione cum aliis, in qua si quid cepimus nihil nobiscum portavimus; quem non potuimus capere, domum portavimus nobiscum. P. Rusticorum est haec venatio.[37] A. Est. Vidi quendam natum antequam esset conceptus. P. Vidisti et forte manducasti.[38] A. Man- 25 ducavi. Quis est qui non est, et nomen habet et responsum dat sonanti? P. Biblos[39] in silva interroga.[39] A. Vidi hospitem currentem cum domo sua; et ille tacebat, et domus sonabat. P. Para mihi rete et pandam tibi.[40] A. Quis est quem videre non potes nisi clausis oculis? P. Qui stertit, tibi ostendit 30 illum.[41] A. Vidi hominem octo in manu tenentem, et de octonis[42] rapuit septem, et remanserunt sex. P. Pueri in

---

33. *friction.*   **34.** The answer is "bells."   **35.** *rest.*   **36.** explained as a burning wick on a lump of lard.   **37.** hunting of lice.   **38.** The answer is "pullus in ove."   **39.** meaning not clear. The answer is "echo."   **40.** Answer is "flumen et piscis."   **41.** Answer is "somnus."   **42** =*octo.*

schola hoc sciunt.[43] A. Quis est cui si caput abstuleris resurgit
altior? P. Vide ad lectulum tuum et ibi invenies.[43] A. Tres
fuere; unus numquam natus et semel mortuus; alter semel
natus numquam mortuus; tertius semel natus et bis mortuus.
P. Primus aequivocus[44] terrae, secundus Deo meo, tertius 5
homini pauperi. Vidi feminam volantem, rostrum habentem
ferreum, et corpus ligneum, et caudam pennatam, mortem
portantem. P. Socia est militum.[45] A. Quid est miles?
P. Murus imperii, timor hostium, gloriosum servitium. A.
Quid est quod est et non est? P. Nihil. A. Quomodo potest 10
esse et non esse? P. Nomine est et re non est. A. Quid est
tacitus nuntius? P. Quem manu teneo. A. Quid tenes
manu? P. Epistulam tuam, magister. A. Lege[46] feliciter, fili.

LXXVIII[1]

DE PHILOSOPHORUM LIBRIS

Ecce de septem liberalibus artibus philosophorum, ad quam
utilitatem discendae sint catholicis, satis, ut reor, superius 15
diximus. Illud adhuc adicimus quod philosophi ipsi qui
vocantur, si qua forte vera et fidei nostrae accommodata in
dispensationibus[2] suis seu scriptis dixerunt, maxime Platonici,
non solum formidanda non sunt sed ab eis etiam tamquam
iniustis possessoribus in usum nostrum vindicanda. Sicut 20

---

43. answer? 44. *of the same name.* The three are: Adam, Elijah,
and Lazarus. The Hebrew 'ādām, *a human being,* was associated by popular etymology with 'adāmāh, *earth;* Elijah means "God is the Lord";
Lazarus is a synonym for "beggar." 45. The answer is "sagitta." 46.
imperative.
LXXVIII. 1. From the *De institutione clericorum* of Hrabanus Maurus
(819), the most learned of Alcuin's pupils, abbot of Fulda, later archbishop
of Mayence. He was called "Praeceptor Germaniae"; among his pupils
were Lupus (see p. 175) and Walahfrid Strabo (see CLX, p. 332). He
founded the great library of Fulda, over the door of which was written a
part of Alcuin's epigram on the scriptorium (see CLVI, p. 322). 2. *systems*
of philosophy.

enim Aegyptii non tantum idola habebant et onera[3] gravia,[3]
quae populus Israel detestaretur et fugeret, sed etiam vasa
et ornamenta de auro et argento et vestem, quae ille populus
exiens de Aegypto sibi tamquam ad usum meliorem clanculo
5 vindicavit, non auctoritate propria sed praecepto et mandato,
ipsis Aegyptiis nescienter[4] commodantibus ea quibus ut bonis
utebantur. Sic doctrinae omnes gentilium non solum simulata
et superstitiosa figmenta gravesque sarcinas supervacanei
laboris habent, quae unusquisque nostrum duce Christo de
10 societate gentilium exiens, debet abominari atque devitare,
sed etiam liberales disciplinas, de quibus paulo ante egimus,
usui veritatis aptiores et quaedam morum praecepta utilissima
continent, deque ipso uno Deo colendo nonnulla vera inveniuntur apud eos; quod[5] eorum tamquam aurum et argentum,
15 quod non ipsi instituerunt, sed de quibusdam quasi metallis
divinae providentiae, quae ubique infusa est, eruerunt et quo
perverse et iniuriose ad obsequia daemonum abutuntur, cum
ab eorum misera societate sese animo separat,[6] debet ab eis
auferre christianus ad usum iustum praedicandi evangelii.
20 Vestem quoque illorum, id est, hominum quidem instituta,
sed tamen accommodata humanae societati, quibus in hac
vita carere non possumus, accipere atque habere licuerit in
usum convertenda christianum. Nam quid aliud fecerunt
boni multi fideles nostri? Nonne aspicimus quanto auro et
25 argento et veste suffarcinati exierunt de Aegypto Cyprianus
et doctor suavissimus et martyr beatissimus? Quanto Lactantius? Quanto Victorinus, Optatus, Hilarius? Quanto
innumerabiles grammatici? Quod prior ipse fidelissimus Dei
famulus Moyses fecerat, de quo scriptum est[7] quod "eruditus
30 fuerit omni sapientia Aegyptiorum." Quibus omnibus viris[8]
superstitiosa[9] gentium consuetudo[9] et maxime illis temporibus
cum Christi recutiens[10] iugum christianos persequebatur,

---

3. *grievous errors;* cf. *graves sarcinas,* l. 8, below.   **4** = *nescientibus.*
5. *this gold of theirs,* etc., object of *auferre,* l. 19, below.   **6.** Sc. *christianus*
as subject.   **7.** Acts vii,22.   **8.** dative.   **9** = *superstitiosae gentes.*   **10.** *rejecting.*

disciplinas quas utiles habebat numquam commodaret,[11] si
eas in usum colendi unius Dei, quo vanus idolorum cultus
exscinderetur, conversas[12] suspicaretur. Sed dederunt aurum
et argentum et vestem suam exeunti de Aegypto populo Dei,
nescientes quemadmodum illa quae dabant in Christi obsequium 5
redderentur. Illud enim in Exodo factum sine dubio figuratum
est[13] ut hoc praesignaret,[14] quod sine praeiudicio alterius aut
paris aut melioris intellegentiae dixerim. Sed hoc modo instructus divinarum scripturarum studiosus, cum ad eas
scrutandas accedere coeperit, illud apostolicum[15] cogitare non 10
cesset: "Scientia inflat, caritas aedificat."

LXXIX[1]

AD REGINB.[2]

Carissimo suo Reg. Lupus in Domino salutem. Desideramus
quidem adventum vestrum, ut dignum est, quem iam certae
litterae spoponderunt; sed suademus vigilantissima cautione
tutum iter eligendum, propterea quod in regno Caroli[3] regis 15
nostri, novis exortis rebus, impune latrocinia committuntur,
et nihil securius atque constantius quam rapinarum violentia
frequentatur. Talis igitur est commeantium quaerenda
societas quorum numero atque virtute improborum[4] factio
evitetur, aut si necesse fuerit repellatur. *Catilinarium* et 20
Iugurthinum Sallusti librosque *Verrinarum,* et si quos alios
vel corruptos nos habere vel penitus non habere cognoscitis,

---

11 = *commodavisset.* **12.** for fut. pass. infinitive. **13.** i.e., it is to be
interpreted figuratively. **14.** *prefigure.* **15.** i Corinthians viii, 1.
LXXIX. 1. LXXIX-LXXXII are letters of Lupus, abbot of Ferrières (†c.
862). Lupus may be called the first humanist. With him the study of the
classics is an end in itself; the other medieval classicists attempt to justify
(or conceal) their devotion to the ancient literature by alleging its usefulness
to the church. Lupus rivals the Renaissance scholars in his enthusiasm for
securing, copying, and correcting MSS, and surpasses most of them in his
philological respect for the text. **2.** uncertain who is meant. **3.** Charles
the Bald. **4.** *robbers.*

nobis adferre dignemini, ut vestro beneficio et vitiosi cor-
rigantur et non habiti, numquamque nisi per vos habendi,
hoc gratius quo insperatius adquirantur. Cupio vos valere
feliciter.

LXXX

AD ALTSIGUM ABBATEM[1]

5   Venerabili Altsigo abbati Lupus monasterii Bethlehemitici
sive Ferrariensis in Domino salutem. Ingenti clementia Dei
nostri discordiae[2] peste mitigata, quae totas Gallias Germani-
amque hactenus vexavit atrociter, inter ipsa pacis exordia
foedus quod inter nostram vestramque olim fuit ecclesiam,
10 directis ad reverentissimum Guigmundum episcopum[3] litteris,
studui renovare. Quia vero vos amore sapientiae, cuius et ego
sum avidus, flagrare comperi, vel secundum illud Tullii,[4]
"pares ad pares facile congregantur," et[5] iuxta receptae scripturae assertionem,* "omne[6] animal diligit sibi simile, sic omnis
15 homo," hac epistola meam offero et vestram expeto amicitiam
ut nobis[7] vicissim, cum in sacris orationibus, tum etiam in
quibuslibet aliis utilitatibus, prodesse curemus. Atque ut
quod polliceor vos exsequamini priores, obnixe flagito ut
Quaestiones beati Hieronymi quas, teste Cassiodoro, in Vetus
20 et Novum Testamentum elaboravit, Bedae quoque vestri
similiter Quaestiones in utrumque Testamentum, item memorati Hieronymi libros Explanationum in Hieremiam, praeter
sex primos, qui apud nos reperiuntur, ceteros qui sequuntur;
praeterea Quintiliani Institutionum oratoriarum libros XII,
25 per certissimos nuntios mihi ad cellam[8] Sancti Iudoci, quae

---

LXXX. **1.** of York. **2.** the dispute between Charles the Bald and Lothaire,
which was settled by an agreement made at Peronne in 849. **3.** of York.
4. De senectute III, 9. **5.** Sc. quia. **6.** Ecclesiasticus xiii, 19. **7.** reciprocal,
strengthened by vicissim. **8.** a subordinate religious house under the
control of the abbot of the mother abbey; later called priory. The owner-
ship of Saint-Josse had been in dispute.

tandem aliquando nobis reddita est, dirigatis tradendos Lantramno, qui bene vobis notus est, ibique[9] exscribendos, vobisque quam poterit fieri celerius[10] remittendos. Quod si omnes non potueritis, at aliquos ne gravemini destinare, recepturi a Deo praemium impletae[11] caritatis,[11] a nobis autem 5 quamcumque possibilem dumtaxat[12] iusseritis vicem[13] tanti laboris. Valete, nosque mox[14] ut[14] se oportunitas obtulerit exoptabili[15] responso laetificate.

LXXXI

AD ANSBALDUM[1]

Dilecto suo Ansbaldo Lupus salutem. Moleste tuli quod tanta oportunitate comperta, ut parcissime dicam, nihil 10 mihi vel mandare vel 'scribere voluisti. Tamen quamquam curam nostri tam facile deposueris, quod in te reprehendo, ipse nequaquam imitabor, sed me[2] aspernantem pio complectar adloquio. Tullianas epistolas quas misisti cum nostris conferri faciam, ut ex utrisque, si possit fieri, veritas exsculpatur. 15 Tu autem huic nostro cursori Tullium[3] *In Arato* trade, ut ex eo quem me impetraturum credo quae deesse illi Eigil noster aperuit suppleantur. Bene vale, et tuis me semper orationibus protege.

---

9. i.e., *in cella S. Iudoci.* **10** =*celerrime.* **11.** *for the kindness you (will) have done.* **12.** restricts the meaning of *possibilem.* **13.** *return, recompense.* **14** =*simulatque.* **15.** passive, *desired.*

LXXXI. 1. monk, later abbot of Prüm. **2.** object of *aspernantem;* sc. *te* as object of the verb. **3.** Cicero's translation of Aratus. Lupus hopes to get another copy from which he expects to correct the Prüm MS, which Eigil has told him is defective. Eigil was the predecessor of Ansbald as abbot of Prüm.

LXXXII

AD HINCMARUM[1]

Clarissimo praesuli Hincmaro Lupus perpetuam salutem.
Collectaneum[2] Bedae in apostolum ex operibus Augustini
veritus sum dirigere, propterea quod tantus est liber ut nec
sinu celari, nec pera possit satis commode contineri; quamquam,
5 si alterutrum fieret, formidanda esset obvia improborum[3]
rapacitas, quam profecto pulchritudo ipsius codicis accendisset,
et ita forsitan et mihi et vobis perisset. Proinde tuto vobis
memoratum volumen ipse commodaturus sum cum primo,[4]
si Deus vult, aliquo nos contigerit sospites convenire. Pineas
10 autem nuces, quot cursor ferre potuit, hoc est decem, mittendas
curavi. Rescriptum[5] vestrum quo notarii,[6] ut scripsistis, me
privavit impedimentum, cursor idem noster ad hoc directus
ut a vobis propositum est, accipiat, ut lectione illius vel erudiar
vel delecter. Benigne vos mei memores opto valere feliciter.

LXXXIII.[1] A MEDIEVAL NEWS RECORD

15   752. Passus est[2] sanctus pater noster Bonifatius, vir apostolicus et omni sapientia adornatus, qui de Anglorum gente
nobilem ducens originem ibidem in sancto proposito religio-
sissime educatus, et doctrina nihilominus insignis fuit et
miraculis claruit; postea vero divina admonitus pietate Ger-
20 maniae fines adiit, Francorum gentem diversis errorum laqueis
irretitam nobiliter[3] instruxit et haereticorum pravitates[4]
instantissime[5] superavit. Evangelica[6] etiam doctrina adeo
praecipuus exstitit ut apostolorum tempora in eius praedicatione laudares. Itaque meritis illius circumquaque* clares-

---

LXXXII. **1.** archbishop of Rheims. **2.** a commentary on the letters
of St. Paul. **3.** Cf. p. 175, l. 19. **4** = *primum.* **5.** *answer.* **6.** *scribe.*
LXXXIII. **1.** From the Annals of Xanten (640-874), a German town on
the Rhine. **2.** *suffered martyrdom.* **3.** *splendidly.* **4.** *errors.* **5.** *ruth-
lessly.* **6.** Eng.

centibus, a viro sanctissimo Gregorio papa Romano accersitus, ad illuminationem[7] totius Germaniae transmissus et ab eodem episcopus ordinatus,* in civitate quae Mogontia[8] dicitur pontificatus[9] honore meruit sublimari.[10] Ibi inter homines constitutus, angelicam vitam exercuit, Francorum gentem, 5 Thuringorum et Saxonum populos Deo adquisivit, et in omni sanctitate gloriosus fuit. Novissime ergo cum multos ex Frisonibus christianae religioni subiugasset,[11] a paganis qui supererant gladio peremptus, cum martyrii[12] gloria migravit ad caelestia regna corpusque illius comitante fidelium maxima 10 turba ad Fuldense monasterium, quod ipse sibi in solitudine Boconia construxerat, cum magnis Dei laudibus transportatum et condigno[13] honore tumulatum, miraculis ibidem plurimis claret. Passi sunt autem cum eo et alii ex clero* eius viri religiosi, presbyteri, diacones et monachi, sed nobiliores inter 15 eos fuerunt Eobanus episcopus et Adalarius sacerdos, qui primitus in monasterio quod Trech nominatur honorabilem meruerunt sepulturam sed emergentibus[14] annis etiam ipsi Fuldam translati, iuxta corpus sancti pastoris sui Bonifatii satis pulcherrime requiescunt.   20

Anno 835. Mense Februario eclipsis[15] lunae fuit. Ludowicus imperator cum convoco[16] suo[16] perrexit ad Burgundiam ibique venit ad eum Pippinus filius eius. Interim autem iterum invaserunt pagani partes Frisiae et interfecta est de paganis non minima multitudo. Et iterum praedaverunt[17] Dorestatum. 25

Anno 836. Mense Februario incipiente, nocte mirandae acies[18] apparuerunt ab oriente in occidentem. Iterum eodem anno pagani christianos invaserunt.

Anno 837. Ingens turbo ventorum frequenter erumpebat et stella cometes visa est, nimium[19] ex se mittens fervorum[20] 30 in oriente, coram humanis obtutibus quasi per tres cubitos;

---

7. *enlightenment.* **8.** *Mayence.* **9.** *pontificate;* see p. 147, note 1. **10.** *be elevated, exalted.* **11.** *converted.* **12.** *martyrdom.* **13** = *digno.* **14.** *having passed.* **15.** *eclipse.* **16.** *(his son) of the same name.* **17.** deponent in CL. **18.** *streaks of light.* **19** = *multum.* **20.** *trails of light.*

et pagani vastaverunt Walicrum multasque feminas inde
abduxerunt captivas cum infinita diversi generis pecunia.
Anno 838. Hiems pluvialis et ventosa valde, et mense Ianu-
ario 12. Kal. Februarii²¹ tonitruum²² auditum est, similiter-
5 que mense Februarii 14. Kal. Martii tonitruum est auditum
magnum et nimis ardor solis terram urebat; et quibusdam
partibus terrae motus factus est; et ignis forma draconis in
aere visus est. Eodem anno haeretica pravitas orta est. Eodem
anno quinta nocte ante natale²³ Domini fragor tonitrui magni
10 auditus est, et fulguris visus, et multis modis miseria et cala-
mitas hominum cotidie augebatur.

Anno 839. 7.²⁴ Kal. Ianuariorum²⁵ ingens venti turbo ortus
est ita ut fluctus maris valde inundabant super terminos et
litus, miserabiliter innumerabilem turmam humani generis in
15 villis²⁶ et vicis²⁷ circumpositis simul cum aedificiis consump-
serunt. Classes enim in mari vertentes²⁸ disruptae sunt, et
flamma ignis supra totum mare visa est. Eodem anno 8. Kal.
Aprilis admirandae acies apparuerunt vesperascente die in
caelo in modum domus rotundae, totum caeli ambitum cir-
20 cumducentes.²⁹ Eo anno venerunt corpora sanctorum Feli-
cissimi et Agapiti atque sanctae Felicitatis in locum qui dicitur
Fredenna.

Anno 852. Ferrum³⁰ paganorum incanduit; nimius ardor
solis; et fames subsecuta est; et pabula animalium defecerunt;
25 et pastus porcorum exuberans.

Anno 853. Fames magna in Saxonia ita ut multi equis
alerentur.

Anno 854. Nordmanni, cum reliquis multis malis quae
christianis inruerunt³¹ undique, ecclesiam sancti Martini,
30 Turonis civitatis episcopi, ubi pausatio³² illius est, igni suc-
cenderunt.

---

21 = *Februarias.* **22** = *tonitrus.* **23** = *natalem.* **24.** The chronicler begins
his year with Christmas. **25** = *Ianuarias.* **26.** *towns.* **27.** *villages.* **28.**
sailing. **29.** *encircling.* **30.** *steel.* **31.** *brought upon,* transitive. **32** =
sepulchrum.

Anno 855. Verno tempore Ludowicus, rex orientalis, misit filium suum et convocum in Aquitaniam, accipere sibi regnum patris[33] sui Pippini.

Anno 856. Nordmanni rursum regem sibi constituunt, cognatum et convocum[34] priori,[34] et Dani iterum, resumptis 5 viribus, navali evectu[35] christianos invaserunt.

Anno 857. Plaga[36] magna vesicarum turgentium[36] grassatur in populo, et detestabili eos putredine[37] consumpsit ita ut membra dissoluta ante mortem deciderent.

Anno 858. Ludowicus, rex orientalis, conventum populi 10 sortis[38] suae[38] apud Wangionam habuit.

Anno 859. Kalendis Ianuarii, celebrata sollemnitate matutinorum, apud Wormatium semel terrae motus factus est, et apud Magontiam tredecies[39] ante diluculum.

Anno 860. Nonis Februarii tonitruum auditum est; et rex[40] 15 reversus est de Gallia, depravato omni regno et in nihilo emendato.

LXXXIV.[1] THE THREE FRIENDS

De Notkero, Ratperto, Tuotilone, quoniam quidem cor et anima una erant, qualia tres[2] quasi unus[2] fecerint, quantum a patribus audivimus, narrare incipimus. Hi tres, quamvis 20

---

33. should be *patrui*. 34. *having the same name as his predecessor.*
35. *raid.* 36. *a plague accompanied by a swelling of the bladder,* or, *a plague of swollen vesicles.* 37. *festering.* 38. *his part* of the kingdom. 39. *thirteen times.* 40. Ludwig of Germany.
LXXXIV. 1. From the *Casus Sancti Galli* (891-972), by Ekkehart IV, a monk of St. Gall (†c. 1060), who continued the work of Ratpert. It is based chiefly on oral tradition and is rich in anecdotes about the famous monks of the monastery. It is important for our knowledge of the culture of the times. Ekkehart is one of the best story-tellers of the Middle Ages; our selection "is one of the passages of medieval history that may stand comparison with anything modern." The Latin is not classical and is often awkward and obscure. 2. *three as it were (in) one.*

votis essent unicordes,[3] natura tamen, ut fit, erant dissimiles. Notker corpore non animo gracilis,[4] voce non spiritu balbulus,[5] in divinis erectus, in adversis patiens, ad omnia mitis, in[6] nostratium acer erat exactor disciplinis[6]; ad repentina timidu-
5 lus[7] et inopinata, praeter daemones infestantes, erat; quibus quidem se audenter[8] opponere solebat. In orando, legendo, dictando[9] creberrimus.[10] Et ut omnes sanctitatis eius in brevi complectar dotes, sancti spiritus erat vasculum,[11] quo[12] suo tempore abundantius nullum.[12]
10 At Tuotilo longe aliter bonus erat et utilis. Homo lacertis et omnibus membris sicut[13] Fabius athletas eligere docet[13]; erat eloquens, voce clarus, caelaturae[14] elegans et picturae artifex, musicus sicut socii eius; sed in omnium genere fidium et fistularum prae omnibus. Nam et filios nobilium in loco
15 ab abbate destinato fidibus edocuit. Nuntius procul[15] et prope[15] sollers; in structuris[16] et ceteris artibus suis efficax, concinnandi[17] in utraque[18] lingua potens et promptus natura, serio[19] et ioco[19] festivus, adeo ut Karolus[20] noster aliquando ei maledixerit qui talis naturae hominem monachum fecerit.
20 Sed inter haec omnia, quod prae aliis est, in choro* strenuus, in[21] latebris[21] erat lacrimosus; versus et melodias* facere praepotens; castus, ut[22] Marcelli discipulus, qui feminis oculos clausit.

Ratpertus autem inter ambos quos diximus medius incedebat.
25 Scholarum ab adulescentia magister, doctor planus[23] et bene-volus, disciplinis asperior; raro[24] praeter fratres[24] pedem

---

3. *harmonious.* 4. *frail.* 5. *stammering;* he is known as Notker Balbulus. 6. *given to strict enforcement of discipline among our brothers* (*nostratium*). 7. *somewhat timid.* 8 = *audacter.* 9. *writing verse.* 10. *assiduous.* 11. Biblical, *vessel.* 12. *filled* (*with the spirit*) *as much as any other* (*vessel*). 13. *such a man as Fabius* (Quintilian) *teaches* (*us*) *to select as an athlete;* cf. Quint. X, 1, 33. 14. *carving.* 15. *for long and short distances.* 16. *building.* 17. *in expressing himself.* 18. Latin and German. 19. i.e., on all occasions. 20. the Emperor Charles III, called the Fat. 21. *in secret.* 22. *as became.* 23. *clear.* 24. *most rarely of the brothers.*

claustro promovens, duos calceos annum habens, excursus[25] mortem nominans[25]; saepe Tuotilonem itinerarium[26] ut se caveret amplexibus monens. In scholis sedulus, plerumque cursus[27] et missas neglegebat, "bonas," inquiens, "missas audimus cum eas agi[28] docemus." Qui cum labem maximam claustri impunitatem[29] nominasset, ad capitulum* tamen nonnisi vocatus venit, cum[30] sibi officium capitulandi et puniendi gravissimum, ut ait, sit traditum.[30]

Tales cum essent tres isti nostrae rei publicae senatores— quod[31] semper doctorum est[31] et utilium—ab[32] otio vacantibus[32] et in[33] levitate ambulantibus[33] detractiones[34] et dorsiloquia[35] patiuntur assidua; sed maxime, quia minus refellere solebat, sanctus, ut vere asseram, domnus Notkerus. Tuotilo quidem et Ratpertus acriores talibus minusque ad contumelias habiles, rarius ab eis laedebantur; Notkerus autem, hominum mitissimus, quid iniuriae essent in semetipso didicit. De quibus pluribus unum[36] aliquem,[36] ut quantum Satanas in talibus praesumat ab[37] uno discas omnes,[37] introducere volumus. Erat hic quidem refectorarius[38] nomine Sindolfus, postremo autem fictis obsequelis,[39] cum alias in nullo esset utilis, accusans fratres criminibus coniectis, a Salomone operariorum[40] positus est decanus.[40] Enimvero cum esset refectorarius pro commodis incommoda, quibus ausus erat, exhibebat; prae ceteris autem Notkero. Salomone autem in plurimis occupato nec adtendere ad singula[41] sufficienti, alimonia[42] interdum fratribus cum aut detraheretur[43] aut depravaretur,[44] clamabant

---

25. *saying it was death to leave the monastery.* **26.** *given to travel.* **27.** *office, services,* held at the canonical hours. **28.** *to be sung.* **29.** *failure to inflict punishment.* **30.** He had enough of counseling and punishing in his own *capitulum* (the school room) without going to the chapter meeting, which dealt with the same kind of problems. **31.** *which is the lot of,* explained by what follows. **32.** *from those given to idleness.* **33.** Tobias iii, 17. **34.** *slanders.* **35.** *backbiting.* **36** = *unum.* **37.** Vergil, *Aeneid* II, 65. **38.** *refectorer,* the monk who had charge of the refectory. **39.** *obsequiousness.* **40.** *work-master.* **41.** *details.* **42.** *food.* **43.** *was withheld.* **44.** *was tainted.*

plures pro iniustitia; inter quos aliquando etiam tres quos dicimus isti aliqua locuti parebant.[45]

Erat tribus illis inseparabilibus[46] consuetudo permisso[47] quidem prioris[48] in intervallo[49] laudum nocturno convenire in
5 scriptorio[50] collationesque[51] tali horae aptissimas de scripturis facere. At Sindolfus, sciens horam et colloquia, quadam nocte fenestrae vitreae cui Tuotilo assederat clandestino[52] foris[53] appropiat,* aureque vitro affixa, si quid rapere posset quod depravatum episcopo traderet auscultabat. Senserat illum
10 Tuotilo, homo pervicax[54] lacertisque confisus, latialiterque,[55] quo illum qui nihil intellegeret lateret, compares[56] alloquitur. "Adest ille," inquit, "et aurem fenestrae affixit. Sed tu, Notker, quia timidulus[57] es, cede in ecclesiam, Ratperte autem mi, rapto flagello fratrum, quod pendet in pyrali,[58] deforis*
15 accurre. Ego enim illum, cum appropinquare te sensero, vitro citissime redaperto,[59] captum capillis ad meque pertractum violenter tenebo. Tu autem, anime mi, confortare[60] et esto robustus, flagelloque illum totis viribus increpita,[61] et Deum in illo ulciscere."

20 Ille vero, sicut semper erat ad disciplinas acutissimus, modeste[62] exiens, rapto flagello, cucurrit celerrimus, hominemque intra[63] capite tractum,[64] totis viribus a dorso ingradinat.[65] Et ecce ille manibus pedibusque renisus, flagellum incussum capiens tenuit; at ille virgam propius aspectam rapiens, ictus
25 ei validissimos infregit. Cum autem parci sibi, male iam mulctatus, in cassum petisset: "Voce," inquit, "opus est,"

---

45. Sindolf now bears a false report to the abbot as to what the three had said; though Sindolf is convicted of lying, the abbot refuses to punish him; the three appear to accept the abbot's decision but are in reality only waiting for an opportunity to punish Sindolf. **46.** Eng. **47.** noun, *with the permission*. **48** = *abbatis*. **49.** between the night and morning offices. **50.** Eng.; the room set apart for copying MSS and records. **51.** They compared and corrected MSS (*scripturae*); or better, *collationes* = *debates*. **52.** *secretly*. **53** = *deforis* of l. 14, below, *from outside*. **54.** *resolute.* **55** = *Latine*. **56.** *comrades*. **57.** *somewhat timid*. **58.** Greek, *heated room*, probably the chapter hall. **59** = *aperto*. **60.** *be bold*. **61.** *lash*. **62.** *obediently*. **63.** *from within*. **64.** *held*, i.e., by Tuotilo. **65.** *beat*.

et exclamans vociferavit. At fratrum pars, voce audita tali
tempore insolita, stupens accurrit luminibus et quidnam
esset quaesivit. Tuotilo autem diabolum se cepisse creber[66]
ingeminans, lumen adhiberi rogat ut in cuius illum imagine
teneret certius inspiceret. Capite autem inviti hac et illac ad 5
inspicientes versato, si Sindolfus esset quasi nescius interrogat.
Omnibus autem vere ipsum esse clamantibus et ut illum
dimitteret rogantibus, relicto eo: "Me miserum," ait, "in
auricularem[67] et intimum episcopi manus misisse." Ratpertus
vero, fratribus accurrentibus, in[68] partem cedens[68] clam se 10
subduxit. Neque enim ipse qui passus est a quo caederetur
scire poterat. Quaerentibus autem aliquibus ubinam domnus
Notkerus Ratpertusque abissent: "Ambo," inquit, "ad opus
Dei, diabolum sentientes,[69] abierunt, meque cum illo[70] in
negotio perambulante[71] in tenebris dimiserunt. Vere autem 15
omnes scitote angelum Domini ictus ei manu sua incussisse."[72]
Discedentibus tandem fratribus, a partium sectatoribus surgunt, ut fit,[73] multiloquia[74]; alii Dei iudicio, ut[75] auscultatores
clandestini publicarentur[75] factum dicebant; alii autem tali
viro, nisi quod angelum Dei praetendit,[76] tale opus non decu- 20
isse. Occultabat autem se confractus[77] ille corporis pariter
et mentis dolore.

LXXXV.[1] THE YOUNG ALFRED

Sed, ut more navigantium loquar, ne diutius, navim undis
et vela ventis concedentes et a terra longius enavigantes,
longum circumferamur inter tantas bellorum clades et annorum 25

66. adjective instead of an adverb.   67. *counselor.*   68. *drawing apart.*
69. *observing (that it was).*   70 =*diabolo.*   71. *prowling.*   72. *inflicted.*
73. *as was natural.*   74. *lively discussion.*   75. *in order that eavesdroppers
might be exposed.*   76. *had as his defense.*   77. *crushed.*
   LXXXV.   1. From the *Annales rerum gestarum Alfredi Magni,* a chronicle of English history for the years 849-887, by Asser, bishop of Sher-
borne (†910). The facts about Alfred are largely from personal knowledge.

enumerationes, ad id quod nos maxime ad hoc opus incitavit
nobis esse redeundum censeo, scilicet aliquantulum, quantum
meae cognitioni innotuit, de infantilibus[2] et puerilibus domini
mei venerabilis Aelfredi, Angulsaxonum regis, moribus hoc in
5 loco breviter inserendum esse existimo.

Nam cum communi et ingenti patris sui et matris amore
supra omnes fratres suos, immo ab omnibus, nimium diligeretur
et in regio semper curto[3] inseparabiliter[4] nutriretur, accrescente
infantili et puerili aetate, forma ceteris suis fratribus decentior
10 videbatur vultuque et verbis atque moribus gratiosior. Cui
ab incunabilis ante omnia et cum omnibus praesentis vitae
studiis, sapientiae desiderium cum nobilitate generis, nobilis
mentis ingenium supplevit; sed pro dolor! indigna suorum
parentum et nutritorum[5] incuria usque ad duodecimum aetatis
15 annum aut eo amplius illiteratus permansit. Sed Saxonica
poemata die noctuque sollers auditor, relatu aliorum saepissime
audiens, docibilis[6] memoriter retinebat. In omni venatoria
arte industrius venator incessabiliter[7] laborat non in vanum;
nam incomparabilis[8] omnibus peritia et felicitate in illa arte
20 sicut et in ceteris omnibus Dei donis fuit, sicut et nos saepissime
vidimus.

Cum ergo quodam die mater sua sibi et fratribus suis quendam Saxonicum poematicae[9] artis librum quem in manu
habebat ostenderet, ait: "Quisquis vestrum discere citius[10]
25 istum codicem possit, dabo illi illum." Qua voce, immo divina
inspiratione, instinctus Aelfredus et pulchritudine principalis[11]
litterae[11] illius libri illectus, ita matri respondens et fratres suos,
aetate quamvis non gratia seniores, anticipans inquit: "Verene
dabis istum librum uni ex nobis, scilicet illi qui citissime
30 intellegere et recitare eum ante te possit?" Ad haec illa arri-
dens et gaudens atque affirmans: "Dabo," infit, "illi." Tunc

---

2. *of childhood.* **3.** *court.* **4.** hardly more than *semper.* **5.** *those who had
the care of him.* **6.** *quick to learn.* **7.** *incessantly.* **8.** Eng. **9** = *poeticae.*
10. comparative for superlative. **11.** *the (illuminated) initial letter.*

ille statim tollens librum de manu sua magistrum adiit et legit.[12] Quo lecto matri retulit et recitavit.

Post haec cursum diurnum, id est celebrationes[13] horarum, ac deinde psalmos quosdam et orationes multas didicit; quos in uno libro congregatos in sinu suo die noctuque, sicut ipsi vidimus, secum inseparabiliter, orationis gratia, inter omnia praesentis vitae curricula ubique circumducebat. Sed pro dolor! quod maxime desiderabat, liberalem scilicet artem, desiderio suo non suppetebat, eo quod, ut loquebatur, illo tempore lectores[14] boni in toto regno Occidentalium Saxonum non erant.

LXXXVI.[1] CAROLOMANNUS AS A MONK

Anno Dominicae incarnationis DCCXLV. Carolomannus confessus est suo germano Pippino quod mente disposuisset mundum relinquere et pro amore Dei regnum terrenum deserere, ut in futura vita centuplicatam[2] reciperet possessionem. Et in hoc anno nullam fecerunt expeditionem sed praeparavit se uterque, Carolomannus ad iter quod decreverat, et Pippinus ut germanum suum ad locum honorifice cum muneribus et debita munificentia prosequeretur.

Anno Dominicae incarnationis DCCXLVI. Carolomannus Romam perrexit ibique se totondit et in Sarapte[3] monte monasterium aedificavit in honore sancti Sylvestri ibique aliquod tempus moram faciens, exinde ad sanctum Benedictum in Cassinum[4] usque pervenit et ibi monachus effectus est. Fertur autem de hoc sancto viro exemplum memorabile. Cum adhuc

---

12. apparently means he learned the book by heart. **13.** i.e., the services. **14.** *teachers.*

LXXXVI. 1. From the *Chronicon* of Regino of Prüm († 915), dealing with events from the birth of Christ to 906. It is one of the more important historical works of the Middle Ages and was much read. **2.** *hundredfold.* **3.** *Soracte.* **4.** *Monte Cassino.*

Romae positus in monasterio quod sibi aedificaverat ab omnibus
propter regiam nobilitatem* et, quod maius est, propter contemptum regni terreni et gloriam praesentis[5] saeculi[5] vene-
raretur[6] et laudibus extolleretur, timens vir Deo plenus favorem[7]
5 laudis humanae,[7] qui tanta pro Christo reliquerat, fugam
magis arripere[8] disposuit quam vanae gloriae subiacere.[9] Et
hoc tantummodum[10] uno fido socio confessus, quem ab infantia
in omnibus fidelem probaverat, cum eo noctu omnibus aufugit
insciis, et ad Cassinum montem usque pervenit; nihil secum
10 portans ex omnibus bonis quae corpori erant necessaria, nudus
Christum secutus est. Et iuxta morem portam monasterii
pulsans colloquium patris monasterii expetiit, in cuius praesentiam cum venisset, mox in terram corruit, se homicidam
esse, se reum* omnium criminum protestans,* misericordiam
15 exposcit, paenitentiae locum exquirit. Pater, cum hominem
peregrinum esse cognovisset, interrogat cuius patriae aut
gentis esset; at ille confessus est se Francum esse et ex Francia
pro tali scelere migrasse, exilium libenter ferre paratum,
tantum[11] ut[11] patriam caelestem non amitteret. Spiritualis
20 pater, eius precibus annuens, praecepit eum in cella novitiorum[12]
recipi una cum suo collega, ibique probari secundum quod
regula[13] iubet, et tanto artius quanto barbarae[14] et ignotae
gentis homo erat, implens illud apostolicum: "Probate[15]
spiritus si ex Deo sunt." Itaque probatus in omni[16] patientia[16]
25 sociatus est congregationi una cum collega, post emensum
anni circulum professus[17] stabilitatem, conversionem[18] morum
et oboedientiam secundum regulam sancti Benedicti. Coepit
autem inreprehensibiliter[19] inter fratres conversari, omnibus
virtutibus pollens. Accidit autem ut, iuxta quod mos est, ad

---

5. Biblical, *of this present world.* 6. passive. 7. *the applause of the
world.* 8 = *capere, petere.* 9. *fall a victim to.* 10. *only.* 11 = *dummodo.*
12. *novices.* 13. Chapter 58 of the *Regula Benedicti.* 14. Note the attitude of the Italians toward the Franks. 15. i John iv, 1. 16. i.e., in every
test. 17. *having promised.* The Rule reads: *promittat de stabilitate et con-
versione morum suorum et oboedientia coram Deo et sanctis eius.* 18. *im-
provement.* 19. *without reproach.*

coquinae officium hebdomadarius[20] deputaretur[21]; quod cum
libenter quidem faceret sed in multis ignoranter[22] offenderet,
coquus vino exaestuans[23] ei alapam dedit dicens: "Ita te
fratribus deservire oportet?" Cui ille motus,[24] placido vultu
respondit: "Indulgeat tibi Dominus, frater, et Carolomannus." 5
Neque enim cuiquam nomen suum prodiderat ne ex vocabulo
agnosceretur. Rursus cum in quibusdam cibariis adminis-
trandis errasset, iterum a coquo percussus est, cui eadem quae
supra imprecatus est.[25] Et cum iam tertio a coquo crudeliter
caederetur, indignatus ille comes individuus[26] suae peregrina- 10
tionis, quod tantus vir a tam vili persona tam contumeliose
afficeretur, iam ferre non valens, arripuit pilum[27] unde[28] panis
in holera fratrum mittendus[29] conterebatur, et eum omni
annisu[30] percussit, dicens: "Nec tibi Deus parcat, serve
nequam, nec Carolomannus indulgeat." Fratres hoc audito 15
valde commoti sunt quod homo alienigena et pro misericordia
receptus talia facere praesumpsisset. Protinus itaque custodiae mancipatur ut die sequenti talis praesumptio[31] acrius
vindicaretur. In crastinum productus de custodia in medio
conventu sistitur; percunctatus cur manus extendere in fratrem 20
ministrum ausus fuisset, respondit: "Quia," inquit, "vidi
servum[32] nequiorem omnibus, virum meliorem et nobiliorem
omnium quos in terra conversari scio, non solum verbis de-
honestari sed etiam plagis affici." Furore nimio exagitati,
quod eum qui peregrinus venerat ceteris praetulisset, inter- 25
rogant quis esset ille qui bonitate et nobilitate omnes anteiret,
cur saltem patrem monasterii non excepisset. Ille necessitate
compulsus, celare non valens quod Deus iam manifestari

---

20. Cf. p. 116, l. 10. 21. Cf. p. 117, l. 19. 22. *through ignorance.* 23. *heated.*
24. *though deeply moved.* 25. in a good sense, *he answered with the same
prayer.* 26. *inseparable.* 27. *pestle.* 28 = *quo.* 29. *put.* 30. *might.*
31. Eng. 32. We expect *servum* to be the subject and *virum* the object
of an active infinitive, but the writer suddenly shifts the construction,
making *virum* the subject of a passive infinitive, leaving *servum* out
of the construction; *nequiorem* is a real comparative, hence *omnibus*;
meliorem and *nobiliorem* are superlatives, hence *omnium.*

volebat, ait: "Iste est Carolomannus, quondam rex Francorum, qui pro Christi amore regnum et gloriam mundi dereliquit,
qui de tanta excellentia[33] ita se humiliavit[34] ut modo a vi-
lissimis personis non solum contumeliis afficiatur verum etiam
5 verberibus affligatur." Quo audito tremefacti a sedibus surgunt, pedibus eius se prosternunt, veniam postulant de contemptu, ignorantiam profitentur; ille contra in terram pro-
volutus, cum lacrimis negare coepit; haec non esse vera, non
se esse Carolomannum, sed hominem peccatorem* et homi-
10 cidam; collegam suum perterritum propter commissum piacu-
lum haec excogitasse. Quid plura? Cognitus ab omnibus
cum magna reverentia est observatus. Haec non passi sumus
praeterire; nunc ad chronica revertamur.

LXXXVII.[1] LIUTPRAND AT CONSTANTINOPLE

Rege Hugone Provinciae in partibus[2] defuncto, Berengarii
15 nomen celebre apud nonnullas praesertim apud Graecas
exstitit nationes. Is enim Italicis omnibus principabatur*
virtute, rex vero Lotharius solo nomine. Constantinus itaque,
qui deiectis Romano filiisque suis, Constantinopoleos regebat
imperium, audito Berengarium potentia praestare Lothario,
20 per Andream quendam, qui ab officio comes[3] curtis[3] dicebatur,
litteras Berengario dirigit in quibus continebatur vehementer
se Berengarii nuntium velle videre; cuius in reditu cognosceret
quanta eum caritate diligeret. Scripsit etiam et commenda-
ticias eidem pro Lothario litteras ut fidelis ei esset adminis-
25 trator, cui Deo largiente exstiterat gubernator. Constantinus

---

33. *exalted position.* 34. *humbled.*
    LXXXVII. 1. From the *Antapodosis, sive res per Europam gestae*, of
Liutprand, bishop of Cremona (†c. 972), a loosely constructed history of
events in Italy, Germany, and the Orient from 887 to 949. The first
name is a motto rather than a title: "due credit to the good and stern re-
quital for the wicked"—but he is more interested in the wicked. The par-
ticular object of his scorn and malice is the Emperor Berengarius, whose
chancellor he had been. 2 =*regione.* 3. *praetorian prefect.*

namque sollicitudinem non parvam Lotharii pro salute habebat,
religiose[4] ob amorem nurus suae cogitans,[4] quae Lotharii
soror exstiterat.

Berengarius itaque, calliditate qua erat suffarcinatus,
cogitans quem potissimum mitteret cui nil impensae ob itineris 5
longinquitatem praeberet, vitricum cuius tunc sub cura
degebam veniens[5]: "Quanti[6] mihi," inquit, "esset privignum
tuum Graecas litteras non ignorare?" Cui cum diceret:
"Uti divitiarum mearum ea gratia partem mediam[7] distributam
haberem!" "Non necesse," ait, "habes neque centesimam 10
impertiri. Constantinopolitanus imperator litteris orat ut
meum ad se nuntium dirigam. Quod cum ob animi constantiam
nemo melius, tum ob dicendi copiam nemo commodius facere
potest. Quid dicam quam facile doctrinas ebibet Graecas qui
tam puerilibus in annis epotavit[8] Latinas?" Hac spe quam[9] 15
mox[9] vitricus animatus impensas omnes distribuit meque
magnis cum muneribus Constantinopolim direxit.

Die quippe Kalendarum Augustarum Papia[10] exiens per
Eridani alveum triduo Venetiam veni, ubi et Salemonem
Graecorum nuntium, kitonitan,[11] eunuchum, repperi, ab 20
Hispania et Saxonia reversum Constantinopolim versus[12]
tendere cupientem, secumque ducentem domini nostri, tunc
regis nunc imperatoris, magnis cum muneribus nuntium,
Liutefredum scilicet, Magontinum[13] institorem ditissimum.
Octavo denique Kalendas Septembres Venetia exeuntes, xv. 25
Kalendas Octobres Constantinopolim venimus; ubi quam
inaudito miroque simus modo recepti scribere non pigebit.

Est Constantinopolim[14] domus palatio contigua, mirae
magnitudinis seu pulchritudinis, quae a Graecis per v[15]
loco digammae positam magnavra, quasi magna aura, dicitur. 30

---

4. showing dutiful affection for, etc.   **5.** Trans., approaching.   **6.** pred.
gen. of value, with inf. clause as subject. **7** =dimidiam. **8.** drunk dry. **9.**
as soon as possible. **10.** Pavia. **11.** Greek, chamberlain. **12.** prep. following its noun. **13.** of Mayence. **14.** acc. for locative. **15.** represents
the digamma sound (w), but one character represents both the u and v
sounds in Latin.

Hanc itaque Constantinus, cum ob Hispanorum nuntios qui
tunc eo noviter* venerant, tum ob me et Liutefredum hoc
modo praeparari iussit. Aerea sed[16] deaurata[16] quaedam arbor
ante imperatoris sedile stabat, cuius ramos itidem aereae
5 diversi generis deaurataeque aves replebant, quae secundum
species suas diversarum avium voces emittebant. Imperatoris
vero solium huiusmodi erat arte compositum ut in momento
humile, excelsius modo, quam mox videretur sublime; quod
immensae magnitudinis, incertum utrum aerei an lignei, verum
10 auro tecti leones quasi custodiebant, qui cauda terram percutientes, aperto ore, linguisque mobilibus rugitum emittebant.
In hac[17] igitur duorum eunuchorum umeris incumbens ante
imperatoris praesentiam sum deductus. Cumque in adventu
meo rugitum leones emitterent, aves secundum species suas
15 perstreperent, nullo sum terrore, nulla admiratione commotus, quoniam quidem ex[18] his omnibus eos qui bene noverant
fueram percontatus. Tertio itaque pronus imperatorem
adorans caput sustuli, et quem prius moderata mensura a
terra elevatum sedere vidi, mox aliis indutum vestibus penes
20 domus laquear sedere prospexi. Quod qualiter fieret cogitare
non potui, nisi forte eo sit subvectus argalio[19] quo torcularium[20]
arbores[20] subvehuntur. Per se autem tunc nihil locutus quoniam
etsi vellet intercapedo[21] maxima indecorum faceret, de vita
Berengarii et sospitate per logothetam[22] est percontatus.
25 Cui cum consequenter respondissem, interprete sum innuente
egressus et in datum mihi hospitium mox receptus.

Sed ne hoc pigeat memorare quid tunc pro Berengario
egerim, scilicet ut agnoscatur quanta hunc caritate dilexerim
et cuiusmodi ab eo recompensationem[23] pro bene gestis acce-
30 perim. Hispanorum nuntii et nominatus Liutefredus, domini
nostri tunc regis Ottonis nuntius, magna ex eorum dominis
parte munera imperatori Constantino detulerant. Ego vero

---

16. *but gilded.* **17.** i.e., *magnavra.* **18** =*de.* **19.** Greek =*instrumento.*
20. *beams of the (wine) press.* **21.** *distance.* **22.** *chancellor.* **23.** *recompense.*

Berengarii ex parte nihil praeter epistolam, et hanc mendacio
plenam, detuleram. Aestuabat itaque non parum hac pro
verecundia animus, et quid super hac re faceret cogitabat
attentius. Aestuanti autem et mihi nimium fluctuanti mens
suggessit quatenus dona quae imperatori mea ex parte de- 5
tuleram Berengarii ex parte conferrem, parvumque munus[24]
prout possem verbis ornarem. Obtuli autem loricas optimas
novem, scuta optima cum bullis deauratis septem, coppas[25]
argenteas deauratas duas, enses, lanceas, verua,[26] mancipia
quattuor carzimasia,[27] imperatori nominatis omnibus pre- 10
tiosiora.

His itaque gestis imperator me post triduum ad palatium
vocare praecepit proprioque mecum ore locutus, ad convivium
invitavit magnoque post convivium me meosque asseculas[28]
munere donavit. Verum quia narrandi se occasio intulit 15
qualis eius sit mensa, festis praecipue diebus, qualesque ad
mensam ludi celebrentur bonum non opinor silere sed scribere.

Est domus iuxta hippodromum,[29] aquilonem versus, mirae
altitudinis seu pulchritudinis, quae Decanneacubita vocatur,
quod nomen non ab re sed ex apparentibus causis sortita est; 20
deca enim Graece, Latine decem, ennea novem, cubita autem
a cubando inclinata vel curvata possumus dicere. Hoc autem
ideo quoniam quidem decem et novem mensae in ea quae
secundum carnem est Domini nostri Iesu Christi nativitate*
apponuntur. In quibus imperator pariter et convivae non 25
sedendo, ut ceteris diebus, sed recumbendo epulantur; quibus
in diebus non argenteis sed aureis tantum vasis ministratur.
Post cibum autem aureis vasis tribus sunt poma delata, quae
ob immensum pondus non hominum manibus sed purpura
tectis vehiculis sunt allata. Apponuntur autem duo hoc in 30
mensam modo. Per foramina laquearis tres sunt funes pellibus
deauratis tecti cum anulis depositi aureis, qui ansis quae in

---

24. Cf. Terence, *Eun.*, 214. **25.** *vessels.* **26.** from *veru.* **27.** Greek,
eunuchs. **28.** *attendants.* **29.** Eng.

scutulis[30] prominent positi, adiuvantibus inferius quattuor
aut eo amplius hominibus, per vertibile[31] quod supra laqueum
est ergalium[31] in mensam subvehuntur eodemque modo de-
ponuntur. Ludos denique quos ibi perspexerim, quia nimis
5 longum est scribere, praetermitto.

LXXXVIII[1]

DE ORIGINE GENTIS SAXONICAE

Et primum quidem de origine statuque gentis pauca ex-
pediam, solam paene famam sequens in hac parte, nimia
vetustate omnem fere certitudinem obscurante. Nam super
hac re varia opinio est, aliis arbitrantibus de Danis North-
10 mannisque originem duxisse Saxones, aliis autem aestimantibus,
ut ipse adulescentulus audivi quendam praedicantem de
Graecis, quia ipsi dicerent Saxones reliquias fuisse Macedonici
exercitus qui, secutus Magnum Alexandrum, immatura morte
ipsius per totum orbem sit dispersus. Ceterum gentem anti-
15 quam et nobilem fuisse non ambigitur; de quibus et in contione
Agrippae ad Iudaeos in Iosepho[2] oratio contexitur, et Lucani[3]
poetae sententia probatur.

Pro certo autem novimus Saxones his regionibus navibus
advectos et loco primum applicuisse qui usque hodie nun-
20 cupatur Hadolaun.

Incolis vero adventum eorum graviter ferentibus, qui
Thuringi traduntur fuisse, arma contra eos movent; Saxonibus
vero acriter resistentibus, portum obtinent. Diu deinde inter
se dimicantibus et multis hinc inde cadentibus, placuit utrisque
25 de pace tractare, foedus inire; actumque est foedus eo pacto

---

30 =*vasis.*   **31.** *windlass.*
LXXXVIII. 1. From the *Res gestae Saxonicorum* (968) of Widukind of
Corvey.   The Latin shows the influence of the Roman historians, espe-
cially Sallust.   **2.** Hegesippus V, 13.   **3.** *Pharsalia* I, 423.

quo haberent Saxones vendendi emendique copiam, ceterum
ab agris, a caede hominum atque rapina abstinerent; stetitque
illud foedus inviolabiliter[4] multis diebus. Cumque Saxonibus
defecisset pecunia, quid venderent aut emerent non habentibus,
inutilem sibi pacem esse arbitrabantur.   5

Ea igitur tempestate contigit adulescentem quendam egredi
de navibus oneratum multo auro, torque aurea simulque
armillis aureis; cui obvius quidam Thuringorum: "Quid
sibi vult," inquit, "tam ingens aurum circa tuum famelicum[5]
collum?" "Emptorem," inquit, "quaero; ad nihil aliud   10
istud aurum gero; quia fame periclitor, quo auro delecter?"
At ille qualitatem quantitatemque pretii rogat. "Nullum,"
inquit Saxo, "mihi est discrimen in pretio; quicquid dabis
gratum teneo." Ille vero subridens[6] adulescentem: "Quid
si," inquit, "de isto pulvere sinum tibi impleo?"—erat enim in 15
praesenti loco egesta[7] humus plurima. Saxo nihil cunctatus
aperit sinum et accipit humum ilicoque Thuringo tradidit
aurum. Laetus uterque ad suos repedat.[8]   Thuringi Thu-
ringum laudibus ad caelum tollunt, qui nobili fraude Saxonem
deceperit fortunatumque eum inter omnes mortales fuisse,   20
qui vili pretio tam ingens aurum possederit. Ceterum certi
de victoria de Saxonibus iam quasi triumphabant. Interea
Saxo privatus auro, oneratus vero multa humo, appropiat
navibus. Sociis igitur ei occurrentibus et quid ageret admiran-
tibus, alii eum irridere coeperunt, alii arguere, omnes pariter 25
amentem eum crediderunt. At ille postulato silentio: "Sequi-
mini," inquit, "me, optimi Saxones, et meam vobis amentiam
probabitis utilem." At illi, licet dubii, sequuntur tamen ducem.
Ille autem sumpta humo per vicinos agros quam potuit subtiliter sparsit et castrorum loca occupavit.   30

Ut autem viderunt Thuringi castra Saxonum intolerabilis
res eis visa est et missis legatis conquesti sunt de rupto foedere
ac violato pacto ex parte Saxonum. Saxones respondent se

---

4 = *inviolatum*.   **5.** *lean.*   **6.** transitive.   **7.** *heaped up*.   **8.** *returns*.

hactenus foedus inviolabiliter servasse; terram proprio auro
comparatam cum pace velle obtinere aut certe armis defendere.
His auditis incolae iam maledicebant aurum Saxonicum et
quem paulo ante felicem esse praedicabant auctorem perdi-
5 tionis suae suaeque regionis fatentur. Ira deinde accensi
caeco Marte sine ordine et sine consilio irruunt in castra;
Saxones vero parati hostes excipiunt sternuntque et, rebus
prospere gestis, proxima circumcirca* loca iure belli obtinent.
Diu itaque crebroque cum ab alterutris pugnatum foret et
10 Thuringi Saxones sibi superiores fore pensarent, per internuntios postulant utrosque inermes convenire et de pace
iterum tractare, condicto loco dieque. Saxones postulatis se
oboedire respondent. Erat autem illis diebus Saxonibus
magnorum cultellorum usus, quibus hodie Angli utuntur,
15 morem gentis antiquae sectantes. Quibus armati Saxones
sub sagis suis procedunt castris occurruntque Thuringis
condicto loco. Cumque viderent hostes inermes et omnes
principes Thuringorum adesse, tempus rati totius regionis
obtinendae, cultellis abstractis,[9] super inermes et improvisos
20 irruunt et omnes fundunt ita ut ne unus quidem ex eis super-
fuerit. Saxones clari exsistere et nimium terrorem vicinis
gentibus incutere coeperunt.

Fuerunt autem et qui hoc facinore nomen illis inditum
tradant. Cultelli enim nostra lingua sahs[10] dicuntur ideoque
25 Saxones nuncupatos quia cultellis tantam multitudinem
fudissent.

---

9. *drawn.*   10. i.e., *Sachs.*

LXXXIX[1]

GERBERTUS AD OTTONEM[2]

Serenissimis auribus domini mei mallem referre laeta quam tristia. Sed cum videam monachos meos attenuari fame, premi nuditate,[3] tacere quomodo potero? Tolerabile quidem hoc malum, si non etiam simul melior spes foret ablata. Nescio quibus codicibus quos libellos[4] dicunt, totum sanctuarium[5] 5 Dei[5] venumdatum est, collecta pecunia nusquam reperitur, apothecae et horrea exhausta sunt, in marsupiis[6] nihil est. Quid ergo peccator hic facio? Si cum gratia domini mei fieri posset, satius esset me solum apud Gallos egere quam cum tot egentibus apud Italos mendicare. Rainerius Francigena nobis 10 intimus, vestrique honoris cupidus, de statu imperii vestri meae fidei multa commisit vobis referenda, non autem legato credenda, sed nec chartis inserenda, nisi vestro consultu.

XC

GERBERTUS QUONDAM SCHOLASTICUS[1] AYRARDO
SUO SALUTEM

Petitionibus tuis annuimus, nostra ut exsequaris negotia velut propria monemus. Plinius[2] emendetur, Eugraphius[3] 15 recipiatur, qui Orbacis[4] et apud sanctum Basolum[5] sunt, perscribantur.[6] Fac quod oramus ut faciamus quod oras.

LXXXIX. 1. LXXXIX-XCV are letters of Gerbert (†1003), abbot of Bobbio, archbishop of Rheims, archbishop of Ravenna, and finally pope (Sylvester II). He resembles Lupus of Ferrières (see p. 175, note 1) in his love of the classics, his enthusiasm in collecting MSS, and his excellent Latinity. These two men are the outstanding humanists of the Middle Ages. **2.** Emperor Otto II. **3.** *nakedness, want.* **4.** *leases.* **5.** Bobbio. **6.** *pouches, purses.*
XC. 1. He had been head of the episcopal school at Rheims. **2.** probably the Elder. **3.** He wrote a commentary on Terence. **4.** *Orbais,* near Soissons. **5.** *St. Basle,* near Rheims. **6.** *be transcribed.*

XCI

AD ADALBERONEM REMORUM ARCHIEPISCOPUM

Mantuae quid egerim super negotiis vestris praesens melius explicabo verbis quam absens scriptis. Claves[1] librorum quas mitterem ignoravi propter communem usum similium serarum. Historiam Iulii Caesaris a domno Azone abbate Dervensi ad
5 rescribendum nobis adquirite, ut quos penes vos habemus habeatis et quos post repperimus speretis, id est VIII volumina Boetii de astrologia, praeclarissima[2] quoque figurarum gometriae,[2] aliaque non minus admiranda. Fortunam nostram sola vestra conturbat absentia noctesque diesque.

XCII

GISALBERTO ABBATI

10 Si bene valetis gaudemus. Indigentiam vestram nostram putamus. Quam patimur ut reveletis rogamus. De morbis ac remediis oculorum Demosthenes philosophus librum edidit, qui inscribitur *Opthalmicus.* Eius principium si habetis habeamus, simulque finem Ciceronis *Pro rege Deiotaro.*

XCIII

HUGONI SUO GERBERTUS QUONDAM SCHOLASTICUS

15 Secundum amplitudinem animi mei amplissimis honoribus ditavit me dominus meus. Nam quae pars Italiae possessiones beati Columbani[1] non continet? Hoc quidem ita ex largitate

---

XCI. 1. Gerbert had left his MSS in locked cases at Rheims.   **2.** Apparently he is referring to the famous MS of the *Agrimensores,* now at Wolfenbüttel.
XCIII. 1. i.e., of Bobbio.

et benevolentia nostri Caesaris.[2] Fortuna vero aliter instituit.
Secundum amplitudinem quippe mei animi amplissimis me
honeravit[3] hostibus. Nam quae pars Italiae meos non habet
hostes? Vires meae impares sunt viribus Italiae. Condicio
pacis haec est: si[4] spoliatus servio,[4] ferire desinent. Vestitum,[5] 5
districtum,[5] prosequentur gladiis. Ubi gladio ferire nequibunt,
iaculis verborum appetent. Contemnitur imperialis maiestas,
cum in me tum in se ipsa in divisione sanctuarii Dei. Secundum[6] libellarias[7] leges facta[6] quia consentire nolo, perfidus,
crudelis, tyrannus cognominor. Ipse Caesar omnium hominum 10
excellentissimus a furciferis asino coaequatur.[8] O amicorum
fidissime, ne deseras amicum consilio et auxilio. Recordare
quid te oraverim,[9] me malle esse militem in Caesarianis castri‹
quam regem in extraneis.

XCIV

EBRARDO ABBATI TURONENSI

Cum mei memoriam frequentem habeatis inter honesta, ut 15
e plurimis accepi legatis, magnamque affinitatis iure amicitiam
efferatis, existimatione vestra beatum me fore puto, si modo
is sum qui iudicio tanti viri inveniar dignus amari. Sed quia
non is sum qui cum Panaetio interdum ab utili seiungam
honestum, sed potius cum Tullio omni utili admisceam, has 20
honestissimas atque sanctissimas amicitias nulla ex parte suo[1]
cuique utili vacare[1] volo. Cumque ratio morum dicendique
ratio a philosophia non separentur, cum studio bene vivendi
semper coniunxi studium bene dicendi, quamvis solum bene

---

2 =*Ottonis*. **3.** familiar word play on *honoro* and *onero*. **4.** i.e., if I
submit to the spoliation of Bobbio. **5.** i.e., if I am intractable in in-
sisting on the return of my possessions. **6.** the *leases*, mentioned in the
second letter, lit., *the things done according to the terms of the leases; facta*
is object of *consentire*. **7.** Cf. *libellos*, p. 197, l. 5. **8.** *is compared.* **9.**
apparently =*dixerim*.
XCIV. 1. *to lack what is useful to each; suo utili,* ablative with *vacare*.

vivere praestantius sit eo[2] quod est bene dicere,[2] curisque[3] regiminis absoluto[3] alterum satis sit sine altero. At nobis in republica occupatis utraque necessaria. Nam et apposite dicere ad persuadendum et animos furentium suavi oratione 5 ab impetu retinere, summa utilitas.[4] Cui rei praeparandae bibliothecam assidue comparo. Et sicut Romae dudum ac in aliis partibus Italiae, in Germania quoque et Belgica scriptores auctorumque exemplaria multitudine nummorum redemi, adiutus benevolentia ac studio amicorum comprovincialium,[5] 10 sic identidem apud vos fieri ac per vos sinite ut exorem. Quos scribi velimus in fine epistolae designabimus. Scribentibus membranas sumptusque necessarios ad vestrum imperium dirigemus, vestri insuper beneficii non immemores. Denique ne plura locuti legibus epistolae abutamur, causa tanti laboris 15 contemptus[4] malefidae fortunae. Quem contemptum nobis non parit sola natura, ut multis, sed elaborata doctrina. Proinde in otio, in negotio et docemus quod scimus et addiscimus quod nescimus.

XCV

RAINARDO MONACHO

Non existimes, dulcissime frater, vitio meo fieri quod tam 20 diu fratrum meorum praesentia careo. Postquam a te digressus sum, crebris itineribus causam patris mei Columbani pro viribus exsecutus sum. Regnorum ambitio, dira ac miseranda tempora fas verterunt in nefas. Nulli iure rependitur sua fides. Ego tamen cum sciam omnia ex Dei pendere sen-25 tentia, qui simul corda et regna filiorum hominum permutat, exitum rerum patienter exspecto. Idem quoque facere te, frater, et moneo et hortor. Unum a te interim plurimum

---

2. *than to speak well.*   3. *to one who is free from the cares of state.*   4. Sc. *est.*   5. *belonging to the same province.*

exposco, quod et sine periculo ac detrimento tui fiat et me tibi
quam maxime in amicitia constringat. Nosti quanto studio
librorum exemplaria undique conquiram. Nosti quot scriptores in urbibus ac in agris Italiae passim habeantur. Age
ergo et te solo conscio ex tuis sumptibus fac ut mihi scribantur 5
M. Manlius[1] de astrologia, Victorius de rhetorica, Demos-
thenis *Opthalmicus.* Spondeo tibi, frater, et certum teneto
quia obsequium hoc fidele et hanc laudabilem oboedientiam
sub sancto silentio habebo, et quicquid erogaveris cumulatum
remittam secundum tua scripta, et quo tempore iusseris. 10
Tantum significa cui et tua munera et nostra porrigamus
scripta, frequentiusque nos tuis litteris laetifica, nec sit metus
ad quorumlibet notitiam pervenire quae sub nostra deposueris
fide.

XCVI[1]

ANGELICA[2] DE CHRISTI RESURRECTIONE

Quem quaeritis in sepulchro, o christicolae?* 15
Sanctarum mulierum responsio:
Ihesum Nazarenum crucifixum,* o caelicola.
Angelicae vocis consolatio:
Non est hic, surrexit sicut praedixerat,
Ite, nuntiate quia surrexit, dicentes. 20
Sanctarum mulierum ad omnem clerum modulatio:
Alleluia! Resurrexit Dominus hodie,
Leo fortis, Christus filius Dei! Deo gratias dicite, eia.

---

1. probably Boethius.
XCVI. 1. An English dramatic trope of the tenth century, belonging to
the Easter service. *Trope* is a general term applied to a phrase, sentence,
verse, or strophe interpolated in certain parts of the liturgy; this dramatic
trope represents the germ from which the great medieval Easter cycle
developed. The term *prose* was also used if the composition was rhythmical,
and *sequence* if metrical; later all three terms were used synonymously.
2. Sc. *vox.*

Dicat angelus:
   Venite et videte locum ubi positus erat Dominus, alleluia!
      alleluia!
Iterum dicat angelus:
5   Cito euntes dicite discipulis quia surrexit Dominus, alleluia!
      alleluia!
Mulieres una voce canant³ iubilantes³:
   Surrexit Dominus de sepulchro,
   Qui pro nobis pependit in ligno, alleluia!

XCVII.¹ A LITURGICAL PLAY

OFFICIUM² STELLAE

10 *Primus dicat:* Stella fulgore nimio rutilat.
   Alius dicat: Quae regem regum natum monstrat.
   Tertius: Quem venturum olim prophetiae³ signaverunt.
   Primus: Venite.
   Alius: Venite.
15 *Tertius:* Venite, adoremus eum, quia ipse est Dominus Deus
      noster.
   Tunc iungant se simul et dicant: Eamus ergo et inquiramus
      eum, offerentes ei munera, aurum, tus, et myrrham, quia
      scriptum didicimus: "Adorabunt⁴ eum omnes reges, omnes
20   gentes servient ei."
   Nuntius ad Herodem: Salve, rex Iudaeorum. En magi veniunt
      et regem regum stella duce natum requirunt.
   Herodes ad nuntium: Antevenire⁵ iube, quo possim singula
                                          scire,
25   Qui sint, cur veniant, quo nos rumore
                                          requirunt.

---

3. *sing joyfully.*
   XCVII. 1. A liturgical play of a rather simple form, apparently intended
for use in Sicily, from a MS of the twelfth century. **2.** *office,* the prescribed form for a service of the church. **3.** *prophecies.* **4.** Psalms lxxi, 11
(lxxii, 11). **5.** *come before (me).*

Nuntius ad magos: Regia uos mandata vocant; non segniter ite.

Magi ad Herodem: Israelitarum rex fortis vivat in aevum.

Herodes ad magos: Quem quaeritis, advenae?

Magi: Regem Iudaeorum natum quaerimus.

Herodes: Regem quem quaeritis natum esse quo signo didi- 5
cistis?

Magi: Illum natum esse didicimus in oriente stella monstrante.

Herodes: Si illum regnare creditis, dicite nobis.

Magi: Hunc regnare fatentes cum mysticis muneribus,
De terra longinqua adorare venimus,   10
Trinum Deum venerantes tribus in[6] muneribus.

Unus dicat: Auro regem.

Alius: Ture sacerdotem.

Tertius: Myrrha mortalem.

Herodes ad nuntios: Huc, symistae[7] mei, disertos pagina 15
scribas
Prophetica ad me vocate.

Nuntius ad scribas: Vos legis periti, a rege vocati,
Cum prophetarum libris properando
venite.   20

Scribae ad Herodem: Salve, rex Iudaeorum.

Herodes: O vos scribae, interrogati dicite si quid de hoc puero
scriptum videritis in libris.

Scribae ad Herodem: Vidimus, domine, in prophetarum lineis
nasci Christum in Bethleem, civitate David, Isaia sic vati- 25
cinante: "Bethleem,[8] non eris minima in principibus Iuda;
ex te enim exiet[9] dux qui regat populum meum Israel, ipse
enim salvum faciet populum suum a peccatis eorum."

Herodes ad magos: Ite[10] et de puero diligenter investigate,
Et inventum redeuntes mihi renuntiate,   30
Ut et ego veniens adorem eum.

Magi ad pastores: Pastores, dicite quidnam vidistis, et annun-
tiate Christi nativitatem.

---

6. expresses means.   7. Greek = *collegae*.   8. Cf. Matthew ii, 6; *Iuda* is
genitive.   9 = *exibit*.   10. Matthew ii, 8.

Pastores ad magos: Infantem vidimus pannis involutum et choros angelorum laudantes salvatorem.*

Magi: Ecce stella in oriente praevisa[11]

Iterum praecedit nos lucida,

5   Quam Balaam[12] ex Iudaica

Orituram dixerat prosapia;

Quae nostrorum oculos

Fulguranti lumine perstrinxit pavidos.

Obstetrices: Qui sunt hi qui stella duce nos adeuntes inaudita

10   ferunt?

Magi: Nos sumus, quos cernitis, reges Tharsis et Arabum et Saba, dona ferentes Christo regi nato Domino, quem stella deducente adorare venimus.

Obstetrices: Ecce puer adest quem quaeritis. Iam properate

15   et adorate, quia ipse est redemptio nostra.

Primus dicat: Salve, Deus Deorum.

Secundus: Salve, princeps saeculorum.

Tertius: Salve, vita mortuorum.

Primus: Suscipe, Rex, aurum.

20 *Secundus:* Tolle tus, tu vere Deus.

Tertius: Myrrham, signum sepulturae.

Angelus: Impleta sunt omnia quae prophetice[13] dicta sunt; ita via remeantes alia, ne delatores tanti regis puniendi sitis. Nuntium vobis fero de supernis: Natus est Christus domi-

25   nator orbis in Bethleem Iudae, sic enim propheta dixerat ante.

Te Deum laudamus.

OFFICIUM SEPULCHRI

Mulieres: Quis revolvet nobis lapidem ab ostio monumenti?

Pueri: Venite.

---

11 = *visa.* **12.** Numbers xxiv, 17. **13.** *by the prophets.*

Clerici: Quis revolvet?
Pueri: Venite.
Clerici: Quis revolvet?
Pueri: Venite, nolite timere vos.
      Quem quaeritis in sepulchro, o christicolae?   5
Clerici: Iesum Nazarenum crucifixum, o caelicolae.
Pueri: Non est hic, surrexit sic ut praedixerat;
      Ite, nuntiate quia surrexit.
Clerici: Alleluia, resurrexit Dominus hodie, resurrexit leo
    fortis, Christus filius Dei.   10
Chorus: Deo gratias, dicite eia.
      Te Deum laudamus.

Officium Peregrinorum

De peregrino in die lunae paschae hoc dicat chorus:
    Iesu,[14] nostra redemptio,[14]
    Quae te vicit clementia.   15
Duo clerici induti cappis dicant:
    Tertia[15] dies est quod haec facta sunt.
Peregrinus: Qui sunt hi sermones quos confertis ad invicem
    ambulantes, et estis tristes, alleluia, alleluia?
Discipuli: Tu solus peregrinus es in Ierusalem, et non cognovisti 20
    quae facta sunt in illa his diebus, alleluia.
Peregrinus: Quae?
Discipuli: De Iesu Nazareno, qui fuit vir propheta potens in
    opere et sermone coram Deo et omni populo, alleluia,
    alleluia, et quomodo tradiderunt eum summi sacerdotes in 25
    damnatione mortis, alleluia.
Peregrinus: O stulti et tardi corde ad credendum in omnibus
    his quae locuti sunt prophetae, alleluia; nonne sic oportuit
    pati Christum et ita intrare in gloriam suam, alleluia?

---

14. first verse of a popular hymn on the nativity. **15.** From this point
the text is taken largely from Luke xxiv, 17 ff.

Chorus: Cum autem adpropinquaret castello quo ibant, ipse
se finxit longius ire et coegerunt illum ut remaneret cum eis.
Discipuli: Mane nobiscum quoniam advesperascit et inclinata
est iam dies, alleluia.

5 *Peregrinus:* Mihi longum iter restat, alleluia.
Discipuli: Sol vergens ad occasum suadet ut nostrum velis
hospitium, placent enim nobis sermones tui quos refers de
resurrectione magistri nostri, alleluia.

Chorus: Et intravit cum illis, et factum est[16] dum recumberet
10   cum eis accepit panem, benedixit ac fregit et porrigebat
illis, et cognoverunt illum in fractione panis, et ipse evanuit
ab oculis eorum, alleluia.

*Et ita tenendo in medio eorum Peregrinum veniant usque ad
altare, ac ibi sit parata mensa cum pane et vino; et discumbant,*
15 *et frangat panem eisque det, ac postea ab oculis eorum evanescat.*

Tunc dicant discipuli: Nonne cor nostrum ardens erat in
nobis de Iesu, dum loqueretur nobis in via et aperiret nobis
scripturas? Heu miseri, ubi erat sensus noster, quo intel-
20   lectus abierat, alleluia?

Et iterum eis se ostendens dicat: Pax vobis, ego sum. Nolite
timere; videte manus meas et pedes meos, quia ego ipse sum.
Palpate et videte, quia spiritus carnem et ossa non habent
sicut me videtis habere, alleluia, alleluia.

25 *Discipuli versus chorum dicant:* Surrexit Dominus de sepulchro,
qui pro nobis pependit in ligno, alleluia, alleluia, alleluia.
Chorus: Deo gratias, alleluia, alleluia, alleluia.

---

16. *it came to pass,* generally followed by *quod* or *ut.*

XCVIII.[1] A BURIAL SERVICE

Post missam accedat sacerdos ad caput defuncti, alba[2] indutus,
absque cappa serica; et duo clerici de secunda forma[3] ad caput
defuncti stantes incipiant tribus vicibus[4] antiphonam* sequentem,
quam chorus singulis vicibus totam prosequatur usque in finem.

Ant. Circumdederunt me gemitus mortis, dolores inferni 5
circumdederunt me.

Deinde post tertiam repetitionem sequatur:

Kyrie[5] eleyson. Christe eleyson. Kyrie eleyson.[5]

Non dicatur Pater noster, *nec* Dominus vobiscum, *neque*
Oremus, *sed tantum Oratio, sacerdote dicente modesta voce,* 10
videlicet sine nota[6]:

Non[7] intres in iudicium cum servo[8] tuo, Domine, quoniam
nullus apud te iustificabitur[9] homo, nisi per te omnium peccatorum suorum tribuatur remissio. Non ergo eum, quaesumus,
tua iudicialis[10] sententia premat, quem tibi vera supplicatio 15
fidei christianae commendat, sed gratia tua illi succurrente
mereatur evadere iudicium ultionis, qui dum viveret insignitus
est signaculo sanctae Trinitatis.* Per Christum Dominum
nostrum. Amen.

Eodem modo dicuntur omnes orationes sequentes. Deinde 20
incipiat cantor responsorium[11]:

Qui Lazarum resuscitasti a monumento fetidum, tu eis,
Domine, dona requiem. Et locum indulgentiae. Requiem
aeternam dona eis, Domine. Et locum.

Versus. Qui venturus es iudicare vivos et mortuos et saecu- 25
lum per ignem.

Et percantetur a choro cum suo versu, et interim sacerdos cum

---

XCVIII. 1. The beginning of the Burial Service according to the Sarum
(Salisbury) Use, which dates from the beginning of the thirteenth century; it was the most widespread of the English Uses. **2.** *alb;* sc. *veste.*
3 = *ordine.* **4.** *times.* **5.** *Lord have mercy, Christ have mercy, Lord have*
mercy. **6.** i.e., it was not intoned. **7.** See 85. **8.** Alternative feminine forms
are inserted at the proper places, *servula tua,* etc. **9.** *will be justified.*
10. *as a judge.* **11.** *responsory.*

turibulo[12] *circumeundo corpus, illud incenset.*[13] *Similiter fiat in responsoriis sequentibus.* *Deinde dicitur:* Kyrie eleyson, Christe eleyson, Kyrie eleyson, *sine* Pater noster *et sine* Dominus vobiscum; *sed tantum cum* Oremus.

5 *Oratio.* Deus, cui omnia vivunt, et cui non pereunt moriendo corpora nostra, sed mutantur in melius, te supplices deprecamur ut quicquid famulus tuus vitiorum tuae voluntati contrarium, fallente diabolo, et propria iniquitate[14] atque fragilitate contraxit, tu pius et misericors abluas indulgendo, eiusque animam

10 suscipi iubeas, per manus sanctorum angelorum deducendam in sinum patriarcharum[14] tuorum, Abraham scilicet amici tui, et Isaac electi tui, atque Iacob dilecti tui, quo[15] aufugit dolor et tristitia atque suspirium, fidelium quoque animae felici iucunditate laetantur, et in novissimo magni iudicii die inter

15 sanctos et electos tuos eam facias perpetuae gloriae tuae percipere portionem, quam oculus non vidit, nec auris audivit, et in cor hominis non ascendit quam praeparasti diligentibus te. Per Christum.

Resp. Heu mihi, Domine, quia peccavi nimis in vita mea;

20 quid faciam miser? Ubi fugiam nisi ad te, Deus meus?[16] Miserere mei. Dum veneris in novissimo die.

Versus. Anima mea turbata est valde; sed tu, Domine, succurre ei. Dum veneris.

Et percantetur a choro cum suo versu, et interim incensetur

25 *corpus ut supra.* *Deinde sequatur:* Kyrie eleyson, Christe eleyson, Kyrie eleyson, *sine* Pater noster, *et sine* Dominus vobiscum; *sed tantum cum* Oremus.

Oratio. Fac,[17] quaesumus, Domine, hanc cum servulo tuo defuncto misericordiam, ut factorum suorum in poenis non

30 recipiat vicem, qui tuam in votis tenuit voluntatem: ut sicut hic eum vera fides iunxit fidelium turmis, ita eum illic tua miseratio societ angelicis choris. Per Christum Dominum nostrum.

---

12. *censer.* **13.** *incense.* **14.** Eng. **15.** i.e., *sinu.* **16.** the regular form of the vocative in ML. **17.** See 114.

Deinde incipiat cantor responsorium: Libera me, Domine, de morte aeterna in die illa tremenda. Quando caeli[18] movendi sunt et terra, dum veneris iudicare saeculum per ignem.

Versus. Dies illa, dies irae, calamitatis et miseriae; dies magna et amara valde. 5

Et percantetur a choro cum uno versu tantum, scilicet, Dies illa *ut supra, et interim incensetur corpus a sacerdote semel circumeundo, et postea aspergatur aqua benedicta.*[19] *Deinde sequatur:* Kyrie eleyson, Christe eleyson, Kyrie eleyson.

Hic roget sacerdos circumstantes orare pro anima defuncti 10 *dicens:* Pro anima N. et pro animabus omnium fidelium defunctorum. Pater noster, qui es in caelis, sanctificetur[20] nomen tuum: adveniat regnum tuum; fiat voluntas tua, sicut in caelo et in terra. Panem nostrum cotidianum da nobis hodie; et dimitte nobis debita nostra sicut et nos dimittimus 15 debitoribus nostris. Et ne nos inducas in temptationem. Sed libera nos a malo.

Non intres in iudicium cum servo tuo, Domine:

    Quia non iustificabitur in conspectu tuo omnis vivens.

A porta inferi: 20

    Erue, Domine, animas eorum.

Credo videre bona Domini:

    In terra viventium.

Domine, exaudi orationem meam:

    Et clamor meus ad te veniat. 25

Dominus vobiscum:

    Et cum spiritu tuo.

Oremus.

Oratio. Inclina, Domine, aurem tuam ad preces nostras, quibus misericordiam tuam supplices deprecamur, ut animam 30 famuli tui, quam de hoc saeculo migrare iussisti, in pacis ac lucis regione constituas, et sanctorum tuorum iubeas esse consortem. Per Dominum nostrum Iesum Christum.

---

18. See 17. **19.** *holy.* **20.** *hallowed be.*

Hic deportetur corpus ad sepulchrum, cantore incipiente:
Ant. In paradisum deducant te angeli, in tuo adventu
suscipiant te martyres, et perducant te in civitatem sanctam
Hierusalem.

PSALM.[21]

5 1. In exitu Israel de Aegypto, domus Iacob de populo
barbaro:

2. Facta est Iudaea sanctificatio[22] eius, Israel potestas eius.

3. Mare vidit, et fugit: Iordanis conversus est retrorsum.

4. Montes exultaverunt ut arietes: et colles sicut agni ovium.

10 5. Quid est tibi, mare, quod fugisti: et tu, Iordanis, quia
conversus es retrorsum?

6. Montes, exultastis sicut arietes, et colles sicut agni ovium.

7. A facie Domini mota est terra, a facie Dei Iacob.

8. Qui convertit petram in stagna aquarum, et rupem in
15 fontes aquarum.

1. Non nobis, Domine, non nobis: sed nomini tuo da gloriam.

2. Super[23] misericordia tua, et veritate tua: ne quando dicant
gentes: Ubi est Deus eorum?

3. Deus autem noster in caelo : omnia quaecumque voluit,
20 fecit.

4. Simulacra[24] gentium argentum, et aurum, opera manuum
hominum.

5. Os habent, et non loquentur: oculos habent, et non
videbunt.

25 6. Aures habent, et non audient: nares habent, et non
odorabunt.

7. Manus habent, et non palpabunt: pedes habent, et non
ambulabunt: non clamabunt in gutture suo.

8. Similes illis fiant qui faciunt ea: et omnes qui confidunt
30 in eis.

---

21. Psalm cxiii (cxiv, cxv). **22.** *sanctuary.* **23.** *for.* **24.** *idols;* sc. *sunt.*

9. Domus Israel speravit in Domino: adiutor eorum et protector eorum est.

10. Domus Aaron speravit in Domino: adiutor eorum et protector eorum est.

11. Qui timent Dominum, speraverunt in Domino: adiutor 5 eorum et protector eorum est.

12. Dominus memor fuit nostri: et benedixit nobis: Benedixit domui Israel: benedixit domui Aaron.

13. Benedixit omnibus qui timent Dominum, pusillis cum maioribus.   10

14. Adiciat[25] Dominus super[25] vos: super vos, et super filios vestros.

15. Benedicti vos a Domino, qui fecit caelum et terram.

16. Caelum, caeli[26] Domino: terram autem dedit filiis hominum.   15

17. Non mortui laudabunt te, Domine: neque omnes, qui descendunt in infernum.

18. Sed nos qui vivimus, benedicimus Domino, ex hoc nunc et usque in saeculum.[27]

XCIX.[1] MIRACLES AND FRAUDS

De miraculis igitur quae per beati patris merita post dis- 20 solutionem eius corporis in salutem credentium divina pietas clementer ostendit, melius pauca quam plura scribenda putamus, ne aut studiosis fastidium aut desidiosis vel etiam infidelibus incredulitatis[2] periculum narrationis prolixitate contrahamus. Praecipue tamen propter quasdam vanae mentis 25

---

25. *increase.* **26.** masc. pl.; sc. *sunt.* **27.** If the psalm was finished before the procession reached the grave, a second psalm (xxiv) was recited.

XCIX. 1. From Wolfherus's life of Godehardus, bishop of Hildesheim (†1038). **2.** *unbelief.*

personas, quae in nostra patria usitato more per sacra loca discurrentes se aut caecos aut debiles vel elingues vel certe obsessos temere simulant, et ante altaria vel sepulchra sanctorum se coram populo volutantes pugnisque tundentes
5 sanatos se ilico proclamant, ea scilicet sola vesana voluptate ut sic tantum maiorem stipem vel quaestum a plebe percipiant sicque fit ut et beatum virum saepius de talibus dixisse praemisimus[3]: "Quia[4] mendaces," inquit, "faciunt ut veridicis vix credatur. Et cum in huiusmodi fallacia tales liquido de-
10 prehenduntur, etiam sanctorum verae virtutes in periculosam desperationem[5] hac dubietate retrahuntur, vel certe et hi qui vere sanantur etiam non solum a perfidis[6] sed interdum a fidelibus fallere creduntur." Sicut utique nobis de quadam muliercula palam evenit. Primo namque praedicti nostri
15 antistitis Hezelini anno, in speciali* nostra festivitate, id est in assumptione[7] sanctae Mariae, anus quaedam nobis ignota, velato capite, nubilata[8] facie, ante sepulchrum beati viri se proiecit ibique praedicto amentium more diutius volutata, tandem prosiliens se per multos annos caecam ibidem tunc illuminatam[9]
20 proclamavit. Quo statim rumore diffamato,* clerus populusque concurrit, ipse etiam episcopus advenit; cumque iam ad agendas publice Deo gratias properarent, cives illius, qui eam prius noverant eamque in huiusmodi falsitate saepius notaverant, venerunt, qui illam et modo et saepe etiam antea talia mentitam
25 veraciter dixerunt. In quam cum iam populus merito, ut male tractaretur, insurgeret a clero tamen pro beati pontificis veneratione defensa, confusa discessit, et nusquam postea comparuit.

---

3 = *praediximus.* **4.** See 83. **5.** *uncertainty.* **6.** *unbelievers.* **7.** Eng. **8.** *veiled.* **9.** *restored to sight.*

C.[1] HENRY ON THE WAY TO CANOSSA

(1077) Rex Henricus[2] in Italiam proficiscens intra Burgundiam in loco qui dicitur Bisenzun[3] natalem Domini celebravit, satis magnifice pro sua tum calamitate[4] susceptus et habitus[5] ab avunculo matris suae, Willihelmo comite, cuius in illis locis amplissimae et florentissimae opes erant. Ea porro causa 5 erat ut[6] relicto recto itinere in Burgundiam diverteret quod certo compererat duces Ruodolfum, Welf et Bertholdum omnes vias omnesque aditus qui ad Italiam mittunt, quos vulgato nomine clusas[7] vocant, appositis custodibus anticipasse[8] ut nulla illic ei copia transeundi fieret. Exacta sollemnitate 10 natalis Domini, profectus inde cum in locum qui Cinis[9] dicitur venisset, obviam[10] habuit[10] socrum suam filiumque eius Amadeum nomine, quorum in illis regionibus et auctoritas clarissima et possessiones amplissimae et nomen celeberrimum erat. Hi venientem honorifice susceperunt; transitum tamen 15 per terminos[11] suos alias[12] ei concedere nolebant nisi[12] quinque Italiae episcopatus,[13] possessionibus suis contiguos, eis redimendi itineris pretium traderet. Durum hoc nimis atque intolerabile omnibus regis consiliariis[14] visum est. Sed cum ei inevitabilis incumberet necessitas quoquo posset pacto redi- 20 mendi itineris et illi nec iure propinquitatis nec tantae calamitatis miseratione quicquam moverentur, multo labore et tempore in hac deliberatione insumpto, vix et aegre tandem impetratum est ut provinciam quandam Burgundiae, bonis omnibus locupletissimam, concedendi transitus mercedem 25 dignarentur accipere. Ita indignatio Domini non solum

---

C. 1. From the *Annales* of Lambert of Hersfeld, which cover the period from the creation to 1077. The latter part, where the annalistic method is abandoned, is written in a smooth, flowing style, showing the influence of Sallust and Livy. In this selection Lambert has followed Livy's account of Hannibal's crossing the Alps. 2. Henry IV. 3. *Besançon.* 4. his excommunication by Gregory VII. 5. *entertained.* 6. *why.* 7. *passes.* 8. *seized in advance.* 9. the pass of Mt. Cenis. 10. *met.* 11. *territories.* 12. *on any other terms except that.* 13. *bishoprics.* 14. *councilors.*

sacramentis et frequentibus beneficiis sibi obnoxios sed etiam
amicos et genere propinquos ab eo averterat. Difficulter
assecuto transeundi licentiam protinus alia successit difficultas.
Hiems erat asperrima et montes per quos transitus erat in
5 immensum porrecti et paene nubibus cacumina ingerentes ita
mole nivium et glaciali frigore obriguerant ut per lubricum
praecipitemque decessum[15] nec equitis nec peditis gressum sine
periculo admitterent. Sed dies[16] anniversarius[16] quo rex in
excommunicationem[17] devenerat e vicino imminens nullas
10 accelerandi itineris moras patiebatur, quia nisi ante eam diem
anathemate[18] absolveretur decretum noverat communi princi-
pum sententia ut et causa[19] in perpetuum cecidisset[19] et regnum
sine[20] ullo deinceps restitutionis remedio[20] amisisset. Igitur
quosdam ex indigenis, locorum peritos et praeruptis Alpium
15 iugis assuetos, mercede conduxit qui comitatum[21] eius per
abruptum montem et moles nivium praecederent et sub-
sequentibus, quaqua possent arte, itineris asperitatem levi-
garent.[22] His ductoribus cum in verticem montis magna cum
difficultate evasissent nulla ulterius progrediendi copia erat, eo
20 quod praeceps montis latus et,[23] ut dictum est, glaciali frigore
lubricum, omnem penitus decessum negare videretur. Ibi viri,
periculum omne viribus evincere conantes, nunc manibus et
pedibus reptando, nunc ductorum suorum humeris innitendo,
interdum quoque titubante per lubricum gressu cadendo et
25 longius volutando, vix tandem aliquando cum gravi salutis
suae periculo ad campestria pervenerunt. Reginam et alias
quae in obsequio eius erant mulieres, boum coriis impositas,
duces itineris, conductu[24] praeeuntes, deorsum trahebant.
Equorum alios per machinas quasdam submittebant, alios
30 colligatis pedibus trahebant, ex quibus multi dum traherentur
mortui, plures debilitati, pauci admodum integri incolumesque
periculum evadere potuerunt.

---

15 = *descensum.*   **16.** *the anniversary of the day.*   **17.** Eng.   **18.** Eng.;
ablative. **19.** *would lose his case; causa* is ablative.   **20.** *without any hope of re-*
covery. **21.** *train.* **22.** *smooth.* **23.** connects *praeceps* and *lubricum.* **24.** *train.*

CI.[1] THE CONVERSION OF LANFRANC

Fuit quidam vir magnus, Italia ortus, quem Latinitas, in antiquum scientiae statum ab eo restituta, tota supremum debito cum amore et honore agnoscit magistrum, nomine Lanfrancus; ipsa quoque in liberalibus studiis magistra gentium, Graecia, discipulos illius libenter audiebat et admirabatur. 5 Hic Papia[2] civitate oriundus[3] fuit; parentes illius, eiusdem urbis cives, magni et honorabiles habebantur inter suos concives.* Nam, ut fertur, pater eius de ordine illorum qui iura et leges civitatis asservabant[4] fuit.

Lanfrancus, in primaeva aetate patre orbatus, cum ei in 10 honorem et dignitatem succedere deberet, relicta civitate amore discendi, ad[5] studia litterarum[5] perrexit. Ibi plurimo tempore demoratus, omni scientia saeculari perfecte imbutus rediit. Deinde patria egressus et Alpes transgressus, in Gallias venit, tempore Henrici[6] regis Francorum et gloriosi ducis 15 Normannorum Guillelmi,[7] qui Angliam sibi armis subegit. Et pertransiens Franciam, quam[8] plures[8] magni nominis scholares secum habens, in Normanniam pervenit et, in Abrincatensi[9] civitate[9] demoratus, per aliquod tempus docuit.[10] Considerans vero scientissimus vir quod captare mortalium 20 auram[11] vanitas est, et quia ad[12] non esse[12] tendunt omnia, praeter[13] eum qui fecit universa, qui semper est, et qui ei intendunt,[13] ad obtinendum eius amorem animum convertit et studium. Quod[14] igitur in litteris perfectius invenit salutis consilium et placendi Deo arripere statuit,[14] ut relictis omnibus, 25 abdicato etiam sui ipsius iure, illum sequeretur qui dixit[15]:

CI. 1. From the life of Lanfranc (†1089) by Milo Crispin, a monk of Bec. Lanfranc was prior of Bec and later archbishop of Canterbury, the first after the Conquest. Under his rule Bec attained great fame and power. 2. *Pavia.* 3 = *ortus.* 4. *administered.* 5. *to the university.* 6. Henry I. 7. the Conqueror. 8 = *quam plurimos.* 9. *Avranches.* 10. *lectured.* 11. *favor.* 12. *to destruction,* lit., *to not being.* 13. i.e., except God and those who serve (*intendunt*) him. 14. The perfection he had attained in worldly wisdom he decided to employ for his soul's welfare. 15. Matthew xvi, 24.

"Si quis vult post me venire, abneget semetipsum et tollat crucem suam et sequatur me." Et quia quanto magnus[16] fuerat tanto optabat fieri humilior, locum adire nolebat ubi litterati[17] eum honori ac reverentiae haberent.

5 Interea cum ire vellet Rotomagum[18] iter agebat, inclinata iam die, per silvam ultra fluvium Rislam et incidit in latrones; qui cuncta quae habebat tollentes, ligatis a tergo manibus, et caputio[19] cappae ante oculos admoto, abduxerunt illum de via et inter condensa saltus fruteta[20] dimiserunt. Talibus angustiis 10 comprehensus, nescius quid ageret, suum infortunium lamentabatur. Tandem nocturno silentio in[21] se reversus,[21] voluit Domino laudes debitas persolvere et non potuit, quia ad hoc antea non vacaverat. Et conversus ad Dominum: "Domine Deus," ait, "tantum tempus in discendo expendi et corpus et 15 animum in studiis litterarum attrivi; et adhuc quomodo te debeam orare atque laudis officia tibi persolvere non didici. Libera me de hac tribulatione et ego, te auxiliante, sic vitam meam corrigere et instituere curabo ut tibi servire valeam et sciam." Surgente aurora, in ipso crepusculo audivit viatores 20 iter carpentes et coepit vociferando ab eis auxilium petere. Illi audientes primo expavere, dehinc, vocem hominis advertentes, ad sonum vocis perrexere et quis esset, quid haberet indicavit. Tunc eum solventes reduxerunt ad viam. Rogavit sane ut vilius[22] et pauperius coenobium quod in regione nossent 25 sibi demonstrarent. Responderunt: "Vilius et abiectius[23] monasterium nullum scimus quam istud quod in proximo aedificat quidam homo Dei," et ostendentes viam discesserunt.

At ille gressum illuc vertens, Beccum adiit; quo nullum usquam tunc pauperius aestimabatur vel abiectius coenobium. 30 Forte tunc abbas extruendae fornaci[24] occupatus, ipsemet operabatur manibus suis. Et accedens ad eum dixit: "Deus te salvum faciat." Et abbas: "Deus te benedicat," inquit. "Es

16 =maior. 17. the learned. 18. Rouen. 19. hood. 20. thickets. 21. Biblical, coming to himself. 22. superlative in meaning here, but comparative in l. 25, below. 23 =pauperius. 24. ablative in CL.

Lombardus?" At ille: "Sum." At abbas: "Quid vis?"
"Monachus," ait, "fieri volo." Tunc abbas praecepit cuidam
monacho, nomine Rogerio, qui in[25] parte[25] opus suum faciebat,
ut illi ostenderet librum regulae; qua perlecta, respondit omnia,
Deo se iuvante, libenter servaturum. Haec audiens abbas et 5
sciens quis esset et unde, concessit ei quod petebat. At ille
per os furni procidens in faciem, osculatus est pedes eius.
Lanfrancus, humilitatem animi sermonisque gravitatem in
abbate plurimum veneratus et amans, monachus ibi efficitur. 10

Quadam die dum ad mensam legeret, dixit quiddam inter
legendum sicut dicere debuit, quod non placuit praesidenti[26]
et aliter dicere iussit: velut si ille dixisset "docēre," media
producta, ut est, et iste eadem media correpta emendasset
"docĕre," quod non est—non enim prior ille litteratus erat. At 15
vir sapiens, sciens magis oboedientiam Christo deberi quam
Donato,[27] dimisit quod bene pronuntiaverat et dixit quod non
recte dicere iubebatur. Nam producere brevem vel corripere
longam syllabam non capitale noverat crimen; verum iubenti
ex[28] parte[28] Dei non parere, culpam non levem esse sciebat. 20

CII.[1] THE VISION OF ANSELM

At Anselmus filius horum cum puer parvulus esset maternis,
prout aetas sua patiebatur, colloquiis libenter animum
intendebat. Et audito[2] unum Deum sursum in caelo esse
omnia regentem, omnia continentem, suspicatus est, utpote

---

25. i.e., he was assisting the abbot. **26** = *priori*. **27.** the grammarian
most used in the Middle Ages. **28.** *in the name of*.
CII. 1. cii and ciii are from the life of Anselm (†1109) by Eadmer, his
pupil, bishop of St. Andrews. Anselm, like Lanfranc, was an Italian; he
studied under Lanfranc at Bec, where he became prior, and later abbot.
Under his rule Bec became the foremost seat of learning in Europe. He
succeeded Lanfranc as archbishop of Canterbury. **2.** ablative absolute
with an infinitive clause in place of a noun.

puer inter montes nutritus, caelum montibus incumbere, in quo et aulam Dei esse eamque per montes adiri posse. Cumque hoc saepius animo volveret, contigit ut quadam nocte per visum videret se debere montis cacumen ascendere et ad aulam
5 magni regis Dei properare. Verum priusquam montem coepisset ascendere, vidit in planitie qua pergebat ad pedem montis mulieres, quae regis erant ancillae, segetes metere, sed hoc nimis neglegenter faciebant et desidiose.[3] Quarum desidiam puer docens atque redarguens[4] proposuit animo se apud
10 Dominum regem ipsas accusaturum. Dehinc monte transcenso, regiam aulam subiit, Deum cum solo suo dapifero[5] invenit. Nam familiam suam, ut sibi videbatur, quoniam autumnus erat, ad colligendas messes miserat. Ingrediens itaque puer a Domino vocatur. Accedit atque ad pedes eius sedet. In-
15 terrogatur iucunda affabilitate quis sit vel unde, quidque velit. Respondet ille ad interrogata iuxta quod rem esse sciebat. Tunc ad imperium Dei panis ei nitidissimus per dapiferum affertur eoque coram ipso reficitur. Mane igitur cum quid viderit ante oculos mentis reduceret, sicut puer
20 simplex et innocens, se veraciter[6] in caelo et ex pane Dei refectum fuisse credebat, hocque coram aliis ita esse publice asserebat. Crevit ergo puer et ab omnibus diligebatur. Mores etenim probi in eo erant qui magnopere illum diligi faciebant. Traditur litteris, discit, et in brevi plurimum proficit.

CIII. ANSELM ON DISCIPLINE

25 Quodam igitur tempore cum quidam abbas, qui admodum religiosus habebatur, secum de iis quae monasticae religionis[1] erant loqueretur, ac inter alia de pueris in claustro nutritis verba[2] consereret,[2] adiecit: "Quid, obsecro, fiet de istis?

---

3. adverb from *desidiosus.*   **4.** *disapproving.*   **5.** *steward, seneschal.*   **6.** *really.*
    CIII. **1.** *life.*   **2.** *was conversing.*

Perversi sunt et incorrigibiles,[3] die et nocte non cessamus eos verberantes, et semper fiunt sibi[4] ipsis deteriores." Ad quae miratus Anselmus: "Non cessatis," inquit, "eos verberare? Et cum adulti sunt, quales sunt?" "Hebetes," inquit, "et bestiales."[5] At ille: "Quam[6] bono omine[6] nutrimentum[7] vestrum expenditis? De hominibus bestias nutrivistis." "Et nos," ait, "quid possumus inde?[8] Modis omnibus constringimus eos ut proficiant et nihil proficimus." "Constringitis? Dic mihi, quaeso, domine abba, si plantam[9] arboris[9] in horto tuo plantares et mox illam omni ex parte ita concluderes ut ramos suos nullatenus[10] extendere posset, cum eam post annos excluderes[11] qualis arbor inde prodiret? Profecto inutilis, incurvis ramis et perplexis.[12] Et hoc ex cuius culpa procederet nisi tua, qui eam immoderate conclusisti? Certe hoc facitis de pueris vestris; plantati sunt per[13] oblationem[13] in horto ecclesiae ut crescant et fructificent Deo. Vos autem in[14] tantum[14] terroribus, minis et verberibus undique illos coartatis ut nulla penitus sibi liceat libertate potiri. Itaque indiscrete[15] oppressi pravas et spinarum more perplexas infra se cogitationes congerunt, fovent, nutriunt, tantaque eas vi nutriendo suffulciunt[16] ut omnia quae illarum correctioni possent adminiculari[17] obstinata mente subterfugiant. Unde fit ut quia nihil amoris, nihil pietatis, nihil benevolentiae, sive dulcedinis circa se in vobis sentiunt, nec[18] illi alicuius in vobis boni postea fidem habeant, sed omnia vestra ex odio et invidia contra se procedere credant. Contingitque modo miserabili ut, sicut deinceps corpore crescunt, sic in eis odium et suspicio omnis mali crescat, semper proni et incurvi ad vitia. Cumque ad[19] nullum[19] in vera fuerint caritate nutriti, nullum nisi depressis[20] superciliis oculove obliquo valent intueri."

---

3. Eng.   **4.** dative with a comparative.   **5.** *brutish.*   **6.** *with what profit?* **7.** *substance.*   **8** =*de illis.*   **9.** *sapling.*   **10.** *by no means.*   **11.** *liberate.*   **12.** *tangled.*   **13.** *as an offering.*   **14** =*ita;* cf. *tantum,* p. 31, l. 9.   **15.** *unwisely.* **16.** *foster.*   **17.** *be applied.*   **18** =*non.*   **19.** *to no one,* with *caritate.*   **20.** *scowling.*

CIV[1]

DE HUMILITATE

Principium autem disciplinae humilitas est, cuius cum multa sint documenta, haec tria praecipue ad lectorem pertinent. Primum ut nullam scientiam, nullam scripturam vilem teneat; secundum ut a nemine discere erubescat; tertium ut cum 5 scientiam adeptus fuerit, ceteros non contemnat. Multos hoc decepit, quod ante tempus sapientes videri volunt. Hinc namque in quendam elationis[2] tumorem prorumpunt, ut iam et simulare incipiant quod non sunt et quod sunt erubescere, eoque longius a sapientia recedunt quod non esse sapientes sed 10 putari volunt. Cuiusmodi multos novi qui, cum primis adhuc elementis indigeant, non nisi summis interesse dignantur, et ex hoc solummodo se magnos fieri putant si magnorum et sapientium vel scripta legerint vel audierint verba. "Nos," inquiunt, "vidimus illos, nos ab illis legimus. Saepe nobis 15 loqui solebant. Illi summi, illi famosi, cognoverunt nos." Sed utinam me nemo cognoscat et ego cuncta noverim. Platonem vidisse, non intellexisse gloriamini; puto indignum vobis est deinceps ut me audiatis. Non ego sum Plato, nec Platonem videre merui; sufficit vobis quod ipsum philosophiae fontem 20 potastis, sed utinam adhuc sitiretis. Rex post aurea pocula de vase bibit testeo.[3] Quid erubescitis? Platonem audistis, audietis et Chrysippum. In proverbio dicitur: "Quod tu non nosti fortassis novit asellus." Nemo est cui omnia scire datum sit, nec quisquam rursum cui aliquid spirituale[4] a natura 25 accepisse non contigerit. Prudens igitur lector omnes libenter audit, omnia legit; non scripturam, non personam, non doctrinam spernit. Indifferenter[5] ab omnibus quod sibi deesse videt

---

CIV. 1. From the *Didascalicon de studio legendi* of the mystic philosopher Hugh of St. Victor (†1141). Hugh was an intimate friend of Bernard of Clairvaux and stood with him in his opposition to Abelard. With him the arts, while essential, are subservient to the study of the scriptures and theology, but are far superior to the authors. **2.** *of pride.* **3.** *earthen.* **4.** Eng. **5.** *without distinction.*

quaerit; nec quantum sciat sed quantum ignoret considerat.
Hinc illud Platonicum aiunt: "Malo aliena verecunde discere
quam mea impudenter ingerere." Cur discere erubescis et
nescire non verecundaris? Pudor iste maior est illo. Aut
quid summa affectas cum tu iaceas in imo? Considera potius 5
quid vires tuae ferre valeant. Aptissime incedit qui incedit
ordinate.[6] Quidam dum magnum saltum facere volunt
praecipitium[7] incidunt. Noli ergo nimis festinare; hoc modo
citius ad sapientiam pertinges. Ab omnibus libenter disce quod
tu nescis, quia humilitas commune tibi facere potest quod 10
natura cuique proprium fecit; sapientior omnibus eris si ab
omnibus discere volueris. Qui ab omnibus accipiunt omnibus
ditiores sunt. Nullam denique scientiam vilem teneas quia
omnis scientia bona est. Si omnia legere non potes, ea quae
sunt utiliora lege. Etiam si omnia legere potueris, non omnibus 15
tamen idem labor impendendus est, sed quaedam ita legenda
sunt ne sint incognita, quaedam vero ne sint inaudita, quia
aliquando pluris esse credimus quod non audivimus et facilius
existimatur res cuius fructus agnoscitur. Videre nunc potes
quam necessaria tibi sit haec humilitas ut nullam scientiam vili 20
pendas[8] et ab omnibus libenter discas. Similiter tibi quoque
expedit ut, cum tu aliquid sapere coeperis, ceteros non con-
temnas. Hoc autem tumoris vitium hinc quibusdam accidit,
quod suam scientiam nimis diligenter inspiciunt, et cum sibi
aliquid esse visi fuerint alios quos non noverunt tales nec esse 25
nec potuisse fieri putant. Hinc etiam ebullit[9] quod nugigeruli[10]
nunc quidam nescio unde gloriantes priores patres simplicitatis
arguunt, et secum natam, secum morituram credunt sapientiam. In divinis eloquiis ita simplicem modum loquendi esse aiunt ut in eis magistros audire non oporteat; posse satis 30
quemque proprio ingenio veritatis arcana penetrare. Corrugant
nasum et valgium[11] torquent[11] in lectores divinitatis, et non in-

---

6. *methodically.* **7.** *precipice.* **8**=*vilem teneas* of l. 13, above. **9.** *comes about;* the *quod* clause is the subject. **10.** Cf. p. 88, l. 12. **11.** *twist the lips,* as a sign of derision.

tellegunt quod Deo iniuriam faciunt, cuius verba pulchro quidem vocabulo simplicia sed sensu pravo insipida[12] praedicant. Bonus lector humilis debet esse et mansuetus, a curis inanibus et voluptatum inlecebris prorsus alienus, diligens et sedulus, ut ab
5 omnibus libenter discat, numquam de scientia sua praesumat, perversi dogmatis auctores quasi venena fugiat, diu rem pertrectare antequam iudicet discat, non videri doctus sed esse discat vel quaerat, dicta sapientium intellecta diligat, et ea semper coram oculis quasi speculum vultus sui tenere studeat. Et
10 si qua forte obscuriora intellectum eius non admiserint, non statim in vituperium[13] prorumpat ut nihil bonum esse credat nisi quod ipse intellegere potuit. Haec est humilitas disciplinae legentium.

CV.[1] THE CHANGING WORLD

Considerare Dei iudicia mundique volubilitatem etiam nolen-
15 tes compellimur. Ecce enim, ut supra dixi, in modum caeli, quod ab oriente ad occidentem vertitur, simul cum tempore res mundanas rerumque potestates volvi cernimus. Et ne putaremus mortales res in aliqua mundi parte statum[2] invenisse, ibi etiam defectum eas pati ac more febricitantis,[3] sicut in Iob[4]
20 habes: "Noctem verterunt in diem et rursum post tenebras spero lucem," quocumque se verterint nihil stabilitatis habentes dolores ac labores repperisse conspicimus. Nonne videtur tibi more, ut dixi, febricitantis mundialis[5] dignitas volvi ac revolvi? Febricitantes enim spem quietis in alternatione situs ponunt

---

12. Eng. 13 = *vituperationem.*
CV. 1. From the *Chronica sive historia de duabus civitatibus* of Otto, bishop of Freising (†1158). Otto contrasts the heavenly and earthly kingdoms and lays stress on the recurrence of events in cycles; there is much theological discussion and philosophical reflection, but the latter part of the work contains valuable information. His Life of the Emperor Frederick I has been called a model of historical composition. As his mother was the daughter of Henry IV and grandmother of the Emperor Frederick, he had special advantages in acquiring first-hand information. 2 = *stabilitatis;* cf. l. 21, below. 3 = *febriculosi.* 4. Cf. Job vii, 3, 4. 5. *of the world.*

ideoque crebris revolutionibus[6] quando torquentur se iactant huc et illuc. Ita nimirum potestas temporalis a Babylone devoluta ad Medos, inde ad Persas, post ad Graecos, ad ultimum ad Romanos et sub Romano nomine ad Francos translata est. Ubi dum, tamquam firmam sedem fixisset, mansura videretur, 5 tot malis (ut in superioribus patet) subiacere coepit ut merito cum Iob dicere possit: "Cum ad diem venero, nocturnis cruciatibus fatigatus, noctem praestolor, quam dum tenuero, maioribus doloribus affectus, rursum diem venire exopto."

Denique armis experientissimi Franci, cum regni terminos 10 plurimum dilatassent mundique caput Romam in suam dicionem transfudissent, cum iam omnibus gentibus horribiles facti essent et inexpugnabiles viderentur, in[7] se ipsos non solum civiliter sed et intestine fratribus auctoribus divisi,[7] regnum, quod ab oriente ad occidentem tamquam fugiens statum et 15 requiem invenisse putabatur, desolandum[8] fore[8] iuxta evangelium[9] praesagiebant. Ex his ergo liquet nullam caducis rebus fidem habendam nec in se labentem alium[10] quemlibet[10] sibi inniti volentem sustentare posse. Unde apte propheta ait[11]: "Maledictus qui spem suam ponit in homine et qui ponit 20 carnem bracchium suum. Quomodo enim te sustentabit qui stare non potest? Vel qualiter te confirmabit qui in se infirmus est?" Cum[12] ergo mundus transeat et concupiscentia[13] eius, ab ipsa migrandum ad Deum vivum qui est immobilis et incommutabilis manet, ad eiusque beatam et aeternam 25 civitatem quis dubitaverit? Igitur omnibus regnis mundi imminutis, cum et Francorum, qui ultimi Romam habere meruerunt, minoratum[14] apparet regnum, nos qui ad ostendendas mutationes rerum res gestas scribimus hac regni mutatione tamquam sufficienti argumento ad[15] regni caelestis 30 immutabilitatem missi[15] huic quinto operi finem imponamus.

---

6. Eng. 7. *divided among themselves, not only citizen against citizen, but brother against brother.* 8. substitute for future passive inf. 9. Cf. Matthew xii, 25 and Luke xi, 17. 10. object and subject of the infinitives. 11. Jeremiah xvii, 5. 12. I John ii, 17. 13. *lust.* 14. *diminished.* 15. *turning to, thrown back on,* as our only hope.

Beatus propheta mundi instabiles ac miserabiliter fluctuantes circuitus contemplans marique eos potissimum comparandos aestimans: "Hoc," inquit,[16] "mare magnum et spatiosum manibus, illic reptilia, quorum non est numerus." Nonne tibi
5 videtur mundus in modum maris inhaerentibus sibi procellosis temporibus tamquam tempestatum fluctibus interitum minari? Et quid aliud homines pro caducis honoribus decertantes quam reptilia maris dixerim? Ubi minores a maioribus, inferiores a potentioribus sorberi ac ad ultimum se ipsos, cum materiam
10 non invenerint, discerpere conspicimus. Unde illud[17]: "In se magna ruunt." Haec omnia prudens lector in huius historiae serie invenire poterit. Cives ergo Christi non more reptilium salo mergi vel infidis eius procellis improvide se credere, sed navi, id est ligno crucis, fide[18] navigare manusque per dilectionem
15 operando exercere in praesenti oportet ut per huius vitae viam ad portam patriae[19] securi valeant pervenire. Qualiter vero regnum Francorum tam miserabiliter divisum non solum Romanum imperium sed et partem Franciae ac Galliae cum palatio Aquis[20] perdiderit in hoc opere dicendum restat.

CVI.[1] THE CAPTURE OF JERUSALEM

20 Ponte[2] igitur sic ordinato,[3] primus omnium vir inclitus et inlustris dux Godefridus,[4] reliquos ut subsequantur exhortans, cum fratre suo Eustachio urbem ingressus est; quem continuo subsecuti sunt Ludolfus et Gislebertus, uterini[5] fratres, viri nobiles et perpete[6] digni memoria, ortum[7] habentes[7] de civitate

---

16. Psalms ciii, 25 (civ, 25). **17.** Lucan, *Pharsalia*, I, 81. **18.** *in the faith.* **19.** i.e., heaven. **20** = *Aquisgrani.*
CVI. 1. From the *Belli sacri historia* (1095-1184) of William, archbishop of Tyre (†1190) the greatest historian of the Crusades and one of the greatest of medieval historians. **2.** A bridge had been thrown from a movable tower to the top of the city wall. **3.** *placed.* **4.** *Godfrey* of Bouillon. **5.** *born of the same mother.* **6** = *perpetua.* **7** = *orti.*

Tornaco[8]; consequenter[9] vero infinita tam equitum quam peditum manus, ita ut nec machina[10] nec pons praedictus plures posset sustinere. Videntes ergo hostes quod nostri murum iam occupaverant et dux suum iam introduxerat vexillum, turres deserunt et moenia, ad vicorum[11] angustias[11] se conferentes. 5 Porro nostri videntes quod dux et maxima pars nobilium turres sibi[12] vindicaverant,[12] iam non exspectato per machinam ascensu, scalas certatim ad murum applicant, quarum illis maxima erat copia.

Ingressi sane statim post ducem sunt Flandrensium comes et 10 dux Normannorum, vir strenuus et per[13] omnia[13] commendabilis, dominus Tancredus, Hugo senior, comes de Sancto Paulo, Balduinus de Burgo, Gasto de Beart, Gastus de Bedert, Girardus de Rosseillon, Thomas de Feria, Conanus Brito, comes Raimboldus de civitate Oringis, Ludovicus de Monson, Conon 15 de Monte Acuto et Lambertus, filius eius, et alii plures, quorum numerum et nomina non tenemus. Quos omnes postquam dux cognovit se[14] infra[15] urbem recepisse[14] incolumes, quosdam ex eis ad portam septentrionalem, quae hodie dicitur Sancti Stephani, cum honesto[16] dirigit comitatu, ut portam aperiant 20 et populum[17] introducant deforis exspectantem; qua sub[18] omni celeritati reserata, ingressus est passim[19] et sine delectu[19] universus exercitus. Erat autem feria[20] sexta[20] et hora nona; videturque procuratum divinitus, ut qua die et qua hora pro mundi salute in eadem urbe passus est Dominus, eadem et pro 25 Salvatoris gloria fidelis decertans populus desiderii sui felicem impetraret consummationem.[21]

Porro dux[22] et qui cum eo erant per vicos civitatis et plateas, strictis gladiis, clipeis tecti et galeis, iuncto[23] agmine discurrentes, quotquot de hostibus reperire poterant, aetati non 30

---

8. *Tournai.*   **9.** *following them.*   **10.** i.e., the movable tower.   **11** = *angustos vicos (streets).*   **12.** *had gained possession of.*   **13.** *in all respects.* **14** = *ingressos esse.*   **15** = *intra.*   **16.** *respectable, sufficient.*   **17** = *exercitum.* **18.** *with.*   **19.** i.e., indiscriminately.   **20.** See p. 139, l. 27.   **21.** Eng.   **22.** Godfrey.   **23** = *conferto.*

parcentes aut condicioni, in²⁴ ore gladii²⁴ indifferenter²⁵ pro-
sternebant. Tantaque erat ubique interemptorum strages et
praecisorum acervus capitum ut iam nemini via pateret aut
transitus, nisi per funera²⁶ defunctorum. Iamque paene ad ur-
5 bis medium diversis itineribus, stragem operantes²⁷ innumeram,
nostri principes pervenerant et subsequentis populi infinita
multitudo, infidelium²⁸ cruorem sitiens et ad caedem omnino
proclivis, cum comes adhuc²⁹ Tolosanus³⁰ et principes alii qui
cum eo erant, circa montem Sion decertantes, urbem captam
10 et nostrorum victoriam ignorabant. Sed excito de³¹ nostrorum
introitu et strage civium ingenti clamore et horrendo sonitu,
admirantibus³² qui in ea parte resistebant civibus³² quidnam
sibi vellet clamor insolitus et vociferantis populi tumultus,
cognoverunt urbem violenter³³ effractam³³ et nostrorum in-
15 tromissas legiones; unde, relictis turribus et muro, ad diversa
fugientes loca saluti propriae consulere satagebant. Hi
quoniam praesidium³⁴ civitatis in vicino constitutum erat, ex
parte plurima³⁵ se in arcem contulerunt. At vero exercitus,³⁶
pontem libere et sine difficultate super murum aptantes et
20 scalas applicantes moenibus, certatim in urbem, nemine³⁷
obstante, sunt ingressi. Intromissi autem portam australem,
quae illis erat contermina, statim aperuerunt, ut reliquus
sine difficultate populus³⁸ admitteretur. Ingressus est igitur vir
insignis et strenuus, Tolosanus comes, et Ysoardus, comes
25 Diensis, Raimundus Pelez, Willelmus de Sabran, episcopus
Albariensis et alii multi nobiles, quorum numerum vel nomina
nulla nobis tradit historia. Hi omnes unanimiter,³⁹ iunctis
agminibus, ad⁴⁰ unguem⁴⁰ armati, per mediam urbem discurrentes, stragem operati sunt horrendam; nam qui ducem⁴¹

---

24. Biblical, "with the edge of the sword." 25. *without distinction.*
26 = *corpora.* 27. Biblical = *facientes.* 28. *infidels.* 29. *still* (with *ignorabant*). 30. Raymond, count of Toulouse. 31. *as a result of.* 32 = *admirantes . . . cives* (*townspeople*). 33. *carried by storm.* 34. *citadel.* 35 =
magna. 36. plural, different divisions of the army. 37. avoided in CL.
38. Cf. p. 225, l. 21. 39 = *unanimi.* 40. *to the teeth.* 41. Cf. p. 225, l. 28.

et suos effugerant, putantes se mortem quocumque[42] modo[42] declinasse si ad alias se conferrent fugiendo partes, hos sibi habentes obviam, occumbebant periculosius,[43] et Scyllam evitantes incurrebant Charybdim. Tanta autem per urbem erat strages hostium tantaque sanguinis effusio ut etiam 5 victoribus posset taedium et horrorem ingerere.

CVII.[1] INCIDENTS OF THE FIRST CRUSADE˙

(1099) Explicita[2] itaque, Deo auctore, victoria,[3] Baby-lonicae princeps militiae,[4] quem patria lingua admiravisum[5] vocitant, confusus, et infortunium quod sibi acciderat satis admirari non praevalens, multa conqueritur. Considerabat 10 nimirum infinitas quas adduxerat copias, lectissimam iuventu-tem fortitudine ac specie, arma nobilia, commilitonum opes et, ut sic dixerim, cuncta equestria et, quod[6] animis maximam quorumque inertium parere securitatem solet,[6] pro foribus urbis suae, ad quam certa refugia, in propria pugnavisse 15 provincia. At Francos intuebatur modis omnibus inferiore militia, profligatam diutina fame iuventam, rubiginosis[7] ensibus, lanceis nigrantibus, exilem destitutis militum viribus armaturam, cunctis qui prae ceteris videbantur insignes acri egestate torpentibus, equis omnimodo[8] squalore[9] fatiscentibus; 20 et, ut brevi clausula solvam, pauperrimos omnium, exulem globum, innumerabiles superasse indigenas mirabatur; quin potius, per abiectissimos hominum totius Orientis gloriam concidisse. Iuvit quoque nostrorum victoriam plurimum quod,

---

42. *somehow or other.* **43.** *more wretchedly.*
CVII. **1.** From the *Gesta Dei per Francos* of Guibert, abbot of Nogent, (1124) one of the best authorities for the first crusade. CVIII is from his autobiography, which is modeled on Augustine. **2.** *won.* **3.** before Ascalon in 1099. **4** =*exercitus.* **5.** Cf. Eng. "admiral." **6.** explained by the follow-ing infinitive clause, which depends on *considerabat.* **7.** *rusty.* **8.** *of every kind.* **9.** *hardship.*

conclamata in hostili exercitu fuga, admiravisus ille qui praeerat
Ascaloni, ubi conspexit Babylonicum vertere terga ducem,
fugitivos omnes a propriae urbis ingressu mandat arceri.
Mirabantur plane etiam idem plus[10] nimio[10] hostes, quod
5 minime Franci pro moenibus Iherosolimae,[11] quasi[12] contigui
causa praesidii,[12] pugnare delegerant, sed sibi obviam duorum
itinere dierum paene processerant.

(1104) Miles quidam protervius quam debuerat contra
regem[13] sese[14] habuerat,[14] quem rex ipse Tiberiadi civitati
10 praefecerat. Rex ergo, citatus[15] ob insolentiam hominis ira,[15]
iussit eum a suae dicionis terra recedere. Qui cum duobus
equitibus dum abire properaret, armigeris totidem comitatus,
maximas subito copias gentilitatis[16] offendit. Qui, suo numero
diffidens, ad Deum vero utcumque respectans, concisa camisia,[17]
15 quam subuculam dicunt, hastae pro vexillo apposuit, itidem
socios facere iussit. Fecerunt et, clamore sublato, sonipedes
calcaribus urgent obviosque feruntur in hostes. Qui, territi
repentinis ausibus,[18] dum aestimant quod quasi praevios
sequerentur multae cohortes, fugam ineunt, seque tribus illis
20 caedendos exponunt. Plurimi perimuntur; plus quam ferre
sufficiant spolia rapiuntur. Quo eventu ille secundo com-
pungitur,[19] Deoque gratulabundus[20] rediens, regi prosternitur;
ei se oboediturum deinceps fideliter pollicetur.

(1104) Aliquando idem rex pecuniae grandi angustabatur
25 inopia, ut etiam deessent menstrua quae militibus debebantur
stipendia; cum ecce, se ei munificam mirabiliter praebuit
divina clementia. In tantum namque iam vexabatur ut eum
satellites ac milites deserere meditarentur, cum ecce Ioppitae[21]
iuvenes cum lavandi, immo ludendi gratia haud procul a maris
30 litore mergerentur, reperiunt quadam die in ipso harenarum

10. *exceedingly*.   11. *Jerusalem*.   12. i.e., as a support and, in case of
defeat, a refuge.   13. Baldwin, king of Jerusalem, brother of Godfrey.
14. *had behaved*.   15. *filled with wrath*.   16. Cf. p. 147, l. 22.   17. *linen
shirt*.   18. *daring deed*.   19. *is filled with remorse*.   20. *giving thanks*.
21. *of Joppa*.

salique confligio,[22] manticas magnis auri ponderibus plenas, quas amiserant Venetii, quos ibi constiterat fregisse[23] carinas.[23] Quae regi delatae, cunctis miraculum ineffabile, regi paene desperato et novae christianitati* praebuere solacium.

CVIII. A MEDIEVAL ORBILIUS

Semel in schola vapulaveram; schola autem non alia erat 5 quam quoddam domus nostrae triclinium. Aliorum enim quos aliquando docens[1] acceperat mei solius causa curas omiserat. Sic enim aucto quaestu et delatione[2] honoris[2] prudens ab eo mater exegerat. Soluto igitur vespertinis quibusdam horis qualicumque illo studio, ad materna genua graviter etiam 10 praeter meritum caesus accesseram. Quae cum an eo vapulassem die, ut erat solita, rogitare coepisset et ego, ne magistrum detulisse[3] viderer, factum omnino negarem, ipsa, vellem[4] nollem,[4] reiecta interula,[5] quam subuculam, immo camisiam[6] vocant, liventes attendit ulnulas[7] dorsiculi[8] ex viminum 15 illisione[9] et cutem ubique prominulam.[10] Cumque poenam meae teneritudini[11] ad[12] nimium saeve[12] illatam visceraliter[13] doluisset, turbulenta et aestuans et oculos maerore suffusa: "Numquam," ait, "deinceps* clericus fies nec, ut litteras discas, ulterius poenas lues." Ad haec ego eam cum[14] qua 20 poteram animadversione[14] respiciens: "Si," inquam, "proinde mori contingeret, non desistam quin litteras discam et clericus fiam." Promiserat enim si eques[15] vellem fieri, cum[16] ad id temporis emersissem,[16] apparatum se mihi militiae et arma daturam.
25

---

22. *dashing together.*   **23.** *had suffered shipwreck.*
CVIII. **1** = *magister.*   **2.** *by conferring the honor* of her patronage.   **3.** *betray.*   **4.** See p. 91, l. 7.   **5.** *undergarment.*   **6.** *shirt.*   **7.** (*little*) *ribs.*   **8.** *diminutive of dorsum.*   **9.** *blows.*   **10.** *covered with welts.*   **11** = *teneritati.*   **12.** *with excessive cruelty.*   **13.** *from the depths of her heart.*   **14.** *as reproachfully as I could.*   **15.** *knight.*   **16.** *when I had reached the proper age.*

CIX.[1] THE WRECK OF THE WHITE SHIP

Thomas, filius Stephani, regem adiit eique marcum auri offerens ait: "Stephanus, Airardi filius, genitor meus fuit et ipse in omni vita sua patri[2] tuo in mari servivit. Nam illum in sua puppe vectum in Angliam conduxit[3] quando contra Haral-
5 dum pugnaturus in Angliam perrexit. Huiusmodi[4] autem officio[4] usque ad mortem famulando ei placuit et ab eo multis honoratus exeniis[5] inter contribules[6] suos[6] magnifice floruit. Hoc feudum,[7] domine rex, a te requiro et vas quod Candida Navis appellatur merito ad regalem famulatum[8] optime instructum habeo."
10 Cui rex ait: "Gratum habeo quod petis. Mihi quidem aptam navim elegi, quam non mutabo; sed filios meos, Guillelmum et Richardum, quos sicut me diligo, cum multa regni mei nobilitate, nunc tibi commendo."

His auditis nautae gavisi sunt filioque[9] regis adulantes, vinum
15 ab eo ad bibendum postulaverunt. At ille tres vini modios[10] ipsis dari praecepit. Quibus acceptis biberunt sociisque abundanter propinaverunt nimiumque potantes inebriati sunt. Iussu regis multi barones[11] cum filiis suis puppim ascenderunt et fere trecenti, ut opinor, in infausta nave fuerunt. Duo siquidem
20 monachi Tironis et Stephanus comes cum duobus militibus[12] et alii plures inde exierunt quia nimiam multitudinem lascivae et pompaticae[13] iuventutis inesse conspicati sunt. Periti enim remiges quinquaginta ibi erant et feroces epibatae,[14] qui iam in navi sedes nacti turgebant[15] et suimet prae ebrietate immemores
25 vix aliquem reverenter agnoscebant. Heu, quam plures[16] illorum mentes pia devotione erga Deum habebant vacuas

---

CIX. **1.** From the *Historia ecclesiastica* of Ordericus Vitalis (†c. 1142), a history from the creation to 1142, which grew out of his history of St. Evroul, his own monastery. The latter part is of great value for our knowledge of the times. **2.** William the Conqueror; this king was Henry II. **3.** *took.* **4.** *in this manner of service.* **5.** *rewards.* **6.** *his people.* **7.** *privilege.* **8.** *service.* **9.** dative. **10.** *hogsheads.* **11.** *vassals.* **12.** *knights.* **13.** *insolent.* **14.** *marines.* **15.** *were swollen with insolence.* **16.** *many.*

"qui maris immodicas moderatur et aeris iras." Unde sacerdotes, qui ad benedicendos illos illuc accesserant, aliosque
ministros, qui aquam benedictam[17] deferebant, cum dedecore et
cachinnis subsannantes[18] abegerunt; sed paulo post derisionis[19]
suae ultionem receperunt.   5

Soli homines,[20] cum thesauro regis et vasis merum ferentibus,[21] Thomae carinam implebant ipsumque ut regiam classem,
quae iam aequora sulcabat, summopere prosequeretur com-
monebant. Ipse vero, quia ebrietate desipiebat, in virtute sua
satellitumque suorum confidebat et audacter quia omnes qui 10
iam praecesserant praeiret spondebat.   Tandem navigandi
signum dedit. Porro schippae[22] remos haud segniter arripuerunt
et alia[23] laeti, quia quid eis ante oculos penderet nesciebant,
armamenta coaptaverunt[24] navemque cum impetu magno per
pontum currere fecerunt. Cumque remiges ebrii totis navi- 15
garent conatibus et infelix gubernio[25] male intenderet cursui diri-
gendo per pelagus, ingenti saxo, quod cotidie fluctu recedente
detegitur et rursus accessu maris cooperitur, sinistrum latus
Candidae Navis vehementer illisum est confractisque[26] duabus
tabulis ex insperato navis, pro dolor! subversa est. Omnes 20
igitur in tanto discrimine simul exclamaverunt, sed aqua mox
implente ora pariter perierunt. Duo soli virgae[27] qua velum
pendebat manus iniecerunt et magna noctis parte pendentes
auxilium quodlibet praestolati sunt. Unus erat Rothoma-
gensis[28] carnifex, nomine Beroldus, et alter generosus puer, 25
nomine Goisfredus, Gisliberti de Aquila filius.

Tunc luna in signo Tauri nona decima[29] fuit et fere novem
horis radiis suis mundum illustravit et navigantibus mare
lucidum reddidit. Thomas nauclerus[30] post primam submer-
sionem[31] vires resumpsit suique memor super undas caput 30
extulit et videns capita eorum qui ligno utcumque inhaerebant

---

17. *holy.* 18. *mocking.* 19. Eng. 20. i.e., there was no cargo. 21.
containing. 22. *sailors.* 23. with *armamenta.* 24. *adjusted.* 25. *pilot.*
26. *having been shattered.* 27. *boom.* 28. *of Rouen.* 29. *was at its
nineteenth;* in reality the twenty-first. 30. *skipper.* 31. *plunge.*

interrogavit: "Filius regis quid[32] devenit?"[32] Cumque naufragi
respondissent illum cum omnibus collegis suis deperisse:
"Miserum," inquit, "est amodo meum[33] vivere."[33] Hoc dicto,
male desperans, maluit illic occumbere quam furorem irati
5 regis pro pernicie prolis oppetere seu longas in vinculis poenas
luere.

CX.[1] ABELARD IN RETIREMENT

Ego itaque ad solitudinem quandam in Trecensi[2] pago, mihi
antea cognitam, me contuli, ibique a quibusdam terra mihi
donata, assensu episcopi terrae oratorium quoddam in nomine
10 sanctae Trinitatis ex calamis et culmo[3] primum construxi.
Ubi cum quodam clerico nostro latitans, illud vere Domino
poteram decantare: "Ecce[4] elongavi[5] fugiens[5] et mansi in
solitudine."

Quod cum cognovissent scholares, coeperunt undique
15 concurrere et, relictis civitatibus et castellis,* solitudinem
inhabitare,[6] et pro amplis domibus parva tabernacula[7] sibi
construere, et pro delicatis cibis herbis agrestibus et pane[8]
cibario[8] victitare, et pro mollibus stratis culmum sibi et stramen
comparare, et pro mensis glebas erigere. Et vere eos priores
20 philosophos imitari crederes, de quibus et Hieronymus in libro
secundo contra Iovinianum his commemorat verbis: "Per
sensus quasi per quasdam fenestras vitiorum ad animam
introitus est. Non potest metropolis[9] et arx mentis capi, nisi
per portas inruerit hostilis exercitus." His igitur rationibus
25 invitati[10] multi philosophorum reliquerunt frequentias urbium
et hortulos suburbanos, ubi[11] ager irriguus et arborum comae

---

32. *What has become of?*   33 = *mea vita.*
CX.   1. From the *Historia Calamitatum* of Abelard (†1142), an autobiography and apology, dealing with events in his life up to 1130.   Abelard
speaks with great frankness of his joys and sorrows, his persecution, his
activity as a teacher, and his relations with Eloise.   2. *of Troyes.*   3. *straw.*
4. Psalms liv, 8 (lv, 7).   5. *wandered far off.*   6 = *habitare.*   7. *huts.*   8.
coarse bread.   9. *chief city.*   10. *impelled.*   11. *Sc. erat.*

et susurrus avium, fontis speculum, rivus murmurans, et multae
oculorum auriumque illecebrae, ne per luxum et abundantiam
copiarum animae fortitudo mollesceret, et eius pudicitia
stupraretur. Inutile quippe est crebro videre per quae aliquando captus sis, et eorum te experimento committere quibus 5
difficulter careas. Nam et Pythagoraei huiusmodi frequentiam
declinantes, in solitudine et desertis locis habitare consueverant.
Sed et ipse Plato cum dives esset et torum eius Diogenes
lutatis[12] pedibus conculcaret, ut posset vacare philosophiae,
elegit Academiam villam ab urbe procul non solum desertam 10
sed et pestilentem ut cura et assiduitate morborum libidinis
impetus frangerentur, discipulique sui nullam aliam sentirent
voluptatem nisi earum rerum quas discerent. Talem et filii
prophetarum Eliseo[13] adhaerentes vitam referuntur duxisse.
De quibus ipse quoque Hieronymus, quasi[14] de monachis illius 15
temporis,[14] ad Rusticum monachum inter cetera ita scribit[15]:
"Filii prophetarum, quos monachos in veteri legimus testa-
mento, aedificabant sibi casulas prope fluenta Iordanis, et
turbis et urbibus derelictis, polenta[16] et herbis agrestibus
victitabant." Tales discipuli nostri ibi super Arduzonem 20
fluvium casulas suas aedificantes, heremitae magis quam
scholares videbantur. Quanto autem illuc maior scholarium
erat confluentia,[17] et quanto duriorem in doctrina nostra vitam
sustinebant, tanto amplius mihi aemuli aestimabant gloriosum
et sibi ignominiosum. Qui cum cuncta quae poterant in me 25
egissent, omnia[18] cooperari[19] mihi in bonum[18] dolebant, atque
ita iuxta illud Hieronymi, me procul ab urbibus, foro, litibus,
turbis remotum, sic[20] quoque[20] (ut Quintilianus ait) latentem
invenit invidia. Quia apud semetipsos tacite conquerentes et
ingemiscentes dicebant: "Ecce mundus totus post eum abiit, 30
nihil persequendo profecimus sed magis eum gloriosum effeci-

---

12. *covered with mud.* 13. Elisha; see iv Kings vi (ii Kings vi). 14. They
were the monks of those days. 15. *Ep.* 125, 7. 16. *coarse meal*, the
"parched corn" of the Bible. 17. *flocking together*. 18. Romans viii, 28.
19. *work together*. 20. *even so;* i.e., though far removed.

mus. Exstinguere nomen eius studuimus, sed magis ac-
cendimus. Ecce in civitatibus omnia necessaria scholares ad
manum habent et, civiles²¹ delicias contemnentes, ad solitudinis inopiam confluunt et sponte miseri fiunt. Tunc autem
5 praecipue ad scholarum regimen intolerabilis me compulit
paupertas, cum fodere²² non valerem et mendicare erubescerem.
Ad artem itaque quam noveram recurrens, pro labore manuum
ad²³ officium linguae²³ compulsus sum. Scholares autem ultro
mihi quaelibet necessaria praeparabant, tam in victu scilicet
10 quam in vestitu vel cultura agrorum, seu in expensis aedificiorum
ut nulla me scilicet a studio cura domestica retardaret. Cum
autem oratorium nostrum modicam eorum portionem capere
non posset, necessario ipsum dilataverunt, et de lapidibus et
lignis construentes melioraverunt.²⁴   Quod cum²⁵ in nomine
15 sanctae Trinitatis esset fundatum ac postea dedicatum, quia
tamen ibi profugus ac tam desperatus divinae gratia con-
solationis aliquantulum respirassem, in memoriam huius
beneficii ipsum Paracletum* nominavi.

CXI¹

EORUNDEM (I. E. CLUNIACENSIUM) INTEMPERANTIAM
COMPARAT CUM ANTIQUORUM MONACHORUM
PARCIMONIA

Quis in principio, cum ordo coepit monasticus,* ad
20 tantam crederet monachos inertiam devenire? O quantum
distamus ab his qui in diebus Antonii² existere monachi!

---

21. *of the city.*   **22.** Luke xvi, 3.   **23.** *to employ my tongue,* in lectur-
ing. **24.** *improved.* **25.** *although.*

CXI. **1.** CXI and CXII are from the writings of Bernard of Clairvaux, the
apostle of the second crusade, one of the most illustrious churchmen of
the Middle Ages and the most influential personage of his time. The
first selection is a characteristic specimen of his denunciation of the
abuses and corruption of the church. **2.** St. Anthony, the founder of
monasticism.

Siquidem illi cum se invicem per[3] tempus[3] ex caritate reviserent,[4] tanta ab invicem aviditate panem animarum percipiebant ut, corporis cibum penitus obliti, diem plerumque totum ieiunis ventribus sed non mentibus transigerent. Et hic erat rectus ordo, quando digniori parti prius inserviebatur; haec summa 5 discretio,[5] cum amplius sumebat quae maior erat; haec denique vera caritas, ubi animae, quarum caritate Christus mortuus est, tanta sollicitudine refocillabantur.[6] "Nobis[7] autem convenientibus in unum,"[7] ut verbis apostoli utar, "iam non[8] est[8] dominicam cenam manducare." Panem quippe caelestem 10 nemo est qui requirat, nemo qui tribuat. Nihil de scripturis, nihil de salute agitur animarum; sed nugae et risus et verba proferuntur in ventum. Inter prandendum quantum fauces dapibus, tantum aures pascuntur rumoribus; quibus totus intentus modum nescias in edendo. 15

Interim autem fercula ferculis apponuntur; et pro solis carnibus, a quibus abstinetur, grandia piscium corpora duplicantur.[9] Cumque prioribus[10] fueris satiatus, si secundos attigeris, videberis tibi necdum gustasse priores. Tanta quippe accuratione et arte coquorum cuncta apparantur quatenus, 20 quattuor aut quinque ferculis devoratis, prima non impediant novissima, nec satietas minuat appetitum. Palatum quippe, dum novellis seducitur* condimentis, paulatim dissuescere[11] cognita, et ad sucos[12] extraneos, veluti adhuc ieiunum, avide renovatur in desideria. Venter quidem dum[13] nescit[13] oneratur, 25 sed varietas tollit fastidium. Quia enim puras,[14] ut eas natura creavit, epulas fastidimus, dum aliae aliis multifarie[15] permiscentur et,[16] spretis naturalibus[17] quos Deus indidit rebus, quibusdam adulterinis gula provocatur saporibus, transitur

---

3. *as opportunity offered.* **4** =*viserent.* **5.** *discrimination.* **6.** *were revived.* **7.** I Corinthians xi, 20. **8.** *this is not.* **9.** *are served in double portions.* **10.** Sc. *piscibus; the first portion.* **11.** historical infinitive, *becomes unaccustomed to,* i.e., is dissatisfied with. **12.** *flavors, sauces.* **13.** *without knowing it.* **14.** *plain.* **15.** *in many ways.* **16.** introduces a second causal clause. **17.** with *saporibus.*

nimirum meta necessitatis sed necdum[18] delectatio superatur.
Quis enim dicere sufficit quot modis, ut cetera taceam, sola ova
versantur et vexantur, quanto studio evertuntur, subvertuntur,
liquantur, durantur, diminuuntur; et nunc quidem frixa,[19]
5 nunc assa, nunc farsa,[20] nunc mistim,[21] nunc singillatim apponuntur? Utquid autem haec omnia, nisi ut soli fastidio
consulatur? Ipsa deinde qualitas rerum talis deforis apparere
curatur ut non minus aspectus quam gustus[22] delectetur; et cum
iam stomachus crebris ructibus repletum se indicet necdum[18]
10 tamen curiositas satiatur. Sed dum oculi coloribus, palatum
saporibus inliciuntur, infelix stomachus, cui nec colores lucent
nec sapores demulcent,[23] dum omnia suscipere cogitur, oppressus magis obruitur quam reficitur.

Iam vero de aquae potu quid dicam, quando ne ullo
15 quidem pacto vinum aquatum[24] admittitur? Omnes nimirum,
ex quo monachi sumus, infirmos stomachos habemus et tam
necessarium apostoli de utendo vino consilium merito[25] non
neglegimus, "modico" tamen quod ille praemisit, nescio cur,
praetermisso. Et utinam vel solo,[26] cum etiam purum est,
20 contenti essemus! Pudet dicere, sed magis pudeat actitari;
et si pudet audiri, non pudeat emendari. Videas uno in prandio
ter vel quater semiplenum[27] calicem reportari; quatenus
diversis vinis magis odoratis[28] quam potatis, nec tam haustis
quam attactis[29] sagaci probatione et celeri cognitione, unum
25 tandem e pluribus quod fortius sit eligatur. Quale est autem
illud[30] quod nonnulla monasteria ex more observare dicuntur,
in magnis videlicet festis, vina delibuta[31] melle, pigmentorum
respersum pulveribus, in conventu bibere? Numquid et hoc
fieri dicemus propter infirmitatem stomachi? Ego vero ad

---

18 = *nondum*. **19.** *fried.* **20.** *stuffed.* **21.** *with other ingredients.* **22.**
sense of taste. **23.** *soothe.* **24.** *mixed with water.* **25.** i. e., the condition
of our stomachs justifies us in taking Paul's advice (1 Timothy v, 23), "use
a little wine for our stomach's sake," but we have overlooked the word
"little" (*modico*), which Paul places first in the sentence (*praemisit*). **26.**
Sc. *vino.* **27.** *half full.* **28.** *snuffed at.* **29.** *tasted.* **30.** *the following
practice.* **31.** *mixed.*

nihil aliud valere video nisi ut vel amplius bibatur, vel delecta-
bilius.[32]   Sed cum venae fuerint vino ingurgitatae, toto in
capite palpitantes, sic surgenti a mensa quid aliud libet nisi
dormire? Si autem ad vigilias surgere indigestum[33] cogis, non
cantum sed planctum potius extorquebis.   5

CXII.   TO A BACKSLIDER

Doleo super te, fili mi Gaufride, doleo super te. Et merito.
Quis enim non doleat florem iuventutis tuae, quem laetantibus
angelis Deo illibatum[1] obtuleras in odorem suavitatis, nunc a
daemonibus conculcari, vitiorum spurcitiis[2] et saeculi sordibus
inquinari? Quomodo qui vocatus eras a Deo revocantem   10
diabolum sequeris, et quem Christus trahere coeperat post se,
repente pedem ab ipso introitu gloriae retraxisti? In te experior
nunc veritatem sermonis Domini quem dixit: "Inimici[3]
hominis, domestici[4] eius." Amici tui et proximi tui adversum[5]
te[5] appropinquaverunt[6] et steterunt. Revocaverunt te in   15
fauces leonis et in portis mortis iterum collocaverunt[7] te.
Collocaverunt te in obscuris, sicut mortuos saeculi; et iam[8]
parum est[8] ut descendas in ventrem[9] inferi[9]; iam te deglutire[10]
festinat ac rugientibus[11] praeparatis ad escam tradere devorandum.   20
Revertere, quaeso, revertere, priusquam te absorbeat
profundum,[12] et urgeat[13] super te puteus os suum; priusquam
demergaris unde ulterius non emergas; priusquam ligatis
manibus et pedibus proiciaris in[14] tenebras exteriores, ubi est

---

32. *with more pleasure.* **33.** *with food undigested.*
CXII. 1. *unsullied.* **2.** *filth.* **3.** Matthew x, 36. **4.** *those of his own house-*
hold, explained by *amici tui et proximi.* **5.** with both verbs. **6.** in a hostile
sense; cf. Goliath "drew near unto David." **7.** Psalms cxlii, 3 (cxliii, 3).
8. *it lacks but little that;* i.e., *you are about to.* **9.** *hell.* **10.** *devour.* **11.**
roaring beasts; Ecclesiasticus li, 4. **12.** *the deep;* Psalms lxviii, 16 (lxix,
15). **13.** *before the pit shuts her mouth upon you.* **14.** Matthew xxii, 13.

fletus et stridor dentium; priusquam detrudaris in[15] locum
tenebrosum et opertum mortis caligine. Erubescis forte
redire quia ad[16] horam cessisti.[16] Erubesce fugam et non post
fugam reverti in proelium et rursum pugnare. Necdum finis
5 pugnae, necdum ab invicem dimicantes acies discesserunt;
adhuc victoria prae manibus est. Si vis, nolumus vincere sine
te nec tuam tibi invidemus gloriae portionem. Laeti occurremus
tibi, laetis te recipiemus amplexibus dicemusque: "Epulari[17]
et gaudere oportet, quia hic filius noster mortuus fuerat, et
10 revixit[18]; perierat, et inventus est."

CXIII.[1] THE DEVIL IN A MONASTERY

In archiepiscopatu[2] Treverensi[3] coenobium nobile situm est,
quod Prumia dicitur, in honore sanctorum apostolorum Petri
et Pauli dedicatum, ab antiquis temporibus a Pippino, rege
Francorum, patre Karoli Magni, fundatum, in qua talis rei[4]
15 novitas[4] ab omnibus ibidem conversantibus accidisse refertur:
Quodam mane, cum cellarius[5] eiusdem monasterii cellam
vinariam ut vinum ad altaris sacrificium more solito daret cum
famulo suo intrasset, repperit unam de cupis,[6] quam hesterna
die plenam reliquerat, usque ad foramen obicis,[7] qui usitato
20 nomine spina[8] seu pessulum[9] dicitur, evacuatum[10] et vinum
per totum pavimentum diffusum. Qui graviter de damno quod
acciderat ingemiscens, famulum qui adstabat asperrime
increpavit, dicens eum praeterito vespere minus diligenter
obicem firmasse ideoque damnum huiusmodi contigisse. Et
25 his dictis sub interminatione[11] praecepit ei ne alicui diceret
quod acciderat; veritus ne, si abbas hoc animo[12] perciperet,[12]

---

15. Job x, 21. **16.** Biblical, *you gave way for a season.* **17.** Luke xv, 32.
18. *is alive again;* Luke xv, 24.
CXIII. 1. From the *Chronicon ex chronicis* of Florence of Worcester
(†1118). **2.** *archbishopric.* **3.** *of Treves.* **4.** *strange event.* **5** =*cellerarius* of
p. 114, l. 6. **6.** *casks.* **7.** *peg.* **8.** *bung.* **9.** *spigot.* **10.** *emptied.* **11.**
threat. **12.** *should learn of.*

contumeliose eum officio suo privaret. Facto autem vespere, priusquam fratres irent cubitum,[13] cellarium[14] intravit, obices vasorum in quibus vinum habebatur diligentissime firmavit, clausoque ostio, lectum petiit. Mane autem facto, cum cellarium sicut consueverat intrasset, vidit aliam cupam usque 5 ad meatum[15] obicis, sicut pridie, vino defluente, vacuatam.[16] Quo viso, cuius neglegentiae damnum hoc imputaret ignorans, graviter non sine magna admiratione indoluit famuloque suo ne cuique proderet quod acciderat denuo praecipiens, priusquam vespere lectum peteret, omnes obices cuparum diligentia qua 10 potuit muniens, tristis et anxius stratum adiit. Surgensque diluculo, aperto cellario, vidit die tertia cupa pessulum extractum et vinum usque ad foramen effusum. Unde non immerito super his quae acciderant perterritus et diutius commune damnum silere metuens, ad abbatem festinavit, eiusque pedibus pro- 15 volutus, quae viderat per ordinem intimavit; qui, habito cum fratribus consilio, iussit ut obices vasorum quae vinum habebant, advesperascente die, chrismate[17] circumlinirentur[18]; quod et factum est. Illucescente autem die, praedictus frater ex more cellarium ingressus, repperit puerulum nigrum mirandae 20 parvitatis in uno de pessulis manibus haerentem; quem festine[19] comprehendens et ad abbatem deferens: "En," ait, "domine, puerulus iste quem vides omne damnum quod in promptuario pertulimus nobis intulit." His dictis, retulit ei qualiter eundem puerulum in obice pendentem invenit. Abbas autem, eiusdem 25 pueruli qualitatem[20] ultra quam credi potest admiratus, accepto consilio, monachilem[21] habitum ei parari iussit et cum scholaribus[22] puerulis[22] in claustro conversari. Quo facto, puerulus idem, sicut abbas iusserat, scholares puerulos nocte dieque comitatur, numquam tamen cibum aut potum sumebat, 30 nulli publice aut privatim loquebatur; aliis nocturnis aut meridianis horis quiescentibus, ipse in lecto residebat, sine

---

13. supine. **14** = *cellam* of p. 238, l. 16. **15.** *hole.* **16** = *evacuatam.* **17.** *holy oil.* **18.** *be smeared.* **19** = *festinanter.* **20.** i.e., his size and color. **21** = *monasticum.* **22.** *school boys.*

intermissione plorans et singultus creberrimos emittens. Inter
haec abbas quidam alterius ecclesiae, orationis gratia ad
eundem locum veniens, aliquantis[23] diebus ibidem detentus
est; cumque scholares pueri ante eum saepius transirent, ubi
5 cum abbate et maioribus[24] ecclesiae eiusdem residebat, puerulus
ille parvulus, protensis[25] ad eum manibus, cum lacrimis
respiciebat, quasi aliquid petens ab eo. Quod dum saepius
ageret, abbas idem parvitatem eius admirans sciscitatus est
assidentes sibi ut quid tam parvulum puerulum in conventu*
10 vellent habere. Qui subridentes: "Non est," inquiunt,
"domine, talis iste puerulus ut existimas." Et narraverunt ei
damnum quod eis intulerat et qualiter in pessulo cupae haerens
manibus inventus sit, seu qualiter se[26] continuerit,[26] intrans et
exiens inter eos. Quibus auditis, abbas expavit, et altius
15 ingemiscens: "Quantocius,"[27] ait, "eum de monasterio expellite
ne maius damnum vel gravissimum incurratis periculum.
Manifeste enim diabolus est in humana latens effigie; sed Dei
misericordia vos protegente, per merita sanctorum quorum hic
habentur reliquiae, non potuit vos amplius nocere." Protinus
20 ad imperium abbatis eiusdem ecclesiae puerulus adductus est
et cum eum monachili habitu spoliarent, inter manus eorum ut
fumus evanuit.

CXIV[1]

DE MULIERE MALEFICA A DAEMONIBUS AB
ECCLESIA EXTRACTA

Hisdem diebus simile huic in Anglia contigit, non superno
miraculo sed inferno praestigio[2]; quod cum retulero, non
25 vacillabit fides historiae, etsi mentes auditorum sint incredulae.

---

23 = *aliquot.* **24.** *older monks.* **25** = *protentis.* **26.** *conducted himself;*
strictly, repressed himself. **27.** *as quickly as possible.*
CXIV. **1.** From the *Gesta regum Anglorum* of William of Malmesbury
(†1143), a popular history of England on the model of Bede, one of the
best of the period. The style is clear and vivid. **2.** Cf. p. 147, l. 18.

Ego illud a tali viro audivi qui se vidisse iuraret, cui erubescerem
non credere. Mulier in Berkeleia mansitabat, maleficiis, ut
post patuit, insueta, auguriorum veterum non inscia, gulae
patrona, petulantiae arbitra,[3] flagitiis non ponens modum,
quae esset adhuc citra senium, vicino licet pede pulsans 5
senectutis aditum. Haec cum quadam die convivaretur,
cornicula,[4] quam in[5] deliciis[5] habebat, vocalius[6] solito nescio quid
cornicata est[7]; quo audito, dominae cultellus de manu excidit,
simul et vultus expalluit; et, producto gemitu, "Hodie," ait,
"ad ultimum sulcum meum pervenit aratrum; hodie audiam et 10
accipiam grande incommodum." Cum dicto nuntius miseri-
arum intravit; percunctatus quid ita vultuosus adventaret,
"Affero," inquit, "tibi ex villa illa" (et nominavit locum)
"filii obitum et totius familiae ex subita ruina interitum."
Hoc dolore femina pectus[8] saucia continuo decubuit; sentiensque 15
morbum perrepere[9] ad vitalia, superstites liberos, monachum
et monacham, pernicibus invitavit epistolis. Advenientes
voce singultiente[10] alloquitur: "Ego, filii, quodam meo miserabili
fato daemonicis[11] semper artibus inservii; ego vitiorum omnium
sentina, ego illecebrarum magistra fui. Erat tamen, inter 20
haec mala, spes vestrae religionis quae miseram palparet
animam; de me desperata, in vobis reclinabar[12]; vos proponebam
propugnatores adversus daemones, tutores contra saevissimos
hostes. Nunc igitur, quia ad finem vitae accessi, et illos
habebo exactores in poena quos habui suasores in culpa, rogo 25
vos per materna ubera, si qua fides, si qua pietas, ut mea
saltem temptetis alleviare[13] tormenta; et de anima quidem
sententiam[14] prolatam[14] non revocabitis, corpus vero forsitan
hoc modo servabitis. Insuite me corio cervino, deinde in sar-
cophago lapideo supinate,[15] operculum plumbo et ferro con- 30
stringite; super haec lapidem tribus catenis ferreis, magni

---

3. *mistress.* 4. *crow.* 5. *as a pet.* 6. *more loudly.* 7. *uttered a cry.*
8. accusative of respect. 9. *creep.* 10. *sobbing.* 11. *pertaining to evil
spirits, devilish.* 12. *was depending.* 13. Eng. 14. *the sentence that has
been passed.* 15. *place me on my back.*

scilicet ponderis, circumdate; psalmicines[16] quinquaginta sint[16]
noctibus eiusdemque numeri missae diebus, qui adversariorum
excursus feroces levigent.[17] Ita si tribus noctibus secure*
iacuero, quarta die infodite matrem vestram humo; quamquam
5 vereor ne fugiat terra sinibus me recipere et fovere suis, quae
totiens gravata est malitiis meis." Factum est ut praeceperat,
illis magno studio incumbentibus. Sed, pro nefas! nil lacrimae
valuere piae, nil vota, nil preces; tanta erat mulierculae malitia,
tanta diaboli violentia. Primis enim duabus noctibus, cum
10 chori[18] clericorum psalmos circa corpus concreparent,[19] singuli
daemones ostium ecclesiae, immani obice clausum, levi negotio
defringentes, extremas catenas diruperunt; media, quae
operosius elaborata erat, illibata duravit. Tertia nocte circa
gallicinium[20] strepitu advenientium hostium omne monasterium
15 a fundamentis moveri visum; unus, ceteris et vultu terribilior
et statura eminentior, ianuas maiori vi concussas in fragmenta
deiecit. Diriguere[21] clerici metu, "steteruntque[22] comae et vox
faucibus haesit." Ille arroganti, ut videbatur, gestu ad
sarcophagum accessit, inclamatoque nomine ut surgeret
20 imperavit; qua respondente quod nequiret pro vinculis,
"Solveris," inquit, "et malo tuo"; statimque catenam, quae
ceterorum ferociam eluserat, nullo conamine ut stuppeum
vinculum dirupit. Operculum etiam tumbae[23] pede depulit;
apprehensamque manu palam omnibus ab ecclesia extraxit;
25 ubi prae foribus equus, niger et superbus, hinniens[24] videbatur,
uncis ferreis per totum tergum protuberantibus[25]; super quos
misera imposita, mox ab oculis intuentium cum toto sodalicio
disparuit. Audiebantur tamen clamores per quattuor fere
miliaria miserabiles suppetias[26] orantis. Ista incredibilia non
30 iudicabit qui legerit beati Gregorii *Dialogum,* qui refert in
quarto libro nequam hominem, in ecclesia sepultum, a daemoni-

---

16. *let fifty psalms be sung.* **17.** *check.* **18.** *choirs.* **19** *=canerent.* **20.**
Cf. p. 139, l. 1. **21** *=riguere.* **22.** *Aeneid* II, 774. **23.** *tomb.* **24.** *neighing.*
25. *projecting.* **26.** *help.*

bus foras eiectum. Apud Francos quoque non semel auditum
est quod dicam: Karolum Martellum, insignis fortitudinis
virum, qui Saracenos, Gallias ingressos, Hispaniam redire
compulit, exactis diebus suis in ecclesia sancti Dionysii[27]
sepultum; sed quia patrimonia omnium paene monasteriorum 5
Galliae pro mercede commilitonum mutilaverat, visibiliter[28]
a malignis spiritibus e sepulchro abreptum, ad hanc diem
nusquam visum. Denique illud revelatum Aurelianensi
episcopo et per eum in vulgus seminatum.[29]

CXV.[1] THE CORONATION OF ARTHUR

Omnibus denique in urbe congregatis, sollemnitate instante, 10
archipraesules[2] ad palatium ducuntur ut regem diademate
regali coronarent. Dubricius ergo, quoniam in sua dioecesi*
curia tenebatur, paratus ad celebrandum obsequium,[3] huius rei
curam suscepit. Rege tandem insignito,[4] ad templum metro-
politanae[5] sedis[6] ornate conducitur[7]; a dextro enim et a laevo 15
latere duo archipontifices[8] ipsum tenebant.[9] Quattuor autem
reges, Albaniae videlicet atque Cornubiae, Demetiae et
Venedociae, quorum illud ius fuerat, quattuor aureos gladios
ante ipsum ferentes, praeibant. Conventus quoque multo-
modorum[10] ordinatorum[11] miris modulationibus[12] praecinebat. 20
Ex alia autem parte reginam suis[13] insignibus laureatam[13]

27. *St. Denis*, near Paris, famous as the burial place of the kings of
France. 28. *in plain sight.* 29 = *disseminatum.*
CXV. 1. cxv and cxvi are from the *Historia Britonum* of Geoffrey of
Monmouth (†1154), which professes to be a translation from a Celtic source. 25
It has slight historical value but is a rich storehouse for later chroniclers;
especially popular were his King Arthur and Merlin, the latter a figure
which he may be said to have created. 2. *archbishops, bishops.* 3 = *sollemnitatem.* 4. *dressed in his royal robes.* 5. Eng. 6. Cf. p. 143, l. 21. 7.
is conducted. 8 = *archipraesules.* 9. *supported.* 10. *of many kinds.* 11.
those who had taken holy orders. 12. *singing and playing.* 13 = *insignitam;*
cf. l. 14, above.

archipraesules atque pontifices ad templum Deo dicatarum puellarum conducebant. Quattuor quoque praedictorum regum reginae quattuor albas columbas de more praeferebant. Mulieres autem quae aderant illam cum maximo gaudio
5 sequebantur. Postremo peracta processione[14] tot organa,[15] tot cantus in utrisque fiunt templis ita ut prae nimia dulcedine milites qui aderant nescirent quod[16] templorum prius peterent. Catervatim ergo nunc ad hoc, nunc ad illud ruebant; nec si totus dies celebrationi deditus esset, taedium aliquod ipsis
10 generaret. Divinis tandem obsequiis in utroque celebratis, rex et regina diademata sua deponunt assumptisque levioribus ornamentis, ille ad suum palatium cum viris, haec ad aliud cum mulieribus epulatum incedunt. Antiquam namque consuetudinem Troiae[17] servantes, Britones consueverunt
15 mares[18] cum maribus, mulieres[18] cum mulieribus festivos[19] dies separatim celebrare. Collocatis postmodum cunctis, ut singulorum dignitas expetebat, Caius dapifer,[20] herminio[21] ornatus, mille vero nobilissimis iuvenibus comitatus est; qui omnes, herminio induti, fercula cum ipso ministrabant. Ex
20 alia vero parte Beduerum pincernam* totidem vario[22] amicti[23] sequuntur; qui in scyphis diversorum generum multimoda pocula cum ipso distribuebant. In palatio quoque reginae innumerabiles ministri diversis ornamentis induti obsequium suum praestabant, morem suum exercentes; quem si omnino
25 describere pergerem, nimiam[24] historiae prolixitatem generarem.[24] Ad tantum etenim statum dignitatis Britannia tunc provecta erat quod copia divitiarum, luxu ornamentorum, facetia[25] incolarum cetera regna excellebat. Quicumque ergo famosus probitate miles in eadem erat, unius coloris vestibus
30 atque armis utebatur. Facetae etiam mulieres consimilia

---

14. *procession, ceremony.* 15. i.e., kinds of music. 16 = *utrum;* so *aliud = alterum,* l. 12, below. 17. For the Trojans in England see p. 284. 18. in partitive apposition with *Britones.* 19. *festal.* 20. Cf. p. 218, l. 11. 21. *ermine.* 22 = *varie.* 23. *clad.* 24. *I should prolong my story too much.* 25. plural in CL.

indumenta[26] habentes, nullius amorem habere dignabantur,
nisi tertio in militia approbatus esset. Efficiebantur ergo
castae mulieres et milites amore illarum meliores.

CXVI. ARTHUR SLAYS A GIANT

Interea nuntiatur Arturo quendam mirae magnitudinis
gigantem ex partibus Hispaniarum advenisse et Helenam, 5
neptem ducis Hoeli, custodibus eiusdem eripuisse et in cacumen
montis qui nunc Michaelis dicitur cum illa diffugisse[1]; milites
vero patriae insecutos nihil adversus eum profecisse; nam sive
mari sive terra illum invadebant aut eorum naves ingentibus
saxis obruebat aut diversorum generum telis interimebat; 10
sed et plures capiebat quos semivivos devorabat. Nocte ergo
sequenti in secunda hora, assumpto Caio dapifero et Beduero
pincerna, clam ceteris tentoria egressus, viam montem versus
arripuit. Tanta namque virtute praevalendo neglegebat contra
talia monstra exercitum ducere, cum et ipsos hoc modo animaret 15
et solus ad illa destruenda sufficeret. Ut igitur prope montem
venerunt, aspexerunt quendam rogum super eum ardentem,
alium vero super minorem qui non longe ab altero distabat.
Dubitantes ergo super quem eorum habitaret gigas, Beduerum
dirigunt ut rei certitudinem exploret. Et ille inventa quadam 20
navicula prius ad minorem navigavit, quem aliter nequibat
adire quoniam intra mare situs erat. Cuius cum cacumen
incepisset ascendere, audito desuper femineo ululatu, primo
inhorruit quia dubitabat[2] monstrum illud adesse. Revocata
ocius audacia, gladium evaginavit et ascenso culmine nihil 25
aliud repperit praeter rogum quem prospexerat. Inspexit
quoque tumulum recenter[3] factum et iuxta eum quandam anum
flentem et eiulantem. Quae ut eum aspexit, confestim fletu
impediente in hunc modum est profata: "O infelix homo, quod

---

26. *garments.*
CXVI. 1 =*fugisse.* **2.** *imagined.* **3.** *newly.*

infortunium te in hunc locum subvectat? O inenarrabiles mortis
poenas passure! Miseret me tui, miseret quia tam detestabile
monstrum florem iuventutis tuae in hac nocte consumet.
Aderit namque sceleratissimus ille invisi nominis gigas qui
5 neptem ducis, quam modo hic intumulavi,[4] et me altricem illius
in hunc montem advexit. Qui inaudito mortis genere te absque
cunctamine[5] afficiet. Pro tristia fata! serenissima alumna,
recepto intra tenerrimum pectus timore, dum eam nefandus
ille amplecteretur, vitam diuturniori luce dignam finivit. Ut
10 igitur illam, quae erat mihi alter spiritus, altera vita, altera
dulcedo iucunditatis, foedo coitu suo deturpare[6] nequivit,
detestanda venere succensus, mihi invitae (Deum et senectutem
meam testor) vim et violentiam ingessit. Fuge, dilecte mi,
fuge, ne si more suo mecum coiturus advenerit, te hoc modo
15 repertum miserabili caede dilaniet." At ille quantum humanae
naturae possibile est commotus, eam amicis sedavit verbis et
promisso festinantis auxilii solamine, ad Arturum reversus est
et omnia quae invenerat indicavit. Arturus autem casum
ingemiscens puellae praecepit eis ut sibi soli illum invadere
20 permitterent; sed si necessitas accideret, in auxilium pro-
cedentes, viriliter adgrederentur. Direxerunt inde iter ad
maiorem montem et equos suos armigeris commiserunt et cum
Arturo praecedente ascenderunt. Aderat autem inhumanus
ille ad ignem illitus ora tabo semesorum porcorum, quos partim
25 devoraverat, partim vero verubus infixos suppositis prunis
torrebat. Mox, ut illos nihil tale praemeditatus aspexit,
festinavit clavam suam sumere, quam duo iuvenes vix a terra erigerent. Evaginavit ergo rex gladium suum et praetenso[7]
clipeo quantum velocitas sinebat properabat eum praepedire
30 antequam clavam cepisset. At ille, non ignarus meditationis[8]
iam ceperat eam regemque interposito clipeo tanto percussit
conamine quod sonitu ictus et tota litora replevit et aures

---

4. *buried.* 5 = *cunctatione.* 6. *defile.* 7 = *praetento.* 8. *plan.*

eiusdem ultra modum hebetavit. Arturus vero acri ignescens
ira, erecto in frontem ipsius ense, vulnus intulit tametsi non
mortale, unde tamen sanguis in faciem et oculos eius profluens
eiusdem excaecavit aciem. Interposuerat namque clavam
ictui et frontem suam a letali vulnere muniverat. Excaecatus 5
autem profluente sanguine, acrior insurgit et velut aper per
venabulum in venatorem ita inruit per gladium in regem et
complectendo eum per medium coegit eum genua humi flectere.
Arturus itaque revocata virtute ocius elabitur et celeriter nunc
hinc nunc illinc nefandum gladio diverberat nec requievit donec 10
letali vulnere illato totum mucronem capiti impressit,[9] qua cerebrum testa[10] protegebatur. Exclamavit vero invisus ille et
velut quercus ventorum viribus eradicata cum maximo sonitu
corruit. Rex ilico in risum solutus praecepit Beduero amputare
ei caput et dare uni armigerorum ad deferendum ad castra ut 15
spectaculum intuentibus fieret. Praecepit intuentibus fieri
silentium; dicebat autem se non invenisse alium tantae virtutis
postquam Rithonem gigantem in Aravio monte interfecit, qui
eum ad proelium invitaverat. Hic namque ex barbis regum
quos peremerat fecerat sibi pelles[11] et mandaverat Arturo ut 20
barbam suam diligenter excoriaret atque excoriatam sibi
dirigeret ut, quemadmodum ipse ceteris praeerat regibus, ita
quoque in honorem eius ceteris barbis ipsam superponeret.[12]
Sin autem, provocabat eum ad proelium, ut qui fortior super-
venisset[13] pelles et barbam devicti tulisset. Inito itaque 25
certamine triumphavit Arturus et barbam alterius cepit ut
spolium[14] et postea nulli fortiori isto obviaverat, ut superius
asserebat. Victoria igitur, ut praedictum est, potitus in secundo noctis diluculo ad tentoria sua remeaverunt cum capite,
ad quod admirandum catervatim concurrebant, ei ascribentes 30
laudes qui patriam a tanta ingluvie liberaverat. At Hoelus,

---

9. *buried.* **10.** *skull;* Fr. "tête." **11.** *furs.* **12.** *might place above.* **13** =
superfuisset. **14** = *spolia.*

ob casum suae neptis tristis, praecepit aedificare basilicam super
corpus ipsius in monte quo iacebat, qui, nomen ex tumulo
puellae nactus, Tumbae[15] Helenae usque in hodiernum diem
vocatur.

CXVII.[1] THE GLORIES OF LEARNING

5   Iucundissimus cum in multis tum in eo maxime est litterarum
fructus quod, omnium[2] interstitiorum[3] loci et temporis exclusa
molestia,[2] amicorum sibi invicem praesentiam exhibent, et res
scitu dignas situ aboleri non patiuntur. Nam et artes perierant,
evanuerant iura, fidei et totius religionis officia quaeque[4] cor-
10 ruerant ipseque recti[5] defecerat usus eloquii, nisi in remedium infirmitatis humanae litterarum usum mortalibus divina miseratio[6] procurasset.   Exempla maiorum, quae sunt incitamenta et
fomenta[7] virtutis, nullum omnino erigerent aut servarent, nisi
pia sollicitudo scriptorum et triumphatrix[8] inertiae diligentia
15 eadem ad posteros transmisisset. Siquidem vita brevis, sensus
hebes, neglegentiae torpor, inutilis occupatio nos paucula scire
permittunt, et eadem iugiter excutit et avellit ab animo
fraudatrix[9] scientiae, inimica et infida semper memoriae
noverca, oblivio. Quis enim Alexandros sciret aut Caesares,
20 quis stoicos aut peripateticos miraretur, nisi eos insignirent
monumenta scriptorum? Quis apostolorum et prophetarum
amplexanda imitaretur vestigia, nisi eos posteritati divinae
litterae consecrassent?   Arcus triumphales tunc[10] proficiunt
illustribus viris ad gloriam cum ex quibus causis et quorum

---

15. *Tomb.*
CXVII. 1. This and the following selection are from the *Polycraticus* of
John of Salisbury (†1180), pupil of Abelard, secretary to Thomas à Becket
and later bishop of Chartres; it is important for the light it throws on the
literary and scientific tendencies of the times.   John was an ardent humanist, with a wide acquaintance with the classics. His style, which is unusually good, is modeled on Cicero. **2.** *all the disadvantages of intervening time
and space being removed.* **3.** *intervals.* **4** =*omnia.* **5.** *correct.* **6.** *mercy.*
7. *encouragement.* **8.** *conqueror.* **9.** *defrauder.* **10.** *only then.*

sint impressa docet inscriptio. Liberatorem patriae, funda-
torem quietis, tunc demum inspector[11] agnoscit cum titulus
triumphatorem, quem noster Britannia genuit, indicat Con-
stantinum. Nullus enim umquam constanti gloria claruit nisi
ex suo vel scripto alieno. Eadem est asini et cuiusvis imperatoris 5
post modicum tempus gloria, nisi quatenus memoria alterutrius
scriptorum beneficio prorogatur. Quot et quantos arbitraris
fuisse reges de quibus nusquam sermo est aut cogitatio?
Nihil ergo consiliosius[12] est captatoribus gloriae quam litte-
ratorum et scribentium maxime gratiam promereri. Inutiliter 10
enim eis[13] geruntur egregia, perpetuis tenebris obducenda, nisi
litterarum luce clarescant. Quicquid favoris aut praeconiorum
aliunde contrahitur perinde est ac si Echo, quam audis in
fabulis, plausus excipiat theatrales. Desinit enim cum coeperit.
Ad haec in dolore solacium, recreatio in labore, in paupertate 15
iucunditas, modestia in divitiis et deliciis fidelissime a litteris
mutuatur. Nam a vitiis redimitur animus, et suavi et mira
quadam, etiam in adversis, iucunditate reficitur, cum ad
legendum vel scribendum utilia[14] mentis intendit acumen.
Nullam in rebus humanis iucundiorem aut utiliorem occupa- 20
tionem invenies, nisi forte divinitus compuncta devotio orando[15]
divinis insistat colloquiis[15] aut, corde per caritatem dilatato,
Deum mente concipiat et magnalia[16] eius apud se quasi[17]
quadam meditationis manu pertractet.[17] Experto[18] crede[18]
quia omnia mundi dulcia his collata exercitiis amarescunt[19]; eo 25
quidem magis quo cuique sensus integrior, et ratio incorrupta
iudicii purioris viget acumine.

---

11. *spectator.* **12.** *more advisable.* **13.** *by them.* **14.** object of the gerunds.
15. *holds intercourse with God in prayer.* **16.** *great deeds.* **17.** *handles
(studies) within itself, as with the hand of meditation.* **18.** proverbial.
19. *become bitter.*

CXVIII. ALEXANDER AND THE PIRATE

Totius philosophiae robur patientia est; cum et Socrates non modo verbo neget¹ sapientem posse offendi sed adversus omnem fortunam robore virtutis suae manere immobilem. Et ne philosophis solis patientiam sic placuisse credas ipsorum
5 imperatorum ad² eam publicandam² exempla concurrunt. In Graecia quis maior aut clarior Alexandro? Ei Antigonus pedagogus citharam fregit abiecitque dicens: "Aetati tuae iam regnare convenit, pudeatque in corpore³ regni³ voluptatem luxuriae dominari." Quod et ille patientissime tulit, licet
10 plerumque impatientissimus fuerit, et patrem sicut virtute ita vitiis superaret. Eidem quoque eleganter et vere comprehensus pirata scribitur respondisse. Cum enim Alexander interrogaret quid⁴ ei videretur quod mare haberet infestum,⁴ ille libera contumacia: "Quod tibi," inquit, "ut tu orbem terrarum.
15 Sed quia id ego uno navigio facio, latro vocor; quia tu magna classe, diceris imperator. Si solus et captus sit Alexander, latro erit; si ad nutum Dionidi populi famulentur, erit Dionides imperator. Nam quod⁵ ad causam⁵ non differunt, nisi quia deterior est qui rapit improbius, qui iustitiam abiectius deserit,
20 qui manifestius impugnat leges. Quas enim ego fugio, tu persequeris⁶; ego utcumque veneror, tu contemnis. Me fortunae iniquitas et rei familiaris angustia, te fastus intolerabilis et inexplebilis avaritia furem facit. Si fortuna mansuesceret, fierem forte melior; at tu quo fortunatior, nequior eris."
25 Miratus Alexander constantiam hominis eum merito arguentis: "Experiar," inquit, "an futurus sis melior, fortunamque mutabo, ut non ei a modo quod deliqueris sed tuis moribus adscribatur." Eum itaque iussit conscribi militiae ut posset exinde salvis legibus militare.

CXVIII. **1.** the negative idea only with the first infinitive. **2.** *to show her excellence.* **3.** i.e., *rege.* **4.** i.e., "What is your object in keeping the sea in a turmoil?" The answer is: "The same as yours in keeping the world in a turmoil." **5.** *as to the merits of the case.* **6** =*impugnas.*

CXIX[1]

CARISSIMO DOMINO ET AMICO SUO R. ARCHIDIACONO*
NANNETENSI,[2] P. BLESENS.[3] SALUTEM ET SI QUID
MELIUS EST SALUTE

Duos e nepotibus tuis mihi erudiendos nudiustertius com-
misisti; alterum pueritiae annos agentem, alterum plena
integrum pubertate. Nunc autem per litteras tuas vehementer
evehis[4] et commendas maioris ingenium et asseris te numquam
venae subtilioris hominem invenisse; ideo supplicas et hortaris 5
ut circa eum tempestivius[5] vigilantia magistralis[6] appareat;
leve namque aestimas illi aedificio manum[7] supremae con-
summationis[7] apponi, cui[8] aliena sollicitudo contulit incremen-
tum.[8] Verumtamen res in contrarium versa est. Melius enim
spero de illius eruditione qui ad me rudis et informis accessit 10
quam de alterius, cuius iam ex parte induruit[9] vena, sibique
quasi effigiem alieni doctoris impressit. Argilla et cera atque
huiusmodi alia quae susceptioni[10] formae et impressioni[10] se
offerunt, facilius et fidelius effigiantur[11] ad imprimentis[12]
arbitrium si nulla prius in se susceperint liniamenta formarum. 15
Refert equidem Quintilianus[13] in libro *De institutione oratoris*
Timotheum quendam celebrem in arte tibiarum solitum duplas
ab his mercedes exigere quos alius docuisset. Duplex enim in
talibus labor est: alter in eluenda doctrina minus commendabili
qua imbuti[14] fuerant, alter in exhibenda scientia quae lucrum 20
pariter generaret et famam; aegre namque dediscitur quod
didicit aetas tenerior, quia "Quo semel est imbuta recens
servabit odorem Testa diu."[15]

CXIX. 1. A letter of Peter of Blois (†c. 1200), a pupil of John of Salisbury.
His letters are notable for the extraordinary number of classical quotations
they contain. They are of value for the light they throw on the history
and the cultural tendencies of the times. Some doubt, however, has been
expressed as to their authenticity. 2. *of Nantes.* 3. *of Blois.* 4. *praise.*
5. *earlier.* 6. *of the teacher.* 7. *the finishing touches.* 8. *the construction
of which is due to another's effort.* 9. *hardened.* 10. *for shaping and stamp-
ing.* 11. Cf. p. 158, l. 3. 12. i.e., of the artist. 13. II, 3, 3. 14. *instructed.* 15. Horace, *Ep.* I, 2, 69.

Willelmum praedicas subtilioris venae et acutioris ingenii eo
quod, grammaticae et auctorum studio praetermisso, volavit ad
versutias logicorum; ubi non in libris, sicut fieri solet, dialecticam didicit sed in schedulis[16] et quaternis.[16] Non est in talibus
5 fundamentum scientiae litteralis,[17] multisque perniciosa est ista
subtilitas[18] quam extollis. Ait enim Seneca: "Odibilius[19] nihil
est subtilitate ubi est sola subtilitas." Quid enim prodest illis
expendere dies suos in his quae nec domi nec militiae nec in
foro nec in claustro nec in curia nec in ecclesia nec alicui
10 prosint alicubi, nisi dumtaxat in scholis? Seneca scribens ad
Lucilium,[20] "Quid est," inquit, "acutius arista et in quo est
utilis? Tale est," inquit, "ingenium quod sola subtilitate
lasciviens nulla in se residet gravitate." Icarus dum elevatus
iuvenili levitate fertur in caelum, fluctibus marinis immergitur.
15 Tales etiam dum se in artibus temere elevant alliduntur.[21]
Quidam antequam disciplinis elementaribus[22] imbuantur, docen-
tur inquirere de puncto, de linea, de superficie, de quantitate[22]
animae, de fato, de pronitate[23] naturae, de casu et libero
arbitrio, de materia et motu, de principiis corporum, de
20 progressu multitudinis, et magnitudinis sectione,[22] quid sit
tempus, quid inane, quid locus, de eodem et de diverso, de
diviso, et de dividuo et individuo, de substantia[22] et forma
vocis, de essentia[24] universalium,[25] de ortu, usuque et fine
virtutum, de causis rerum, de refluxione[26] oceani, de ortu Nili,
25 de variis latentis naturae secretis, de variis figuris causarum,
quae in contractibus[27] vel quasi[22] contractibus, maleficiis[28] vel
quasi maleficiis oriuntur, de primis rerum initiis et aliis quam
pluribus, quae plenioris scientiae fundamentum et eminentiores
exigunt intellectus. Primitiva[29] erat aetas tenera[29] in regulis

---

16. *in abstracts and notebooks.* 17. *of letters.* 18. This "slogan" of the
scholastics became a byword with the humanists. 19. *more offensive.*
20. *Ep.* lxxxii, 24. 21. *dashed to destruction.* 22. Eng. 23. *proneness.*
24. *being, essence.* 25. term used in logic denoting that which can be
predicated of many individuals or single cases, *universals.* 26. *flow of
the tide.* 27. *contracts.* 28. *torts.* 29. *The ancient practice was to train
the youthful mind.*

artis grammaticae, in analogiis,[30] in barbarismis, in soloecismis,[22] in tropis[31] et schematibus; in quorum omnium doctrina Donatus, Servius, Priscianus, Isidorus, Beda, Cassiodorus plurimam diligentiam impenderunt; quod equidem non fecissent si sine his posset haberi scientiae fundamentum. Nam et 5 Quintilianus,[32] qui hanc doctrinam tradit et tradendam asserit, tantis eam attollit praeconiis ut publice protestetur sine illa scientiae nomen non posse subsistere. C. Caesar de analogia libros edidit, sciens sine hac scientia nec prudentiam, in qua perfectissimus erat, nec eloquentiam, in qua erat potentissimus, 10 posse a quoquam facile obtineri. M. Tullius, sicut ex eius epistolis frequentibus patet, ad artem grammaticam filium, quem tenerrime diligebat, diligenter invitat. Et quae utilitas est schedulas evolvere, firmare[33] verbo tenus summas[33] et sophismatum[34] versutias inversare,[35] damnare scripta veterum 15 et reprobare[36] omnia quae non inveniuntur in suorum schedulis magistrorum? Scriptum est[37] quia "in antiquis est scientia." Nec Ieremias[38] de lacu[39] educitur donec in funibus ei submittantur vestes veteres et attritae. Nam de tenebris ignorantiae ad lumen scientiae non ascenditur nisi antiquorum scripta 20 propensiore[40] studio relegantur. Gloriatur Hieronymus se . scriptis Originis operosius institisse. Horatius quoque iactabat se relegisse Homerum, "Qui quid sit pulchrum, quid turpe, quid utile, quid non, Plenius ac melius Chrysippo et Crantore dicit."[41] Scio mihi plurimum profuisse quod cum in arte 25 versificatoria[42] parvulus erudirer, praecipiente magistro, mihi materiam non de fabulis sed de historiarum veritate sumebam. Profuit mihi quod epistolas Hildeberti Cenomanensis[43] episcopi, stili elegantia et suavi urbanitate praecipuas,[44] firmare et corde[45] tenus[45] reddere adulescentulus compellebar. Praeter ceteros 30

30. *similarities in form, inflection*, etc. 31. See p. 152, l. 17. 32. See p. 251, l. 16. 33. *learn epitomes word for word.* · 34. *fallacies.* 35. *juggle with.* 36. *condemn.* 37. Job xii, 12. 38. Jeremiah xxxviii, 11. 39. *dungeon.* 40. *willing.* 41. *Ep.* I, 2, 3. 42. *of writing verses.* 43. *of Le Mans.* 44. *distinguished.* 45. *by heart.*

etiam libros, qui celebres sunt in scholis, profuit mihi frequenter
inspicere Trogum Pompeium, Iosephum, Suetonium, Hegesip-
pum, Q. Curtium, Corn. Tacitum, Titum Livium, qui omnes
in historiis quas referunt, multa ad morum aedificationem et
5 ad profectum scientiae liberalis interserunt. Legi et alios qui
de historiis nihil agunt, quorum[46] non est numerus.[46] In quibus
omnibus quasi in hortis aromatum flores decerpere et urbana
suavitate loquendi mellificare[47] sibi potest diligentia moder-
norum.[48] Nolite ergo ulterius allegare subtile Willelmi vestri
10 nepotis ingenium; nec mihi imputetur ad culpam si modico
tempore non proficit ad perfectum. Purgatur enim aegrotus
antequam sanetur; et iuxta sententiam Timothei, qui de aliorum
discipulis retributionem[49] laboris sui duplicem exigebat, inutilia
prius evellenda sunt ut utilia inserantur. Nam in Mercurialibus
15 nuptiis[50] philologia inutilis scientiae libros evomit antequam
in eminentiam[48] dignitatis optatae mereatur assumi. Vereor
siquidem ne nimis vera sit assertio Timothei. Iohannes
quidem Willelmum quodam discendi compendio[51] iam praecedit,
caput in caudam vertitur et si Iohannes in proposito perseverat,
20 minor primogenitum, et Iacob Esau supplantabit.[52]

CXX[1]

ITEM DE APPARITIONIBUS[2]

Simile huic est quod Edricus Wilde, quod est silvestris, sic[3]
dictus[3] a corporis agilitate et iucunditate verborum et operum,
homo multae probitatis, et dominus Ledeburiae borealis[4]; qui

---

46. *without number.* 47. *make honey.* 48. Eng. 49 = *mercedes.* 50.
a work by Martianus Capella, much read in the Middle Ages. 51. *short
cut.* 52. Eng.
    CXX. 1. From the *De nugis curialium* ("On the trifles of the court") of
Walter Map, an entertaining, though somewhat confused, collection of
historical anecdotes, legend, and folk lore, compiled at the end of the twelfth
century. Edric Wilde was a prominent figure in the history and legend of
the time. 2. *spirits.* 3. i.e., *Wilde.* 4. *northern, north.*

cum venatu sero rediens per devia mediam usque noctem
viarum[5] dubius erravit, uno tantum comitatus puero, ad
domum in ora nemoris magnam delatus est, quales Anglici in
singulis singulas habebant dioecesibus bibitorias,[6] ghildhus
Anglice* dictas, cumque prope esset vidissetque lumen in ea, 5
introspiciens multarum nobilium feminarum maximam cho-
ream[7] vidit. Erant autem pulcherrimae aspectu, venustoque
habitu eleganter cultae lineo tantum, maioresque nostris et
proceriores. Unam tamen inter alias notavit miles praedictus
ceteris forma facieque praestantem, super omnes regum 10
delicias desiderabilem. Circuibant levi motu gestuque iucundo,
et castigata voce, reverendo concentu sonus audiebatur exilis,
at non erat sermo earum intellegibilis.[8] Hac visa, miles accipit
vulnus in cor, arcuque Cupidinis impressos vix sustinet ignes,
totus accenditur, totus abit in flammas, et a fervore pulcher- 15
rimae pestis aureique discriminis animosus efficitur. Gentium
errores audierat, nocturnasque phalanges daemonum et morti-
feras eorum visiones, Dictinnam,[9] et coetus Driadum et alares,[10]
edoctus[11] offensorum vindictam numinum quomodo subitis
eorum visoribus[12] subitas inferant poenas, quam se illibata 20
conservent, et incognita secrete[13] seorsum habitent, quam
invisos habeant qui consilia eorum deprehendere conantur ut
detegant, rimantur[14] ut revelent, quanta se sollicitudine claudant
ne visa vilescant[15]; ultiones audierat et punitorum exempla;
sed quod recte caecus Cupido pingitur, immemor omnium 25
fantasma[16] non pensat, ultorem non videt, et, quod lumen non
habet, offendit improvidus. Domum circuit, aditugue reperto
irruit, ipsam rapit a qua rapitur, et statim ab aliis arripitur, et
dimicatione fortissima detentus aliquamdiu suis puerique sui
magnis conatibus eripitur, nec omnino indemnis,[17] sed, quantum 30

---

5. genitive with *dubius*. **6.** *drinking-houses*. **7.** *circle;* strictly, *dance in a circle.* **8.** Eng. **9.** a nymph. **10.** "spectral squadrons." **11.** governs *vindictam* and five indirect questions. **12.** *spectators.* **13** = *secreto.* **14.** Sc. *qui* as subject. **15.** *become objects of contempt.* **16** = *apparitionem.* **17.** *unhurt.*

possint feminarum ungues et dentes, pedibus laesus et tibiis;
hanc secum tulit, et ea pro voto tribus diebus et noctibus usus,
verbum ab ea extorquere non potuit, passa tamen est consensu
placido venerem voluptatis eius. Quarta vero die locuta est
5 ei verba haec: "Salve, dulcissime mi, et salvus eris, et prospero
statu personae rerumque gaudebis donec improperaveris mihi
aut sorores a quibus rapta sum, aut locum aut lucum unde,[18]
aut aliquod circiter[19] illud[20]; a die vero illa decides a felicitate,
meque sublata detrimento frequenti deficies, diemque[21] tuum
10 importunitate tua prevenies.[22] Ille se stabilem fore fidumque
semper in suis amoribus quacumque potest securitate[23] promit-
tit. Convocat ergo vicinos et remotos nobiles, et multitudine
congregata sollemni eam sibi matrimonio iunxit. Regnabat in
illa tempestate Willelmus[24] Bastardus, tunc novus Angliae rex,
15 qui portentum[25] hoc audiens, probare cupiens et scire palam an
verum esset, utrumque vocavit ut simul venirent Londonias,
veneruntque multi cum eis testes, et multorum testimonia qui
adesse non poterant, et maximum erat fatalitatis[26] argumentum
invisa prius et inaudita species mulieris, et cum stupore omnium
20 remissi sunt ad propria. Contigit postmodum, plurimis
revolutis annis, quod Edricus venatu reversus circa tertiam
noctis horam cum quaesitam eam non invenisset, vocavit
eam et vocari iussit, tardeque venientem iratus intuens ait:
"Numquid a sororibus tuis tam diu detenta es?" et cetera
25 iurgia fecit in aerem, nam illa sororibus auditis disparuit.
Paenituit ergo iuvenem excessus[27] tam enormis et damnosi,
locumque petit unde raptum fecerat, sed nullis eam fletibus,
nullis eiulatibus revocare potuit. Clamabat per diem et
noctem, sed ad[28] insipientiam sibi,[28] nam vita eius ibi defecit
30 in dolore continuo.

---

18. Sc. *rapta sum*. **19** = *de*. **20.** The word is used loosely. **21** = *diem supremum*. **22.** *anticipate*, i.e., meet sooner. **23.** *pledge*. **24.** the Conqueror. **25.** *marvel*. **26.** *of her supernatural character*. **27.** *intemperate outbreak*. **28.** i.e., *in vain;* a reminiscence of Psalms xxi, 3 (xxii, 2) *et non ad insipientiam mihi*.

Reliquit autem heredem filium suum et illius pro qua decessit, Alnodum, virum magnae sanctitatis et sapientiae, qui cum esset aliquantulum provectus[29] decidit in paralisim[30] et tremorem capitis et membrorum, qui cum omnibus medicis incurabilis[30] videretur, a viris discretis accepit[31] quatenus[31] ad apostolos Petrum et Paulum, quomodocumque posset, properare satageret, sanitatem pro certo accepturus ubi corpora eorum, Romae scilicet, sepulta sunt. Quibus ille respondit se nusquam iturum in iniuriam sancti Ethelberti regis et martyris, cuius ipse parochianus* erat, antequam ipsi praesentaretur, et se deferri fecit Herefordiam, ubi nocte prima coram altari praedicti martyris pristinae datus est sanitati, et cum gratiarum actione donavit in perpetuam elemosinam Deo et beatae Virgini et sancto regi Ethelberto Ledebiriam suam, quae in terris Uuallie[32] sita est, cum omnibus pertinentiis[33] suis, quae adhuc nunc in dominio[34] episcopi Herefordensis est, diciturque triginta libras annuas facere dominis suis.

CXXI.[1] THE ABBOT SAMSON

Vacante[2] abbatia* prior super omnia studuit ad pacem conservandam in conventu et ad honorem ecclesiae conservandum in hospitibus suscipiendis, neminem volens turbare, neminem ad iracundiam provocare, ut omnes et omnia in pace posset conservare; dissimulans tamen quaedam corrigenda de obedientiariis[3] nostris, et maxime de sacrista,* tamquam non curaret quid ipse ageret de sacristia,[4] qui tempore quo abbatia vacavit, nec debitum aliquod adquietavit[5] nec aliquid aedificavit; sed

---

29. Sc. *aetate.* **30.** Eng. **31.** *was advised that.* **32.** *Wales.* **33.** *appurtenances.* **34.** *domain.*

CXXI. 1. From the chronicle (1173–1190) of Jocelin, a monk of St. Edmundsbury. This medieval Boswell has given us a striking portrait of the abbot Samson and an unusually intimate picture of life in a monastery. **2.** i.e., the abbey was without an abbot. **3.** *officials.* **4.** *sacristy.* **5.** *paid*

oblationes[6] et obventiones[7] stulte distrahebantur.[8] Unde prior, qui caput conventus erat, pluribus videbatur vituperandus et remissus dicebatur. Et hoc memorabant fratres nostri inter se quando perventum fuit ad faciendam electionem abbatis.

5 Cellerarius noster omnes hospites cuiuscumque condicionis essent suscepit ad expensas[9] conventus.

Willelmus sacrista ex sua parte dabat et expendebat; homo benignus, dans danda et non danda, oculos omnium excaecans muneribus.

10 Samson subsacrista,[10] magister super operarios,[11] nihil fractum, nihil rimatum, nihil fissum, nihil inemendatum[12] reliquit pro posse suo; unde conventum et maxime claustrales[13] sibi conciliavit in gratiam. In diebus illis chorus noster fuit erectus, Samsone procurante, historias picturae ordinante et versus 15 elegiacos[14] dictante. Attractum[15] fecit magnum de lapidibus et sabulo[16] ad magnam turrim ecclesiae construendam. Et interrogatus unde denarios haberet ad hoc faciendum respondit quosdam burgenses dedisse ei occulte pecuniam ad turrim aedificandam et perficiendam. Dicebant tamen quidam fratres 20 nostri quod Warinus, monachus noster, custos feretri,[17] et Samson subsacrista communi consilio surripuerunt quasi furtive portionem aliquam de oblationibus feretri ut eam in usus necessarios ecclesiae et nominatim ad aedificationem turris expenderet, hac ratione ducti quia videbant quod obla- 25 tiones in usus extraordinarios expendebantur ab aliis, qui, ut verius dicam, eas furabantur. Et ut tam felicis furti sui suspicionem tollerent, praenominati[18] duo viri truncum[19] quendam fecerunt, concavum et perforatum in medio vel in summo et obseratum sera ferrea; et erigi fecerunt in magna ecclesia 30 iuxta ostium extra chorum in communi transitu vulgi, ut

---

6. *offerings.* 7. *revenues.* 8. *were wasted.* 9. *expenses.* 10. *undersacris-tan.* 11. *workmen.* 12. *unrepaired.* 13. *cloistered monks.* 14. *elegiac;* the popular form of verse for inscriptions. The inscriptions explained the stories of the paintings. 15. *store, supply.* 16. *sand.* 17. *shrine.* 18. *above-mentioned.* 19. *chest.*

ibi ponerent homines elemosinam suam ad aedificationem turris.

Willelmus vero sacrista socium suum Samsonem suspectum habuit et multi alii qui partem eiusdem Willelmi fovebant, tam christiani quam Iudaei. Iudaei, inquam, quibus sacrista pater 5 et patronus dicebatur; de cuius protectione[20] gaudebant et liberum ingressum et egressum habebant et passim ibant per monasterium, vagantes per altaria et circa feretrum dum missarum celebrarentur sollemnia; et denarii eorum in thesauro nostro sub custodia sacristae reponebantur et, quod absurdius 10 est, uxores eorum cum parvis suis in pitanceria[21] nostra tempore werrae[22] hospitabantur.

Accepto itaque consilio qualiter irruerent in Samsonem inimici vel adversarii eius, convenerunt Robertum de Cokefeld et socium eius, qui custodes erant abbatiae, et induxerunt eos 15 ad hoc quod illi prohibuerant ex parte regis ne aliquis aliquod opus vel aliquod aedificium faceret quamdiu abbatia vacaret; sed potius denarii ex oblationibus colligerentur et conservarentur ad faciendam solutionem[23] alicuius debiti. Et sic illusus est Samson et recessit ab eo fortitudo eius[24]; nec de cetero 20 aliquid operari potuit sicut voluit. Potuerunt quidem adversarii eius rem differre sed non auferre; quia resumptis viribus suis et subversis duobus columnis, id est, remotis duobus custodibus abbatiae quibus aliorum malitia innitebatur, dedit ei Dominus processu temporis potestatem perficiendi 25 votum suum ut praedictam turrim aedificaret et pro desiderio suo consummaret. Et factum est ac si ei divinitus diceretur: "Euge,[25] serve bone et fidelis, quia super pauca fuisti fidelis, super multa," etc.

Post mortem Hugonis abbatis, peracto anno cum tribus 30 mensibus, praecepit dominus rex per litteras suas ut prior noster et duodecim de conventu, in quorum ore universitatis

---

20. Eng. **21.** the quarters assigned to the monk who distributed the *pitantia (an allowance of food, dole).* **22.** *war.* **23.** *payment.* **24.** Judges xvi, 19. **25.** Matthew xxv, 21.

concordaret sententia, apparerent die statuto coram eo ad
eligendum abbatem. In crastino post susceptionem²⁶ litterarum
convenimus in capitulo de tanto tractaturi negotio. In primis
lectae sunt litterae domini regis in conventu; postea rogavimus
5 et oneravimus²⁷ priorem in periculo animae suae ut XII secundum
conscientiam suam nominaret secum ducendos, de quorum
vita et moribus constaret eos a recto nolle deviare.²⁸ Qui
petitis annuens, dictante spiritu sancto, sex ex una parte chori
et sex ex altera nominavit et sine contradictione²⁹ nobis
10 satisfecit. Unus autem dixit: "Quid fiet si isti tredecim non
possunt coram rege concordare in abbate eligendo?" Respondit
quidam quia: "Hoc erit nobis et ecclesiae nostrae in opprobrium sempiternum." Voluerunt ideo plures ut electio fieret
domi antequam ceteri recederent ut per hanc providentiam
15 non fieret dissensio coram rege; sed illud nobis videbatur
stultum et dissonum³⁰ facere sine regis assensu, quia nondum
constabat nobis posse impetrare a domino rege ut liberam
electionem haberemus. Samson subsacrista in spiritu loquens³¹:
"Fiat," inquit, "media via, ut hinc et inde periculum evitetur.
20 Eligantur quattuor confessores de conventu et duo ex senioribus
prioribus de conventu bonae opinionis, qui, visis sacrosanctis,³²
tactis evangeliis, inter se eligant tres viros de conventu, ad hoc
magis idoneos iuxta regulam sancti Benedicti, et eorum nomina
in scriptum redigant et scriptum sub sigillo includant et sic
25 inclusum committatur nobis ituris ad curiam; et cum venerimus
coram rege et constiterit nobis de libera electione habenda tunc
demum frangatur sigillum et sic certi erimus qui tres nominandi
erunt coram rege. Et constiterit³³ nobis, si dominus rex noluerit
concedere nobis unum de nostris, reportetur sigillum integrum
30 et sex iuratoribus³⁴ tradatur ita quod secretum illorum in
perpetuum celatur in periculum animarum suarum." Huic
consilio omnes adquievimus et nominati sunt quattuor con-

26 = *acceptionem.* **27.** *bound.* **28.** *deviate.* **29.** *objection.* **30.** *inappro-*
priate. **31.** 1 Corinthians xii, 3. **32.** *holy relics, gospels.* **33.** *let it be*
resolved. **34.** *sworn men.*

fessores et alii duo senes. Quo facto exivimus cantantes "Verba mea"[35] et remanserunt praedicti sex habentes regulam sancti Benedicti prae manibus et negotium sicut praefinitum fuerat impleverunt. Dum illi sex hoc tractabant, nos de diversis eligendis diversa putabamus, habentes tamen omnes quasi 5 pro certo Samsonem esse unum ex tribus, attendentes labores eius et pericula mortis versus[36] Romam[36] pro bonis ecclesiae nostrae et qualiter tractus et compeditus[37] et incarceratus erat ab Hugone abbate, loquens pro communi utilitate; qui nec sic flecti potuit ad adulandum, licet cogi potuit ad tacendum. 10 Facta autem mora, vocatus conventus rediit in capitulum. Et dixerunt senes se fecisse secundum quod praeceptum eis fuerat.

In crastino igitur iter arripuerunt illi tredecim versus curiam. Postremus omnium fuit Samson, provisor expensarum, quia 15 subsacrista erat, circa collum scrinium portans quo litterae conventus continebantur, quasi omnium minister solus et sine armigero froggum[38] suum in ulnis baiulans, curiam exivit, socios sequens a longe. Eodem die quo tredecim recesserunt, sedentibus nobis in claustro, dixit Willelmus de Hastinga, unus 20 ex fratribus nostris: "Scio quod habebimus abbatem unum de nostris," et interrogatus quomodo hoc sciret respondit se vidisse in somnis prophetam albis indutum stantem prae foribus monasterii et se quaesisse in nomine Domini utrum haberemus abbatem de nostris. Et respondit propheta: 25 "Habebitis unum de vestris sed saeviet inter vos ut lupus." Cuius somnii significatio secuta est in parte quia futurus abbas studuit magis timeri quam amari, sicut plures dicebant. Assedit et alius frater, Aedmundus nomine, asserens quod Samson futurus esset abbas et narrans visionem quam proxima 30 nocte viderat. Dixit se vidisse in somnis Rogerum cellerarium et Hugonem tertium priorem stantes ante altare et Samsonem in medio, eminentem ab humeris supra, pallio circumdatum

---

35. Psalm v. **36.** *on his journey to Rome.* **37.** *put in chains.* **38.** *frock.*

longo et talari, ligato in umeris eius, et stantem quasi pugilem[39]
ad duellum[40] faciendum. Et surrexit sanctus Eadmundus de
feretro (sicut ei somnianti visum fuerat) et quasi languidus
pedes et tibias nudas exposuit, et accedente quodam·et volente
5 operire pedes sancti, dixit sanctus: "Noli accedere. Ecce ille
velabit mihi pedes," praetendens digitum versus Samsonem.
Haec est interpretatio somnii: Per hoc quod pugil videbatur,
significatur quod futurus abbas semper in labore existeret,
quandoque movens controversiam contra archiepiscopum
10 Cantuariensem de placitis coronae, quandoque contra milites
sancti Eadmundi pro scutagiis[41] integre reddendis, quandoque
cum burgensibus pro purpresturis[42] in foro, quandoque cum
sochemannis[43] pro sectis[44] hundredorum[45]; quasi pugil volens
pugnando superare adversarios ut iura et libertates ecclesiae
15 suae posset revocare. Velavit autem pedes sancti martyris
quando turres ecclesiae a centum annis inceptas perfecte
consummavit. Huiusmodi somnia somniabant fratres nostri,
quae statim divulgabantur primo per claustrum, postea per
curiam, ita quod ante vesperam publice dicebatur in plebe, ille
20 et ille et ille electi sunt, et unus eorum erit abbas.

Prior autem et duodecim cum eo post labores et dilationes
multas tandem steterunt coram rege apud Waltham, manerium[46]
Wintoniensis episcopi, secunda dominica quadragesimae. Quos
dominus rex benigne suscepit et asserens se velle secundum
25 Deum agere et ad honorem ecclesiae nostrae praecepit fratribus
per internuntios, scilicet Richardum episcopum Wintoniensem
et Galfridum cancellarium,[47] postea archiepiscopum Ebora-
censem, ut nominarent tres de conventu nostro. Prior vero et
fratres se divertentes, quasi inde collocuturi, extraxerunt
30 sigillum et fregerunt et invenerunt haec nomina sub tali ordine
scripta: Samson subsacrista, Rogerus cellerarius, Hugo tertius
prior. Erubuerunt inde fratres qui maioris dignitatis erant.
Mirabantur etiam omnes eundem Hugonem esse electorem et

---

39. *champion.* **40.** *duel.* **41.** *scutages.* **42.** *encroachments.* **43.** *sokemen.*
44. *suits.* **45.** *hundreds.* **46.** *manor.* **47.** *chancellor.*

electum. Quia tamen rem mutare non poterant, ordinem
nominum de communi consilio mutaverunt, pronuntiando
primum Hugonem, quia tertius prior erat, secundo Rogerum
cellerarium, tertio Samsonem, facientes verbo[48] tenus novissimum primum et primum novissimum. Rex vero, primo 5
quaerens an nati essent in sua terra et in cuius dominio, dixit
se non nosse eos, mandans ut cum illis tribus alios tres nominarent de conventu. Quo concesso, dixit Willelmus sacrista:
"Prior noster debet nominari quia caput nostrum est"; quod
cito concessum est. Dixit prior: "Willelmus sacrista bonus 10
vir est." Similiter dictum est de Dionisio, et concessum est.
Quibus nominatis coram rege sine omni mora, mirabatur rex,
dicens: "Cito fecerunt isti; Deus est cum eis." Postea
mandavit rex ut propter honorem regni sui nominarent tres
personas de aliis domibus. Quo audito, timebant fratres, 15
suspicantes dolum. Tandem consilium inierunt ut nominarent
tres sed sub condicione, scilicet, ut nullum reciperent nisi per
consilium conventus qui domi fuit. Et nominaverunt tres.
Quo facto mandavit rex, gratias agens, ut tres removerentur de
novem et statim remoti sunt alieni tres. Willelmus sacrista 20
sponte cessit; remoti sunt duo ex quinque per praeceptum
regis et postea unus ex tribus et remanserunt tum duo, scilicet,
prior et Samson. Tunc tandem vocati sunt ad consilium
fratrum praenominati internuntii domini regis. Et loquens
Dionisius, unus pro omnibus, coepit commendare personas 25
prioris et Samsonis, dicens utrumque eorum litteratum,
utrumque bonum, utrumque laudabilem vitae et integrae
opinionis, sed semper in[49] angulo sui sermonis[49] Samsonem
protulit, multiplicans verba in laudem eius, dicens eum esse
virum rigidum in conversatione, severum in corrigendis excessi- 30
bus, et aptum ad labores et in saecularibus curis prudentem et
in diversis officiis probatum. Respondit Wintoniensis: "Bene
intellegimus quod vultis dicere; ex verbis vestris conicimus quod

---

48. Matthew xix, 30; Mark x, 31. 49. i.e., incidentally.

prior vester vobis videtur aliquantulum remissus et illum qui
Samsonem dicitur vultis habere." Respondit Dionisius:
"Uterque bonus est, sed meliorem vellemus habere si Deus
vellet." Cui episcopus: "Duorum bonorum magis bonum
5 eligendum est; dicite aperte, vultis habere Samsonem?" Et
responsum est praecise a pluribus et a maiori parte: "Volumus
Samsonem," nullo reclamante, quibusdam tamen tacentibus
ex industria, nec hunc nec illum offendere volentibus. Nomi-
nato Samsone coram domino rege et habito brevi consilio cum
10 suis, vocati sunt omnes et dixit rex: "Vos praesentastis mihi
Samsonem; non novi eum; si praesentaretis mihi priorem
vestrum, illum reciperem quem vidi et agnovi; sed modo faciam
quod vultis. Cavete vobis; per veros oculos Dei, si male
feceritis ego me[50] capiam ad vos."[50] Et interrogavit priorem si
15 assentiret et hoc vellet; qui respondit se hoc velle et Samsonem
multo maiore dignum honore. Electus igitur ad pedes regis
procidens et deosculans[51] festinanter surrexit et festinanter ad
altare tetendit, cantando: "Miserere mei Deus,"[52] cum fratribus,
erecto capite, vultu non mutato. Quod cum rex vidisset dixit
20 astantibus: "Per oculos Dei, iste electus videtur sibi dignus
abbatiae custodiendae."

CXXII[1]

QUOD PHILIPPUS[2] REX PRAECEPIT UT OMNES VICI
VEL VIAE PARISIUS PAVIMENTARENTUR[3]

Factum est autem post aliquot dies quod Philippus,[4] rex
semper Augustus, Parisius aliquantulam moram faciens, dum
sollicitus pro negotiis regni agendis in aulam[5] regiam deambula-

---

50. *exact recompense from you.* **51** = *osculans.* **52.** Psalm 1, 1 (li, 1).
CXXII. 1. From Rigord's *Gesta Philippi Augusti,* which covers the period
1179-1206. Rigord was abbot of St. Denis (†c. 1209) and wrote from a
close acquaintance with the events which he narrates. **2.** *Philip Augustus,*
the second founder of Paris. **3.** *be paved.* **4.** anacoluthon; a new subject
in l. 2, p. 265, *redae.* **5** = *aula.*

ret, veniens ad palatii fenestras, unde fluvium Sequanae pro
recreatione animi quandoque inspicere consueverat, redae equis
trahentibus per civitatem transeuntes fetores intolerabiles
lutum revolvendo procreaverunt, quos rex in aula deambulans
ferre non sustinens, arduum opus sed valde necessarium 5
excogitavit, quod omnes praedecessores* sui ex nimia gravitate[6]
et operis impensa adgredi non praesumpserant. Convocatis
autem burgensibus cum praeposito ipsius civitatis, regia
auctoritate praecepit quod omnes vici et viae totius civitatis
Parisii duris et fortibus lapidibus sternerentur.[7] Ad hoc enim 10
christianissimus rex conabatur quod[8] nomen antiquum auferret[8]
civitati: lutea[9] enim a luti fetore prius dicta fuerat; sed gentiles
quondam, huiusmodi nomen propter fetorem abhorrentes, a
Paride Alexandro, filio Priami regis Troiae, Parisius vocaverunt.
Legimus enim in *Gestis Francorum* quod primus omnium 15
regum Francorum qui apud illos more regio regnavit fuit
Faramundus filius Marcomiri, filii Priami regis Austriae. Iste
Priamus rex Austriae non fuit ille magnus Priamus rex Troiae,
sed ab Hectore filio suo per Francionem, filium Hectoris
descendit, sicut subiecta docet figura[10]:   20

Priamus rex Troiae

Hector	fratres	Troilus
↓		↓
Francio, filius Hectoris		Turchus
Priamus, rex Austriae		
Marcomirus, filius eius		25
Faramundus, filius, primus rex in Gallia, regnavit annis xi		
Clodius, filius ipsius		annis xx
Meroveus, de genere ipsius		annis xvii
Childericus, filius eius		annis xx

Et quoniam multi solent dubitare de origine regni Francorum, 30
quomodo et qualiter reges Francorum ab ipsis Troianis

---

6. *difficulty.* 7. *be paved.* 8 = *auferre.* 9. The old name was *Lutetia
Parisiorum;* see 10. 10. *genealogical table.*

descendisse dicantur, ideo sollicitius,[11] prout potuimus colligere
ex historia Gregorii Turonensis, ex chronicis Eusebii et Hidacii[12]
et ex aliorum multorum scriptis, in hac nostra historia satis
lucide determinavimus.[13]

5   Post eversionem Troiae, multitudo magna inde fugiens ac
deinde in duos populos se dividens, alia Francionem, quendam
Priami regis nepotem, videlicet Hectoris filium, super se regem
levavit; alia Turchum nomine, filium Troili, filii Priami secuta
est; atque ex eo, ut quidam tradunt, duos[14] populos sumpto
10 nomine Francos et Turchos[14] usque hodie vocantur.   Inde
digressi, iuxta Thraciam super ripas Danubii fluvii consederunt;
sed post paululum temporis Turchus cum suis a Francione
consanguineo suo recedens, in Scythia inferiore se transtulit et
ibi regnavit; a quo descenderunt Ostrogoti, Ypogoti, Wandali
15 et Normanni.   Francio autem circa Danubium fluvium cum
suis remansit et aedificans ibi civitatem, Sicambriam vocavit.
Regnavit autem ibi ipse et qui ab eo descenderunt annis MDVII,
usque ad tempora Valentiniani imperatoris, qui imperavit
anno ab incarnatione Domini CCCLXXVI, a quo fuerunt inde
20 expulsi pro eo quod tributa Romanis iuxta morem ceterarum
gentium solvere recusarent.   Egressi inde, Marcomiro, Sonnone
et Genebaudo ducibus, venerunt et habitaverunt circa ripam
Rheni in confinio Germaniae et Alemanniae, quae terra Austria
vocatur; quos cum multis postmodum idem Valentinianus
25 proeliis attentasset nec vincere potuisset, proprio eos nomine
Francos, id est feroces, appellavit.   Ab illo enim tempore in
tantum virtus Francorum excrevit ut totam tandem Germaniam
et Galliam usque ad iuga Pyrenei et ultra subiugarent.[15] Sed
postea, Sonnone et Genebaudo ducibus in Austria remanentibus,
30 Marcomirus, filius Priami regis Austriae, qui a Francione,
nepote Priami regis Troiae, per multas successorum generationes, quas hic longum esset enumerare, descenderat, in

---

11. *carefully.* **12** = *Idatii.* **13.** *I have given an account.* **14.** accusatives
instead of nominatives. **15.** Eng.

Galliam venit cum suis. Evaserunt autem et alii de excidio Troiano, ut Helenus vates, filius Priami, qui cum mille et ducentis viris in regno Pandrasi regis Graecorum se transtulit; sed postea Brutus cum suis in Angliam transduxit.[16] Antenor vero circa Tyrrheni aequoris litora cum duobus milibus virorum 5 et quingentis manere disposuit.[17] Aeneas cum tribus milibus virorum et cccc per mare navigans, cum summo labore traiectus est in Italiam. Isti et multi alii de consanguinitate Priami, post excidium Troiae, disseminati sunt per diversas regiones. Aeneas cum Ascanio filio suo navigio Italiam venit, 10 ubi Ascanius Laviniam filiam Latini regis in uxorem duxit, de qua filium nomine Silvium suscepit. Hic, furtivae veneri indulgens, de nepte matris suae Brutum suscepit, qui post, adiuncta sibi progenie Heleni filii Priami et Corinneo, qui ab Antenore descenderat, Albion insulam applicuit, quam de 15 nomine suo Britanniam vocavit. Et videns insulae amoenitatem, civitatem Londoniarum ad similitudinem Troiae fundavit, et Trinovantum vocavit, id est novam Troiam. Ab isto descendisse dicuntur omnes reges Angliae, quae ab ipso Bruto primo dicta fuit Britannia. 20

Nota. Et nota quod reges fuerunt in Austria usque ad Childericum, filium Clodovei, filii Dagoberti. Sed tunc deficientibus regibus, duces dominari coeperunt, qui Maiores[18] domus vocabantur, ut Pipinus, Karolus Martellus et ceteri.

CXXIII.[1] KING JOHN AND THE CHURCH

Annus MCCV. Hubertus Cantuariensis, archiepiscopus[2] 25 obiit, vir magnae industriae et mirabilis astutiae, sed parum litteratus, totius tamen Angliae quandoque[3] iusticiarius.[3] Quo

---

16. *crossed.* **17.** *decided.* **18.** See p. 154, l. 2.
CXXIII. **1.** From the *Annales Cambriae* (to 1288), possibly a translation from the Welsh. **2.** *archbishop.* **3.** *formerly lord chief justice.*

humato, statim monachi Cantuarienses subpriorem[4] suum
elegerunt et cum litteris prioris et conventus magna onustum
pecunia ad curiam Romanam transmiserunt. Quod cum regi
Iohanni innotuisset ilico omnia victualia[5] et omnia necessaria
5 et etiam exitum vel introitum extra cymiterium[6] praefatis
monachis inhibuit. Illi autem videntes destructionem[6] suae
domus imminere regem adierunt et consiliis ipsius adquiescere
promiserunt. Veniens itaque rex Cantuariam episcopum
Norwicensem sibi valde familiarem secum adduxit, monachos
10 corrupit promittendo priori et xii maioribus conventus cuilibet
eorum episcopatum vel abbatiam ut memoratum episcopum
postularent; et sic eum postularunt et tamquam postulatum
ad osculum pacis receperunt in conventu et in refectorio* et
litteras suas transmiserunt subpriori in curia Romana existenti
15 et munus consecrationis expectanti ut domum rediret et ne de
negotio electionis de se factae quicquam intromitteret.[7] Quod
cum a domino papa compertum esset nuntios cum litteris suis
domino regi destinavit ut rex litteras[8] suas patentes[8] de ratihabi-
tione[9] cum priore et xii de discretioribus Cantuariensis ecclesiae
20 Romam mitteret ut quem illi in praesentia papae eligerent dominus papa consecraret; consecratumque cum pallio in Angliam
transmitteret. Venientes autem monachi ad curiam Romanam
quod regi firmiter et cum iuramento promiserant neglexerunt
et dissensione inter eos habita, immo mortuo quinque ex ipsis,
25 in proposito sicut promiserant permanserunt. Dominus autem
papa, audiens episcopum valde esse saecularem et a pluribus
diffamatum, priorem cum reliquis modis omnibus induxit ut
magistrum Stephanum Anglicum quendam theologum[10] valde
litteratum eligerent. Eo autem electo, dominus papa eum
30 honorifice consecravit et cum privilegiis et pallio in Angliam
ad sedem suam transmisit. Quod cum regi innotuisset, omnes
monachos Cantuariensis ecclesiae de regno suo expulit nec
unus eorum in toto regno Angliae remansit. Et introitum

---

4. *subprior.* **5.** *provisions.* **6.** Eng. **7.** *do.* **8.** *letters patent.* **9.** *con-
firmation.* **10.** *theologian.*

archiepiscopo et suis in regnum inhibuit. Dominus autem papa, factis pluribus monitionibus domino regi ut archiepiscopum reciperet, rege semper in malitia perseverante, totam Angliam sub generali interdicto conclusit ne aliqua divina in ecclesiis celebrarentur excepto solo baptismate; et ne aliqua corpora 5 episcoporum, abbatum, monachorum, clericorum, laicorum, in cymeteriis aut locis consecratis sepelirentur, sed extra civitates et villas in triviis et quadriviis et in viarum exitibus sepelirentur.

CXXIV.[1] IGNORANCE OF THE CLERGY

Qualiter autem evangelia sacramque scripturam hodie presbyteri parochianis suis exponant per exempla quaedam 10 ostendemus. Exemplum de presbytero qui sermonem faciens de evangelio ubi legitur[2]: "De pisce asso et favo mellis"; dicebat enim quod comedit Dominus de pisce asinino[3] et fabis[4] mellitis; et cum quaereretur ab eo quisnam piscis erat ille, respondit quod sicut est piscis marinus qui a cane, et alius qui a 15 lepore denominatur, quia fere singulis terrarum bestiis pisces in mari assimulantur, sic et ab asino quoddam piscis genus denominatur, sed in partibus istis non reperitur. Item exemplum de illo qui, clerico suo quaerenti quid esset "altera," respondit quia "piscis erat regius in partibus illis," quod et 20 probavit per illud: "Mittite in dexteram navigii rete et invenietis altera."[5] Item exemplum de presbytero, qui sermonem faciens de hoc evangelio[6]: "Occidit Herodes omnes pueros a

---

CXXIV. 1. From the *Gemma ecclesiastica* of Giraldus of Barri (Cambrensis), which deals with matters of ritual, doctrine, etc. cxxv is from his *De rebus a se gestis* and cxxvi from the *Expugnatio Hibernica*, written in Ireland, whither he had accompanied Prince John (1189). Giraldus writes in an easy, pleasing style, but his narrative is marred by his extreme partisanship and extraordinary conceit. **2.** Luke xxiv, 42. **3.** *of an ass.* **4.** from *faba;* the similarity of the sound of *b* and *v* was partly responsible for the confusion. **5.** This word is not in the Vulgate text (John xxi, 6). **6.** Matthew ii, 16.

bimatu[7] et infra," sic exposuit: 'ab una provincia in aliam
provinciam," "bimatum" unam provinciam construens[8] et
"infra" aliam. Item exemplum de presbytero qui locum illum
evangelii[9]: "Si quis vobis aliquid dixerit, dicite quia Dominus
5 his opus habet"; de pectoris herba exposuit in hunc modum:
"Dicite quia Dominus habet herbam illam quae vocatur
hisopus."[10] Item exemplum de illo qui quaesivit a magistro
Iohanne Cornubiensi[11] quis esset "busillis"; putabat enim
proprium nomen regis vel alicuius magni viri fuisse. Inter-
10 roganti autem magistro Iohanni ubinam hoc et in qua scriptura
inveniretur, respondit quoniam "in missali"[12]; et currens
propter[13] librum suum ostendit ei in fine columnae paginae
unius scriptum "in die," in principio vero alterius columnae
"bus illis," quod recte distinctum facit "in diebus illis."

15 Non solum autem in minoribus sacerdotibus, sed etiam in
maioribus, abbatibus scilicet, prioribus, magnis ecclesiarum
decanis,* episcopis et archiepiscopis tales interdum defectus[14]
invenies. Audivi auribus meis quendam abbatem verba
Domini ad mulierem Samaritanam sic recitantem: "Quinque[15]
20 viros habuisti et qui nunc habes non est tuum vir." Et iterum
cuidam clerico pauperi Hibernico[16] eleemosynam petenti sic
respondentem audivi: "Ubi sunt vaccas tuas?" Item exemplum de archiepiscopo sermonem suum sic inchoante: "Audite
et intellegite, vos omnes qui estis in isto sacro synodo"[17];
25 sed quodam suorum submurmurante[18] "a, a," non impatiens
correctionis subiunxit: "in ista sacra synoda," et murmurante
adhuc quodam "o et a," tertio repetiit: "in isto sacro synoda."
Item exemplum de eodem sedente apud Oxoniam[19] pro tribunali,
praesentibus scholaribus multis et iurisperitis, ac dicente
30 quibusdam: "Vultis stare isto compromisso?" qui etiam,

---

7. *from two years old.* **8.** *construing.* **9.** Matthew xxi, 3. **10.** *hyssop,*
once regarded as a remedy for pulmonary affections. **11.** *of Cornwall.*
12. *missal.* **13.** See 41. **14.** *deficiencies.* **15.** John iv, 18. **16.** *Irish.*
17. Greek word is feminine, *synod.* **18.** *whispering.* **19.** *Oxford.*

quodam submurmurante "isti," reiteravit[20]: "Vultis stare isti compromissi?" et murmure quodam subsecuto, quidam considentium, cui nomen Martinus, in haec verba prorupit: "Quid murmuratis inter vos? Antiqua grammatica est," omnium risu, quem[21] antea conceperant[21] sed ob personae 5 reverentiam suppresserant, tamquam[22] verbi illius ludicri occasione, subiecto. Item exemplum de archiepiscopo, qui stans coram summo pontifice Alexandro III, in magna multorum et magnorum audientia,[23] dixit: "Domine, dignetis me audire, si placet." Cui archidiaconus quidam assistens submur- 10 muravit "-nemini, -nemini." Sed quoniam incassum, archidiacono eidem miserabilem antistem illum iuvare volenti nec valenti, quidam astantium satis facete subintulit[24]: "Noli dicere 'nemini' sed 'nemo,' quia non est in mundo nemior[25] aut nullior[25] illo." 15

CXXV

QUALITER AD PAPAM VENIENS LIBROS[1] EI NON LIBRAS[1] PRAESENTAVIT

Alpes itaque transcendens et Italiam ac Tuscaniam transcurrens, circa festum sancti Andreae Romam pervenit; et accedens ad pedes papae, scilicet Innocentii III, qui tunc praesidebat, et papatus[2] eius anno secundo, sex libros suos, quos ipse studio magno compegerat,[3] ei praesentavit, dicens 20 etiam inter cetera: "Praesentant vobis alii libras, sed nos libros." Libros autem illos papa, quia copiose litteratus erat et litteraturam[4] dilexit, circa lectum suum indivisos[5] per

---

20. *repeated.* 21. *to which they had been disposed.* 22. Martin's remark gave them the opportunity to give vent to the laughter which they had suppressed. 23. Eng. 24. *interjected.* 25. forms invented for the occasion.
CXXV. 1. a common word-play; the subject of the verb is *Giraldus.* 2. *papacy.* 3. *had bound.* 4. Eng. 5. *all together.*

mensem fere secum tenuit, et elegantia ac sententiosa verba cardinalibus* advenientibus ostentabat; deinde vero singulis cardinalibus singulos precario concessit. *Gemmam* autem *Sacerdotalem*[6] prae ceteris dilectam a se separari non permisit.

CXXVI. HOW THE ENGLISH CAME INTO IRELAND

5   Dermitius[1] itaque Murchardi filius, Lageniensium princeps[1] et quintae illius portionis Hiberniae rector, orientalia[2] insulae maritima,[2] maiori Britanniae mari tantum interfluente contermina, nostris temporibus possidebat. Qui ab[3] ineunte[4] aetate[4] regnique sui novitate, nobilitatis oppressor[5] existens, in terrae
10 suae magnates[6] gravi et intolerabili tyrannide desaeviebat. Accessit et aliud incommodum. Ororicio[7] namque, Medensium[8] rege, remotas in partes expeditionis cuiusdam causa profecto, uxor ipsius, Omachlachelini[9] filia, quam in insula quadam Mediae reliquerat, a praedicto Dermitio, eiusdem igne[10] dudum
15 accenso, captata viri absentia, rapta nimirum fuit, quia et rapi voluit, et quoniam "Varium[11] et mutabile semper femina," ut praedoni praeda fieret ipsa procuravit. Sed quoniam mala fere cuncta maiora, tam Marco Antonio quam Troia testante, mundo per mulierem constat exorta, rex Ororicius, graviter
20 utroque permotus, longe tamen gravius dedecoris quam damni dolore percussus, totum in vindictam virus evomuit. Convocans igitur et conflans tam proprias quam vicinarum gentium vires, Connactensium[12] quoque principem et totius Hiberniae tunc monarcham,[5] ad idem animavit et Rothericum.[13]
25 Considerantes autem Lagenienses principem suum in arto

---

6. *belonging to a priest, priestly.*
CXXVI. 1. *Dermot MacMurrough, King of Leinster.* **2.** *eastern coast.*
3. suggests time as well as cause. **4.** *youth.* **5.** Eng. **6.** *chiefs.* **7.**
(*Tiernan*) *O'Rourke.* **8.** *of Meath.* **9.** (*Murrough*) *O'McLaghlin.* **10** = *amore.*
11. Vergil, *Aeneid* IV, 569. **12.** *of Connaught.* **13.** *Roderick* (*O'Connor*);
et is superfluous.

iam positum et hostium cuneis omni ex latere circumsaeptum, dissimulatas diu iniurias altaque[14] mente repostas vindicem[15] ad animum revocantes, cum hostibus unanimes[16] effecti, Murchardi filium maiores[17] in hac gente[17] simul cum fortuna reliquerunt. Videns itaque Dermitius viribus se undique 5 destitui et, aversa penitus fatorum facie fortunaeque favore, iam desperanter affligi, post multos et graves impari certamine cum hoste conflictus, tamquam ad ultimum confugiens salutis remedium, tandem fugae praesidium navigio destinavit.

Multis itaque patet rerum eventibus tutius esse volentibus 10 quam invitis imperare. Sensit hoc Nero, sensit Domitianus, sensit et nostris temporibus tam Saxonum quam Bavariorum dux Henricus. Expedit a subditis principi cuilibet potius amari quam timeri. Expedit siquidem[18] et timeri, dum tamen ex dilectione[19] potius timor ille proveniat quam coercione.[20] 15 Quicquid enim terrenis[21] affectibus adamatur consequens est ut et timeatur; quod autem timetur non statim et amatur. Sic itaque timor cum dilectione temperetur, ut nec remissa liberalitas lentescat in teporem, nec insolenti rigore violenter extortus timor in tyrannidem convertatur. Amor Augusto 20 regnum ampliavit, imperanti Iulio vitam et imperium timor invidit.

Fortunam igitur fugitivam sequens et rotae[22] volubilitati multum confidens, Murchardi filius, velis sulcantibus aequor ventoque ad vota spirante, ad Anglorum regem Henricum 25 secundum auxilium abnixe postulaturus accessit. Qui, licet in remotis et transmarinis Aquitannicae Galliae partibus princi- pali[23] more negotiosus existens, ipsum tamen innatae liberalitatis et humanitatis officio pie satis et benigne suscepit. Audita ergo seriatim[24] tam exilii quam adventus causa susceptisque ab 3c ipso tam subiectionis[5] vinculo quam fidelitatis sacramento, litteras ei sub hoc tenore patentes[5] indulsit: "Henricus rex

---

14. Vergil, *Aeneid* I, 26.   15. *avenging.*   16 = *unanimi.*   17. repetition of *Lagenienses*, p. 272, l. 25.   18 = *autem.*   19. *goodwill.*   20. *compulsion.* 21. *worldly.*   22. *wheel* of fortune.   23. *of a prince.*   24. *in order.*

Angliae, dux Normanniae et Aquitanniae et comes Andegaviae,[25] universis fidelibus suis Anglis, Normannis, Walensibus et Scottis cunctisque nationibus suae dicioni subditis, salutem. Cum praesentes ad vos litterae pervenerint noveritis nos
5 Dermitium, Lageniensium principem, in gratiae nostrae et benevolentiae sinum suscepisse. Unde et quisquis ei de amplitudinis nostrae finibus tamquam homini et fideli nostro restitutionis auxilium impendere voluerit, se nostram ad hoc tam gratiam noverit quam licentiam obtinere."

CXXVII.[1] ST. FRANCIS AND THE BIRDS

10 Cum igitur appropinquaret Bevanio, ad quendam locum devenit in quo diversi generis avium maxima multitudo convenerat; quas cum sanctus Dei vidisset, alacriter[2] cucurrit ad locum et eas velut rationis[3] participes[3] salutavit. Omnibus vera expectantibus et convertentibus se ad eum, ita ut quae
15 in arbustis erant, inclinantibus capitibus, cum appropinquaret ad eas, insolito modo in ipsum intenderent, usque ad eas accessit et omnes ut verbum Dei audirent sollicite[4] admonuit, dicens: "Fratres mei volucres, multum debetis laudare creatorem vestrum, qui plumis vos induit, et pennas tribuit ad
20 volandum, puritatem[5] concessit aeris,[5] et sine vestra sollicitudine vos gubernat." Cum autem eis haec et his similia loqueretur, aviculae[6] modo mirabili gestientes coeperunt extendere colla, protendere alas, aperire rostra, et illum attente respicere. Ipse vero cum spiritus fervore mirando per medium ipsarum
25 transiens, tunica contingebat easdem; nec tamen de loco aliqua[7] mota est donec, signo crucis facto et licentia data, cum benedic-

---

25. *of Anjou.*
CXXVII. 1. From the life of St. Francis (†1226), by Bonaventura, general of the Franciscans and archbishop of Albano (†1274). 2. *eagerly.*
3 = *intellectus capaces* of l. 13, p. 275. 4. *earnestly.* 5 = *purum aerem.* 6. *(little) birds.* 7 = *ulla.*

tione viri Dei omnes simul avolarunt. Haec omnia contuebantur socii, expectantes in via. Ad quos reversus vir simplex et purus, pro eo quod hactenus avibus non praedicaverat coepit se de neglegentia inculpare.[8]

Exinde praedicando per loca vicina procedens, venit ad 5 castrum quoddam, nomine Alvianum, ubi congregato populo et indicto silentio, propter hirundines nidificantes[9] in eodem loco magnisque garritibus perstrepentes, audiri vix poterat. Quas vir Dei, omnibus audientibus, allocutus est, dicens: "Sorores meae hirundines, iam tempus est ut loquar et ego, 10 quia vos usque modo satis dixistis; audite verbum Dei, tenentes silentium, donec sermo Dei compleatur." At illae, tamquam intellectus capaces, subito tacuerunt nec fuerunt motae de loco donec fuit omnis praedicatio consummata. Omnes igitur qui viderunt, stupore repleti glorificaverunt Deum. Istius miraculi 15 fama circumquaque diffusa multos ad sancti reverentiam et fidei devotionem accendit.

CXXVIII.[1] THE TOMB OF VERGIL

Tempore regis Siculi Rogeri quidam magister, natione Anglus, ad regem accessit postulans aliquid a rege munifico dari. Cumque rex, illustris genere et moribus, arbitraretur 20 aliquod a se beneficium peti respondit: "Pete quod vis beneficium, et dabo tibi." Erat enim petitor summe litteratus, in trivio et quadrivio potens et acutissimus, in physica[2] operosus, in astronomia summus. Ait ergo regi se non temporalia solacia petere sed potius quod apud homines vile putatur, ossa videlicet 25 Virgilii, ubicumque possent inveniri infra metas regni sui. Annuit rex, et magister acceptis litteris regiis Neapolim venit

---

8 = culpare.   9. building their nests.
CXXVIII.   1. From the Otia Imperialia of Gervais of Tilbury, written (c. 1211) for the entertainment of the Emperor Otto IV. It is a miscellany of history, geography, folklore, etc.   2. neuter pl. in CL.

ubi Virgilius studium ingenii sui in multis exercuerat. Por-
rectis litteris populus oboedientiam parat et, ignarus sepulturae,[3]
libenter annuit quod pro impossibili[4] credebat existimandum.
Tandem magister, arte sua ad[5] manum ducta,[5] repperit ossa infra
5 tumulum in medio montis cuiusdam, ad quem nec[6] signum
scissurae[7] dinoscebatur. Foditur locus et effoditur post longos
labores tumulus, in quo invenitur continuum[8] corpus Virgilii
et ad caput liber, in quo ars[9] notoria[9] erat inscripta cum aliis
studii eius characteribus.[10] Levatur pulvis cum ossibus et liber
10 a magistro extrahitur. Ad haec populus Neapolitanus, attendens specialem affectionem quam habuerat Virgilius erga
civitatem, timens ne ex ossium subtractione[11] enorme damnum
civitas tota pateretur, elegit susceptum regis mandatum
eludere quam oboediendo tantae urbis excidio occasionem
15 praebere. Arbitrabatur enim eo consilio Virgilium sibi in
montis arcano tumulum posuisse ne ossa eius evecta arti-
ficiorum suorum importarent interitum. Magister ergo militum
cum turba civium ossa coniuncta copulant et in culleo reposita
in Castello[12] Maris[12] ad urbis ipsius confinium deferunt, ubi
20 per medias crates[13] ferreas intueri volentibus ostenduntur.
Requisitus autem magister quid de ossibus facturus erat
respondit se per coniurationes[14] effecturum quod ad eius
interrogationem ossa omnem Virgilii artem ipsi panderent;
quin immo satisfactum sibi proposuit si per quadraginta dies
25 ei ossium copia daretur. Asportato ergo libro solo magister
abiit et nos quaedam ex ipso libro per venerabilem Iohannem
Neapolitanum, cardinalem tempore papae Alexandri, per
excerpta vidimus et probari verissima rerum experientia
fecimus.

---

3. *of his burial (place).* **4.** Eng. **5.** *having been applied.* **6** =*non.* **7.**
cleft, fissure. **8** =*integrum.* **9.** *book of magic.* **10** =*notis magicis.* **11.**
removal. **12.** The famous Castello dell' Ovo at Naples is meant; according to an old tradition the sorcerer Vergil constructed this island and
anchored it to an egg in the sea. **13.** *bars.* **14.** *enchantment.*

CXXIX[1]

ITEM DE ABBATE QUI CUM MONACHIS SUIS IN VASE[2] EX
INDUSTRIA CARNES COMEDENS, EOSDEM AD CONFES-
SIONEM SUO PROVOCAVIT EXEMPLO

Abbas quidam nigri[3] ordinis,[3] vir bonus et disciplinatus,[4]
monachos habebat satis mirabiles[5] ac dissolutos. Die quadam
quidam ex eis praeparaverunt sibi diversi generis carnes et
vina delicata. Quibus cum uti non auderent in aliqua officina[6]
timore abbatis, congregati sunt in vas vinarium maximum 5
et vacuum, quod vulgo dicitur tunna,[7] illuc deferentes praeparata. Dictum est abbati quod tales[8] monachi in vase tali[8]
convivium celebrarent. Qui statim cum magno maerore animi
accurrens et introspiciens, convivantium laetitiam sua praesentia convertit in tristitiam. Quos cum territos aspiceret 10
iucunditatem simulans intravit ad illos et ait: "Eia fratres,
voluistis sic sine me comedere et bibere? Non hoc arbitror
iustum. Credite mihi, ego vobiscum prandebo." Lavitque
manus, cum illis comedens et bibens, exemplo tali territos
confortans. Die sequenti, priore[9] tamen praemonito et quid 15
facere deberet instructo, abbas monachis illis praesentibus in
capitulo coram illo[9] surgens et veniam petens cum multa
humilitate, tremorem et timorem simulans, in haec verba
prorupit: "Confiteor vobis, domine prior, fratribusque meis
universis, quod vitio gulae victus, ego peccator heri in 20
absconso[10] loco et quasi furtive in vase vinario, contra praeceptum et regulam patris mei sancti Benedicti, carnes manducavi." Statim residens, cum se inciperet praeparare ad
disciplinam,[11] priore ne hoc fieret prohibente, respondit:

CXXIX. 1. cxxix-cxxxii are from the *Dialogus Miraculorum* of
Caesarius of Heisterbach (†1240), a collection of about seven hundred
miracles, most of which are not found in other collections. These collections served the same purpose as the Golden Legend, p. 79. **2.** explained
in l. 6. **3.** the Benedictines. **4.** *a disciplinarian.* **5.** *remarkable,* in a bad
sense. **6.** *room* of a monastery. **7.** *tun.* **8.** *such and such;* cf. p. 59, l. 31.
9. *the prior.* **10** =*abscondito.* **11.** *punishment.*

"Sinite ut vapulem, quia melius est ut luam[12] hic quam in futuro." Qui cum, accepta disciplina nec non et paenitentia, reversus fuisset in locum suum, praedicti monachi timentes ab eo proclamari,[13] si dissimularent, ultro surgentes eundem con-
5 fessi sunt excessum.[14] Quibus abbas, a monacho ad hoc praeordinato,[15] dari iussit bonas ac fortes disciplinas, durius illos corripiens et ne umquam de cetero talia praesumerent sub interminatione[16] magnae vindictae praecipiens. Sicque prudens medicus, quos verbo minus emendare potuit, exemplo correxit.

CXXX

DE LARGITATE PAUPERIBUS FAMIS TEMPORE A DOMO VALLIS[1] SANCTI PETRI[1] EXHIBITA

10 Eo tempore quo fames illa validissima, quae anno Domini incarnationis millesimo centesimo nonagesimo septimo fuit, incubuit[2] et plurimos extinxit, domus nostra, licet tunc temporis pauper fuerit ac novella, multis subvenit. Sicut dixerunt hi qui numerum inopum ante portam consideraverunt, ali-
15 quando una die mille quingentis eleemosinae datae sunt. Dominus Gervardus, tunc abbas, singulis diebus ante messem, in quibus carnibus uti licebat, bovem unum in tribus caldariis[3] cum holeribus circumquaque collectis coqui iussit, et cum pane per singulos pauperes divisit. Simile factum est de ovibus
20 aliisque pulmentariis.[4] Sicque per gratiam Dei omnes pauperes supervenientes usque ad messem sustentati sunt. Et sicut audivi ab ore iam dicti Gervardi abbatis, cum timeret ne forte annona pauperum ante tempus deficeret, et pistorem pro eo quod panes nimis magnos faceret argueret, respondit ille:
25 "Credite mihi, domine, in pasta[5] valde parvi sunt et in fornace

---

12. used absolutely.   13. *be accused, be denounced.*   14. *offense.*   15. *previously appointed.*   16. *threat.*
CXXX.   1. i.e., Heisterbach.   2. used absolutely.   3. *caldrons.*   4. *foods.*   5. *dough.*

crescunt. Parvi immittuntur[6] et magni extrahuntur." Retulit
mihi idem pistor, frater scilicet Conradus rufus, qui adhuc
vivit, quia non solum panes in fornace, immo etiam farina
creverit in saccis et in vasis ita ut pistores omnes mirarentur,
nec non et pauperes, qui inde nutriebantur. Dicebant enim: 5
"Domine Deus, unde venit omnis annona ista?" Eodem anno
dives Dominus caritatem servorum suorum etiam in hac vita
centuplum[7] remuneravit.[8] Nam magister Andreas Spirensis[9]
per pecunias quas in curia Frederici imperatoris nec non et in
Graecia congregaverat, magnum allodium[10] in Blitirsdorf emit 10
nobisque in eleemosinam dedit. Unde talis voluntas nisi a Deo?

CXXXI

DE CLAUSTRO OB ABBATIS AVARITIAM DEPAUPERATO[1]
ET OB RECEPTIONEM[2] DUORUM FRATRUM, SCILICET
DATE ET DABITUR, RURSUM DITATO

Abbas quidam, ut puto de ordine[3] nigro,[3] sicut ex relatione
cuiusdam abbatis ordinis nostri didici, hospitalis erat valde et
circa pauperes multum misericors. Et quia in operibus
misericordiae fervens* fuit, tales dispensatores domui suae 15
ordinare[4] studuit qui non eius fervorem impedirent sed magis
incenderent. Quanto plures hospites suscepit, quanto plus
caritatis pauperibus exhibuit, tanto illi et domui eius Dominus
amplius benedixit. Post cuius mortem successor eius stimulatus
avaritia, pietatis officialibus[5] amotis et eis quos tenaciores[6] 20
noverat institutis, ait: "Praedecessor meus nimis erat dapsilis[7]
et indiscretus,[5] officiales eius nimis prodigi. Sic ordinare
debemus expensas[8] monasterii atque temperare ut, si forte
seges nostra grandinata[9] fuerit et tempora cara emerserint,
habeamus unde pauperibus subveniamus." Huiusmodi verbis 25

---

6. *put in.* 7. *hundredfold.* 8. deponent in CL. 9. *of Speyer.* 10. *estate.*
CXXXI. 1. *impoverished.* 2. *admission.* 3. Cf. p. 277, l. 1. 4. *appoint.*
5. Eng. 6. *economical.* 7. *generous.* 8. *expenses.* 9. *hailed upon.*

avaritiam suam pallians,[10] hospitalitatem prorsus exclusit et
consueta beneficia pauperibus subtraxit. Caritate subtracta,
proficere non potuit monasterii substantia, immo in brevi ad
tantam devenit paupertatem ut vix haberent fratres quod
5 manducarent. Die quadam vir quidam venerandae canitiei
venit ad portarium,[11] quaesivit hospitium. Quem ille quidem
clanculo et cum timore collegit[12] atque hospitalitatis officia pro
posse[13] et tempore illi exhibens, adiecit: "Non te scandalizare
debet, bone vir, quod tam neglegenter te procuro, quia neces-
10 sitas in causa est. Aliquando vidi talem statum huius monasterii ut, si venisset episcopus, cum magna caritate et abundantia fuisset susceptus." Respondit ille: "Duo fratres expulsi
sunt de monasterio isto; nisi illi duo fuerint reversi numquam
bonus erit status eius. Unus eorum vocatus Date,[14] alter vero
15 Dabitur." Sicque ab oculis eius recessit. Puto aliquam
fuisse personam angelicam, per quam Dominus primam
fratrum illorum revocare voluit caritatem. Portarius, cum esset
laicus, nomina[15] eadem retinuit,[15] abbati et fratribus audita
recitavit. Resumpta est hospitalitas et coepit eis mox Dominus
20 benedicere ut prius.

CXXXII

DE MILITE MORTUO QUI NOCTE SERPENTES ET BUFONES
LOCO PISCIUM ANTE PORTAM FILII SUSPENDIT

Miles quidam moriens bonis de usura[1] conquisitis filium suum
hereditavit.[2] Nocte quadam ad ostium fortiter pulsans, cum
puer[3] occurreret et quis ibi pulsaret interrogaret, respondit:
"Intromitte me; ego sum dominus huius possessionis," nomen
25 suum exprimens. Puer per foramen saepis[4] prospiciens eumque

---

10. *cloaking*. 11. *porter*. 12. *admitted*. 13. Cf. p. 90, l. 10. 14. Luke vi,
38, *date et dabitur vobis.* 15. Although he was a lay brother and knew no
Latin, he remembered the names.
CXXXII. 1. This is an *exemplum de poena usurariorum* (*usurers*). 2.
made his heir. 3. *servant.* 4. *wall.*

cognoscens, respondit: "Certe dominus meus mortuus est,
non vos intromittam." Cumque mortuus pulsando per-
severaret nec proficeret, novissime[5] dixit: "Defer pisces istos
quibus ego vescor filio meo; ecce ad portam illos suspendo."
Mane exeuntes, reppererunt in quodam ligamine[6] multitudinem 5
bufonum atque serpentum. Re vera ista est cibus infernalis,*
qui igne sulphureo decoquitur.

CXXXIII[1]

APOLOGIA[2] DE UNIVERSITATE SCIENTIARUM

Si quis autem praesumptionis[3] me velit arguere quod ego
(non dicam in omni facultate[4] vel arte sed nec in una quidem
satis edoctus) ausus sim etiam huic operi divisiones omnium 10
scientiarum et artium materiamque et ordinem singularum
tam diligenter inserere, audiat iterum me non per modum
auctoris sed excerptoris[3] ubique procedere nec circa difficultates
quarumlibet artium enucleandas propositum meum instituisse,
sed levia quaedam et plana de singulis memoriaeque utilia sub 15
brevitate quadam et cetera posuisse.

In quibus etsi forsan aliqua sunt quae non multum expediat
scire, quandoque tamen haec ipsa turpe est ignorare. Et quia
succedentibus facile de memoria elabuntur, mihi quidem visum
est etiam horum memoriale[5] quoddam compendiosum[5] inter 20

---

5 = *postremo.* 6. *bundle.*
CXXXIII. 1. This and the two following selections are from the greatest
encyclopedia the Middle Ages produced, the *Speculum Majus* of Vincent of
Beauvais (†c. 1263). It contained about all the knowledge that was known
to the Middle Ages, divided into three parts, *Speculum Naturale, Doctrin-
ale,* and *Historiale;* a fourth part (p. 284), *Speculum Morale,* was added by
a later writer. It is an extraordinary monument of industry, containing
eighty books and nearly nine thousand chapters. Vincent quotes his
sources and labels his own contributions. In this he differs from Isidore,
who generally quotes a source only when he does not use it. Examples of the
errors of the scribes of which Vincent complains are found in the next selection, p. 282. **2.** *defense.* **3.** Eng. **4.** *subject.* **5.** *brief statement, epitome.*

cetera quae hoc opere continentur ordine congruo ponere ad
quod pro loco et tempore oportuno studiosi lectoris animus
valeat recurrere. Ad hoc autem ipsum nostrorum[6] studiis
provocatus sum, Isidori videlicet Hispalensis et Hugonis[7]
5 atque Richardi Parisiensis. Quorum primus in libro *Etymo-
logiarum* inter cetera de quibus agit etiam de unaquaque
scientia pauca breviter tangit. Secundus in libro *didascalicon*[8]
scientiam generaliter dividit singulorumque materiam breviter
describit. Et tertius (qui sic dicitur) in libro *excerptionum*[9]
10 idem facit.

Verum quoniam omnes hi de singulis transeundo brevissime
tangunt, hac de causa etiam ad libros philosophorum diverti
qui de his latius et diffusius agunt, indeque pauca notabilia
breviter excerpsi, quae praedictorum catholicorum dictis (ut
15 potui) competenter[10] adieci. Accedit ad hoc quod omnes artes
divinae scientiae[11] tamquam reginae famulantur[12]; unde et illae
quae liberales vocantur plerumque in assertione ecclesiastici
dogmatis assumuntur.

CXXXIV. THE GODS OF THE GREEKS

Veniamus itaque ad Graecos ut videamus quid forte de Deo
20 sentiant. Graeci namque dicentes se esse sapientes stulti facti
sunt, deterius Chaldaeis, introducentes plurimos deos factos
esse, alios quidem masculos, alios vero feminas; omnium
vitiorum cunctarumque auctores iniquitatum ut, advocatos
istos et patronos habentes suae nequitiae, adulterentur, rapiant,
25 occidant, et omnia mala faciant. Inducitur enim ab eis ante
omnes deus Saturnus et huic sacrificant filios suos; qui genuit
multos pueros de Rea, et insaniens comedit filios suos. Aiunt

---

6. i.e., *catholicorum.* **7.** of St. Victor. **8.** genitive pl. substantive from
a Greek adj. meaning *pertaining to instruction;* see note on CIV, p. 220.
9. *excerpts.* **10.** *fittingly.* **11.** dative. **12.** This is the usual attitude of
the scholarly churchman of the Middle Ages; see note on LXXIX, p. 175.

autem Iovem abscidisse sibi virilia[1] et proiecisse in mare, unde
Venus fabulose[2] dicitur fuisse nata. Alligans autem suum
patrem Iupiter proiecit in Tartarum. Secundus inducitur
Iupiter, quem ferunt regem esse aliorum deorum et transformatum fuisse in animalia ut cum mortalibus mulieribus adulteria 5
committeret. Inducunt enim hunc transformatum in taurum
propter Europam et in aurum propter Dianam[3] et in cignum
propter Ledam et in satyrum propter Emptionem[4] et in fulmen
propter Semelem et ita genuisse ex his filios multos, Liberum
videlicet, et Zetum et Amphionem, Herculem et Apollinem et 10
Arthenicam[5] et Perseum Castoremque et Pollucem et Helenam
et Iunonem[6] et Radamantum et Sarpedonem et novem filias
quas appellaverunt Musas. Deinde inducunt de Ganimede.
Contigit ergo, Rex,[7] hominibus imitati haec omnia ut fiant
adulteri et masculorum concubitores[8] et aliorum malorum 15
operum paratores,[9] secundum imitationem dei sui. Quomodo
autem creditur Deum esse adulterum aut Sodomitam[10] vel
parricidam? Cum hoc inducunt et Vulcanum quendam deum
esse et istum claudum et tenentem malleum et forcipes et
ferrariam[11] artem exercentem, victus gratia; ergo egenus erat, 20
quod non convenit Deum esse, nec claudum. Deinde Mercuri-
um inducunt esse deum cupidum et furem et avarum et magum
et versipellem[12] et sermonum interpretem. Sed non convenit
Deum esse talem. Esculapium etiam inducunt deum esse
medicum et potiones conscientem[13] et emplastra[14] componen- 25
tem, victus gratia; indigentiam enim patiebatur. Novissime
vero fulmine victus a Iove propter Darii Lacedaemonii filium
interiit. Mars autem inducitur deus esse belligerator[15] et
zelotes[16]; cupidus ovium et aliarum quarundam rerum. Novissime vero adulterio perpetrato cum Venere, ligatum esse 30
ferunt a parvulo Cupidine et Vulcano. Bacchum vero inducunt

---

1. Sc. *membra.* 2. *fabulously.* 3. error for *Danaen.* 4 = *Antiopem.*
5 = *Artemin* (?). 6 = *Minonem.* 7. Louis IX, to whom the work is dedi-
cated. 8. *bedfellows.* 9. *contrivers.* 10. *Sodomite.* 11. *smith's.* 12. *crafty.*
13. *skilled in.* 14. *plasters.* 15 = *belliger.* 16 = *zelotypus.*

deum esse nocturnas agentem festivitates et magistrum
ebrietatis et evellentem uxores proximorum, et furiosum et
fugitivum. Novissime autem a Titanis occisus est. Herculem
vero inducunt ebriosum fuisse et insanum et filios suos oc-
5 cidisse et ad ultimum igne consumptum interisse. Apollinem
quoque inducunt deum esse zelotem, insuper arcum et
pharetram gestantem; aliquando vero citharam et tibiam et
divinantem hominibus mercedis gratia, unde sumentes homines
occasionem a diis suis, perpetrant omnem iniquitatem et
10 luxuriam et impietatem et polluentes terram et aerem pravis
suis actibus.

CXXXV

DE BRUTO REGE, A QUO BRITANNIA DICTA EST

Narrat antiquorum Britannorum historia quod Ascanius,
Aeneae Troiani filius, de filio suo Silvio nepotem habuit nomine
Brutum; hic matrem suam nascendo, patrem vero in venando,
15 casu interfecit. Cuius parricidii causa tam eum exosum[1]
parentibus suis reddidit ut de Italia pulsus in Graeciam fugeret;
ubi exul cum esset tanta coepit probitate pollere ut, con-
fluentibus ad eum Troianis qui ibi captivi habebantur, ducatum[2]
eorum sortiretur. Quorum fretus multitudine et animatus
20 consilio petiit a Pandraso rege Graecorum libertatem eundi ad
alias nationes. Rex autem ira permotus bello eos conterere
voluit sed nequaquam potuit nam victoria Bruto adeo prospera
provenit ut plurimos de exercitu regis perimeret ipsumque ex
improviso caperet. Regi autem mortem minatus est nisi
25 rogatis annueret: exegit autem ab eo filiam suam in coniugium,
auri et argenti copiam multam, naves, frumentum ceteraque
marino itineri necessaria. Quaesitis igitur ex regis imperio
plusquam trecentis navibus et omni genere farris oneratis,
Troianis auro et argento plurimo ditatis, Brutus filiam regis

---

CXXXV. **1.** passive, *hated.* **2.** *leadership.*

accepit et salutato rege aequoreum iter aggressus est. Transierunt autem Africam et Mauritaniam veneruntque ad litora
Tyrrheni maris, ubi quattuor generationes gentis suae exules
invenerunt cum duce eorum Corinaeo. Quibus secum assumptis
direxerunt iter ad fines Aquitaniae; ibi eis exortum est cum 5
Gallis gravissimum proelium quibus eo tempore decem reges
praesidebant, in quo congressu apparuit miranda fortitudo
Corinaei ducis, qui tam valide percussit consulem[3] unum in
summo capite ut eum dissecaret[4] in duas partes toto corpore
diviso. Nepos autem Bruti Turnus, et ipse fortissimus miles, 10
qui solo gladio suo 900 viros ibi percussit, hostium gladiis
occisus est deditque nomen Turoni civitati, quia in loco illo
sepultus fuit.

Finito illo certamine, ubi ex utraque parte multi sunt inter-
fecti, Brutus cum suis ad naves rediit, coeptumque iter ag- 15
gressus tandem ad insulam destinatam pervenit. Erat autem
nomen illius insulae Albion et a solis gigantibus inhabitabatur,
cum quibus certamen persaepe habuerunt. Brutus vero de
suo nomine insulam appellavit Britanniam hominesque suos
Britones vel Britannos. Dux autem Corinaeus terram quae 20
sorti suae cesserat Corinaeam vocavit, quae modo Cornubia,
vel a cornu Britanniae vel per corruptionem praedicti nominis
appellatur.

CXXXVI.[1] THE DOG SAINT

Deo contumeliosae sunt superstitiones quae divinos honores
daemonibus attribuunt vel alicui alteri creaturae,[2] ut facit 25
idolatria,[3] et ut faciunt miserae mulieres sortilegae quae salutem
petunt adorando sambucos[4] vel offerendo eis, contemnendo

---

3. *general, count.* **4.** *cut.*
CXXXVI. 1. This and the following selections are from the *De diversis
materiis praedicabilibus* of Etienne de Bourbon (†c. 1261), a collection of
several hundred *exempla* for the use of preachers. **2** =*rei.* **3.** abstract for
concrete, *idolaters.* **4.** *elder trees.*

ecclesias vel sanctorum reliquias, portando ibi pueros suos vel
ad formicarios[5] vel ad res alias ad sanitatem consequendam.
Sic faciebant nuper in dioecesi Lugdunensi,[6] ubi cum ego prae-
dicarem contra sortilegia[7] et confessiones audirem multae muli-
5 eres confitebantur portasse se pueros suos apud[8] sanctum
Guinefortem. Et cum crederem esse sanctum aliquem inquisivi
et audivi ad ultimum quod esset canis[9] quidam leporarius,[9]
occisus per hunc modum. In dioecesi Lugdunensi prope villam
monialium[10] quae dicitur Novile,[11] in terra domini de Vilario,[12] fuit
10 quoddam castrum[13] cuius dominus puerum parvulum habebat de
uxore sua. Cum autem exivissent dominus et domina a domo
et nutrix similiter, dimisso puero solo in cunabulis,[14] serpens
maximus intravit domum, tendens ad cunabula pueri; quod
videns leporarius, qui ibi remanserat, eum velociter insequens
15 et persequens sub cunabulo[14] evertit cunabula, morsibus
serpentem invadens, defendentem se et canem similiter
mordentem; quem ad ultimum canis occidit et a cunabulis
pueri longe proiecit, relinquens cunabula dicta cruentata et
terram et os suum et caput serpentis sanguine, stans prope
20 cunabula, male a serpente tractatus. Cum autem intrasset
nutrix et haec videret, puerum credens occisum et devoratum
a cane, clamavit cum maximo eiulatu; quod audiens mater
pueri similiter accurrit, idem vidit et credidit, et clamavit
similiter. Similiter et miles, adveniens ibi, idem credidit et, ex-
25 trahens spatham, canem occidit. Tunc, accedentes ad puerum,
invenerunt eum illaesum, suaviter dormientem; inquirentes,
inveniunt serpentem canis morsibus laceratum et occisum.
Veritatem autem facti agnoscentes, et dolentes de hoc quod sic
iniuste canem occiderant sibi tam utilem, proiecerunt eum in
30 puteum qui erat ante portam castri et acervum maximum
lapidum super eum proiecerunt, et arbores iuxta plantaverunt
in memoriam facti.

---

5. *ant hills.* **6.** *of Lyons.* **7.** *fortune telling.* **8** = *ad.* **9.** *greyhound.*
10. *of nuns.* **11.** *Villeneuve.* **12.** *Villars.* **13.** *castle.* **14.** *cradle;*
plural in CL.

Castro autem divina voluntate destructo, et terra in desertum
redacta est, ab habitatore relicta.   Homines autem rusticani,
audientes nobile factum canis, et quomodo innocenter mortuus
est pro eo de quo debuit reportare bonum, locum visitaverunt
et canem tamquam martyrem honoraverunt et pro suis in- 5
firmitatibus et necessitatibus rogaverunt, seducti a diabolo et
ludificati ibi pluries, ut per hoc homines in errorem adduceret.
Maxime autem mulieres quae pueros habebant infirmos et
morbidos[15] ad locum eos deportabant, et in quodam castro, per[16]
leucam[16] ab eo loco propinquo, vetulam accipiebant quae 10
ritum agendi et daemonibus offerendi et invocandi eos doceret
eas et ad locum duceret.   Ad quem cum venirent sal et quaedam
alia offerebant et panniculos pueri per dumos circumstantes
pendebant et acum in lignis quae super locum creverant
figebant et puerum nudum per foramen quod erat inter duos 15
truncos duorum lignorum introducebant, matre existente ex
una parte et puerum tenente et proiciente novies vetulae quae
erat ex alia parte, cum invocatione[17] daemonum adiurantes
faunos[18] qui erant in silva Rimite ut puerum, quem[19] eorum
dicebant,[19] acciperent[20] morbidum et languidum et suum quem 20
secum detulerant[21] reportarent eis pinguem et grossum, vivum
et sanum.   Et hoc facto accipiebant matricidae[22] puerum et ad
pedem arboris super stramina cunabuli nudum puerum ponebant
et duas candelas ad mensuram pollicis in[23] utroque capite[23] ab
igne quem ibi detulerant succendebant et in trunco superposito[24] 25
infigebant, tamdiu inde recedentes quod[25] essent consumptae
et quod nec vagientem puerum possent audire nec videre; et
sic candelae cadentes plurimos pueros concremabant et occide-
bant sicut ibidem de aliquibus repperimus.   Quaedam etiam

---

15. *sick.* 16. *a league.* 17. Eng. 18. *goblins.* 19. *which they con-*
sidered belonged to them (the demons); the demons had substituted their
own sickly child for a healthy human child. 20. *take back.* 21. The
subject is *daemones.* 22. the wicked mothers. 23. *at both ends.* 24. *above.*
25. awkwardly expressed; *they withdrew so long that* (i.e., *until*) . . .
and (*so far*) *that.*

retulit mihi quod, dum faunos invocasset et recederet, vidit
lupum de silva exeuntem et ad puerum euntem, ad[26] quem nisi
affectu materno miserata praevenisset,[26] lupus vel diabolus in
forma eius eum, ut dicebat, vorasset. Si autem redeuntes ad
5 puerum eum invenissent viventem, deportabant ad fluvium
cuiusdam aquae rapidae propinquae, dictae Chalarone, in quo
puerum novies immergebant, qui valde dura viscera habebat si
evadebat nec tunc vel cito post moreretur.[27] Ad locum autem
accessimus et populum terrae convocavimus et contra dictum[28]
10 praedicavimus. Canem mortuum fecimus exhumari[29] et lucum
succidi, et cum eo ossa dicti canis pariter concremari et edictum
poni a dominis terrae de spoliatione[30] et redemptione[31] eorum
qui ad dictum locum pro tali causa de cetero convenirent.

CXXXVII. WOMEN'S FASHIONS

Contra illas quae cum sint vetulae quasi idola se pingunt et
15 ornant, ut videntur esse larvatae,[1] ad similitudinem illorum
ioculatorum qui ferunt facies[2] depictas,[2] quae dicuntur artificia
gallice,[3] cum quibus ludunt et homines deludunt.

Magna et singularis gloria est hominibus quod portant
imaginem et similitudinem Dei, ad quam creati sunt. Iniuriam
20 videntur Deo facere et quasi creatori suo dicere: "Tu male me
fecisti, ego bene me faciam; tu me pallidam, ego rubeam[4]; tu
fuscam, ego albam; tu me vetulam, ego me faciam iuvenculam."[5]
Audivi quod quidam histrio in curia cuiusdam potentis, videns
intrasse quandam vetulam sic depictam, implevit os suum
25 aqua; et cum illa esset inter mulieres, accessit histrio et subito,
sicut faciunt qui pelles parant, aquam quam in ore gerebat in
faciem eius aspersit, qua fluitante, eius facies leprosa videbatur.
Item, cum quaedam consimilis venisset ad colloquendum cum

---

26. *reached it first.* 27. no reason for the subjunctive. 28. *practice.*
29. Eng. 30. *confiscation.* 31. *fine.*
CXXXVII. 1. *masked.* 2. *masks.* 3. *in French.* 4. *red.* 5. *young girl.*

quodam magno et potente et ille, accumbens super pulvinar
suum, videret eius faciei picturam, volens eam confundere, fecit
unum parvum foramen in pulvinari et paulatim, cum deprimere-
tur, plumae egrediebantur et ipse suaviter[6] eas inflabat ad eius
faciem; quae adhaerebant picturae et inuncturae[7] faciei. Quae 5
cum egrederetur camera[8] obscura, facies eius plumis cooperta
in confusionem suam omnibus apparebat; quas cum confricando
voleret[9] abstergere et removere, faciei eius magis agglutinaban-
tur[10] et magis pictura senilem faciem denudabat, et deformior
erat, ad modum imaginis reparatae.[11]   10

Item de[12] caudis[12] quas dominae trahunt post se plus quam
per cubitum unum, in quibus mirabiliter peccant quia multo
pretio sibi eas comparant, Christum in pauperibus spoliant,
pulices[13] colligunt, terram operiunt, homines orantes in ecclesiis
ab oratione impediunt, pulverem commovent et agitant, 15
ecclesias obnubilant,[14] altaria quasi incensant[15] et pulvere sacra
loca inquinant et deturpant[16] et super ipsas caudas diabolum
portant et quadrigant,[17] dicit magister Iacobus quod quidam
sanctus, videns diabolum ridentem, cum adiuraret eum ut
diceret cur risisset, ait quod quaedam domina talis, cum iret 20
ad ecclesiam, quendam socium suum quadrigabat super caudam
suam; quae, cum debebat transire per locum lutosum[18] elevavit
vestimentum et diabolus cecidit in lutum; cuius visa deturpa-
tione,[19] provocatus fuerat ad risum.

Magis esse similes diabolo quam Deo et angelis eligunt. De 25
Christo legitur quod unicum caput habuit,[20] draco autem, id
est diabolus, septem.[21] Similiter aliquando mulier unica multa
habet capita, id est multa capitis ornamenta; aliud enim habet
caput de nocte, aliud de die, aliud in ferialibus,[22] aliud in festis;
secundum mutationem dierum et festorum mutat capita, id est 30

---

6. *gently.* **7.** *cosmetics.* **8.** *room.* **9** =*vellet.* **10.** *stuck fast.* **11.** *restored.*
12. with *dicit*, l. 18 (*caudis* =*trains*). **13.** *fleas.* **14.** *darken.* **15.** See p. 208,
l. 1; i.e., with dust. **16.** *defile.* **17.** *carry in a chariot.* **18.** *muddy.* **19.**
defilement. **20.** I Corinthians xi, 3. **21.** Revelation xii, 3. **22.** *a day of*
the week not appointed for a specific festival.

capitis ornamenta; aliud in domo caput habet, aliud extra, aliud inter extraneos. De interiori capite pagat²³ virum suum; cum enim est cum solo viro suo, tunc sufficit ei quod²⁴ portet deterius²⁵ ornamentum quod habet, licet excuset se de vano et
5 superfluo²⁶ ornatu cum arguitur, dicens quod se ornat propter virum suum. Cum ego aliquando quandam mulierem arguerem de vanitate et superfluitate²⁶ ornatus capitis sui, cum responderet se hoc facere propter virum suum, qui adhuc emerat ei septem pretiosiora capitis ornamenta quae habebat in arca sua,
10 quorum neutrum²⁷ accipiebat cum sola ad virum suum intrabat in cubili suo, sed sufficiebat ei habere in capite mitram de tela grossa vel reticulam²⁸ de filo, depositis aliis capitis ornamentis; cum autem iret ad curias vel ad alia loca ubi alii homines erant, tunc accipiebat pro loco et tempore alia capitis ornamenta;
15 ex hoc ego ei intuli²⁹ quod non ornabat se propter virum suum sed propter aliquorum lecatorum³⁰ oculos pascendos.

CXXXVIII.¹ A PRECOCIOUS NOVICE

Toto tempore vitae suae doluit pater meus de meo ingressu in ordinem fratrum² Minorum² nec consolationem accepit eo quod filium non habebat qui ei in hereditate succederet. Et
20 conquestus est imperatori,³ qui tunc temporis venerat Parmam, quod fratres Minores sibi filium abstulissent. Tunc scripsit

---

23. *satisfies, pays;* CL. *pacare,* Fr. "payer." A house headdress is good enough for the husband. **24** = *ut.* **25.** superlative. **26.** Eng. **27** = *nullum.* **28.** *network cap;* neuter in CL. **29.** *charged.* **30.** *buffoons, libertines.*

CXXXVIII. 1. From the *Cronica fratris Salimbene ordinis minorum.* The personal tone, the simple style, and the liveliness of the narrative make it one of the most interesting of medieval chronicles. The author's extensive travels and wide acquaintance with the leading personages of the day enabled him to give a vivid picture of life and events in France and Italy for the period with which he deals (1167-1287). **2.** *Minorites* or *Franciscans.* **3.** Frederick II.

imperator fratri Helye[4] generali ministro ordinis fratrum
Minorum quod, si caram habebat gratiam suam, sic audiret
eum ut me redderet patri meo. Receperat enim me frater
Helias quando ad imperatorem ibat Cremonam missus a
Gregorio papa nono anno Domini MCCXXXVIII. Tunc pater 5
meus ivit Asisium,[5] ubi erat frater Helyas, et imperatoris
litteras in manu posuit generalis.[6] Quarum exordium tale fuit:
"Ad Guidonis de Adam fidelis nostri suspiria mitiganda" et cet.
Lectis imperialibus[7] litteris statim scripsit frater Helyas
fratribus de conventu Fanensi,[8] ubi habitabam, quod si de 10
voluntate mea procedebat me sine mora per oboedientiam
redderent patri meo, alioquin, si cum patre meo ire nolebam,
me carum custodirent sicut pupillam[9] oculi sui. Venerunt
itaque plures milites cum patre meo ad locum fratrum de
civitate Fanensi ut finem negotii mei viderent; quibus factus 15
fui spectaculum et ipsi mihi causa salutis. Congregatis igitur
fratribus cum saecularibus in capitulo et dictis multis verbis
hinc inde, protulit pater meus litteras generalis ministri ac
fratribus demonstravit. Quibus lectis frater Ieremias custos
audientibus omnibus patri meo respondit: "Domne Guido, 20
dolori vestro compatimur et parati sumus oboedire litteris
patris nostri. Verum tamen hic est filius vester, 'aetatem[10]
habet,[10] ipse de se loquatur.' Quaeratis ab eo, si vult venire
vobiscum, veniat in nomine Domini. Sin autem, vim ei ut
vobiscum veniat inferre non possumus." Quaesivit ergo pater 25
meus utrum vellem ire cum eo necne. Cui ego respondi:
"Non, quia Dominus dicit Luc. IX[11]: 'Nemo mittens manum
suam ad aratrum et aspiciens retro aptus est regno Dei.' "
Et ait mihi pater: "Tu non curas de patre tuo et de matre tua,
qui pro te variis doloribus affliguntur." Cui respondi: "Vere 30
non curo, quia Dominus dicit Mat. X[12]: 'Qui amat patrem aut
matrem plus quam me non est me dignus.' De te quoque

---

4. *Elias.* 5. *Assisi.* 6. *the general;* cf. l. 1. 7 =*imperatoris.* 8. *of
Fano.* 9 =*pupulam.* 10. *he is of age;* John ix, 21. He was seventeen
years old at this time. 11. Luke ix, 62. 12. Matthew x, 37.

dicit: 'Qui amat filium aut filiam super me, non est me dignus.'
Debes ergo curare, pater, de illo qui pro nobis pependit in ligno
ut nobis vitam donaret aeternam. Nam ipse est qui dicit
Mat. x[13]: 'Veni enim separare hominem adversus patrem suum
5 et filiam adversus matrem et nurum adversus socrum suam.
Et inimici hominis domestici eius. Omnis[14] ergo qui confitebitur
me coram hominibus, confitebor et ego eum coram patre meo
qui est in caelis. Qui autem negaverit me coram hominibus,
negabo et ego eum coram patre meo, qui in caelis est.' " Et
10 mirabantur fratres et gaudebant quod talia patri meo dicebam.
Et tunc dixit fratribus pater meus: "Vos percantastis[15] filium
et decepistis ut mihi non acquiescat. Conquerar iterum
imperatori de vobis nec non et generali ministro. Verum tamen
permittite me loqui seorsum sine vobis cum filio meo et videbitis
15 quod me sine mora sequetur." Permiserunt itaque fratres ut
sine eis loquerer patri meo quia propter verba mea iam dicta
de me aliquantulum confidebant. Verum tamen post parietem
auscultabant qualia diceremus. Tremebant enim sicut iuncus in
aqua, ne pater meus suis blanditiis meum animum immutaret;
20 et non solum timebant pro salute animae meae sed etiam ne
recessus meus occasionem daret aliis ordinem non intrandi.
Dixit igitur mihi pater meus: "Fili dilecte, non credas istis
pissintunicis (id est qui in tunicis mingunt) qui te deceperunt,
sed veni mecum et omnia mea tibi dabo." Et respondi et dixi
25 patri meo: "Vade, vade, pater. Sapiens in Proverbiis dicit
iii[16]: 'Noli prohibere bene facere eum qui potest; si vales et
ipse bene fac.' " Et respondit pater meus cum lacrimis et
dixit mihi: "Quid igitur, fili, matri tuae dicam, quae se incessanter pro te affligit?" Et aio ad eum: "Dices ei ex parte
30 mea: Sic dicit filius tuus: 'Pater[17] meus et mater mea dere-
liquerunt me, Dominus autem assumpsit me.' Qui etiam dicit
Iere. iii[18]: 'Patrem vocabis me et post me ingredi non ces-

---

13. Matthew x, 35, 36.   **14.** Matthew x, 32, 33.   **15.** *have cast a
spell upon.*   **16.** Proverbs iii, 27.   **17.** Psalms xxvi, 10 (xxvii, 10).   **18.**
Jeremiah iii, 19.

sabis.' Nam 'bonum[19] est viro cum portaverit iugum ab adulescentia sua.'" Audiens haec omnia pater meus et de egressu meo desperans prostravit se in terram coram fratribus et saecularibus qui cum eo venerant et dixit: "Commendo te mille daemonibus, maledicte[20] fili, et fratrem tuum, qui hic 5 tecum est, qui etiam te decepit. Mea maledictio[21] vobiscum sit perpetuo, quae vos infernalibus commendet spiritibus."[22] Et recessit ultra modum turbatus. Nos autem remansimus valde consolati, gratias agentes Deo nostro et dicentes sibi: "Maledicent[23] illi et tu benedices. Nam 'qui[24] benedictus est 10 super terram benedicetur in Deo. Amen.'" Recesserunt itaque saeculares valde aedificati de constantia mea. Sed et fratres valde gavisi fuerunt eo quod viriliter egerat Dominus per me puerulum suum et cognoverunt quod vera sunt verba Domini, qui dicit Luc. xxi[25]: "Ponite in cordibus vestris non praemeditari 15 quemadmodum respondeatis. Ego enim dabo vobis os et sapientiam, cui non poterunt resistere et contradicere omnes adversarii vestri." Sequenti vero nocte remuneravit me Virgo beata. Videbatur enim mihi quod coram altari ad orationem iacerem prostratus, ut soliti sunt fratres, quando surgunt ad 20 matutinum. Et audivi vocem beatae Virginis me vocantis. Et elevata facie vidi beatam Virginem super altare sedentem in eo loco in quo hostia[26] locatur et calix; habebatque puerulum suum in gremio, quem porrigebat mihi dicens: "Accede secure et osculare filium meum, quem heri coram hominibus confessus 25 fuisti." Cumque timerem vidi quod puerulus aperuit bracchia alacriter[27] me expectans. Confidens itaque de alacritate et innocentia pueri necnon et de matris ipsius liberalitate tam larga accessi et amplexatus et osculatus sum eum. Et mater benigna per[28] magnam moram[28] eum mihi dimisit. Cumque de eo 30 satiari non possem benedixit mihi Virgo beata et dixit: "Vade,

---

19. Lamentations iii, 27. **20.** *accursed.* **21.** *curse.* **22.** Eng. **23.** Psalms cviii, 28 (cix, 28). **24.** Isaiah lxv, 16. **25.** Luke xxi, 14. **26.** *the host,* bread used in the Mass or Eucharist. **27.** *eagerly.* **28.** *for a long time.*

fili dilecte, et quiesce, ne fratres qui surgunt ad matutinum inveniant te hic nobiscum." Acquievi et disparuit visio. Sed in corde meo tanta dulcedo remansit quod non possem sermone referre. Fateor vere quod numquam in saeculo tantam 5 dulcedinem habui. Et tunc cognovi quod vera est scriptura quae dicit: "Quod gustato spiritu desipit[29] omnis caro."

CXXXIX.[1] MONASTIC VISITATIONS

(1248) xvii. Kl. Februarii.[2] Visitavimus presbyteros decanatus[3] de Buris, quos feceramus convocari apud Meulers. Invenimus quod presbyter de Pomerevalle notatur[4] et durat 10 infamia de frequentatione tabernarum; non confitetur penitentiario.[5] Item, Guillelmus, presbyter de Mesnieres, de negotiatione, et tenet firmas[6] ad quas ita saepe vadit quod divinum servitium[7] in sua ecclesia minuitur. Item, presbyter de Lortiey non defert[8] capam nisi raro, non confitetur 15 penitentiario, infamatus graviter de incontinentia,[9] et est ebriosus. Item, presbyter de Aulayge graviter notatus de ebriositate et de frequentatione tabernarum. Moniti fuerunt a nobis sicut et presbyteri decanatus de Longa Villa; et de capis et de veniendo ad capitula statuimus ut[10] supra,[10] et iniunximus 20 decano ut poenas levaret[11] absque misericordia. Item, invenimus quod quidam capellanus[12] de Muliers pro pretio cantavit in vigilia natalis Domini quandam missam.

xiiii. Kl. Februarii. Visitavimus presbyteros decanatus

---

29. *loses its savor*; Bernard of Clairvaux, *Epistula* iii.
CXXXIX. 1. From the *Registrum visitationum* (1258-1269) of Odo, archbishop of Rouen, the friend and adviser of St. Louis; important for the light it throws on the state of the clergy in northern France. **2** = *Februarias*.
3. *deanery.* **4.** *is in ill repute.* **5.** a priest selected by the pope or a bishop to hear and absolve certain cases in confession. **6.** *farms.* **7.** *service.*
8. *wear.* **9.** Eng. **10.** in the preceding visitation. **11.** *inflict.* **12.** *chaplain.*

de Fulcardi Monte, quos convocavimus apud Sanctum Leode-
garium. Invenimus quod presbyter de Nigella diffamatus
de negotiatione et viliter[13] tractans patrem suum qui patronus
est ecclesiae quam possidet, et persona pugnavit cum quodam
milite, gladio evaginato, cum clamore et sequela[14] parentele[14] et 5
amicorum suorum. Item, presbyter de Basinvalle infamatus
de quadam, licet correctus ab archidiacono, perseverat, ducens
eam ad forum, et frequentat tabernas. Item, presbyter de
Veteri Rothomago vadit cincto ense, in habitu inhonesto.
Item, presbyter de Boafle non defert capam, infamatus est de 10
quadam, et vendit carius bladum[15] suum propter[16] terminum.[16]
Item, presbyter de Hamies, leprosus, ut creditur, infamatus
est de incontinentia. Item, presbyter Sancti Remigii, notatus
de ebriositate, non defert capam, ludit ad talos, frequentat
tabernam et ibi multotiens[17] verberatur.[18] Item, presbyter de 15
Gilemervilla non residet in ecclesia sua, ut deberet, non defert
capam, et aliquando amittit[19] vestes suas in tabernis. Item,
Robertus, presbyter de Campenoisevilla, non habet capam.
Item, presbyter Sancti Martini in Bosco, placitator[20] est et
vagabundus.[21] Item, presbyter de Petra Ponte ebriosus est 20
et ludit ad talos et ad rodellam.[22] Item, magister Walterus,
presbyter de Grandi Curia, infamatus est de nimia potatione.[23]
Istos monuimus et comminati iisdem fuimus quod si alias super
his ipsos invenerimus infamatos, graviter puniemus eosdem.
Item, de capis et de veniendo ad capitula statuimus sicuti in 25
aliis decanatibus. Item invenimus quod presbyter de Mesnilio,
David, notatus de incontinentia et pluries correctus ab archidiacono, recidiavit[24] et dicitur quod celebravit suspensus,[25]
unde nos eidem diximus ut super his legitime se purgaret, vel
nos ad inquisitionem procederemus contra eum. Ipsi autem 30

---

13. *badly.* **14.** *with the help of his kinsmen.* **15.** *grain.* **16.** meaning
not clear; he evidently takes advantage of a dear market. **17.** *many times.*
18. *fights.* **19.** by gambling. **20.** *litigious.* **21.** *a wanderer.* **22.** *quoits*
or *dice.* **23.** *drinking.* **24.** *relapsed.* **25.** *though suspended.*

respondenti quod haberet super hoc consilium,[26] diem assignavimus ad respondendum super praemissis.[27]

(1258) ix. Kl. Decembris. Visitavimus prioratum[28] de Villacellis. Priorissa[29] non erat ibi. Numerus monialium[30]
5 erat xxii; dicebant quod debebant esse xx, et priorissa duas recepcrat contra voluntatem quarundam ex conventu, et ampliavit numerum de duabus contra inhibitionem[31] nostram. Credebant se habere satis bladum et avenam usque ad Augustum. Habebant octo vaccas et quattuor vitulos, sex equos
10 et tres pullos. Nesciebant quantum debebant et statum domus aliquantulum ignorabant. Nos vero postmodum, habito consilio super eo quod dictas mulieres in[32] monialem[32] receperat priorissa contra inhibitionem nostram, moneri fecimus priorissam praedictam de remittendis dictis mulieribus, prout inferius
15 continetur.

(1259) xii. Kl. Maii. Recepimus litteras domini regis,[33] continentes quod nos ad eundem, visis eisdem litteris, apud Fontem Bleaudi[34] graviter aegrotantem, remoto impedimento quolibet, festinaremus; quod quidem, neglecta infirmitatis
20 nostrae gravitate, fecimus tempestive, et apud Genevillam pernoctavimus ipsa die, et ibidem alium nuntium habuimus specialem, nobis eiusdem domini regis litteras deferentem, per quas nobis remandavit[35] quod ultra non progrederemus, quia ipse se alleviatum,[36] per Dei gratiam, sentiebat et convalescebat,
25 et ibidem remansimus.

xi. Kl. Maii. Ibidem, cum expensis nostris.[37]

x. Kl. Maii. Tertio habuimus litteras domini regis, continentes quod adeo infirmabatur quod valde sibi timebat de morte propinqua. Quibus visis, statim iter arripuimus ad

---

26. object of the verb. 27. legal term, *the aforesaid, premises.* 28. *priory.* 29. *prioress.* 30. *nuns.* 31. *prohibition.* 32. *as nuns.* 33. St. Louis. Odo accompanied him to the Holy Land in the second crusade; Louis made him one of his executors in his will. 34. *Fontainebleau.* 35. *sent back word.* 36. *improved.* 37. *at our own expense;* occasionally Odo states the cost of his entertainment.

eundem, non tamen sine difficultate magna, cum adiutorio tam equorum quam currus festinando, et pernoctavimus Parisius ipsa die.

ix. Kl. Maii. Apud Fontem Bleaudi, et ibidem invenimus dominum regem lecto decubantem,[38] per Dei gratiam, satis in 5 bono statu.

(1260) ii. Id. Novembris. Praedicavimus in capitulo Montis Duorum Amantium, et visitavimus ibidem. Habent quattuor domus extra, in quibus sunt canonici.[39] Quattuordecim canonici erant in conventu; omnes erant sacerdotes. 10 Exibant claustrum[40] saepius et facilius quam deberent. Unus non clamabat[41] alium, et praecepimus quod, qui non clamaret alium delinquentem, portaret eandem poenam quam portaret delinquens. Elemosina datur qualibet die omnibus venientibus ad[42] eam. 15

(1260) xvii. Kl. Aprilis. Pernoctavimus apud Insulam Dei, cum[43] expensis[43] abbatiae. Ipsa die examinavimus Nicholaum dictum Quesnel, clericum praesentatum nobis ad[44] ecclesiam beatae Mariae de Wynemervilla, in legenda[45]: "In principio creavit Deus caelum et terram," et construxit[46]: *Deus* 20 "Dieus," *creavit* "cria," *caelum* "le ciel," *et terram* "et la terre." Fecimus declinari* ei hoc nomen,[47] *Deus,* et declinavit totum satis bene, excepto[48] quod[48] in accusativo[49] plurali dixit "Deos vel Dos." Item, quaesivimus ab eo quae pars[50] *inanis;* respondit, "nomen" et declinavit nominativo,[49] "haec inanis," genitivo,[49] 25 "huius inanis," dativo,[49] "huic inani," secundum tertiam declinationem, excepto quod in vocativo[49] plurali dixit, "o inane"; dixit autem quod "inanis" erat "mauvaise chose." Satis bene respondit de accentu[51] mediae.[51] Item quaesivimus

---

38=*cubantem.* **39.** *canons.* **40**=*e claustro.* **41.** *gave information against;* it was the duty of a monk to report the delinquencies of his brothers. **42.** *for.* **43.** Cf. p. 296, l. 26. **44.** *for.* **45.** See p. 298, l. 22. **46.** *construed.* **47.** *noun,* which included the adjective in the medieval grammars. **48.** *except that.* **49.** grammatical term; Eng. **50.** *part of speech.* **51.** *accent of the penult.*

ab eo quae pars erat *ferebatur;* dixit, "verbum," et dixit
"ferebatur, portoit"[52]; declinavit, "fero, fers" usque ad supinum,
et tacuit; participia, "ferens, ferturus," et dixit quod erat neutri[53]
generis[53]; et dixit quod erat coniunctivi[54] modi, et praeteriti[55]
5 perfecti.[55] Item declinavit satis bene hoc verbum, *dixit.* Item
declinavit hoc verbum, *fiat:* "fio, fis, fui, esse, fiendi, fiendo,
fiendum, factum, factu, fiens, facturus." Quaesivimus ab eo
utrum haberet passivum, dixit quod non, quia erat neutri
generis. Quaesivimus ab eo sensum istorum verborum: "Et[56]
10 vidit lucem quod erat bona,"[56] et dixit quod "cestoit[57] bonne
chose a fere."[57] Item declinavit hoc verbum, *divisit:* "divido,
dividis, divisi, dividere," satis bene usque ad passivum, ubi
dixit, "divideor, divideris," media producta. Quaesivimus ab
eo cuius generis[58]; primo dixit tertiae, postea quartae et dixit
15 quod cognoscebat quartam, quia ponebat genitivum suum
in i, et dativum in o. Item declinavit *hic vesper* secundum
tertiam declinationem et in vocativo dixit "o vespere." Noluit
cantare et dixit se nihil scire de cantu.

(1261) II. Non. Septembris. Visitavimus abbatiam dicti loci
20 (Augi). Ibi erant XXXII canonici commorantes; quattuor erant
novicii.[59] In alia visitatione[60] praeceperamus quod facerent
scribi legendam[61] ad opus conventus in refectorio[62]; similiter
hoc fieri praecepimus expresse,[63] et quod liber[64] passionarum[64]
corrigeretur et religaretur. Item non habebant bona vestimenta
25 seu ornamenta; praecepimus hoc emendari, et dicebant quod
sacrista tenebatur[65] eis providere de his, et[66] nova invenire et[66]

---

52. old form of the imperfect active. **53.** *intransitive.* **54.** *subjunctive.*
55. *past perfect.* **56.** Genesis i, 4. **57.** *this was a good thing to do.* **58.** *con-
jugation.* **59.** *novices.* **60.** *visit of inspection.* **61.** a general term applied to
collections of texts read in church services, e.g., homiliaries, martyrologies,
passionaries, etc. **62.** *refectory;* for reading during the meal; see p. 115, l. 16.
On a previous visitation Odo had reported: *nec habebant libros competentes ad
legendum in refectorio.* **63.** *expressly.* **64.** a volume containing an account
of the sufferings and martyrdom of the saints, arranged according to the
calendar of the saints. **65.** *was bound,* i.e., it was the sacristan's duty.
66. *both . . . and.*

vetera facere reparari. Item, praecepimus quod diligentius
solito confiteretur. Item, claustrum nimis frequentabatur a
saecularibus, licet pluries praecepissemus diligentius custodiri,
et a parte monasterii et a parte coquinae, et iterato[67] praecepimus ostium iuxta coquinam firmari, vel taliter custodiri 5
quod aditus saecularibus negaretur, ne possent claustrum more
solito introire. Item, raro computabatur de receptis[68] et missis,[68]
et expensis particularibus[69]; praecepimus quod ad hoc dili-
gentiorem operam adhiberent. Debebant ix^{c}[70] libras et
debebantur eis viii^{c} et xxxiii librae. Habebant estau- 10
ramenta[71] multa, praeter avenam. Multa expenderant in
reparationibus[72] grangiarum.[73] Frater Guillelmus de Archis
irreverenter[74] et tumide[75] in capitulo loquebatur et effrene,[76]
quod nobis plurimum displicuit. Item, praecepimus quod
canonici, qui hospites comitabantur in domo, ad conventum re- 15
dirent ita cito quod completorio[77] interessent et dormitorium[78]
cum aliis intrarent. Ipsa die, procurati fuimus ibidem. Summa
procurationis,[79] ix librae, viii solidi, iii denarii.

(1262) vi. Kl. Septembris. Apud Sanctum Laurentium
de Cornu Cervino, et visitavimus ibi. Ibi erant quinque 20
monachi, propter paupertatem abbatiae, ut dicebant, quia vix
non solerent esse nisi tres. Non tenebant capitulum nec
silentium. Utebantur culcitris.[80] Praecepimus priori quod
aliquando visitaret[81] arcas[81] monachorum. Non servabant
ieiunia sed dicebant indulgentiam[82] habere, ut illi qui manent 25
extra sua capitula ter in hebdomada comedant carnes, et
affirmabant se hoc modo bene servare ieiunia. Erat ibi quaedam
domus ruinosa quam prior dicebat se fore emendaturum cum
posset.

---

67 = *iterum.* **68.** *receipts and expenses.* **69.** *special.* **70.** *nine hundred.*
71. *supplies.* **72.** *repairs.* **73.** *granges, farm houses,* belonging to the
monastery. **74.** *disrespectfully.* **75.** *arrogantly.* **76.** *without restraint.*
77. See note on l. 6, p. 118. **78.** Eng.; the monks slept in one room.
79. *entertainment.* **80** = *culcitis.* **81.** The monks were not supposed to
have property of their own. **82.** Eng.

CXL.[1] THE CORRUPTION OF MORALS

Videamus omnes status mundi et consideremus diligenter,
inveniemus corruptionem infinitam ubique, quod primo apparet
in capite. Nam Curia Romana, quae solebat et debet regi
sapientia Dei, nunc depravatur constitutionibus imperatorum
5 laicorum, factis pro proprio laico regendo, quas ius civile
continet. Laceratur enim illa sedes sacra fraudibus et dolis
iniustorum. Perit iustitia, pax omnis violatur, infinita scandala
suscitantur. Mores enim sequuntur ibidem perversissimi;
regnat superbia, ardet avaritia, invidia corrodit singulos,
10 luxuria diffamat totam illam curiam, gula in omnibus dominatur. Si igitur haec fiant[2] in capite quid fit in membris?
Respiciamus praelatos, quomodo student pecuniae, neglegunt
curam animarum, nepotes et ceteros amicos carnales promovent,
ac dolosos legistas,[3] qui a[4] consiliis destruunt omnia; studentes[5]
15 enim in philosophia et theologia* contemnunt, et impediunt
ordines duos,[6] ut non possint libere vivere et agere[7] ad salutem
animarum, qui gratis se ingerunt[8] propter Dominum.

Consideremus religiosos[9]; nullum ordinem excludo. Videamus quantum ceciderunt singuli a statu debito,[10] et novi
20 ordines iam horribiliter[11] labefacti sunt a pristina dignitate.
Totus clerus vacat superbiae, luxuriae et avaritiae. Et ubicumque congregantur clerici, sicut Parisius et Oxoniae, bellis
et turbationibus et ceteris vitiis scandalizant totum populum

---

CXL. 1. Selections CXL, CXLI, and CXLII are from the *Compendium Studii
Philosophiae* (c. 1272) of Roger Bacon, the most famous scientific investi-
gator of the Middle Ages. In it he discusses the value of knowledge, what
parts are essential, and how to acquire it. It is marked by violent attacks
on the papal court, religious orders, clergy, universities, princes, and lawyers. The work ends abruptly in the midst of a dissertation on the study
of languages. As planned, the work would have been an enlarged and
revised edition of his great series, *Opus Maius, Opus Minus,* and *Opus
Tertium.* CXLIII, p. 304, is from his *De Secretis Operibus et de Nullitate
Magiae.* **2.** See 103. **3.** *lawyers.* **4.** with an ablative of means. **5.** *students.*
6. the Franciscans and Dominicans. **7.** *work.* **8.** *offer.* **9.** *members of a
religious order.* **10.** *right.* **11.** *dreadfully.*

laicorum. Principes et barones[12] et milites premunt et spoliant se mutuo, et populum subiectum confundunt bellis et exactionibus infinitis, quibus nituntur aliena rapere, etiam ducatus[13] et regna, sicut videmus his temporibus adimpleri.[14] Rex[15] enim Franciae abstulit per magnam iniuriam illas magnas terras a 5 rege[16] Angliae, ut notum est. Et Carolus[17] iam heredes Frederici[18] magnifice debellavit. Non curatur quid fiat, nec quomodo, seu per fas seu per nefas, dummodo quilibet suam expleat voluntatem; et tamen gulae et luxuriae voluptatibus inserviunt et ceterorum malitiis peccatorum. Populus, iam irritatus per 10 principes, odit eos et ideo nullam fidem[19] tenent eis ubi possunt evadere; et corrupti per mala exempla maiorum ad invicem se premunt, et dolis et fraudibus circumveniunt, ut ubique conspicimus ad[20] oculum[20]; et totaliter* luxuriae et gulae dediti sunt et depravantur plus quam valeat enarrari. De mercatori- 15 bus et artificibus non est quaestio, quia in omnibus dictis et factis eorum regnat fraus et dolus et falsitas ultra modum.

CXLI. EDUCATION WITHOUT LEARNING

Secundum principale[1] quod est causa erroris in studio sapientiae his temporibus est quod a quadraginta annis surrexerunt quidam in studio qui se ipsos creaverunt in magistros 20 et doctores studii theologiae et philosophiae, cum tamen numquam didicerunt aliquid dignum, nec volunt nec possunt propter statum[2] suum, ut in sequentibus longe lateque manifestare curabo, per sententias quas inducam; de quibus licet doleam quantum possum et compatior, tamen quia veritas 25 praevalet omnibus ideo exponam hic aliqua saltem quae publice aguntur et patent omnibus hominibus, licet pauci ponant cor

---

12. *vassals.* **13.** *duchies.* **14** =*fieri.* **15.** Louis IX. **16.** Henry III. **17.** Charles of Anjou. **18.** Frederick II. **19.** *loyalty.* **20.** Cf. *ad manum, at hand.*
    CXLI. **1.** *principal cause.* **2.** *position.*

suum ad haec consideranda, sicut[3] nec[3] ad aliqua utilia propter causas erroris, quas hic prosequor, quibus fere omnes homines turpiter excaecantur. Hi sunt pueri inexperti[4] se ipsos et mundum et linguas sapientiales,[5] Graecam et Hebraeam, quae
5 necessariae sunt studio, ut inferius probabo; ignorant et omnes partes et scientias philosophiae mundi cum sapientia, quando praesumunt de studio theologiae, quod requirit omnem sapientiam humanam, sicut docent sancti; et sapientes omnes sciunt hoc. Si enim alicubi est veritas, hic invenitur; si falsi-
10 tas, hic damnatur, ut docet Augustinus in libro De doctrina christiana. Hi sunt pueri duorum ordinum studentium, ut Albertus[6] et Thomas,[7] et alii qui ut[8] in pluribus[8] ingrediuntur ordines cum sunt viginti annorum et infra. Et hoc maxime a mari Anglicano usque ad fines christianitatis, et praecipue
15 ultra regnum Franciae, ita quod in Aquitania et Provincia et Hispania, Italia, Alemannia et Hungaria, Dacia et ubique recipiuntur ad ordines, passim a decimo anno usque ad vicesi- mum, qui nihil dignum possunt scire propter aetatem, simul[9] cum hoc quod[9] causae errorum humanorum praedictae tenent
20 eos; et ideo nihil sciunt cum ordines intrant quod valeat theologiae. Unde plura milia intrant qui nesciunt legere psalterium[10] nec Donatum; sed statim post professionem[11] ponuntur ad studium theologiae. Et a principio ordinis, scilicet a tempore quo primo floruit studium in ordinibus, primi
25 studentes fuerunt tales sicut posteriores. Et dederunt se illi studio theologiae quod omnem sapientiam desiderat humanam. Et ideo oportuit[12] quod non proficerent ullo modo, praecipue cum non procuraverunt se instrui ab aliis in philosophia post- quam ingressi sunt. Et maxime quia praesumpserunt in
30 ordinibus investigare philosophiam per se sine doctore; ita quod facti sunt magistri in theologia et philosophia antequam fuerunt

---

3. lit., *just as (they do) not; nec=non.* 4. *without knowledge of.* 5. *learned.* 6. Albertus Magnus. 7. Thomas Aquinas. 8. *in many cases.* 9. *together with the fact that.* 10. *psalter.* 11. *taking the vow.* 12. *it was inevitable.*

discipuli; et ideo regnat apud eos error infinitus, licet non
appareat propter causas certas, Deo permittente et diabolo
procurante.

CXLII. THE FAULTY TRANSLATIONS OF ARISTOTLE

Certus igitur sum quod melius esset Latinis quod sapientia
Aristotelis non esset translata quam tali obscuritate et perversi- 5
tate[1] tradita, sicut eis qui ponuntur ibi triginta vel quadraginta
annos; et quanto plus laborant tanto minus sciunt, sicut ego
probavi in omnibus qui libris Aristotelis adhaeserunt. Unde
dominus Robertus,[2] quondam episcopus Lincolniensis sanctae
memoriae, neglexit omnino libros Aristotelis et vias[3] eorum et 10
per experientiam propriam et auctores alios et per alias scientias
negotiatus[4] est in[4] sapientialibus[5] Aristotelis; et melius centies[6]
milesies[6] scivit et scripsit illa de quibus libri Aristotelis loquuntur quam in ipsius perversis translationibus capi possunt.
Testes sunt tractatus[7] domini episcopi *De Iride, De Cometis*, 15
et de aliis quod scripsit. Et sic omnes qui aliquid sciunt
neglegunt perversam translationem Aristotelis et quaerunt
remedia sicut possunt. Haec est veritas quam nolunt homines
perditi in sapientia considerare sed quaerunt solacium suae
ignorantiae sicut bruta.[8] Si enim haberem potestatem super 20
libros Aristotelis ego facerem omnes cremari, quia non est nisi
temporis amissio studere in illis, et causa erroris et multiplicatio[9]
ignorantiae ultra id quod valeat explicari. Et quoniam labores
Aristotelis sunt fundamenta totius sapientiae ideo nemo potest
aestimare quantum dispendium accidit Latinis quia malas 25
translationes receperunt philosophi. Et ideo non est remedium
plenum ubique.

CXLII. **1.** *inaccuracy.* **2.** Grosseteste. **3.** *ways, methods.* **4.** *dealt
with.* **5.** *learning.* **6.** *hundred thousand times.* **7.** *treatises.* **8.** *brutes.*
9. *multiplying.*

CXLIII

DE INSTRUMENTIS ARTIFICIOSIS MIRABILIBUS

Narrabo igitur nunc primo opera artis et naturae miranda, ut
postea causas et modum eorum assignem[1]; in quibus nihil
magicum est, ut videatur quod omnis magica potestas sit
inferior his operibus et indigna. Et primo per figuram[2] et
5 rationem[2] solius artis. Nam instrumenta navigandi possunt
fieri sine hominibus remigantibus ut naves maximae, fluviales
et marinae, ferantur unico homine regente, maiori velocitate
quam si plenae essent hominibus. Item currus possunt fieri ut
sine animali moveantur cum impetu inaestimabili, ut aestima-
10 mus currus falcati[3] fuisse, quibus antiquitus pugnabatur. Item
possunt fieri instrumenta volandi ut homo sedeat in medio
instrumenti revolvens aliquod ingenium per quod alae artifici-
aliter[4] compositae aerem verberent ad modum avis volantis.
Item instrumentum, parvum in quantitate[5] ad elevandum et
15 deprimendum pondera quasi[6] infinita, quo nihil utilius est in
casu. Nam per instrumentum altitudinis trium digitorum et
latitudinis eorundem et minoris quantitatis, posset homo se
ipsum et socios suos ab omni periculo carceris eripere et elevare
et descendere. Posset etiam de[7] facili[7] fieri instrumentum quo
20 unus homo traheret ad se mille homines per violentiam, mala[8]
eorum voluntate[8]; et sic de rebus aliis attrahendis. Possunt
etiam instrumenta fieri ambulandi in mari vel fluminibus usque
ad fundum absque periculo corporali. Nam Alexander[9] Magnus
his usus est ut secreta maris videret, secundum quod Ethicus[10]
25 narrat astronomus. Haec autem facta sunt antiquitus et
nostris temporibus facta sunt, ut certum est; nisi sit instrumentum volandi, quod non vidi nec hominem qui vidisset cognovi;

CXLIII. 1. *designate.* 2. *shaping and planning.* 3. should be *falcatos.*
4. *artfully.* 5. *size.* 6. *almost;* so also p. 305, l. 7. 7 =*facile.* 8. *against
their will.* 9. Cf. p. 35, l. 3. 10. the so-called Aethicus Ister, II, 3, 7.

sed sapientem qui hoc artificium excogitavit explere cognosco.
Et infinita quasi talia fieri possunt; ut pontes ultra flumina sine
columna vel aliquo sustentaculo, et machinationes et ingenia
inaudita.

CXLIV.¹ A PARODY

Initium sancti evangelii secundum Marcas argenti. In illo 5
tempore dixit papa Romanis: "Cum venerit filius hominis ad
sedem maiestatis nostrae primum dicite: 'Amice, ad quid
venisti?' At ille si perseveraverit pulsans nil dans vobis,
eicite eum in tenebras exteriores." Factum est autem ut
quidam pauper clericus veniret ad curiam domini papae et 10
exclamavit, dicens: "Miseremini mei saltem vos, ostiarii² papae,
quia manus paupertatis tetigit me. Ego vero egenus et pauper
sum, ideo peto ut subveniatis calamitati et miseriae meae."
Illi autem audientes indignati sunt valde et dixerunt: "Amice,
paupertas tua tecum sit in perditione; vade retro, Satanas, 15
quia non sapis ea quae sapiunt nummi. Amen, amen, dico tibi:
'Non intrabis in gaudium Domini tui, donec dederis novissimum
quadrantem.' "
Pauper vero abiit et vendidit pallium et tunicam et universa
quae habuit et dedit cardinalibus et ostiariis et camerariis.³ 20
At illi dixerunt: "Et hoc quid est inter tantos?"⁴ Et eiecerunt
eum ante⁵ foras,⁵ et egressus foras flevit amare et non habens
consolationem. Postea venit ad curiam quidam clericus dives,
incrassatus,⁶ inpinguatus,⁷ dilatatus, qui propter seditionem
fecerat homicidium. Hic primo dedit ostiario, secundo came- 25

CXLIV. 1. From the *Carmina Burana*, the famous song-book of the
Goliards, or wandering students, composed chiefly of poems, mostly Latin,
some German, and some in Latin and German, dealing with a wide range of
subject matter, in many meters and many moods (pious, satiric, sentimen-
tal, pathetic, jovial, and obscene). The unique MS (thirteenth century)
once belonged to the monastery of Benedictbeuern in Bavaria. 2. *door-
keepers*. 3. *chamberlains*. 4 = *tam multos*. 5 = *foras* or *ante fores*. 6.
coarse. 7. *fat*.

rario, tertio cardinalibus. At illi arbitrati sunt inter eos quod
essent plus accepturi. Audiens autem dominus papa cardinales
et ministros plurima dona a clerico accepisse infirmatus est
usque ad mortem. Dives vero misit sibi electuarium[8] aureum
5 et argenteum, et statim sanatus est. Tunc dominus papa ad se
vocavit cardinales et ministros et dixit eis: "Fratres, videte ne
aliquis vos seducat inanibus verbis. Exemplum enim do vobis
ut quemadmodum ego capio ita et vos capiatis."

CXLV.[1] A LEGEND CONCERNING ST. NICHOLAS

Cluniacensi[2] coenobio subest quaedam cella quae dicitur
10 Caritas, in qua primum praepositus[3] constitutus est vir nobilis
et religiosus, nomine Girardus, qui regimen eiusdem ecclesiae
tenuit plus quam triginta annos; sub quo nimium crevit ipsa
eadem cella ita ut sub se haberet alias cellas. Inter alia vero
quae possedit fidelium devotione, data est quaedam possessio
15 quae Crux dicitur, in terra Brigiensi a quodam illustri viro. Ad
quam possessionem venerandus Girardus statim transmisit
quam plurimos monachos, praeponens eis religiosum virum
quendam et ferventem in ordine suo. Ubi dum essent, supervenit festivitas beatissimi et gloriosissimi confessoris Christi
20 Nicolai. Tum fratres requisierunt priorem si historiam de
festivitate, quae est propria, decantarent. Quibus ille respondit:
"Non, quia apud Cluniacum non cantatur." Et illi e contra:
"Dominus Girardus, prior, facit eam cantare in domo nostra de
Caritate; et quod in domo nostra cantatur, nos debemus

---

8. Eng.
CXLV. 1. This selection is taken from a fourteenth-century MS. The
legend is probably at least a century older. **2.** *of Cluny*, the most powerful
of all the medieval monasteries. In the twelfth century it controlled
more than three hundred churches and monasteries in France, Italy,
Spain, England, and even in Palestine and Constantinople, and had the
privilege of coining its own money. **3.** *provost, prior*, the head of a subordinate house.

cantare." Siquidem idem Girardus a iuventute sua illectus in amore sancti, cum ad prioratum[4] venisset, fecit festivitatem ipsius sancti per se et per suos subiectos magnifice celebrari et propriam historiam decantari. Ad quorum verba respondit prior contumaciter et dixit: "Nonne vos estis monachi Cluni- 5 acenses?" Illi responderunt cum humilitate se esse. Et ille: "Quod in vestra ecclesia cantatur cantate, et nil amplius." Altera die iterum interpellaverunt eum de supradicta re. Qui iratus interdixit eis ne ulterius de hac re eum requirerent. Sed illi perseverantes in petitione sua, tertia vice eum suppliciter 10 exoraverunt* ut eis concederet decantare historiam. Ille nimium iratus contra eos, vehementer verbis contumeliosis coepit eos arguere eo quod ausi fuerint contra suum interdictum de hac re eum repetere insuper et scopa[5] fecit eos vapulare pro hac culpa. Nocte vero subsequente, cum se sopori dedisset, 15 ecce beatus Nicolaus ante eum cum virga stetit sicque eum est affatus: "Tu fecisti monachos tuos verberari causa mei. Videbis quid inde eveniet. Canta." Tunc ipse sanctus coepit antiphonam quae sic incipit "O Christe Pietas." Ille vero cum nollet subsequendo cantare, coepit eum vehementer verberare, 20 more consueto magistri puero nolenti discere litteras. Quid multa? Tamdiu quippe verberando et discendo decantavit ei antiphonam usquequo[6] ille memoriter eam decantaret ex[7] integro.[7] At monachi qui circum iacebant, cum eum audissent quasi deplorando cantare supradictam antiphonam, surgentes 25 de cubilibus suis, circumsteterunt lectulo illius cum luminaribus. Et videntes eum se nimium defricantem, simulque decantantem antiphonam, vehementer obstupuerunt, quam maxime credentes aliquid secretum inesse quod non videbant, per hoc quod oculis cernebant. Nullus tamen ausus est eum evigilare,[8] 30 magnopere expectantes finem rei. Cum vero bene et memoriter ille per se ipsum decantasset totam antiphonam evigilavit, vidensque fratres astare coram se cum luminaribus nihilque

---

4. *priorate.* 5 =*virga.* 6. *until.* 7. *completely.* 8. *wake.*

volens eis tunc dicere, signi significatione iussit ut ad strata sua
redirent, et ipse quod reliquum noctis fuit insomne duxit cum
timore et dolore. Mane autem facto, cum hora loquendo
venisset et omnes in unum convenissent, dixit illis: "Indulgeat
5 vobis, fratres, Deus, quod me fecistis tam acriter verberari hac
nocte. Ite, decantate historiam sicut petistis. Nam, velim
nolim, concedere me oportet, ne iterum verberer sicut hac nocte
vapulavi, et forsitan multo plus. Expertus enim sum hac nocte
quia durum[9] est contra stimulum calcitrare."[10] Tum illi cum
10 immensis precibus rogare coeperunt ut eis narraret quid vidisset
et quid passus fuisset. Ille vero precibus eorum acquiescens,
narravit eis omnia per ordinem sicut supra digestum[11] est.[11]
Et probamentum[12] verbis adiciens, exspoliavit[13] se coram
cunctis, ostendens dorsum suum verberibus dilaceratum. Tunc
15 illi videntes haec, in laudes Dei et sui piissimi confessoris
Nicolai diutius cum lacrimis demorati[14] sunt,[14] celebrantes eius
festivitatem cum omni gaudio et laetitia, decantantes historiam
sicut petierant. Festivitate transacta, perrexit prior cum
aliquibus fratribus ad priorem suum Girardum, et veniens ante
20 eum prostravit se ad pedes eius. Cui prior: "Quid petis?"
Ille ait: "Peto a vestra gratia ut a prioratu isto me liberetis."
Et prior Girardus: "Qua causa?" Et ille: "Quia fratres nostri
me acriter fecerunt verberari a quodam." Ad haec nimium
commotus prior Girardus dixit: "Et quis ausus fuit tantam
25 inordinationem[15] facere?" Ad quod monachi qui venerunt
responderunt: "Domine prior, noli perturbari usque[16] dum[16]
scias quis eum verberaverit et qua causa." Prior Girardus
videns eos nil timoris habere, ut sapiens vir, intellegens aliquod
secretum esse, iussit priori ut coram omnibus ediceret quis eum
30 verberavit et qua causa. Et ille: "Sanctus," inquit, "Nicolaus
verberavit me. Causa quae fuerit dicam." Tum coepit coram

9. Acts ix, 5. 10. kick. 11. has been set forth. 12. proof. 13. stripped.
14. they continued (to sing). 15. violation of the rules of the order.
16 = dum.

omnibus narrare rem gestam. Prior Girardus, admirans novitatem rei, non poterat credere sed existimabat fabulosum[17] esse quod audiebat. Tum prior ille: "Ut scias, domne prior, quia verum est quod audisti, probationem ostendam tibi." Tum coram illo et omnibus qui adstabant expoliavit se et 5 ostendit dorsum et scapulos nimium liventes verbere. Videns hoc prior Girardus prae gaudio coepit flere et, in laudem omnipotentis Dei et sui piissimi confessoris Nicolai erumpens, coepit decantare antiphonam "O Christe Pietas." Deinde iussit ut per omnes cellas sibi subiectas supradictam historiam 10 decantarent, habens deinceps in maximam venerationem memoriam ipsius sancti, quamvis et antea plurimum habuisset.

CXLVI.[1] ANIMAL MONKS

Cum illuc sanctus Kyaranus pervenisset, primitus sedebat[2] ibi sub quadam arbore, sub cuius umbra aper ferocissimus fuit. Videns aper primo hominem, perterritus fugit, et iterum mitis 15 factus a Deo, reversus est quasi famulus ad virum Dei; et ille aper primus discipulus quasi monachus sancti Kyarani in illo loco fuit. Ipse enim aper statim in conspectu viri Dei virgas et faenum ad materiam cellulae construendae dentibus suis fortiter abscidit. Nemo enim cum sancto Dei adhuc ibi erat, 20 quia solus a discipulis suis ad illum heremum evasit. Deinde alia animalia de cubilibus heremi ad sanctum Kyaranum venerunt, id est vulpis et broccus[3] et lupus et cerva; et manserunt mitissima apud eum. Oboediebant enim secundum iussionem sancti viri in omnibus quasi monachi. 25

---

17. Eng.
CXLVI. 1. From the life of St. Ciaran of Saigir, who is called the "first-born of the saints of Erin." He probably belongs in the fifth century. The "Jungle Book" theme occurs frequently in lives of the saints. **2.** *dwelt.* **3.** *badger.*

Alia quoque die vulpis, qui erat callidior et dolosior ceteris animalibus, ficones[4] abbatis sui, sancti id est Kyarani, furatus est, et, deserens propositum suum, duxit ad pristinum habitaculum suum in heremo, volens illas ibi comedere. Hoc sciens
5 sanctus pater Kyaranus alium monachum vel discipulum, id est broccum, post vulpem in heremum misit ut fratrem ad locum suum reduceret. Broccus autem, cum esset peritus in silvis, ad verbum senioris sui ilico oboediens perrexit, et recto itinere ad speluncam fratris vulpis pervenit. Et inveniens eum
10 volentem ficones domini sui comedere, duas aures eius et caudam abscidit, et pilos eius carpsit et coegit eum secum venire ad monasterium suum ut ageret[5] ibi paenitentiam[5] pro furto suo. Et vulpis, necessitate compulsus, simul et broccus cum sanis ficonibus hora nona ad cellam suam ad sanctum Kyaranum
15 venerunt. Et ait vir sanctus ad vulpem: "Quare hoc malum fecisti, frater, quod non decet monachos agere? Ecce aqua nostra dulcis est et communis et cibus similiter communiter omnibus partitur. Et si voluisses comedere carnem pro natura, Deus omnipotens de corticibus arborum pro nobis tibi fecisset." Tunc
20 vulpis, petens indulgentiam, ieiunando egit paenitentiam et non comedit donec sibi a sancto viro iussum est. Deinde familiaris cum ceteris mansit.

CXLVII.[1] THE VISION OF BOSO

Qualia Boso miles de coenobitis[2] Dunelmensibus viderit, et quanta[3] de obitu W.[4] episcopi praedixerit.
25 Quo tempore quidam militum episcopi, vocabulo Boso, infirmitate correptus, ad extrema pervenisse visus est. Per-

---

4. *shoes.*   5. *do penance.*
CXLVII.   1. From the *Historia ecclesiae Dunelmensis* of Simeon, a monk of Durham. Such visions are extremely common in medieval literature, especially in the lives of the saints.   2 = *monachis.*   3 = *qualia.*
4 = *Willelmi.*

modicum[5] enim ore et naribus trahens flatum, per tres dies
raptus ab humanis rebus quasi mortuus sine ullo sensu permansit; sed tertio die, contra hoc quod sperari poterat, ad[6]
praesentia rediit.[6] Dicebat itaque multa se vidisse nec tamen
quae illa fuerint donec, sicut iussus fuerat, priori retulisset, 5
cuiquam indicare volebat. Recuperata ergo sanitate concitus
ad illum venit, secretum ab omnibus loquendi cum eo locum
petiit. Ubi proiectis vestibus virgas manu gestans nudus ad
eius vestigia procidit, cum lacrimis exclamans, "Ad te," inquit,
"venire, tibi iussus sum peccata confiteri, et meam deinceps, 10
quae tamen longa non erit, vitam tuo imperio ordinare. Suscipe, quaeso, paenitentem et plagis verberum medelam[7] adhibe
meorum vulneribus criminum, ut destrictum Dei merear
evadere iudicium." Itaque multo cum gemitu peccata confessus est susceptaque paenitentia talia coepit narrare. 15

"Ductore," inquit, "praeeunte, per horrenda simul et
amoena loca sequebar. Erant omnes huius ecclesiae monachi
quodam in loco congregati, ante quos multum ex sese splendoris
emittens veneranda crux portabatur, quam omnes vestiti,
ordinata sollemniter sicut solent processione, incedentes et 20
cantantes sequebantur. Omnes in directum nusquam declinantes incedebant, praeter duos, qui a recti ordinis linea
aliquantulum exorbitabant.[8] Ibant autem omnes contra
oppositum sibi immensae altitudinis murum, in quo nec ostium
nec fenestra ulla videbatur. Cogitante me ac mirante cur illo 25
tenderent ubi aditus nullus patebat, ecce nescio qualiter omnes
intra murum erant. Ego autem foris remanens, huc illucque
respexi si alicubi introspicere possem et, inventa fenestrella,[9]
contemplatus sum per illam campum latissimum et vernantium[10]
flosculorum mira varietate pulcherrimum, ex quibus admirandi 30
suavitas odoris emanabat. Interrogatus a ductore meo si eos
quos ibi vidi agnoscerem, aio, 'Etiam, monachos nostros hic

---

5. *very feeble.* 6. *regained consciousness.* 7. *remedy.* 8. *turned aside.* 9. *small window.* 10. *blooming.*

recognosco.' Et ille, 'Dicito,' inquit, 'priori ut eos ad animarum
suarum salutem diligentius hortetur, illos vero duos quos ab
ordine suo declinare vidisti nominatim illi ostende. Re enim
vera non parum a via rectitudinis[11] aberrant, quibus magna in-
5 cumbit necessitas ut peccata sua purius confessi emendatiorem
vitam ducere festinent. Hucusque[12] etenim puram ac rectam
peccatorum suorum confessionem numquam fecerunt.' Inde
ductus aspexi per campum latissimum totius huius provinciae
indigenas congregatos, qui equis admodum pinguibus sedentes,
10 et longas sicut soliti sunt hastas portantes, earumque collisione[13]
magnum facientes strepitum, multa ferebantur[14] superbia.
Is ergo qui me ducebat an istos recognoscerem inquisivit. Cui
dum illum atque illum et postremo universos me recognoscere
respondissem, 'Omnes,' ait, 'isti iam in[15] proximo[15] peribunt.'
15 Nec mora, omnis illa multitudo velut fumus ex oculis evanuit.

Quo facto, multo maiori quam priores superbia secuti sunt
Francigenae, qui et ipsi frementibus equis subvecti et universo[16]
armorum genere induti, equorum frementium sonitu et armorum collisione immanem late faciebant tumultum; sed post
20 paululum cum omni ipsorum gloria velut subito terrae hiatu
absorpti nusquam[17] comparuerunt.[17] Deinde per extensum[18] aliquot miliariis campum innumeram feminarum multitudinem in-
tueor, quarum tantam turbam dum admirarer eas presbyterorum
uxores esse a ductore meo didici. 'Has,' inquit, 'miserabiles et illos
25 qui ad sacrificandum Deo consecrati sunt, nec tamen illecebris
carnalibus involvi metuerunt, vae[19] sempiternum et gehenna-
lium[20] flammarum atrocissimus expectat cruciatus.' Inde in loco
vastae ac taetrae solitudinis magna altitudine domum totam
ex ferro fabrifactam[21] aspexi, cuius ianua dum saepius aperire-
30 tur saepiusque clauderetur, ecce subito episcopus Willelmus
efferens[22] caput, ubinam Gosfridus monachus esset a me
quaesivit. 'Hic enim,' inquit, 'hic ad placitum mecum adesse

---

11. Eng. 12. *hitherto.* 13. *clashing.* 14. *rode.* 15 = *brevi.* 16 = *omni.*
17. *disappeared.* 18 = *extentum.* 19. noun, *woe.* 20. *of hell.* 21 = *aedi-*
ficatam. 22. *thrusting out.*

deberet.' Hunc namque episcopus procuratorem sui episcopatus constituerat. Tunc is a quo ducebar, me alloquens, 'Certe,' inquit, 'scias episcopum citissime finem vitae habiturum. Ille quoque quem ipse nominavit, tametsi aliquanto tardius, eum moriendo sequetur. Tu, quoniam adhuc, licet brevi tempore, 5 in mundo vivere debes, ut iram Dei evadas, confessione peccatorum facta, vitam secundum quod prior tibi ostenderit corrige eique universa quae tibi sunt ostensa ne dubites manifestare.' " Haec et alia quam plura praedictus miles se audisse et vidisse retulit; quae quam vera sint paulo post et episcopi et 10 aliorum multorum, quos[23] iam finiendos praenuntiaverat, mors secuta testimonium perhibet. Duo quoque illi qui ab ordine processionis[11] deviare[24] visi sunt fratres eius verbis fidem praebent, quorum vitam prior subtiliter discutiens[25] hoc quod miles de illis occulte audierat verum esse ipse invenit. 15

---

23 = *quorum vitam.* **24.** *turn aside.* **25.** *investigating.*

PART TWO. POETRY

CXLVIII[1]

TE DEUM LAUDAMUS

(margin note: J. Raby / C.L.P.)

(left margin handwritten: certain elements may be traced to St. Cyp.)

Te Deum laudamus, te Dominum confitemur.
Te aeternum Patrem omnis terra veneratur.
Tibi omnes angeli, tibi caeli[2] et universae potestates,
Tibi cherubim[3] et seraphim[3] incessabili[4] voce proclamant:
5 Sanctus, sanctus, sanctus Dominus Deus Sabaoth![5]
Pleni sunt caeli et terra maiestatis gloriae tuae.
Te gloriosus apostolorum chorus, te prophetarum laudabilis numerus,
Te martyrum candidatus laudat exercitus;
Te per orbem terrarum sancta confitetur ecclesia,
10 Patrem immensae maiestatis, venerandum tuum verum et unicum Filium,
Sanctum quoque Paraclitum Spiritum.
Tu rex gloriae, Christe,
Tu Patris sempiternus es Filius.
Tu ad liberandum suscepturus hominem
15 Non horruisti virginis uterum.
Tu, devicto mortis aculeo,
Aperuisti credentibus regna caelorum.
Tu ad dexteram Dei sedes in gloria Patris.
Iudex crederis esse venturus.
20 Te ergo quaesumus, tuis famulis subveni,
Quos pretioso sanguine redemisti.
Aeterna fac cum sanctis tuis in gloria numerari.
Salvum[6] fac populum tuum, Domine, et benedic hereditati tuae,
Et rege eos et extolle illos usque in aeternum.[6]
25 Per singulos dies benedicimus te,

CXLVIII. 1. A very old hymn of unknown authorship in rhythmical prose. **2.** masculine plural, common in church Latin. **3.** Hebrew plurals of *cherub* and *seraph*, otherwise indeclinable. **4.** *unceasing.* **5.** genitive plural, *of hosts.* **6.** Psalms xxvii, 9 (xxviii, 9).

Et laudamus nomen tuum in[7] saeculum et in saeculum saeculi.[7]
Dignare, Domine, die isto sine peccato nos custodire.
Miserere nostri, Domine, miserere nostri;
Fiat misericordia tua, Domine, super nos,
30 Quemadmodum speravimus in te.
In[8] te, Domine, speravi: non confundar in aeternum.[8]

CXLIX[1]

cf. Waklpohl, Early Lat. Poet.

DE PASSIONE CHRISTI

Vexilla regis prodeunt,
Fulget crucis mysterium,
Quo[2] carne[3] carnis conditor
Suspensus est patĭbulo.

5 Confixa clavis viscera,[4]
Tendens manus, vestigia,[5]
Redemptionis gratia
Hic immolata est hostia.

Quo[6] vulneratus insuper[6]
10 Mucrone dirae lanceae,
Ut nos lavaret crimine,
Manavit[7] unda, sanguine.

Impleta sunt quae concinit
David fideli[8] carmine
15 Dicendo nationibus:
"Regnavit[9] a ligno Deus."

Arbor decora et fulgida,[10]
Ornata regis purpura,[11]
Electa digno stipite
20 Tam sancta membra tangere.

Beata, cuius bracchiis
Pretĭum[12] pependit saeculi,
Statera facta est corporis
Praedam tulitque Tartari.

25 Fundīs aroma cortice,
Vincis sapore nectare,[13]
Iucunda fructu fertili
Plaudis triumpho nobili.

Salve ara, salve victima
30 De[14] passionis gloria,
Qua vita[15] mortem pertulit
Et morte vitam reddidit.

---

7. *for ever and ever.* **8.** Psalms xxx, 1 (xxxi, 1).
CXLIX. **1.** A processional hymn written by Fortunatus for use at the reception of a piece of the true cross which Queen Radegunda (cf. p. 120) had received from the emperor Julian for her cloister at Poitiers. Meter: iambic dimeter. **2.** *whereby,* referring to *mysterium.* **3.** *in the flesh.* **4.** *body.* **5.** *feet.* **6.** *on which.* **7.** *shed* (lit. *dripped with);* cf. John xix, 34. **8.** *truthful.* **9.** not in the Vulgate, but in the older version of the Bible. **10** = *splendida.* **11** = *sanguine.* **12.** *ransom.* **13** = *nectar.* **14.** *on account of.* **15.** i.e., of Christ.

CL[1]

AD CHILPERICUM ET FREDEGUNDEM

Post tempestates et turbida nubila caeli,
　　Quo solet infesto terra rigere gelu,
Post validas hiemes ac tristia frigora brumae,
　　Flamine[2] seu rapidi rura gravante[2] Noti,
5 Succedunt iterum vernalia tempora mundo,
　　Grataque post glaciem provocat aura diem.
Rursus odoriferis renovantur floribus arva,
　　Frondibus arboreis et viret omne nemus.
Dulce[3] saporatis[3] curvantur robora[4] pomis,
10　　Et, redeunte sibi gramine, ridet ager.
Sic quoque iam, domini, post tristia damna dolentes,
　　Vos meliore animo laetificate, precor.
Ecce dies placidi revocant paschalia Christi,
　　Orbs[5] quoque totus item per nova vota fremit.
15 Gaudia plus faveant per celsa palatia regum,
　　Et per vos famuli festa beata colant.
Omnipotens nobis uestram addat in orbe salutem,
　　Atque diu patriam culmina vestra regant.

CLI[1]

VERSUS ISIDORI

A.　Sunt hic plura sacrā, sunt mundīalia[2] plura;
　　Ex his si qua placent carmina, tolle, lege.
Prata vides plenā spinis et copiǎ floris;
　　Si non vis spinas sumere, sume rosas.

CL. 1. A poem by Fortunatus, addressed to the king and queen of the
Franks. Meter: elegiac distich. **2.** ablative absolute in place of a phrase
with *post*. **3.** *sweet-flavored.* **4** = *arbores.* **5** = *orbis.*
CLI. 1. These verses of Isidore give us a glimpse into the rooms of the
episcopal palace at Seville. They were inscribed on the walls: A-D in the
library; C and D over the cases containing the MSS of the Bible and the
Christian poets; E and F (advice to the patient and the physician) in the
apothecary's room; G in the scriptorium. The meter is anything but
correct. **2.** *profane.*

B. En multos libros gestant haec scrinia nostra;
    Qui cupis, ecce legē, si tua vota libent.
Tolle hic segnitiem, ponē fastidia mentis;
    Crede mihi, frater, doctior inde redis.
An dicis fortē: "Quid iam mihi | ista necesse est?
    Quod meditem studii nil superesse mei;
Explicui historias, percurri | omnia legis":
    Vere, hoc si dicis, iam nihil ipse sapis.

C. Hic geminae radiant veneranda volumina legis;
    Condita sunt paritér hic nova cum veteri.

D. Si Marŏ, si Flaccus, si Naso et Persius horret,
    Lucanus si te Papiniusque[3] tĕdet,
Pareat eximio dulcis Prudentius ore,
    Carminibus variis nobilis ille satis;
Perlege facundi studiosum carmen Aviti;
    Ecce Iuvencus adest Sēduliusque tibi,
Ambo linguă pares, florentes versibus ambo,
    Fonte evangelico pocula larga ferunt.
Desine gentĭlibús ergo inservire poetis:
    Dum bona tanta potes, quid tibi Calliopen?

E. Sunt medico donā quamdīu quisque laborat;
    Aeger iam surgit: nulla lagoena venit.
Quod debes medico redde, aeger, ne mala rursus
    Occurrant: currit denuŏ nemŏ tibi.

F. Pauperis attendē, medicē, censum atque potentis;
    Dispar condicio dispari habenda modo est.
Si fuerit dives, sit iusta occasiŏ lucri;
    Si pauper, merces sufficit una tibi.

G. Qui calamo certare nŏvit cum mortuă pelle,
    Si placet, hic veniát, hic sua bella gerat.

Quisque vagus fuerit media librarius hora,
    Suspensus binis ferietur terga flagellis.

Non patitur quemquam coram se scriba loquentem;
    Non est hic quod agas, garrule; perge foras.

---

3. i. e., Statius.

CLII. PRAYER OF EUGENIUS[1]

Rex Deus immensē, quo constat machina[2] mundi,
Quod miser Eugenius posco, tu perfice clemens.
Sit mihi recta fides, et falsis obvia[3] sectis,
Sit mihi praecipue morum correctiŏ praesens.
5 Sim carús, humilis, verax, cum tempore prudens,
Secreti[4] tacitús et linguae[5] famine[5] cautus.
Da fidum socium, da fixum semper amicum.
Da blandum, sobrium, parcum castumque ministrum.
Non me pauperies cruciét, aut languor obuncet.
10 Sit comes alma salus, et sufficientia victus.
Absint divitiae, fastus et iurgia litis,
Invidiā, luxús et ventris pensiŏ turpis.
Crimine nec laedam quemquam, nec crimine laedar.
Sic bene velle queam, quo pravum posse recedat.
15 Nil turpē cupiam, faciam, vel proloquar umquam.
Te mens desĭderet, linguā canat, actiŏ promat.
Da, Pater altitonans, undosum fletibus imbrem,
Quo valeam lacrimis culparum solvere moles.
Da, precor, auxilium, possim quo vincere mundum,
20 Et vitae stadium placido percurrere passu.
Cumque suprema dies mortis patefecerit urnam,
Concedē veniam, cui tollit culpa coronam.

CLIII

CARMEN PHILOMELAICUM[1]

Vox, Philomela, tuā cantus edicere[2] cogit,
Inde tui laudem rustica lingua canit.
Vox, Philomela, tuā citharas in carmine vincit,
Et superat miris musica flabra modis.
5 Vox, Philomela, tuā curarum semina pellit,

CLII. 1. By Eugenius of Toledo (†658); he is also the author of the
following poem. 2. *fabric.* 3. *resisting.* 4. with *tacitus (observing silence).*
5. *in speech.*
CLIII. 1. *to a nightingale.* 2 =*dicere.*

Recreat et blandis anxia corda sonis.
Florea rura colís, herboso caespite gaudes;
Frondibus arboreis pignora parva foves.
Cantibus ecce tuis recrepant arbusta canoris,
10   Consonat ipsa suis frondea silva comis.
Iudice me cignús et garrula cedat hirundo,
Cedat et illustri psittacus ore tibi.
Nulla tuos umquam cantus imitabitur ales,
Murmure namque tuo dulcia mella fluunt.
15 Dic ergo tremulos lingua vibrante susurros,
Et suavi liquidum gutture pange melos.
Porrige dulcisonas³ attentis auribus escas;
Nolŏ tacere velis, nolŏ tacere velis.
Gloria summa tibi, laus et benedictiŏ, Christe,
20   Qui praestas famulis haec bona grata tuis.

CLIV.¹ ALCUIN'S FAREWELL TO HIS CELL

O mea cella, mihi habitatiŏ dulcis, amata
Semper in aeternúm, | o mea cella, vale.
Undique te cingit ramis resonantibus arbos,
Silvula² florigeris semper onusta comis.
5 Prata salutiferis³ florebunt omnia et herbis,
Quas medici quaerit dextra salutis ope.
Flumina te cingunt florentibus undique ripis,
Retia piscator qua sua tendit ovans.
Pomiferis redolent ramis tua claustra per hortos,
10   Lilia cum rosulis⁴ candida mixta rubris.
Omne genus volucrum mătŭtinas personat odas,⁵
Atque creatorem laudat in ore Deum.
In te personuit quondam vox alma magistri,
Quae sacro sophiae⁶ tradidit ore libros.
15 In te temporibus certis laus sancta Tonantis⁷
Pacificis sonuit vocibus atque animis.

---

3. *sweetly-sounding.*
    CLIV. 1. CLIV-CLVII are poems of Alcuin (cf. p. 166).   **2** = *silva.*   **3** =
salutaribus. **4** = *rosis.* **5.** *songs.* **6** = *sapientiae.* **7.** *God.*

Te, mea cella, modŏ lacrimosis plangŏ camenis,
Atque gemens casus pectore plangŏ tuos,
Tu subito quoniam fugisti carmina vatum,
20   Atque ignota manus te modo tota tenet.
Te modo nec Flaccus[8] nec vatis Homerus[9] habebit,
Nec pueri musas per tua tecta canunt.
Vertitur omne decus saecli sic namque repente,
Omnia mutantúr ordinibus variis.
25 Nil manet aeternum, nil immutabile vere est,
Obscurat sacrum nox tenebrosa diem.
Decutit et flores subito | hiems frigida pulchros,
Perturbat placidum et tristior aura mare.
Qua campis cervos agitabat sacra iuventus,
30   Incumbit fessus nunc baculo senior.
Nos miseri, cur te fugitivum, mundus, amamus?
Tu fugis a nobis semper ubique ruens.
Tu fugiens fugias, Christum nos semper amemus,
Semper amor teneat pectora nostra Dei.
35 Ille pius famulos diro defendat ab hoste,
Ad caelum rapiens pectora nostra, suos;
Pectore quem pariter toto laudemus, amemus;
Nostra est ille pius gloria, vita, salus.

CLV

CONFLICTUS VERIS ET HIEMIS[1]

Conveniunt subito cuncti de montibus altis
Pastores pecudum vernali luce sub umbra
Arborea, pariter laetas celebrare Camenas.
Adfuit et iuvenis Dafnis[2] seniorque Palaemon[2];
5 Omnes hi cucŭlo laudes cantare parabant.
Ver quoque florigero succinctus stemmate venit,
Frigida venit Hiems, rigidis hirsuta capillis.
His certamen erat cuculi de carmine grande.
Ver prior adlusit[3] ternos modulamine[4] versus.

---

8. i.e., *Alcuin;* see p. 166, l. 13.   **9.** i.e., Angilbert.
CLV. 1. An eclogue after the manner of Vergil, by Alcuin or one of his
school. **2.** a shepherd in Vergil's eclogues. **3.** *composed.* **4.** *in melody.*

VER 10   Optŏ meus veniat cucŭlus, carissima ales,
       Omnibus iste solet fieri gratissimus hospes
       In tectis, modulans rutilo bona carmina rostro.

HIEMS   Tum glacialis Hiems respondit voce severa:
       Non veniat cucŭlus, nigris sed dormiat antris.
15   Iste famem secum semper portare suëscit.

VER   Optŏ meus veniat cucŭlus cum germine laeto,
       Frigora depellat, Phoebo comes almus in aevum.
       Phoebus amat cucŭlum crescenti luce serena.

HIEMS   Non veniat cucŭlus, generat qui forte labores,
20   Proelia congeminat, requiem disiungit amatam,
       Omnia disturbat; pelagi terraeque laborant.

VER   Quid tu, tarde Hiems, cucŭlo convicia cantas?
       Qui torpore gravi tenebrosis tectus in antris
       Post epulas Veneris, post stulti pocula Bacchi—

HIEMS 25   Sunt mihi divitiae, sunt et convivia laeta,
       Est requies dulcis, calidús est ignis in aede.
       Haec cucŭlus nescit, sed perfidus ille laborat.

VER   Ore feret flores cucŭlús et mella ministrat,
       Aedificatque domos, placidas et navigat undas,
30   Et generat suboles, laetos et vestiet agros.

HIEMS   Haec inimica mihi sunt, quae tibi laeta videntur.
       Sed placet optatas gazas numerare per arcas,
       Et gaudere cibis simul et requiescere semper.

VER   Quis tibi, tarde Hiems, semper dormire paratus,
35   Divitias cumulat, gazas vel congregat ullas,
       Si ver vel aestas antē tibi nulla laborant?

HIEMS   Vera refers: Illi, quoniam mihi multa laborant,
       Sunt etiam servi nostra dicione subacti,
       Iam mihi servantes domino, quaecumque laborant.

VER 40   Non illis dominus, sed pauper inopsque superbus,
         Nec te iam poteris per te tu pascere tantum,
         Ni tibi qui veniet cucŭlús alimonia praestet.

PALAEMON Tum respondit ovans sublimi ex sede Palaemon
          Et Dafnis pariter, pastorum et turba piorum:
     45   "Desine plura, Hiems; rerum tu prodigus, atrox,
          Et veniat cucŭlus, pastorum dulcis amicus.
          Collibus in nostris erumpant germina laeta,
          Pascua sint pecori, requies et dulcis in arvis,
          Et virides rami praestent umbracula fessis,
     50   Uberibus plenis veniantque ad mulctra capellae,
          Et volucres varia Phoebum sub voce salutent.
          Quapropter citius cucŭlus nunc ecce venito!
          Tu iam, dulcis amor, cunctis gratissimus hospes,
          Omnia te expectant, pelagus, tellusque polusque,
     55   Salve, dulce decus, cucŭlus, per saecula salve!"

CLVI.[1] A SUBSCRIPTION

         Nauta rudis pelagi ut saevis ereptus ab undis
         In portum veniens pectora laeta tenet,
         Sic scriptor fessus, calamum sub calce laboris
         Deponens, habeat pectora laeta satis.
     5   Ille Deo dicat grates pro sospite vita,
         Proque laboris agát iste sui requie.

CLVI.a INSCRIPTION FOR A SCRIPTORIUM

         Hic sedeant sacrae[1] scribentes famina[2] legis,[1]
         Nec non sanctorum dicta sacrata patrum.
         His intersererē[3] caveant sua frivola verbis,
         Frivola nec proptér erret et ipsa manus,
     5   Correctosque sibi quaerant studiosĕ libellos,
         Tramite quo recto penna volantis eat.

CLVI.   **1.** Common as a subscription in medieval MSS.
CLVI.a **1.** *the Scriptures.* **2** =*verba.* **3** =*inserere.*

Per cŏla[4] distinguant proprios et commata[4] sensus,
Et punctos ponant ordine quosque suo,
Ne vel falsa legat, taceat vel forte repente
10   Ante pios fratres lector in ecclĕsia.
Est opus egregium sacros iam scribere libros,
Nec mercede sua scriptor et ipse caret.
Fodere quam vites meliús est scribere libros,
Ille suo ventri serviet, iste animae.
15 Vel nova vel veterā poterit proferre magister
Plurima, quisque[5] legit dicta sacrata patrum.

CLVII.[1] THE LIBRARY AT YORK

Tradidit[2] ast alio[3] caras super omnia gazas
Librorum nato,[3] patri qui semper adhaesit,
Doctrinae sitiens haurire fluenta suĕtus:
Cuius si curas proprium cognoscere nomen,
5 Fronte[4] sua stātim praesentia carmina prodent.
His divisit opes diversis sortibus: illi
Ecclĕsiae regimen, thesauros, rura, talenta;
Huic sophiae[5] specimen, studium sedemque librosque.
Undique quos clarus collegerat ante magister,
10 Egregias condens uno sub culmine gazas.
Illic invenies veterum vestigia patrum,
Quicquid habet pro se Latio Romanus in orbe,
Graecia vel quicquid transmisit clara Latinis;
Hebraicus vel quod populus bibit imbre superno,
15 Africa luctifluo[6] vel quicquid lumine sparsit.
Quod pater Hiĕronymus, quod sensit Hilarius, atque
Ambrosius praesul, simul Augustinus, et ipse
Sanctus Athanasius, quod Orosius edit avitus;

---

4. the larger and smaller divisions of the period. 5 =*quisquis.*
CLVII. 1. From a long poem, *Versus de sanctis Euboricensis ecclesiae.*
2. i.e., Aelbehrtus, who had resigned as abbot and was succeeded by Ean-
baldus (=*illi* of l. 6). 3. i.e., Alcuin; *alio* for *alii.* 4. at the beginning of
the poem; this superscription has been lost. 5. Cf. p. 319, note 6.
6 =*luculento.*

Quicquid Gregorius summus docet et Leo papa;
20 Basilius quicquid, Fulgentius atque coruscant.
Cassiodorus item, Chrysostomus atque Iohannes.
Quicquid et Althelmus docuit, quid Beda magister,
Quae Victorinus scripsere, Boetius atque
Historici veteres, Pompeius,[7] Plinius, ipse
25 Acer Aristoteles,[8] rhetor quoque Tullius ingens.
Quid quoque Sedulius, vel quid canit ipse Iuvencus,
Alcimus et Clemens, Prosper, Paulinus, Arator,
Quid Fortunatus, vel quid Lactantius edunt.
Quod Marŏ Vergilius, Statius, Lucanus et auctor,
30 Artis grammaticae vel quid scripsere magistri;
Quid Probus atque Phocas, Donatus Priscianusve,
Servius, Eutychius, Pompeius, Comminianus.[9]
Invenies alios perplures, lector, ibidem
Egregios studiis, arte et sermone magistros,
35 Plurima qui claro scripsere volumina sensu;
Nomina sed quorum praesenti in carmine scribi
Longius est visum quam plectri postulet usus.

CLVIII.[1] HYMN FOR PENTECOST

Veni creator, Spiritus,
Mentes tuorum visita,
Imple superna gratia
Quae tu creasti pectora.

Tu septiformis[2] munere,[2]
10 Dextrae Dei tu dīgitus,[3]
Tu rite promisso[4] Patris
Sermone ditans guttura.[5]

5 Qui Pāraclitus diceris,
Donum Dei | altissimi,
Fons vivus, ignis, caritas,
Et spiritalis unctio.

Accende lumen sensibus,
Infunde amorem cordibus,
15 Infirma nostri corporis
Virtute firmans perpeti.

---

7. The Epitome of Trogus is meant. **8.** the translations and commentaries of Boethius. **9.** the medieval name for Charisius.
CLVIII. 1. One of the seven great hymns, attributed to Hrabanus Maurus (see note 1, p. 173). Meter: iambic dimeter. **2.** the seven gifts of the spirit (Isaiah xi, 2), *sapientia, intellectus, consilium, fortitudo, scientia, pietas, timor Domini.* **3.** Cf. Luke xi, 20. **4.** *by the promise;* Acts ii, 4. **5** = *linguas.*

Hostem repellas longius,
Pacemque dones protinus,
Ductore sic te praevio
20 Vitemus omne noxium.

Per te sciamus, da, Patrem,
Noscamus atque Filium,

Te | utriusque Spiritum
Credamus omni tempore.

25 Praesta, pater piissime,
Patrique compar unice
Cum Spiritu paraclĭto
Regnans per omne saeculum.

CLIX.[1] THE FOUNDING OF CONCA AND THE SIEGE OF BARCELONA

Rex pius interea Christi succensus amore,
  Dat pia christicolis moenia digna satis.
Namque ferunt multas monachorum rite catervas
  Instituisse Deo sub dicione sua.
5 Quod quis nosse cupit, rogŏ, regna Aquitana peragret,
  E quibus en unum cartula[2] nostra canit.
Est locus insignis cultu seu relligione,
  Cui Concas nomen rex dedit ipse prior;
Olim namque feris avibusque canoribus aptus,
10 Ignotusque homini pro feritate fuit.
Nunc quoque christicolum resplendens agmine fratrum,
  Quorum fama modō latius aethra[3] petit.
Haec quoque cella pii constructa est munere regis;
  Fundavit, coluit rebus et officiis.
15 Valle sedet magna, praecinctā flumine amoeno,
  Vinetis, pomis seu dapibus[4] variis,
Rupibus excisis valido sudante labore,
  Quo pateat locus hic, semita regĭ[5] datur.
Dictus erat quondam frater cognomine Datus,
20 Quem referunt primo illum incoluisse locum.

CLIX. 1. From the *De rebus gestis Ludovici Pii*, written by an Aquitanian monk, Ermoldus Nigellus, in 826. The poet's habit of borrowing phrases and metrical tags from Vergil, Ovid, and later writers often causes awkwardness of expression and obscurity of thought. For proper names see 116. **2** = *charta*. **3** = *aethera*. **4** = *facultatibus*. **5** = *a rege*.

Hic quoque dum patrias servaret ab hostibus aedes,
Sospite matre sibi consociante domo,
Protinus[6] heu pagum nimio vallante tumultu
Rotinicum Mauri destituere[7] nimis.
25 Praevalidae[8] praedae huiusce interfore matrem
Affirmant, cunctas exuviasque domus.
Hostibus egressis, profugus sua visere tecta
Certat et ad notos quisque redire lares;
Datus ut agnovit propriam matremque domumque
30 Direptam, varium pectore versat onus.
Prorsus equum phaleris ornans, se nec minus armis,
Coniunctis sociis apparat ire sequax.
Forte fuit castrum vallo seu marmore firmum,
Quo reduces Mauri cum spoliis remeant.
35 Huc celer et socii, Datus, cunctusque popellus
Certatim coeunt, frangere claustra parant;
Ac velut accipiter pennis per nubila lapsus
Ungue rapit volucrem, notaque ad antra fugit;
At sociae crocitant,[9] raucasque per aethera voces
40 Nequicquam recinunt atque sequuntur avem;
Ipse sedens tutus, praedam stringitque feritque,
Versat et in partes quas sibi cumque placet.
Non aliter Mauri vallo praedaque potiti,
Dati bella timent, spicula sive minas.
45 Tum iuvenem muri quidam compellat ab arce,
Voce cachinnosa[10] dicta nefanda dabat:
"Date sagax, nostras modo quae res vexit ad arces
Te sociosque tuos dicitŏ namque precor.
Si modo quo[11] resides tali[12] pro munere nobis
50 Dedere mavĭs equum quo[13] phaleratus abis,[13]
Nunc tibi mater eat sospes seu cetera praeda;
Sin autem, ante oculos funera matris habes."
Reddidit orsa sibi Datus non digna relatu:
"Funera matris agē; nec mihi cura satis.
55 Nam quem poscis equum non umquam dedere dignor;

---

6 =*subito.* **7.** *devastated.* **8.** *rich.* **9.** *cry.* **10.** *jeering.* **11.** Antecedent is *equum.* **12.** explained by what follows. **13.** i.e., he is to return home well equipped.

Improbe, | haud equidém | ad tua frena decet."[14]
Nec mora; crudelis matrem consistit[15] in arce,
   Et nato coram dilaceravit eam.
Namque ferunt ferro primo secuisse papillas,
60   Et capite absciso, | "heu! tua mater," ait.
Frendit enim infelix Datus pro funere matris.
   Nunc huc, nunc illuc fluctuat atque gemit,
Nec patet illi aditus, nec vim, qua vindicat artus
   Matris habet; tristis, mente carensque fugit.
65 Omnibus amissis, sumptis melioribus armis,
   Incola mox herĕmi coepit inesse pius.
Durior ut quondam fuerat ferus in nece matris,
   Firmior hinc remeát ad iuga, Christe, tua.
Tempore nam multo | haec secum solus agebat
70   Hic, quia mundanum tempserat omne nefas.
Haec dum fama pii regis pervenit ad aures,
   Mox Domini famulúm | ad sua tecta vocat.
Namque diem totum parili sermone trahebant
   Rex famulusque Dei, relligione pares.
75 Tum rex et Datus primo fundamina Concis
   Infigunt,[16] monachis castra futura parant;
Nuper quo valido recubabant agmine belûae,
   Redditur inde Deo nunc quoque grata seges.

Interea regis proceres populique phalanges
80   Dudum commoniti iussa libenter agunt.
Undique conveniunt Francorum more catervae,
   Atque urbis muros densa corona tenet.
Convenit ante omnes Carolo satus agmine pulchro;
   Urbis ad exitium congregat ille duces.
85 Parte sua princeps Vilhelm tentoria figit,
   Heriperth, Lihuthard, Bigoque, sive Bero,
Santio, Libulfus, Hilthibreth atque Hisimbard,
   Sive alii plures, quos recitare mora est.
Cetera per campos stabulat[17] diffusa iuventus,
90   Francus, Wasco, Getha sive Aquitana cohors.

---

14. takes dat. in CL. **15.** transitive. **16** = *ponunt.* **17.** *encamped.*

It fragor ad caelum, resonat clangoribus aether;
Clamor in urbe, pavor, fletus et omnis adest.
Hoc quoque dum geritur reduces fert Hesperus umbras,
Barcinona, tuas possidet hostis opes.
95 Lucida namque homines ut primum Aurora revisit,
Commoniti comites regia tecta petunt;
Ordine quisque suo prorsus resĭduntque per herbam,
Auribus attentis regia dicta rogant.
Tum suboles Caroli sapienti haec edidit ore:
100 "Accipite hoc animis consilium, proceres.
Si gens ista Deum coleret Christoque placeret,
Baptismique forét unguine tincta sacri,
Pax firmanda esset nobis, pax atque tenenda,
Coniungi ut possit relligione Deo.
105 Nunc vero exsecranda manet, nostramque salutem
Respuit, et sequitur daemonis imperia.
Idcirco hanc[18] nobis pietas miserata Tonantis
Servitii famulam reddere namque valet.
Nunc, nunc actutum muros[19] properemus et arces,
110 O Franci, et redeat pristina vis animis."
Aeolico[20] monitu rapidi ceu murmure venti
Per rus, per silvas, per freta cuncta volant,
Diripiuntque lares, segetes, silvaeque tremescunt;
Uncis vix pedibús ales aprica tenet.
115 Nauta miser subito, velo remoque relicto,
Per mare fluctivagum[21] lintea laxa trahit.
Non aliter iussu Francorum exercitus omnis
Urbis in exitiúm | itque reditque fremens.
Curritur in silvás, passim sonat acta securis.
120 Caeduntur pinus, populus alta cadit.
Hic scalas operatur,[22] agít hic ordine sudes,
Hic fert arma celer, contrahit hic lapides.
Spicula densa cadunt nec non et missile ferrum;
Ariete claustra tonant, fundaque crebra ferit.

---

18. i.e., *gentem*, with *famulam* as predicate accusative. **19.** end of motion. **20.** *of Aeolus.* **21.** *billowy.* **22.** *makes.*

125 Nec minus interea Maurorum spissa caterva
     Per turres residens castra tenere parat.
    Princeps urbis erat Maurus, cognomine Zadun,
     Urbem qui hanc validis rexerat ingeniis.
    Currit hic ad muros maesta comitante corona:
130 "Quis sonus iste novús, o socii?" rogitat.
    Reddidit ast illi contraria[23] dicta roganti
     Quidam de sociis, omnia dura canens:
    "Proelia non miscet Bero princeps ille Gothorum,
     Quae totiens pepulit lancea nostra procul;
135 Sed Hludovicus adest, Caroli clarissima proles,
     Ordinat ipse duces et gerit arma manu.
    Ni celerans subeat miseris nunc Cordoba nobis,
     Et nos et populús urbsque verenda cadet."
    Ille quidem tristes submisso pectore voces
140 Iactat et e turri | haud procul arma videt.
    "Eia agitē, socii, muros servemus ab hoste;
     Auxilium nobis Cordoba forte feret.
    At mihi mente sedet multum quod displicet, o gens,
     Turbat et attonitis quod recitare paro.
145 Haec gens celsa, vides, quae nostras obsidet arces,
     Fortis et armigera est, duraque sive celer.
    Ecce fatebor enim vobis nunc aspera dictu,
     Aut[24] taceam aut[24] recitem, non placitura tamen.
    Nam quemcumque suo congressa est inclita bello,
150 Nolens sive volens, servitio subiit.
    Romuleum sibi, quod quondam | hanc edidit urbem,
     Subdidit imperium cum dicione sua.
    Arma ferunt semper, bellis est sueta iuventus;
     Baiulat haec iuvenís, hoc agit arte senex.
155 Namque ipsum nomen Francorum horrescŏ recensens;
     Francus habet nomén a feritate sua.
    Quid iam plura loquar tristi cum pectore, cives?
     Heu mihi nota satis, nec recitata placent.
    Firmemus muros valido custode tenendos;

---

23. i.e., *disappointing.*   **24** = *sive . . . sive.*

160   Portarum custos credulus[25] atque sagax."
Interea[26] nox atra cadens Aurora reportat
Alma diem; Franci regia castra petunt.
Tum Caroli suboles pacato pectore fatur,
Atque suis famulis dicta benigna dedit:
165 "Zadun ad Hispanas cupiens properare catervas,
Auxilium poscens armaque sive pares,[27]
Captus adest nolens vinctusque tenetur inermis
Ante fores, nostros non fugit ante oculos.
Fac, Vilhelme, suos possit quo[28] cernere muros,
170   Et iubeat nobis pandere claustra celer."
Nec mora; Zadŏ[29] manum sequitur religatus habenis,
Et procul expansam sustulit arte manum.
Nam prius abscedens sociis praedixerat ipse:
"Seu fortuna nĕquam, prospera sive cadat,
175 Nesciŏ; si casu Francorum incurrerŏ turmis,
Vos tamen, ut dixi, castra tenete, precor."
Tum manŭs ad muros tendens vocitabat amicos:
"Pandite iam, socii, claustra vetata diu."
Ingeniosus item digitos curvabat et ungues
180   Figebat palmis, haec simulanter agens.
Hoc autem indicio signabat castra tenenda,
Sed tamen invitus "pandite" voce vocat.
Hoc vero agnoscens Vilhelmus concitus illum
Percussit pugno, non simulanter agens;
185 Dentibus infrendens versat sub pectore curas;
Miratur Maurum sed magis ingenium.
"Creditŏ, ni quoque regis amorque timorque vetaret,
Haec tibi, Zadŏ, dies ultima forte foret."
Interea Zadun Franco custode tuetur,[30]
190   At socii flentes castra tenere parant.
Altera luna suos complebat in ordine soles,
Rex Francique simul castra vetata petunt.
Machina densa sonat, pulsantur et undique muri,

---

25. *trustworthy;* sc. *sit.* **26.** An omitted passage describes the attempted escape and capture of Zadun (Zado). **27.** i.e., *men.* **28**=*ut.* **29.** nominative. **30.** passive.

Mars furit, ante cuï non fuerat similis.

195 Crebra sagitta cadit, vi funda retorta fatigat,
　　Rex agit illud opús, adcelerandŏ duces.

Iam Mauri miseri nec muros scandere celsos
　　Audent, nec turri cernere castra volent.

Ac velut in parvo volucrum fors turba natantum,
200　　Cum residet pavitans flumine fisa male,
　　Armiger[31] ecce Iovis[31] caelo descendit ab alto,
　　　Inventas circum pervolitatque diu,
　　Hae caput in fundum mittunt relevantque sub auras,
　　　Ista algis recubát, illa repressa luto;

205 Instat at ille super pennis tremulasque fatigat,
　　Quae caput in ventos sublevat, ille rapit.

Non aliter Mauros timidos fugitandŏ[32] per urbem
　　Insequitur gladiús undique morsque, pavor.

Tum rex ipse pius crispans hastile lacerto,
210　　Inque urbem adversam compulit ire celer.

Hasta volans mediae ventis se contulit urbi,
　　Marmore subiecto[33] figitur acta nimis.

Hoc signo Mauri turbati corda pavore
　　Mirantur ferrum, plus iacientis opus.

215 Quid facerent? Iam rex aberat, iam pugna tepebat,
　　Maurorum primos abstulerat gladius.

Tandem iam victi nimium belloque fameque,
　　Consilio unanimi reddere castra volunt.

Panduntur portae, penetralia cuncta patescunt,
220　　Servitio regís urbs labefacta venit.

Protinus optata sternuntúr, haud mora, in urbe
　　Franci victores hostibus imperitant.

Sabbătum erat sacrum, cum res est ista peracta,
　　Quandŏ prius Francis urbs patefacta fuit.

225 Namque sequente die festo conscendit in urbem
　　Rex Hludovicus ovans solvere vota Deo.

Mundavitque locos ubi daemonis alma colebant,
　　Et Christo grates reddidit ipse pias.

---

31. *eagle.* **32** =*fugientes.* **33.** *struck.*

CLX.[1] THE LILY

Lilia quo versu candentia, carmine quove
Ieiunae macies satis efferat arida musae?
Quorum candor habet nivei simulacra nitoris,
Dulcis odor silvas imitatur flore Sabaeas.
5 Non Parius candore lapis, non nardus odore
Lilia nostra premit, nec[2] non[2] si perfidus anguis
Ingenitis collecta dolis serit ore venena
Pestifero, caecum per vulnus ad intima mortem
Corda feram mittens, pistillo[3] lilia praestat
10 Commacerare[4] gravi sucosque haurire Falerno.
Si quod contusum est summo[5] liventis in ore
Ponatur puncti[5]; iam tum dinoscere vires
Magnificas huiusce datur medicaminis ultro.
Haec etiam laxis prodest contusiŏ[6] membris.

CLXI.[1] WALTER AND HILTGUNDE

Venerat interea satrapae[2] certissima fama
Quandam quae nuper superata[3] resistere gentem,
Ac bellum | Hunis confestim inferre paratam.
Tunc ad Waltharium convertitur actiŏ rerum;
5 Qui mox militiam percensuit ordine totam,
Et bellatorum confortat corda suorum,
Hortans praeteritos semper memorare triumphos,
Promittensque istos solita virtute tyrannos
Sternere, et externis terrorem imponere terris.

CLX. 1. From the *De cultura hortorum* of Walahfrid Strabo, abbot of
Reichenau (†849). **2** = *et*. **3** = *pistrillo*. **4** = *macerare*. **5.** i.e., on the cen-
ter of the bruised spot. **6.** i.e., the crushed lily.
CLXI. 1. From the great epic *Waltharius*, which narrates the exploits of
Walter of Aquitaine, written by Ekkehard I, monk of St. Gall (†973).
Walter, the son of the king of Aquitaine, held as a hostage by Attila, had
been intrusted with the command of the King's army. His betrothed, Hilt-
gunde, was likewise a hostage, serving as lady in waiting to Queen Ospirin.
This selection describes Walter's last campaign for Attila and his flight
with Hiltgunde. **2.** King Attila. **3.** Sc. *est*.

10 Nec mora, consurgit sequiturque exercitus omnis.
   Ecce locum pugnae conspexerat, et numeratam
   Per latos aciem campos digessit et agros,
   Iamque infra iactum teli congressus uterque
   Constiterat cuneus; tunc undique clamor ad auras
15 Tollitur; horrendam confundunt classica vocem,
   Continuoque hastae volitant hinc indeque densae.
   Fraxinus et cornus ludum miscebat in unum,
   Fulminis inque modum cuspis vibrata micabat.
   Ac veluti Boreae sub tempore nix glomerata
20 Spargitur, haud aliter saevas iecere sagittas.
   Postremum cunctis utroque ex agmine pilis
   Absumptis, manus ad mucronem vertitur omnis;
   Fulmineos promunt enses, clipeosque revolvunt,
   Concurrunt acies demum pugnamque restaurant.
25 Pectoribus partim rumpuntur pectora equorum,
   Sternitur et quaedam pars duro umbone virorum.
   Waltharius tunc in medio furit agmine bello,
   Obvia quaeque metens armis, ac limite pergens.
   Hunc ubi conspiciunt hostes tantas dare strages,
30 Ac si praesentem metuebant cernere mortem,
   Et quemcumque locum seu dextra sive sinistra
   Waltharius peteret, cuncti mox terga dederunt,
   Et versis scutis laxisque feruntur habenis.
   Tunc imitata ducem gens maxima Pannoniarum
35 Saevior insurgit caedemque audacior auget,
   Deicit obstantes, fugientes proterit, usque
   Dum caperet plenum belli sub sorte triumphum.
   Tum super occisos ruit et spoliaverat omnes,
   Et tandem ductor recavo⁴ vocat agmina cornu.
40 Ac primus frontem festa cum fronde revinxit,
   Victrici lauro cingens sua tempora vulgo;
   Post hunc signiferi, sequitur quos cetera pubes.
      Iamque triumphali redierunt stemmate compti,
   Et patriam ingressi propria se quisque locavit
45 Sede; sed ad solium⁵ mox Waltharius properavit.

---

4 = *concavo.*   **5** = *regiam.*

Ecce palatini[6] decurrunt arce ministri,
Illius aspectu | hilares, equitemque tenebant,
Donec vir sella[7] descenderet inclitus alta.
Si bene res vergant, tum demum forte requirunt.
50 Ille aliquid modicum narrans intraverat aulam;
Lassus enim fuerat, regisque cubile petebat.
Illic Hiltgundem solam offendit residentem;
Cui post amplexus atque oscula dulcia dixit:
"Ocius huc potum ferto, quia fessus anhelo."
55 Illa mero tallum[8] complevit mox pretiosum,
Porrexitque viro, qui signans[9] accipiebat,
Virgineamque manum propria constrinxit; at illa
Astitit, et vultum reticens intendit erilem,
Walthariusque bibens vacuum vas reddidit olli;
60 Ambo etenim norant de se sponsalia facta.
Provocat et tali caram sermone puellam:
"Exilium pariter patimur iam tempore tanto,
Non ignorantes quid nostri forte parentes
Inter se nostra de re fecere futura.
65 Quamne diu tacito premimús haec ipsa palato?"[10]
Virgŏ, per irŏniam meditans haec dicere sponsum,
Paulum conticuit, sed posteă talia reddit:
"Quid lingua simulas quod ab imo pectore damnas,
Oreque persuades toto quod corde refutas?
70 Sit veluti talem pudor ingens ducere nuptam."
Vir sapiens contra respondit et intulit[11] ista:
"Absit quod memoras! dextrorsum porrige sensum.
Noris me nihilum simulata mente locutum;
Nec quicquam nebulae vel falsi interfore crede.
75 Nullus adest, nobis exceptis namque[12] duobus.
Si nossem temet mihi promptam impendere mentem,
Atque fidem votis servare per omnia cautis,
Pandere cuncta tibi cordis mysteria vellem."
Tandem virgŏ, viri genibus curvata, profatur:
80 "Ad quaecumque vocas, mi domne, sequar studiose,
Nec quicquam placitis malim praeponere iussis."

---

6. *of the royal household.* 7. *saddle.* 8. *cup.* 9. *making the sign of the cross.* 10 = *lingua.* 11. *spoke.* 12. superfluous.

Ille dehinc: "Piget exilii me denique nostri,
Et patriae fines reminiscor saepe relictos;
Idcirco fūgam cupio celerare latentem;
85 Quod iam prae multis potuissem forte diebus,
Si non Hiltgundem solam remanere dolerem."
Addidit has imo virguncula corde loquelas:
"Vestrum velle[13] meum, solis his aestuŏ rebus;
Praecipiat dominus, seu prospera sive sinistra,
90 Eius amore pati toto sum pectore praesto."[14]
"Nunc quo more fugam valeamus inire recludo.
Postquam septenos Phoebus remeaverit orbes,
Regi ac reginae, satrapis,[15] ducibus famulisque
Sumptu permagno convivia laeta parabo,
95 Atque omni ingenio potu sepelire studebo,
Donec nullus erit qui sentiat hoc quod agendum est.
Tu tamen interea mediocriter utere vino,
Atque sitim vix ad mensam restinguere cura;
Cum reliqui surgant, ad opuscula[16] nota recurre.
100 Ast ubi iam cunctos superat violentia potus,
Tum simul occiduas properemus quaerere partes."[17]
Postquam epulis depulsa fames sublataque mensa,
Heros iam dictus, dominum laetanter adorsus,
Inquit: "In hoc, rogito, clarescat gratia vestra,
105 Ut vos in primis reliquos nunc laetificetis."
Et simul in verbo nappam[18] dedit arte peractam,
Ordine sculpturae[19] referentem gesta priorum;
Quam rex accipiens haustu vacuaverat uno,
Confestimque iubet reliquos imitarier omnes.
110 Ocius accurrunt pincernae moxque recurrunt,
Pocula plena dabant et inania suscipiebant;
Hospitis ac regis certant hortatibus omnes.
Ebrietas fervens tota dominatur in aula,
Balbutit madido facundia[20] fusa palato.

---

13. noun; sc. *est.* 14. A passage is omitted in which Walter out-
lines his plans for flight. Hiltgunde is to plunder the royal treasury
and be ready in seven days. 15. *warriors.* 16. as the queen's lady in
waiting. 17. A description of the feast is omitted. 18. *cup.* 19. Eng.
20. *speech.*

115 Heroas validos plantis[21] titubare videres.
Taliter in seram produxit bacchica noctem
Munera Waltharius, retrahitque redire volentes;
Donec vi potus pressi somnoque gravati,
Passim porticibus sternuntur humotenus[22] omnes.
120 Et licet ignicremis[23] vellet dare moenia flammis,
Nullus qui causam potuisset scire remansit.
　　Tandem dilectam vocat ad semet muliērem,[24]
Praecipiens causas citius deferre paratas;
Ipseque de stabulis victorem duxit equorum;
125 Hunc ob virtutem vocitaverat ille Leonem.
Stat sonipes ac frena ferox spumantia mandit.
Hunc postquam phaleris solito circumdedit, ecce
Scrinia plena găzae lateri suspendit utrique,
Atque iteri[25] longo modicella[26] cibaria ponit,
130 Loraque virgineae mandat fluitantia dextrae.
Ipseque lorica vestitus, more gigantis,
Imposuit capiti rubras cum casside cristas.
Ingentesque ocreis suras complectitur aurēis,
Et laevum femur ancipiti praecinxerat ense,
135 Atque alio dextrum, pro ritu Pannoniarum;
Is tamen ex una tantum dat vulnera parte.
Tunc hastam dextra rapiens, clipeumque sinistra,
Coeperat invisa trepidus decedere terra.
Femina duxit equum nonnulla talenta gerentem;
140 In manibusque simul virgam tenet ipsa colurnam,
In qua piscatór hamum transponit in undam,
Ut cupiens pastum piscis deglutiat uncum.
Namque gravatus erat vir maximus undique telis,
Suspectamque habuit cuncto sibi tempore pugnam.
145 Omni nocte quidem properabant currere, sed cum
Prima rubens terris ostendit lumina Phoebus,
In silvis latitare student et opaca requirunt,
Sollicitatque metus vel per loca tuta fatigans;
In tantumque timor muliebria pectora pulsat,

---

21 = *pedibus*.　**22** = *humi*.　**23.** *devouring.*　**24.** See 120.　**25** = *itineri*.
26 = *modica*.

150 Horreat ut cunctos aurae ventique susurros,
Formidans volucres, collisos sive racemos.[27]
Hinc odium exilii patriaeque amor incubat inde;
Vicis defugiunt, speciosa novalia linquunt,
Montibus intonsis cursus ambage recurvos
155 Sectantes; tremulos variant per devia gressus.
Ast urbis populus, somno vinoque solutus,
Ad medium lucis siluit recubandŏ sequentis.
Sed postquam surgunt, ductorem quique requirunt,
Ut grates reddant ac festa laude salutent.
160 Attila nempe manu caput amplexatus utraque
Egreditur thalamo rex, Walthariumque dolendo
Advocat, ut proprium quereretur fŏrte dolorem.
Respondent ipsi se non potuisse ministri
Invenisse virum; sed princeps sperat eundem
165 Hactenus in somno tentum recubare quietum,
Occultumque locum sibi delegisse sopori.
Ospirin, Hiltgundem postquam cognovit abesse,
Nec iuxta morem vestes deferre suëtum,
Tristior immensis satrapae clamoribus inquit:
170 "O detestandas quas hēri sumpsimus escas!
O vinum quod Pannonias destruxerat omnes!
Quod domino regi iam dudum praescia dixi,
Approbat iste dies quem nos superare nequimus.
En hodie imperii vestri cecidisse columna
175 Noscitur; en robur procul ivit et inclita virtus!
Waltharius, lux Pannoniae discesserat inde,
Hiltgundem quoque mi caram deduxit alumnam."
Iam princeps nimia succenditur efferus ira;
Mutant laetitiam maerentia corda priorem;
180 Ex humeris trabeam discindit ad infima totam;
Et nunc huc animum tristem, nunc dividit illuc.
Ac veluti Aeolicis[28] turbatur harena procellis,
Sic intestinis rex fluctuat undique curis;
Et varium pectus vario simul ore imitatus,

27. *branches.* 28. Cf. p. 328, l. 111.

185 Prodidit exterius quicquid toleraverat intus;
Iraque sermonem permisit promere nullum.
Ipso quippe die potum fastidit et escam,
Nec placidam membris potuit dare cura quietem.
Et ubi nox rebus iam dempserat atra colores,
190 Decidit in lectum, verum nec lumina clausit,
Nunc latus in dextrum fultus, nunc inque sinistrum,
Et veluti iaculo pectus transfixus acuto
Palpitat, atque caput huc et mox iactitat illuc,
Et modo subrectus fulcro consederat amens.
195 Nec iuvat hoc; demum surgens discurrit in urbem,
Atque torum veniens simul attigit atque reliquit.
Taliter insomnem consumpserat Attila noctem.
   At profugi comites, per amica silentia euntes,
Suspectam properant post terga relinquere terram.

CLXII.[1] A WATCH SONG

O tu, qui servas	armis ista moenia,
Noli dormire,	moneo, sed vigila.
Dum Hector vigil	extitit in Troïa,
Non eam cepit	fraudulenta Graecia.
5 Prima quiete	dormiente Troïa
Laxavit Sinon[2]	fallax claustra perfida.
Per funem lapsa	occultata agmina
Invadunt urbem	et incendunt Pergama.
Vigili voce	avis anser[3] candida
10 Fugavit Gallos	ex arce Romulea.
Pro qua virtute	facta est argentea
Et a Romanis	adorata ut dea.

CLXII. 1. Written at Modena in 892. The situation is imaginary, as the Hungarians did not invade Italy until 900. Meter: twelve-syllabled iambic (iambic trimeter). The verses fall into hemistichs of five and seven syllables (5 − ⏑ + 7 ⏑ −); they rime in -a, except vs. 19 and 20, where the half verses rime. See 125-129. **2.** *Aeneid* II, 259. **3.** Livy V, 47.

Nos adoremus   celsa Christi numina;
Illi canora   demus nostra iubila.[4]
15 Illius magna   fisi sub custodia
Haec vigilantes   iubilemus* carmina.
Divina, mundi   rex Christe, custodia,
Sub tua serva   haec castra vigilia.

Tu murus tuis   sis inexpugnabilis,
20 Sis inimicis   hostis tu terribilis.
Te vigilante   nulla nocet fortia,[5]
Qui cuncta fugas   procul arma bellica.
Tu cinge nostra   haec, Christe, munimina,
Defendens ea   tua forti lancea.

25 Sancta Maria,   mater Christi splendida,
Haec cum Iohanne   theotocus[6] impetra.
Quorum hic sancta   venerantur pignora
Et quibus ista   sunt sacrata limina.
Quo duce victrix   est in bello dextera
30 Et sine ipso   nihil valent iacula.

Fortis iuventus,   virtus audax bellica,
Vestra per muros   audiantur carmina.
Et sit in armis   alterna vigilia,
Ne fraus hostilis   haec invadat moenia.
35 Resultet echo   "comes, eia, vigila,"
Per muros "eia"   dicat echo "vigila."

CLXIII.[1] PRAYER TO ST. GEMINIAN[2]

Confessor Christi,   pie Dei famule,
Geminiane,   exorando supplica,
Ut hoc flagellum,   quod meremur miseri,
Caelorum regis   evadamus gratia.

---

4. *shouts of joy.* 5. See 17 (*a*). 6. See p. 162, l. 12.
CLXIII. **1.** Written at Modena in 900; for the occasion see note 1,
p. 338. Meter: same as preceding. **2.** patron saint of Modena.

5 Nam doctus eras   Attilae temporibus
Portas pandendo   liberare subditos.
Nunc te rogamus   licet servi pessimi,
Ab Ungerorum   nos defendas iaculis.
Patroni summi,   exorate iugiter
10 Servis pro vestris   implorantes dominum.

CLXIV.[1] A SONG FOR SS. PETER AND PAUL'S DAY

O Roma nobilis,   orbis et domina,
Cunctarum urbium   excellentissima,
Roseo martyrum   sanguine rubea,[2]
Albis et virginum   liliis candida;
5 Salutem dicimus   tibi per omnia,
Te benedicimus: salve per saecula.

Petre, tu praepotens   caelorum claviger,[3]
Vota precantium   exaudi iugiter.
Cum bis sex tribuum   sederis arbiter,[4]
10 Factus placabilis   iudica leniter.
Teque petentibus   nunc temporaliter[5]
Ferto suffragia   misericorditer.[6]

O Paule, suscipe   nostra precamina,[7]
Cuius philosophos   vicit industria.[8]
15 Factus economus[9]   in domo regia
Divini muneris   appone fercula,[10]
Ut, quae repleverit   te sapientia,
Ipsa nos repleat   tua per dogmata.

CLXIV. 1. Probably written at Verona, in the tenth century. Meter: twelve-syllabled asclepiadean (iambic); the verses divide into hemistichs of six syllables each (6◡ — +6◡ —); they rime by strophes. **2** =*rubens*. **3.** Matthew xvi, 19. **4.** Matthew xix, 28. **5.** with *nunc* hardly more than a verse-filler. **6.** *compassionately*. **7** =*preces*. **8.** Acts xvii, 16, 17. **9.** *steward*. **10.** Acts xiii, 9.

CLXV[1]

MODUS LIEBINC

I. Advertite . omnes populi . ridiculum :
   Et audite quomodo : Suevum[2] mulier . et ipse illam . defraudaret :
   Constantiae . civis Suevulus . trans aequora :
   *Gazam portans navibus : domi coniugem . lascivam nimis . re-
   linquebat :*

II.   Vix remige . triste secat mare : ecce subito . orta tempestate :
   Furit pelagus . certant flamina . tolluntur fluctus :
   Post multaque exulem : vagum litore . longinquo notus : exponebat :
   Nec interim . domi vacat coniunx : mimi[3] aderant . iuvenes
     sequuntur :
   Quos et immemor . viri exulis . excepit gaudens :
   Atque nocte proxima : pregnans filium . iniustum fudit . iusto die :

III. Duobus . volutis annis : exul dictus . revertitur :
   Occurrit . infida coniunx : secum trahens . puerulum :
      Datis osculis . maritus illi :
   "De quo" inquit "puerum : istum habeas . dic aut extrema . patieris":
   At illa . maritum timens : dolos versat . in omnia :
   "Mi tandem . mi coniunx" inquit : "una vice . in Alpibus :
      Nive sitiens . extinxi sitim :
   Inde ergo gravida : istum puerum . damnoso foetu . heu gignebam ":

IV. Anni post haec quinque . transierunt aut plus :
   Et mercator vagus . instauravit remos :
   Ratim quassam reficit : vela alligat . et nivis natum . duxit secum :
   Transfretato[4] mari . producebat natum :
   Et pro arrabone . mercatori tradens :
   Centum libras accipit : atque vendito . infanti dives . revertitur :

CLXV. **1.** A poem in the form of a sequence (see note on CLXXII, p. 348), sung to the air of the song of Liebinc; the melody has not been preserved. Although the structure of the strophes varies, the "close" (*italics*) of each is the same (21 syllables). The story of the snow child is widespread in the literatures of Europe. This and the five following selections are taken from the "Cambridge Songs," our earliest medieval song book. **2.** *a Swabian.* **3.** *minstrels.* **4.** *having been crossed.*

Ingressusque domum . ad uxorem ait :
"Consolare coniunx . consolare cara :
Natum tuum perdidi : quem non ipsa tu . me magis quidem .
dilexisti :
Tempestate orta . nos ventosus furor :
In vadosas syrtes . nimis fessos egit :
Et nos omnes graviter : torret sol at il — le nivis natus . liquesce-
bat" :

V.   Sic perfidam . Suevus coniugem . deluserat :
Sic fraus fraudem vicerat : nam quem genuit . nix recte hunc sol .
liquefecit .

CLXVI

HERIGER

Heriger,[1] urbis
Maguntiensis
Antistes, quendam
Vidit prophetam
5 Qui ad infernum
Se dixit raptum.

Inde cum multas
Referret causas,
Subiunxit totum
10 Esse infernum
Accinctum densis
Undique silvis.

Heriger illi
Ridens respondit:
15 "Meum subulcum
Illuc ad pastum
Volo cum macris
Mittere porcis."

Vir ait falsus:
20 "Fui translatus
in templum caeli
Christumque vidi
Laetum sedentem
Et comedentem.

25 Iohannes baptista
Erat pincerna
Atque praeclari
Pocula vini
Porrexit cunctis
30 Vocatis sanctis."

Heriger ait:
"Prudenter egit
Christus Iohannem
Ponens pincernam,
35 Quoniam vinum
Non bibit umquam.

CLXVI. 1. Archbishop of Mayence (913-927). Meter; five-syllabled
verses with trochaic close (the first half is $-\smile\smile$ or $\smile-\smile$); the verses generally rime in pairs.

Mendax probaris
Cum Petrum dicis
Illuc magistrum[2]
40 Esse cocorum,
Est quia summi
Ianitor caeli.

Honore quali
Te Deus caeli
45 Habuit ibi?
Ubi sedisti?
Volo ut narres
Quid manducasses."

Respondit homo:
50 "Angulo uno
Partem pulmonis

Furabar cocis;
Hoc manducavi
Atque recessi."

55 Heriger illum
Iussit ad palum
Loris ligari
Scopisque caedi,
Sermone duro
60 Hunc arguendo:

"Si te ad suum
Invitet pastum
Christus ut secum
Capias cibum,
65 Cave ne furtum
Facias spurcum."

CLXVII[1]

DE IOHANNE ABBATE

In vitis patrum veterum
Quiddam legi ridiculum,
Exemplo tamen habile;
Quod vobis dico rhythmice.[2]

5 Iohannes abba, parvulus
Statura, non virtutibus,
Ita maiori socio,
Quicum erat in heremo:

"Volo," dicebat, "vivere
10 Secure sicut angelus,
Nec veste nec cibo frui,
Qui laboretur manibus."

Respondit frater: "Moneo
Ne sis incepti properus,
15 Frater, quod tibi postmodum
Sit non cepisse satius."

---

2. Cf. p. 340, l. 15.
CLXVII. 1. Written by Fulbert of Chartres (†1027). Meter: eight-syllabled iambic; the verses rime in couplets, except in the third, fourth, and fifth strophes. **2.** *in verse.*

At ille: "Qui non dimicat,
Non cadit neque superat."
Ait, et nudus heremum
20 Inferiorem[3] penetrat.

Septem dies gramineo
Vix ibi durat pabulo;
Octava fames imperat
Ut ad sodalem redeat.

25 Qui sero, clausa ianua,
Tutus sedet in cellula,
Cum minor voce debili
Appellat: "Frater, aperi:

Iohannes opis indigus
30 Notis assistit foribus;
Nec spernat tua pietas,
Quem redigit necessitas."

Respondit ille deintus:
"Iohannes, factus angelus,

35 Miratur caeli cardines;
Ultra non curat homines."

Foris Iohannes excubat,
Malamque noctem tolerat,
Et praeter voluntariam
40 Hanc agit paenitentiam.

Facto mane recipitur,
Satisque verbis uritur;
Sed intentus ad crustula,[4]
Fert patienter omnia.

45 Refocillatus[5] Domino
Grates agit et socio;
Dehinc rastellum[6] bracchiis
Temptat movere languidis.

Castigatus angustia
50 De levitate nimia,
Cum angelus non potuit,
Vir bonus esse didicit.

CLXVIII[1]

DE LUSCINIA

Cum telluris vere nova producuntur germina
Nemorosa circumcirca frondescunt et bracchia,
Flagrat odor quam suävis florida per gramina.

---

3 =*interiorem*. **4.** from *crustum*. **5.** *refreshed*. **6.** from *rastrum*.
CLXVIII. 1. By the same author as the preceding. Meter: fifteen-syllabled trochaic, with a break after the eighth syllable (8 — ◡ +7 ◡ —); the verses fall into groups of three; they rime in -*a* (except v. 11).

Hilarescit[2] philomela, dulcis vocis conscia;
5 Et extendens modulando gutturis spiramina,[3]
Reddit veris et aestivi temporis praeconia.
Instat nocti et diei voce sub[4] dulcisona[5];
Soporatis dans quietem cantus per discrimina,
Nec non pulchra viatori laboris solacia.
10 Vocis eius pulchritudo, clarior quam cithara,
Vincit omnes cantitando volucrum catervulas,[6]
Implens silvas atque cunctis modulis arbustula.[7]
Volitando scandit alta arborum cacumina,
Gloriosa valde facta, veris pro laetitia,
15 Ac festiva satis gliscit[8] sibilare carmina.
Felix tempus cui resultat talis consonantia.[9]
Utinam per duodena mensium curricula
Dulcis philomela daret suae vocis organa.
Cedit auceps ad frondosa resonans umbracula,[10]
20 Cedit cygnus et suavis ipsius melodia,
Cedit tibi timpanista[11] et sonora tibia.
Quamvis enim videaris corpore praemodica,[12]
Tamen cuncti te auscultant. Nemo dat iuvamina[13]
Nisi solus rex caelestis, qui gubernat omnia.
25 Iam praeclara tibi satis dedimus obsequia,
Quae in voce sunt iucunda et in verbis rhythmica,
Ad scholares et ad ludos digne congruentia.
Tempus adest ut solvatur nostra vox harmonica,[14]
Ne fatigent plectrum linguae cantionum[15] taedia,
30 Ne pigrescat[16] auris prompta fidium ad crusmata.[17]
Trinus Deus in personis, unus in essentia,[18]
Nos gubernet et conservet sua sub clementia,
Regnareque nos concedat cum ipso in gloria.

---

2. grows joyful. **3** = spiramenta. **4.** with. **5.** sweetly-sounding. **6** = catervas. **7** = arbusta. **8.** is eager. **9** = harmonia. **10.** shady places. **11.** timbrels.
12. very small. **13** = adiumentum. **14.** harmonious. **15.** songs. **16.** grow
weary. **17.** songs. **18.** essence, being.

CLXIX[1]

VERNA FEMINAE SUSPIRIA

Levis exsurgit Zephirus
Et sol procedit tepidus;
Iam terra sinus aperit,
Dulcore[2] suo diffluit.

5 Ver purpuratum exiit,
Ornatus suos induit;
Aspergit terram floribus,
Ligna silvarum frondibus.

Struunt lustra quadrupedes
10 Et dulces nidos volucres;
Inter ligna florentia
Sua decantant gaudia.

Quod oculis dum video
Et auribus dum audio,
15 Heü, pro tantis gaudiis
Tantis inflor suspiriis.

Cum mihi sola sedeo
Et haec revolvens palleo,
Sic forte caput sublevo,
20 Nec audio nec video.

Tu saltim, Veris gratia,
Exaudi et considera
Frondes, flores et gramina;
Nam mea languet anima.

CLXX[1]

INVITATIO AMICAE

Iam, dulcis amica, venito,
Quam sicut cor meum diligo;
Intra in cubiculum meum,
Ornamentis cunctis onustum.

5 Ibi sunt sedilia strata,
Et domus velis ornata,
Floresque in domo sparguntur
Herbaeque fragrantes miscen-
tur.

Est ibi mensa apposita,
10 Universis cibis onusta;
Ibi clarum vinum abundat
Et quicquid te, cara, delectat.

Ibi sonant dulces symphoniae,
Inflantur et altius tibiae;
15 Ibi puer et docta puella
Pangunt tibi carmina bella.

CLXIX. **1.** One of the most touching of medieval poems. Meter: eight-syllabled iambic; the verses rime by twos or fours. **2.** *sweetness.*
CLXX. **1.** Meter: uncertain; most verses are nine-syllabled trochaic; some are nine- and ten-syllabled iambic; dactyls and anapests occur.

Hic cum plectro citharam
    tangit,
Illa melos cum lyra pangit;
Portantque ministri pateras
20 Pigmentatis² poculis plenas.

Non me iuvat tantum con-
    vivium
Quantum post³ dulce collo-
    quium,
Nec rerum tantarum ubertas
Ut dilecta familiaritas.

25 Iam nunc veni, soror electa
Et prae cunctis mihi dilecta,
Lux meae clara pupillae⁴
Parsque maior animae meae.

Ego fui sola in silva
30 Et dilexi loca secreta;
Frequenter effugi tumultum
Et vitavi populum multum.

Karissima, noli tardare;
Studeamus nos nunc amare,
35 Sine te non potero vivere;
Iam decet amorem perficere.

Quid iuvat deferre, electa,
Quae sunt tamen post faci-
    enda?
Fac cita quod eris factura,
40 In me non est aliqua mora.

CLXXI.¹ TO BOETHIUS

Roma potens dum iura suo declarat in orbe,
Tu pater et patriae lumen, Severine Boeti
Consulis officio rerum disponis habenas,
Infundis lumen studiis et cedere nescis
5 Graecorum ingeniis; sed mens divina coercet
Imperium mundi; gladio bacchante Gothorum,
Libertas Romana perit: tu consul et exul,
Insignes titulos praeclara morte relinquis.
Nunc decus imperii summas qui praegravat² artes,
10 Tertius Ottŏ sua dignum te iudicat aula,
Aeternumque³ tui statuit monumenta laboris,
Et bene promeritum meritis exornat honestis.

---

2. *spiced.* 3. adverb. 4 = *oculi.*
CLXXI. 1. By Gerbert; see note 1 on LXXXIX, p. 197; an inscription
for a portrait of Boethius, in the palace of the emperor Otto III. 2.
cherishes. 3. adverb, *to endure forever.*

(handwritten in margin: transitional stage from prose form)

CLXXII.[1] IN THE MIDST OF LIFE

Media vita
In morte sumus;
Quem quaerimus adiutorem,
Nisi te, Domine,
5 Qui pro peccatis nostris

Iuste irasceris?
Sancte Deus, sancte fortis,
Sancte et misericors Salvator,
Amarae morti
10 Ne tradas nos.

CLXXIII.[1] GLORY TO GOD

1. Cantemus cuncti melodum
Nunc Alleluia.

2. In laudibus aeterni regis
haec plebs resultet[2]
Alleluia.

3. Hoc denique caelestes chori
cantant in altum
Alleluia.

4. Hoc beatorum
per prata paradisiaca[3]
psallat concentus
Alleluia.

5. Quin et astrorum
micantia luminaria
iubilant altum
Alleluia.

6. Nubium cursus,
ventorum volatus,
fulgurum coruscatio
et tonitruum sonitus
dulce consonent simul
Alleluia.

7. Fluctus et undae,
imber et procellae,
tempestas et serenitas,
cauma,[4] gelu, nix, pruinae,
saltus, nemora pangant
Alleluia.

8. Hinc, variae volucres,
creatorem
laudibus concinite cum
Alleluia.

9. Ast illinc respondeant
voces altae
diversarum bestiarum
Alleluia.

CLXXII. 1. A sequence in rhythmical prose, author unknown. A sequence is a hymn in rhythmical prose or meter which followed the alleluia of the Gradual (anthem); hence its name. The term *prose* was also used, originally only of a rhythmical composition.

CLXXIII. 1. A sequence generally attributed to Notker Balbulus (†912), monk of St. Gall (see p. 181, l. 18). **2.** *make resound.* **3.** *of paradise.* **4.** *heat.*

10. Istinc montium
    celsi vertices sonent
    Alleluia;

11. Illinc vallium
    profunditates saltent[5]
    Alleluia.

12. Tu quoque, maris
    iubilans abysse,[6] dic
    Alleluia.

13. Nec non terrarum
    molis immensitates:
    Alleluia.

14. Nunc omne genus
    humanum laudans exsultet
    Alleluia.

15. Et creatori
    grates frequentans consonet
    Alleluia;

16. Hoc denique nomen audire
    iugiter delectatur
    Alleluia.

17. Hoc etiam carmen caeleste
    comprobat ipse Christus
    Alleluia.

18. Nunc vos, o socii,[7]
    cantate laetantes
    Alleluia,

19. Et vos, pueruli,
    respondete semper
    Alleluia.

20. Nunc omnes canite simul
    Alleluia Domino,
    Alleluia Christo
    Pneumatique[8] Alleluia.

21. Laus Trinitati aeternae:
    Alleluia, Alleluia,
    Alleluia, Alleluia,
    Alleluia, Alleluia.

CLXXIV.[1] HYMN TO THE VIRGIN

I. Verbum bonum et suáve
   Personemus, illud ave,[2]
   Per quod Christi fit conclave[3]
   Virgo, mater, filia;

II. Per quod ave salutata
    Mox concepit fecundata
    Virgo, David stirpe nata,
    Inter spinas lilia.[4]

---

5. Cf. *resultet*, l. 4. **6.** *depths.* **7.** choir of priests. **8.** *to the Holy Spirit.*
CLXXIV. 1. This beautiful sequence in honor of the Virgin is important
as an early example (eleventh century) of perfect rhythmical form. Meter:
eight-syllabled (vs. 1, 2, 3, riming) and seven-syllabled trochaic; note that
the fourth verses of corresponding strophes rime. **2.** Gabriel's greeting
(Luke i, 28) which announced or caused the conception of the Virgin. **3.**
receptacle. **4.** See 17 (a).

III. Ave, veri Salomonis
    Mater, vellus Gedeonis,[5]
    Cuius magi tribus donis[6]
    Laudant puerperium;

IV. Ave, solem genuisti,
    Ave, prolem protulisti,
    Mundo lapso contulisti
    Vitam et imperium.

V. Ave, mater verbi summi,
    Maris[7] portus, signum dumi,[8]
    Aromatum[9] virga[10] fumi,
    Angelorum domina;

VI. Supplicamus, nos emenda,
    Emendatos nos commenda
    Tuo nato ad habenda
    Sempiterna gaudia.

CLXXV.[1] PRAYER TO THE VIRGIN

Ave maris[2] stella,
Dei mater alma
Atque semper virgo,
Felix caeli porta.

5 Sumens illud *ave*[3]
Gabrielis ore,
Funda nos in pace,
Mutans nomen Evae.[4]

Solve vincla reis,
10 Profer lumen caecis,
Mala nostra pelle,
Bona cuncta posce.

Monstra te esse matrem,
Sumat per te precem,

15 Qui pro nobis natus
Tulit esse tuus.

Virgo singularis,
Inter omnes mitis,
Nos culpis solutos
20 Mites fac et castos.

Vitam praesta puram,
Iter para tutum,
Ut videntes Iesum
Semper collaetemur.[5]

25 Sit laus Deo Patri,
Summum Christo decus,
Spiritui Sancto,
Honor, tribus unus.

---

5. *Gideon's fleece* (Judges vi, 37), often connected with the conception; so also Aaron's rod, below (Numbers xvii, 8). **6.** Cf. p. 203, l. 11. **7.** The word-play on *Maria* and *mare, maria* was common. **8.** Exodus iii, 2; just as the bush burned without being consumed, so the Virgin conceived without losing her virginity. **9.** *aromátum:* common accent in ML. **10.** Cf. Song of Solomon iii, 6, *sicut virgula fumi ex aromatibus myrrhae.*

CLXXV. 1. The most famous hymn in honor of the Virgin. Meter: six-syllabled trochaic, the verses generally riming in pairs; note that most of the words are dissyllables. **2.** Cf. note 7, above. **3.** Cf. note 2, p. 349. **4.** The association of Eve and the Virgin was common; *Eva* was regarded as the forerunner of *ave.* **5** = *laetemur.*

CLXXVI[1]

DE CONTEMPTU MUNDI

Hora novissima, tempora pessima sunt, vigilemus.
Ecce minaciter imminet arbiter ille supremus.
Imminet, imminet ut mala terminet, aequa coronet,
Recta remuneret, anxia liberet, aethera[2] donet,
5 Auferat aspera duraque pondera mentis onustae,
Sobria muniat, improba puniat, utraque iuste.
Hic breve vivitur, hic breve plangitur, hic breve fletur;
Non breve vivere, non breve plangere retribuetur;
O retributio! stat brevis actio, vita perennis;
10 O retributio! caelica[3] mansio stat lue[4] plenis.[4]
Spe modo vivitur, et Sion angitur a Babylone;
Nunc tribulatio; tunc recreatio, sceptra, coronae;
Tunc nova gloria pectora sobria clarificabit,[5]
Solvet aenigmata, veraque sabbăta continuabit.
15 Patria luminis, inscia turbinis, inscia litis,
Cive replebitur, amplificabitur Israelitis.
Pars mea Rex meus, in proprio Deus ipse decore
Visus amabitur, atque videbitur Auctor in ore.
O bona patria, lumina[6] sobria[6] te speculantur,
20 Ad tua nomina sobria lumina collacrimantur;
Est tua mentio pectoris unctio, cura doloris,
Concipientibus aethera mentibus ignis amoris.
Tu locus unicus, illeque caelicus es paradisus,
Non ibi lacrima, sed placidissima gaudia, risus.
25 Est ibi consita laurus et insita cedrus hysopo[7];
Sunt radiantia[8] iaspide moenia, clara pyropo;
Hinc tibi sardius,[9] inde topazius,[9] hinc amethystus[9];
Est tua fabrica contio caelica, gemmaque[10] Christus.
Tu sine litore, tu sine tempore, fons, modo rivus,

CLXXVI. 1. One of the seven great hymns, from a poem of three
thousand lines, *De contemptu mundi*, written by Bernard, a monk of Cluny,
in the twelfth century. Meter: leonine hexameter; the verse is divided into
three parts, the first two riming; the verses rime in pairs. **2.** *heaven.*
3 =*caelestis.* **4.** *for those full of sin.* **5.** *glorify.* **6.** *sad eyes.* **7.** See p. 270,
l. 7. **8.** Revelation xxi, 18. **9.** Eng. **10.** I Peter ii, 4-6.

30 Dulce bonis sapis, estque tibi lapis undique vivus.
Est tibi laurea, dos datur aurea, Sponsa decora,
Primaque Principis oscula suscipis, inspicis ora;
Candida lilia, viva monilia sunt tibi, Sponsa,
Agnus adest tibi, Sponsus adest tibi, lux speciosa.

35   Urbs Sion aurea, patria lactea, cive decora,
Omne cor obruis, omnibus obstruis et cor et ora.
Nescio, nescio, quae iubilatio,[9] lux tibi qualis,
Quam socialia gaudia, gloria quam specialis.
Sunt Sion atria coniubilantia,[11] martyre plena,

40 Cive micantia, Principe stantia,[12] luce serena;
Est ibi pascua mitibus afflua[13] praestita sanctis,
Regis ibi thronus, agminis et sonus est epulantis.
Gens duce splendida, contio candida vestibus albis
Sunt sine fletibus in Sion aedibus, aedibus almis.

45 Urbs Sion inclita, gloria debita glorificandis,
Tu bona visibus interioribus intima pandis;
Intima lumina, mentis acumina te speculantur,
Pectora flammea spe modo, postea sorte[14] lucrantur.
Urbs Sion unica, mansio mystica, condita caelo,

50 Nunc tibi gaudeo, nunc mihi lugeo, tristor, anhelo;
Nemo retexere,[15] nemoque promere sustinet ore,
Quo tua moenia, quo capitalia plena decore;
Opprimit omne cor ille tuus decor, O Sion, O pax,
Urbs sine tempore, nulla potest fore laus tibi mendax.

55 Urbs Sion inclita, turris et edita litore tuto,
Te peto, te colo, te flagro,[16] te volo, canto, saluto.
O bona patria, num tua gaudia teque videbo?
O bona patria, num tua praemia plena tenebo?
Dic mihi, flagito, verbaque reddito, dicque: "Videbis."

60 Spem solidam gero; remne tenens ero? dic: "Retinebis."
O sacer, O pius, O ter et amplius ille beatus,
Cui sua pars Deus; O miser, O reus, hac viduatus.

---

11 = *iubilantia.*   **12.** *standing firm.*   **13** = *affluens.*   **14.** i.e., by actual possession.   **15.** *conceive.*   **16.** *love.*

CLXXVII[1]

DE NOMINE IESU

Iesu dulcis memoria
Dans vera cordis gaudia,
Sed super mel et omnia
Dulcis eius praesentia.

Iesu, dulcedo cordium,
Fons vivus, lumen mentium,
15 Excedens omne gaudium,
Et omne desiderium.

5 Nil canitur suävius,
Auditur nil iucundius,
Nil cogitatur dulcius,
Quam Iesus, Dei filius.

Nec lingua valet dicere,
Nec littera exprimere,
Expertus potest credere
20 Quid sit Iesum diligere.

Iesu, spes paenitentibus,
10 Quam pius es petentibus,
Quam bonus te quaerentibus,
Sed quid invenientibus?

Cum Maria diluculo,
Iesum quaeram in tumulo,
Cordis clamore querulo
Mente quaeram, non oculo.

CLXXVIII.[1] THE COMING OF SPRING

Moribus esse feris   prohibet me gratia veris,
Et formam mentis   mihi mutuor ex elementis;
Ipsae naturae   congratulor, ut putŏ, iure:
Gramineum vellus   superinduxit[2] sibi tellus,
5 Distinguunt flores   diversi mille colores.
Fronde virere nemús   et fructificare videmus,
Aurioli,[3] merulae,   graculi, pieci,[4] filomenae
Certant laude pari   varios cantus modulari;
Nidus non nullis   stat in arbore non sine pullis,
10 Et latet in dumis   nova progenies sine plumis.
Egrediente rosa   viridaria sunt speciosa;

CLXXVII. **1.** From a hymn of two hundred lines, *De nomine Iesu,*
attributed to Bernard of Clairvaux (1090-1153). Meter: eight-syllabled
iambic; the verses rime by strophes.

CLXXVIII. **1.** Written by Marbod, bishop of Rennes (†1125). Meter:
leonine hexameter of the normal type, where the verses rime by hemistichs. **2** = *induxit.* **3.** *oriole.* **4** = *pici* (?).

Adiungas istis   campum, qui canet aristis,
Adiungas vites,   uvas quoque postmodo mites,
Et ludos iuvenum,   festumque diemque serenum.
15 Qui tot pulchra videt,   nisi flectitur et nisi ridet,
Intractabilis est,   et in eius pectore lis est.
Qui speciem terrae   non vult cum laude referre,
Invidet Auctori,   cuius subservit honori
Bruma rigens, aestas,   autumnus, veris honestas.

CLXXIX.[1] BRUNELLUS AT SALERNO AND PARIS

Talia dicenti[2] supplex respondit asellus[3];
    Poplite deflexo,[4] vertice pronus humi:
"Cuncta libens faciam, celer ibŏ celerque revertar,
    Nam mea res agitur, non aliena mihi.
5 Non ego tardus ad hoc, quamvis piger esse solebam,
    Si dederit Dominus prospera cuncta mihi.
En ego progredior, benedic mihi progredienti,
    Ut mihi sit tota prospera vita via."
Mox idioma[5] suum vertens Galienus et orans,
10   Subridensque parum, sic benedixit ei:

CLXXIX. 1. From the *Speculum Stultorum,* a remarkable satire written
by Nigellus Wireker, precentor at Canterbury, at the close of the twelfth
century. It describes the adventures of an ass named Brunellus, typifying
a monk who is never contented with his lot but is always striving for
something better, regardless of his limitations. Brunellus wants a longer
tail and goes to the great physician Galienus (Galen) who tries to dissuade
him from the attempt to improve on nature, but is unsuccessful. Galen
then gives him a prescription (*talia dicenti,* v. 1) for lengthening his tail,
the ingredients for which can be obtained only at Salerno, the chief medical
center of the Middle Ages. Brunellus goes to Salerno with Galen's blessing
(?) (vs. 9-78). He later loses his medicines and half of his tail and
therefore decides to go to Paris, the great university center, that he
may at least become a scholar; vs. 79-140 describe the result of this
enterprise. Brunellus finally falls into the hands of his former master
and ends his career where he began, the richer only by many painful
experiences. **2.** i.e., *Galieno.* **3.** *Brunellus.* **4** = *flexo.* **5.** *language;* i.e.,
Greek, which, of course, Brunellus does not understand.

"Omnipotens odiā⁶ tibi mille det, et tua cauda
    Obtineat per se milia dena sibi.
Sit tibi potus aquā, sit magnus carduus esca,
    Marmora stramentā, tegmina ros et aqua.
15 Grandŏ, nives, pluviae, tecum⁷ comitentur ubique,
    Protegat et noctu cana pruina, gelu.
Saepius exosus veniat post terga molossus."⁸
    Oscula dandŏ tamen, dixit asellus: "Amen."
Ingeminantis "Amen" vox est audita per urbem,
20   Murmuriique⁹ sonum percipit omne forum.
Festinans igitur, veniens in limine portae
    Haesit, et eliso corruit ipse pede.
"Signa revertendi sunt haec," dixere propinqui;
    Riserunt alii; dixit et ipse sibi:
25 "Debile principium melior fortuna sequetur;
    Restat iter longum, non remanebit ita.
Dura satis didici postquam sum fusus ab alvo,
    Unde satis possum plurima dura pati.
Non est deliciis adsueta vel ebrietati
30   Haec mea personā, quae mala ferre solet.
Carduus et lappā constant mihi carior esca,
    Sufficit ad potum nam pluvialis aqua.
In salsamentis¹⁰ non est meditatiŏ mentis,
    In tenui victu corpora nostra vigent.
35 Sum piger et tardus, sed certe tardior essem
    Si mea nonnumquam lauta diaeta foret.
Sed neque qui debet sumptus impendere multos,
    Expedit ut crebro vina Falerna bibat.
Quid mihi cum vino, quo desipiunt sapientes?
40   Multaque contingunt quo¹¹ mediante¹¹ mala.
Hoc umeris non ventre suo gestare parentes
    Consuevere mei; sit procul ergŏ merum.
Ergo gestabo sed non gustabŏ Lyaeum
    Adripiat ne me cottĭdiana febris.
45 Contra naturam vinum si forte bibissem,
    Mox mihi quartanam gigneret aut scabiem.

---

6. *curses;* the full expression is *odium Dei.* 7 = *te.* 8. *dog.* 9 = *murmuris.*
10 = *condimentis.* 11. *because of it.*

Quattuor ex causis teneor vitare Lyaeum,
Quamvis sensus hebés exacuatur eo:
Sumptibus ut propriis parcam, ne febre laborem,
50   Et ne desipiam degeneremque simul.
Qui vitare malum poterit nec vult, manifestum,
Plangendus minus est si male cedat ei."
Postquam bis senas confecerat ergŏ diaetas,[12]
Ad quae tendebat moenia summa videt.
55 Moxque genu flexo, sursum sua bracchia tendens,
Vota Deo supplex solvit et orat ita:
"Omnipotens Dominus meritis sancti Iuliani[13]
Det nobis veniám hospitiumque bonum.
Sit procul omne malum, pontes, portaeque gemellae,
60   Partibus in nostris quae satis[14] esse solent.
Rusticus aut saccus non inveniatur in urbe.
Absque molendino sit locus iste, precor.
Sint hebetes stimuli, surdi mutique molossi,
Sitque procul catuli vox inimica mihi.
65 Hospes ruricolā mihi sit, cui semper abundet
Carduus hirsutús et pluvialis aqua.
Sint species[15] viles, sit et emptor rarus in urbe,
Quilibet exsistat venditor aeris egens.
Sint merces multae, sit multum cara moneta;
70   Sit tempus pluvidum,[16] sitque lutosa via.
Prospera sint cunctā, sint cuncta salubria nobis,
Ut nostrum citiús expediatur iter."
Talia commemorans postquam pervenit in urbem,
Se dedit hospitio membraque fessa toro.
75 Surgens mane forum species empturus adivit,
Quas non inveniens tristis abire parat.
Quattuor ergŏ dies circumlustravit[17] in urbe,
Nec tamen invenit quae cupiebat ibi.

Talia cum pariter gradientes plura referrent,
80   Parisius veniunt, hospitiumque petunt.
Corpora fessa quies recreat tenuisque diaetae
Damna recompensat[18] mensa calixque frequens.

---

12. *day's journeys.*   **13.** the patron saint of travelers.   **14.** *too common.*
15 = *merces.*   **16** = *pluvium.*   **17** = *lustravit.*   **18.** *makes good.*

Ossa, cutem, nervos, quae vel labor aut via longa
Quassarat, refovent balnea, cura, quies.
85 Brunellusque sibi minuit crinesque totondit,
Induit et tunica se meliore sua.
Pexus et ablutus, tandem progressus in urbem
Intrat in ecclēsiam, vota precesque facit.
Inde scholas adiens, secum deliberat utrum
90 Expediant potiús ista vel illa sibi.
Et quia subtiles sensu considerat Anglos,
Pluribus ex causis se sociavit eis.
Moribus egregii, verbo vultuque venusti,
Ingenio pollent, consilioque vigent.
95 Dona pluunt populis et detestantur avaris,[19]
Fercula multiplicant et sine lege bibunt.
Wessail[20] et dringail, nec non persona secunda,[20]
Haec tria sunt vitiā quae comitantur eos.
His tribus exceptis nihil est quod in eis reprehendas;
100 Haec tria si tollas cetera cuncta placent.
Hinc comes Angligenis prudens desiderat esse,
Possit ut illorum condicione frui.
Est[21] in eis etiam quiddam nam publica fama
Somniat adiungi cur magis optet eos.[21]
105 Si de convictu mores formantur eisdem,
Cur nihil adcrescat si comes esse queat?
Si quid eis praeter sortem natura ministrat,
Ante retrove bonum cur nihil inde ferat?
Adcelerans igitur studio, studiosīs adhaesit,
110 Ut discat lepide grammaticeque[22] loqui.
Sed quia sensus hebes, cervix praedura, magistri
Dogmata non recipit, cura laborque perit.
Iam pertransierat Brunellus tempora multa,
Et prope completus septimus annus erat,
115 Cum nihil ex toto quodcumque, docente magistro
Aut socio, potuit discere praeter "y-a."
Quod natura dedit, quod secum detulit illuc,
Hoc habet, hoc illo nemŏ tulisse potest.

---

19 = *avaros.* **20.** equivalent to wine, women, and song. **21.** The sense is: popular opinion attributes qualities to the English that make them desirable associates. **22.** *correctly.*

Cura magistrorum multumque diu labŏrabat,
120   Demum defecit, victa labore gravi.
Dorso se baculus, lateri se virga frequenter
  Adplicat, et ferulam sustinuere manus.
Semper "y-a" repetit, nihil est quod dicere possit,
  Affectus quovis verbere, praeter "y-a."
125 Vellicat hic aurem, nasum quatit ille recurvum,
  Excutit hic dentes, perforat ille cutem.
Hic secat, hic urít, hinc solvitur, inde ligatur,
  Intonat iste minas, porrigit ille preces.
Sic in eo certant ars et natura vicissim,
130   Ars rogat, illa iubét, haec abit, illa manet.
Quorum principiā constant vitiosa fuisse,
  Aut vix aut numquam convaluisse valent.
A puero didicit Brunellus "y-a"; nihil ultra[23]
  Quam[23] quod naturā dat retinere potest.
135 Quod fuit innatum servat natura, quod artis[24]
  Sic abit, ut vento pulvis abire solet.
Perdidit expensas, periitque labor, sed et omne
  Quod fuit impensum condicione pari.
Spes quoque deperiit caudae superinstituendae,[25]
140   Sentit et Anglorum carmina[26] falsa fore.

CLXXX[1]

DE VENTRE ET CETERIS MEMBRIS

Incusant avidi pes et manus otia ventris:
  "Omnia solus habes lucra, labore carens.
Nos labor edomuit; te fovit inertia, sorbes
  Omnia, quae nostri cura laboris emit.
5 Disce pati famis acre iugum, vel disce labori
  Cedere, teque tui cura laboris alat."
Sic ventri servire negant; se venter inanem
  Comperit, orat opem, nil dat avara manus.

---

23. *more than.*   **24.** pred. gen.; sc. *fuit.*   **25.** *restoring.*   **26.** i.e., the "popular opinion" of v. 103.
  CLXXX. 1. A poetical version of a familiar fable by Walter of England (late twelfth century).

Ille preces iterát; iterum fugit illa precantem.
10 In stomachi fundo torpet obitque calor;
Victa fame natura fugit, vis arida fauces
Obserat, et solitum non sinit ire cibum.
Vult epulas dare sera manus; sed corporis aegri
Perdita non reparans machina tota perit.

15 Nemŏ sibi satis est; eget omnis amicus amico.
Si non vis aliis parcere, parce tibi.

CLXXXI[1]

DE LUPO OSSA CORRODENTE

Quondam lupus improbus ossa corrodebat;
Unum suis dentibus transversum figebat.
De gnaris sollicite medelam quaerebat;
Sed qui solamen ferret non inveniebat.

5 Tandem grus exquiritur ut extraheretur
Os per longitudinem rostri; quod expletur.
Grus deberi praemium sibi tunc fatetur.
Cum lupus immensum post morbum sanus habetur.

Cui lupus: "Ingratus es, grus, si quid petisti.
10 Nonne meis faucibus caput extulisti?"
Et grus: "Heus! iniuria qua me decepisti."
Et lupus: "Hoc habeas, quia nil aliud meruisti."

CLXXXII.[1] LIFE IS A BATTLEFIELD

Vita nostra plena bellis,
Inter hostes, inter arma,
More belli vivitur;
Nulla lux it absque pugna,
5 Nulla nox it absque luctu,
Et salutis alea.

Sed timoris omnis expers,
Stabo firmus inter arma,
Nec timebo vulnera;
10 Non morabor hostis iras,
Non timebo publicasve,
Callidasve machinas.

CLXXXI. 1. Another poetical version of an old fable; author unknown. Meter: thirteen-syllabled trochaic (vs. 1-3) and hexameter; the verses rime by fours; see note 1, p. 365.

CLXXXII. 1. Hymn by an unknown author. Meter: eight-syllabled (vs. 1, 2, 4, 5) and seven-syllabled trochaic.

Ecce caeli lapsus arcu
Atque spissa nube tectus
15 Rector ipse siderum;
Contra saevos mentis hostes
Proeliantem me tuetur,
Bella pro me suscipit.

Franget arcus et sagittas,
20 Ignibusque sempiternis
Arma tradet hostium;
Ergo stabo sine metu,
Generose superabo
Hostium saevitiam.

CLXXXIII.[1] TO THE HOLY SPIRIT

Veni, Sancte Spiritus,
Et emitte caelitus[2]
Lucis tuae radium.
Veni, pater pauperum,
5 Veni, dator munerum,
Veni, lumen cordium.

Consolator optime,
Dulcis hospes animae,
Dulce refrigerium[3];
10 In labore requies,
In aestu temperies,
In fletu solacium.

O lux beatissima,
Reple cordis intima
15 Tuorum fidelium.

Sine tuo nomine
Nihil est in homine,
Nihil est innoxium.

Lava quod est sordidum,
20 Riga quod est aridum,
Sana quod est saucium;
Flecte quod est rigidum,
Fove quod est frigidum,
Rege quod est devium.

25 Da tuis fidelibus
In te confitentibus
Sacrum septenarium[4];
Da virtutis meritum,
Da salutis exitum,
30 Da perenne gaudium.

CLXXXIV[1]

STABAT MATER

Stabat mater dolorosa[2]
Iuxta crucem lacrimosa,
Dum pendebat filius,

Cuius animam gementem,
5 Contristantem[3] et dolentem
Pertransivit gladius.

CLXXXIII. 1. One of the seven great hymns. Author unknown.
Meter: seven-syllabled trochaic; the verses rime aabccb, every third verse
ending in -*ium*. **2.** *from heaven.* **3.** *rest.* **4.** See p. 324, l. 9.
CLXXXIV. 1. One of the seven great hymns. Author unknown. The
most pathetic hymn of the Middle Ages. Meter: eight-syllabled (vs. 1, 2,
4, 5) and seven-syllabled trochaic; rime as in the preceding selection. **2.**
sorrowful. **3.** *mourning.*

O quam tristis et afflicta
Fuit illa benedicta
   Mater unigeniti,[4]
10 Quae maerebat et dolebat
Et tremebat, dum videbat
   Nati poenas incliti.

Quis est homo qui non fleret,
Matrem Christi si videret
15   In tanto supplicio?
Quis non posset contristari
Piam matrem contemplari
   Dolentem cum filio?

Pro peccatis suae gentis
20 Vidit Iesum in tormentis
   Et flagellis subditum;
Vidit suum dulcem natum
Morientem, desolatum,
   Dum emisit spiritum.

25 Eia mater, fons amoris!
Me sentire vim doloris
   Fac, ut tecum lugeam.
Fac ut ardeat cor meum
In amando Christum Deum,
30   Ut sibi complaceam.

Sancta mater, istud agas,
Crucifixi fige plagas
   Cordi meo valide;

Tui nati vulnerati,
35 Tam dignati pro me pati,
   Poenas mecum divide.

Fac me vere tecum flere,
Crucifixo condolere,
   Donec ego vixero;
40 Iuxta crucem tecum stare,
Meque tibi sociare
   In planctu desidero.

Virgo virginum praeclara,
Mihi iam non sis amara,
45   Fac me tecum plangere;
Fac ut portem[5] Christi mor-
   tem,
Passionis fac[6] consortem
   Et plagas recolere.

Fac me plagis vulnerari,
50 Cruce hac inebriari,
   Et cruore filii;
Inflammatus[7] et accensus,
Per te, Virgo, sim defensus
   In die iudicii.

55 Fac me cruce custodiri,
Morte Christi praemuniri,
   Confoveri[8] gratia.
Quando corpus morietur,
Fac ut animae donetur
60   Paradisi gloria.

---

4. *only-begotten.* **5.** II Cor. iv, 10. **6.** Sc. *me.* **7.** i.e., with the love of Christ. **8.** =*foveri.*

CLXXXV.[1] HYMN FOR THE FEAST OF CORPUS CHRISTI

Pange, lingua, gloriosi
  Corporis mysterium,
  Sanguinisque pretiosi,
  Quem in mundi pretium[2]
5 Fructus[3] ventris generosi
  Rex effudit gentium.

Nobis natus, nobis datus,
  Ex intacta Virgine,
  Et in mundo conversatus,[4]
10 Sparso verbi semine,
  Sui[5] moras incolatus
  Miro clausit ordine.[5]

In supremae nocte cenae,[6]
  Recumbens cum fratribus,
15 Observata lege plene
  Cibis in legalibus,[7]
  Cibum[8] turbae duodenae[9]
  Se dat suis manibus.

Verbum-caro[10] panem verum
20 Verbo carnem[11] efficit,
  Fitque sanguis Christi me-
    rum[12];
  Et si sensus deficit,[13]
  Ad firmandum cor sincerum
  Sola fides sufficit.

25 Tantum ergo sacramentum
  Veneremur cernui;
  Et antiquum[14] documentum[14]
  Novo cedat ritui;
  Praestet fides supplementum
30 Sensuum defectui.

Genitori, genitoque
  Laus et iubilatio,
  Salus, honor, virtus quoque
  Sit et benedictio.
35 Procedenti ab utroque
  Compar sit laudatio.

CLXXXVI[1]

DIES IRAE

Dies irae, dies illa
Solvet saeclum in favilla,
Teste David[2] cum Sibilla.

Quantus tremor est futurus,
5 Quando iudex est venturus,
Cuncta stricte discussurus!

CLXXXV. 1. One of the finest hymns of the Middle Ages, by Thomas
Aquinas (†1274). Meter: eight-syllabled (vs. 1, 3, 5) and seven-syllabled
trochaic; the verses rime alternately. **2.** *ransom.* **3.** in apposition
with *rex.* **4.** *sojourning.* **5.** *he closed in a wonderful way the prolonged
periods of his sojourn (incolatus).* **6.** Luke xxii, 7. **7.** *prescribed by law,* i.e.,
unleavened bread. **8.** in apposition with *se.* **9** =*duodecim.* **10.** *the word
made flesh.* **11.** predicate accusative. **12.** subject. **13.** *fail* to perceive
the change. **14.** i.e., the teachings of the Old Testament.
  CLXXXVI. 1. The greatest of all Latin hymns, probably written by
Thomas of Celano in the twelfth century. Meter: eight-syllabled trochaic;
the verses rime by strophes. **2.** ablative.

Tuba, mirum spargens sonum
Per sepulchra regionum,
Coget omnes ante thronum.

10 Mors stupebit et natura,
Cum resurgit creatura
Iudicanti responsura.

Liber scriptus proferetur,
In quo totum continetur
15 Unde mundus iudicetur.

Iudex ergo cum sedebit,
Quicquid latet, apparebit;
Nil inultum remanebit.

Quid sum miser tunc dic-
turus,
20 Quem patronum rogaturus,
Cum vix iustus sit securus?

Rex tremendae maiestatis,
Qui salvandos salvas gratis,
Salva me, fons pietatis.

25 Recordare, Iesu pie,
Quod sum causa tuae viae;
Ne me perdas illa die.

Quaerens me sedisti lassus,[3]
Redemisti crucem passus;
30 Tantus labor non sit cassus.

Iuste iudex ultionis,
Donum fac remissionis
Ante diem rationis.

Ingemisco tamquam reus,
35 Culpa rubet vultus meus;
Supplicanti parce, Deus.

Qui Mariam[4] absolvisti,
Et latronem exaudisti,
Mihi quoque spem dedisti.

40 Preces meae non sunt dignae,
Sed tu bonus fac benigne
Ne perenni cremer igne.

Inter oves locum praesta,
Et ab haedis me sequestra,[5]
45 Statuens in parte dextra.

Confutatis maledictis,[6]
Flammis acribus addictis,
Voca me cum benedictis.

Oro supplex et acclinis,[7]
50 Cor[8] contritum quasi cinis,
Gere curam mei finis.

Lacrimosa dies illa,
Qua resurget ex favilla
Iudicandus homo reus;

55 Huïc ergo parce, Deus.
Pie Iesu Domine,
Dona eos requie.
Amen.

---

3. John iv, 6. **4.** Magdalene. **5.** *separate*. **6.** *the accursed*, ablative absolute. **7.** *bowed down*. **8.** in apposition with the subject of *oro*.

CLXXXVII[1]

OMNIA VANITAS

Iste mundus
Furibundus
Falsa praestat gaudia,
Quae defluunt
5 Et decurrunt
Ceü campi lilia.

Res mundana,
Vita vana
Vera tollit praemia,
10 Nam impellit
Et submergit
Animas in Tartara.

Quod videmus
Vel tacemus
15 In[2] praesenti patria,[2]
Demittemus
Vel perdemus
Quasi quercus folia.

Res carnalis,
20 Lex mortalis
Valde transitoria,[3]
Frangit, transit
Velut umbra,
Quae non est corporea.

25 Conteramus,
Confringamus
Carnis desideria,
Ut cum iustis
Et electis
30 Caelestia gaudia
Gratulari[4]
Mereamur
Per aeterna saecula.

CLXXXVIII.[1] THE BEGGAR STUDENT

Exul ego clericus
Ad laborem natus
Tribulor[2] multotiens[3]
Paupertati datus.

5 Litterarum studiis
Vellem insudare,
Nisi quod inopia
Cogit me cessare.

CLXXXVII. 1. CLXXXVII-CXCVIII are from the *Carmina Burana* (see note 1 on p. 305). The meter of CLXXXVII is four-syllabled (vs. 1, 2, 4, 5) and seven-syllabled trochaic; the riming scheme is aabccb; in v. 22 the rime *frangit, transit* takes the place of the rime with v. 23. The last strophe is irregular. **2.** *on earth.* **3.** Eng. **4.** *enjoy.*

CLXXXVIII. 1. Meter: seven-syllabled (vs. 1, 3, with rime in the last two strophes) and six-syllabled trochaic, with rime. **2.** *suffer.* **3.** *often.*

Ille meus tenuis
10 Nimis est amictus,
Saepe frigus patior
Calore relictus.

Interesse laudibus
Non possum divinis,
15 Nec missae nec vesperae,
Dum cantetur finis.

Decus N.⁴
Dum sitis insigne,

Postulo suffragia⁵
20 De vobis iam digne.

Ergo mentem capite
Similem Martini,⁶
Vestibus induite
Corpus peregrini.

25 Ut vos Deus transferat
Ad regna polorum,
Ibi dona conferat
Vobis beatorum.

CLXXXIX.¹ THE CONFESSION OF GOLIAS

Aestuans intrinsecus ira vehementi
In amaritudine² loquor meae menti.
Factus de materia levis elementi
Folio sum similis de quo ludunt venti.

5 Cum sit enim proprium viro sapienti
Supra petram ponere sedem fundamenti,
Stultus ego comparor fluvio labenti
Sub eodem aere numquam permanenti.

Feror ego veluti sine nauta navis,
10 Ut per vias aeris vaga fertur avis.
Non me tenent vincula, non me tenet clavis;
Quaero mei similes et adiungor pravis.

---

4. the name of some city. **5.** *assistance.* **6.** St. Martin, who gave his cloak to a beggar.
CLXXXIX. 1. The confession of Golias, one of the most brilliant literary achievements of the Middle Ages, gives us the best picture of the wandering student that has come down to us. It is composed in the popular "Vagantenzeile," which is made by combining a trochaic seven-syllabled verse with one of six syllables (7⌣—⌣+6—⌣); the verses rime by fours. **2.** *bitterness.*

Mihi cordis gravitas res videtur gravis;
Iocus est amabilis dulciorque favis;
15 Quicquid Venus imperat labor est suävis,
Quae numquam in cordibus habitat ignavis.

Via lata gradior more iuventutis,
Implico me vitiis immemor virtutis.
Voluptatis avidus magis quam salutis,
20 Mortuus in anima curam gero cutis.[3]

Praesul discretissime, veniam te precor;
Morte bona morior, dulci nece necor;
Meum pectus sauciat puellarum decor,
Et quas tactu nequeo saltem corde moechor.

25 Res est arduissima vincere naturam,
In aspectu virginis mentem esse puram.
Iuvenes non possumus legem sequi duram,
Leviumque corporum non habere curam.

Quis in igne positus igne non uratur?
30 Quis Papiae[4] demorans castus habeatur,
Ubi Venus digito iuvenes venatur,
Oculis illaqueat, facie praedatur?

Si ponas Hippolytum hodie Papiae,
Non erit Hippolytus in sequenti die.
35 Veneris in thalamos ducunt omnes viae,
Non est in tot turribus turris Alethiae.[5]

Secundo redarguor etiam de ludo.
Sed cum ludus corpore me dimittit nudo
Frigidus exterius mentis aestu sudo,
40 Tunc versus et carmina meliora cudo.

---

3. *flesh.* **4.** *Pavia.* **5.** A *virgo decora nimis David de semine regis* appears in an eclogue of Theodulus as a champion of the Christian religion.

Tertio capitulo memoro tabernam.
Illam nullo tempore sprevi neque spernam,
Donec sanctos angelos venientes cernam,
Cantantes pro mortuis requiem aeternam.

45 Meum est propositum in taberna mori,
Ut sint vina proxima morientis ori.
Tunc cantabunt laetius angelorum chori:
"Sit[6] deus propitius huïc potatori."[6]

Poculis accenditur animi lucerna,
50 Cor imbutum nectare volat ad superna.
Mihi sapit dulcius vinum de taberna,
Quam quod aqua miscuit praesulis pincerna.

Loca vitant publica quidam poetarum,
Et secretas eligunt sedes latebrarum.
55 Student, instant, vigilant, nec laborant parum,
Et vix tandem reddere possunt opus clarum.

Ieiunant et abstinent poetarum chori,
Vitant rixas publicas et tumultus fori,
Et ut opus faciant quod non possit mori,
60 Moriuntur studio subditi labori.

Unicuique proprium dat natura munus.
Ego numquam potui scribere ieiunus,
Me ieiunum vincere posset puer unus;
Sitim et ieiunium odi tamquam funus.

65 Unicuique proprium dat natura donum.
Ego versus faciens bibo vinum bonum
Et quod habent purius dolia cauponum;
Tale vinum generat copiam sermonum.

---

6. Cf. Luke xviii, 13, *Deus propitius esto mihi peccatori.*

Tales versus facio quale vinum bibo.
70 Nihil possum facere nisi sumpto cibo,
Nihil valent penitus quae ieiunus scribo;
Nasonem post calices carmine praeibo.

Mihi numquam spiritus poetriae[7] datur,
Nisi prius fuerit venter bene satur.
75 Dum in arce cerebri Bacchus dominatur,
In me Phoebus irruit et miranda fatur.

Ecce, meae proditor pravitatis fui,
De qua me redarguunt servientes tui,
Sed eorum nullus est accusator sui,
80 Quamvis velint ludere saeculoque frui.

Iam nunc in praesentia praesulis beati,
Secundum dominici regulam mandati,[8]
Mittat in me lapidem, neque parcat vati,
Cuius non est animus conscius peccati.

85 Sum locutus contra me quicquid de me novi,
Et virus evomui quod tam diu fovi.
Vita vetus displicet, mores placent novi;
Homo videt faciem, sed cor patet Iovi.

Iam virtutes diligo, vitiis irascor,
90 Renovatus animo spiritu renascor.
Quasi modo genitus novo lacte pascor,
Ne sit meum amplius vanitatis vas cor.

Electe[9] Coloniae, parce paenitenti,
Fac misericordiam veniam petenti,
95 Et da paenitentiam culpam confitenti.
Feram quicquid iusseris animo libenti.

---

7 = *poesi.* **8.** John viii, 7. **9.** Rainald, archbishop of Cologne (†1167).

Parcit enim subditis leo, rex ferarum,
Et est erga subditos immemor irarum.
Et vos idem facite, principes terrarum;
100 Quod caret dulcedine nimis est amarum.

CXC.[1] YOUTH THE TIME FOR FOLLY

Omittamus studia;
Dulce est desipere,
Et carpamus dulcia
Iuventutis tenerae;
5 Res est apta senectuti
Seriis intendere.
Refl. Velox aetas praeterit
  Studio detenta,
  Lascivire suggerit
10 Tenera iuventa.

Imitemus superos!
20 Digna est sententia,
Et amores teneros
Iam venantur otia;
Voto nostro serviamus,
Mos iste est iuvenum,
25 Ad plateas descendamus
Et choreas virginum.

Ver aetatis labitur,
Hiems nostra properat;
Vita damnum patitur,
Cura carnem macerat;
15 Sanguis aret, hebet pectus,
Minuuntur gaudia;
Nos deterret iam senectus
Morborum familia.

Ibi quae fit facilis
Est videndi copia,
Ibi fulget mobilis
30 Membrorum lascivia,
Dum puellae se movendo
Gestibus lasciviunt,
Asto videns et videndo
Me mihi subripiunt.

CXC. 1. Meter: seven-syllabled trochaic, except v. 5 and, in the last three strophes, v. 7, which have eight syllables; the verses rime ababcb in the first strophe and ababcdcd in the others. In the refrain (marked by the abbreviation, *Refl.*) seven-syllabled and six-syllabled verses alternate, riming abab.

CXCI.[1] GRETCHEN'S LAMENT

Tempus instat floridum,
Cantus crescit avium,
Tellus dat solacium.
Eia, qualia
5 Sunt amoris gaudia.

Huc usque, me miseram!
Rem bene celaveram,
Et amavi callide;
Rea[2] tandem patuit,
10 Nam venter intumuit,
Partus instat gravidae.

Hinc mater me verberat,
Hinc pater improperat,
Ambo tractant aspere.
15 Sola domi sedeo,
Egredi non audeo,
Nec in palam ludere.

Cum foris egredior,
A cunctis inspicior,
20 Quasi monstrum fuerim.

Cum vident hunc uterum,
Alter pulsat alterum,
Silent dum transierim.

Semper pulsant cubito,
25 Me designant digito,
Acsi mirum fuerim.
Nutibus me indicant,
Dignam rogo iudicant,
Quod semel peccaverim.

30 Quid percurram singula?
Ego sum in[3] fabula,[3]
Et in ore omnium.
Hoc dolorem cumulat,
Quod amicus exulat
35 Propter illud paululum.

Ob patris saevitiam
Recessit in Franciam
A finibus ultimis.
Ex eo vim patior,
40 Iam dolore morior,
Semper sum in lacrimis.

CXCII.[1] THE CHARM OF SPRING

Cedit, hiems, tua durities,
Frigor abit; rigor et glacies
Brumalis est feritas, rabies,
Torpor et improba segnities,
5 Pallor et ira, dolor et macies.

Veris adest elegans acies,
Clara nitet sine nube dies,
Nocte micant Pliadum facies;
Grata datur modo temperies,
10 Temporis optima mollities.

CXCI. 1. The most touching of the medieval lyrics. Meter: seven-syllabled trochaic, except the first verse of the refrain. The strophes rime aabccb; further, for strophes 2, 3 and 4, 5 the scheme is aabccbddbeeb. **2.** *sinner.* **3.** *a byword.*

CXCII. 1. Meter: dactylic tetrameter (three verses faulty); each verse except 17 ends in *-ies.*

Nunc, amor aureus, advenies,
Indomitos tibi subicies;
Tendo manus; mihi quid facies?
Quam[2] dederas rogo concilies,
15 Et dabitur saliens aries.

Pulchra mundi superficies
Viridi gramine redolet,
Induitur foliis abies,
Picta canit volucrum series,
20 Prata virent iuvenum requies.

CXCIII.[1] THE LOVER'S PLEA

Omnia sol temperat
Purus et subtilis,
Nova mundo reserat
Facies Aprilis,
5 Ad amorem properat
Animus erilis,
Et iucundis imperat
Deus[2] puerilis.[2]

Rerum tanta novitas
10 In sollemni vere
Et veris auctoritas
Iubet nos gaudere,

Vias praebet solitas,
Et in tuo vere
15 Fides est et probitas
Tuum retinere.

Ama me fideliter,
Fidem meam nota,
De corde totaliter
20 Et ex mente tota,
Sum praesentialiter[3]
Absens in remota;
Quisquis amat taliter,
Volvitur in rota.

CXCIV.[1] THE JOYS OF SPRING

Ver redit optatum
Cum gaudio,
Flore decoratum
Purpureo,
5 Aves edunt cantus
Quam dulciter,
Revirescit nemus,
Cantus est amoenus
Totaliter.

10 Iuvenes ut flores
Accipiant
Et se per odores
Reficiant,
Virgines assumant
15 Alacriter,
Et eant in prata
Floribus ornata
Communiter.

2. Sc. *puellam.*
CXCIII. 1. Meter: seven-syllabled and six-syllabled trochaic verses
alternating with rime. 2 = *Cupido.* 3 = *in praesentia.*
CXCIV. 1. Meter: six-syllabled trochaic (vs. 1, 3, 5, 7, 8) and four-
syllabled iambic; the verses rime ababcdeed.

CXCV.[1] THE RETURN OF SPRING

Ecce gratum
Et optatum
Ver reducit gaudia,
Purpuratum
5 Floret pratum,
Sol serenat omnia,
Iam iam cedant tristia.
Aestas redit,
Nunc recedit
10 Hiemis saevitia.

Iam liquescit
Et decrescit
Grando, nix et cetera,
Bruma fugit,
15 Et iam sugit

Ver aestatis ubera;
Illi mens est misera,
Qui nec vivit,
Nec lascivit
20 Sub aestatis dextera.

Gloriantur
Et laetantur
In melle dulcedinis
Qui conantur
25 Ut utantur
Praemio Cupidinis;
Simus iussu Cypridis
Gloriantes
Et laetantes
30 Pares esse Paridis.

CXCVI.[1] THE LOVER'S SORROW

O comes amoris, dolor,
Cuius mala male solor,
Nec habent remedium,
Dolor urget me, nec mirum,
5 Quem a praedilecta[2] dirum
En vocat exilium,
Cuius laus est singularis,
Pro qua non curasset Paris
Helenae consortium.

10 Gaude, vallis insignita,
Vallis rosis redimita,
Vallis flos convallium,
Inter valles vallis una,
Quam collaudat sol et luna,
15 Dulcis cantus avium,
Quam collaudat philomena,
Nam quam dulcis et amoena,
Maestis dans solacium.

CXCV. **1.** Meter: four-syllabled (vs. 1, 2, 4, 5, 8, 9) and seven-syllabled trochaic; the verses rime aabaabbccb.
CXCVI. **1.** Meter: eight-syllabled (vs. 1, 2, 4, 5, 7, 8) and seven-syllabled trochaic; the verses rime aabccbeeb. **2.** *sweetheart.*

CXCVII.[1] THE LOVER'S VOW

Lingua mendax et dolosa,
Lingua procax, venenosa,[2]
Lingua digna detruncari,
Et in igne concremari,

5 Quae me dicit deceptorem[3]
Et non fidum amatorem,
Quam amabam dimisisse,
Et ad alteram transisse.

Unde iuro Musas novem,
10 Quodque maius est, per Iovem,
Qui pro Danae sumpsit auri,
Pro Europa formam tauri.

Sciat deus, sciant dei,
Non sum reus huius rei,
15 Sciant dei, sciat deus,
Huius rei non sum reus.

Iuro Phoebum, iuro Martem,
Qui amoris sciunt artem,
Iuro quoque te, Cupido,
20 Arcum cuius reformido,

Arcum iuro cum sagittis,
Quas frequenter in me mittis,

Sine fraude, sine dolo
Foedus hoc servare volo.

25 Volo foedus observare,
Et ad haec dicemus quare:
Inter choros puellarum
Nihil vidi tam praeclarum.

Inter quas appares ita,
30 Ut in auro margarita,
Umeri, pectus et venter
Sunt formata tam decenter.

Frons et gula, labra, mentum
Dant amoris alimentum;
35 Crines eius adamavi,
Quoniam fuere flavi.

Ergo dum nox erit dies,
Et dum labor erit quies,
Et dum silva sine lignis,
40 Et dum aqua erit ignis,

Et dum mare sine velis,
Et dum Parthus sine telis,
Cara mihi semper eris;
Nisi fallar, non falleris.

CXCVII. 1. Meter: eight-syllabled trochaic; the verses rime in pairs.
2. *poisonous.* **3.** *deceiver.*

CXCVIII.[1] DRINKING SONG

In taberna quando sumus,
Non curamus quid sit humus,
Sed ad ludum properamus,
Cuï semper insudamus.
5 Quid agatur in taberna,
Ubi nummus est pincerna;
Hoc est opus ut quaeratur,
Si quid loquar, audiatur.

Quidam ludunt, quidam bibunt,
10 Quidam indiscrete vivunt.
Sed in ludo qui morantur,
Ex his quidam denudantur;
Quidam ibi vestiuntur,
Quidam saccis induuntur,
15 Ibi nullus timet mortem,
Sed pro Baccho mittunt sortem.

Primo pro nummata[2] vini.
Ex hac bibunt libertini:
Semel bibunt pro captivis,
20 Post haec bibunt ter pro vivis,
Quater pro christianis cunctis,
Quinquies pro fidelibus defunctis,
Sexies pro sororibus vanis,
Septies pro militibus silvanis,[3]

25 Octies pro fratribus perversis,
Novies pro monachis dispersis,
Decies pro navigantibus,
Undecies pro discordantibus,

Duodecies pro paenitentibus,
30 Tredecies pro iter agentibus.
Tam pro papa quam pro rege
Bibunt omnes sine lege.

Bibit[4] hera, bibit herus,
Bibit miles, bibit clerus,
35 Bibit ille, bibit illa,
Bibit servus cum ancilla,
Bibit velox, bibit piger,
Bibit albus, bibit niger,
Bibit constans, bibit vagus,
40 Bibit rudis, bibit magus,

Bibit pauper et aegrotus,
Bibit exul et ignotus,
Bibit puer, bibit canus,
Bibit praesul et decanus,
45 Bibit soror, bibit frater,
Bibit anus, bibit mater,
Bibit ista, bibit ille,
Bibunt centum, bibunt mille.

Parum centum sex nummatae
50 Durant, ubi immoderate
Bibunt omnes sine meta,
Quamvis bibant mente laeta.
Sic nos rodunt omnes gentes,
Et sic erimus egentes.
55 Qui nos rodunt confundantur
Et cum iustis non scribantur.

CXCVIII. **1.** Meter: eight-syllabled trochaic; the verses rime in pairs; vs. 21-30 are increased in jest to 9, 10, and 11 syllables. **2.** *score, bill*. **3.** *of the woods*. **4.** Vs. 33-40 are a parody on a hymn of St. Thomas Aquinas.

CXCIX.[1] PRAISE OF WINE

I. Vinum bonum et suáve
   Bibit abbas cum priore;
   Et conventus de peiore
   Bibit cum tristitia.

II. Ave, felix creatura,
    Quam produxit vitis pura;
    Omnis mensa fit secura
    In tua praesentia.

III. Felix venter cum intrabis,
     Felix os quod tu rigabis,
     Felix lingua quam lavabis,
     Et beata labia.

IV. O quam felix in colore,
    O quam fragrans in odore,
    O quam placens es in ore,
    Dulce linguae vinculum.

V. Supplicamus, hic abunda,
   Omnis turba sit facunda,
   Ut cum voce nos iucunda
   Personemus gaudia.

VI. Monachorum grex devotus,
    Clerus omnis, mundus totus,
    Bibunt adaequales[2] potus
    Et nunc et in saecula.

CC[1]

MIRACULUM SANCTI NICHOLAI

Ad repraesentandum quomodo Sanctus Nicholaus Getronis filium de manu Marmorini, regis Agarenorum, liberavit, paretur in competenti loco, cum ministris suis armatis, rex Marmorinus, in alta sede, quasi in regno suo sedens. Paretur et in alio loco Excoranda, Getronis civitas, et in ea Getron, cum consolatoribus suis, uxor eius Eufrosina, et filius eorum Adeodatus. Sitque ab orientali parte civitatis Excorandae ecclesia Sancti Nicholai in qua puer rapietur. His itaque paratis, veniant ministri Marmorini regis coram eo, et dicant OMNES *vel* PRIMUS *ex eis:*

10 Salve, princeps, salve, rex optime!
   Quae sit tuae voluntas animae
   Servis tuis ne tardes dicere;
   Sumus quae vis parati facere.

CXCIX. **1.** A parody on CLXXIV, p. 349. **2** = *aequales.*
CC. **1.** A miracle play of St. Nicholas, from a twelfth-century MS that once belonged to the famous monastery of St. Benedict at Fleury, where it was probably composed. Meter: ten-syllabled iambic; the verses rime in pairs, occasionally by fours; some are defective.

Rex dicet:

15   Ite ergo, ne tardaveritis:
Et quascumque gentes poteritis
Imperio meo subicite:
Resistentes vobis occidite.

*Interim Getron et Eufrosina, cum multitudine clericorum, ad
ecclesiam Sancti Nicholai, quasi ad eius sollemnitatem cele-
brandam, filium suum secum ducentes, eant. Cumque ministros
regis armatos illuc venire viderint, filio suo prae timore oblito, ad
civitatem suam confugiant. Ministri vero regis, puerum rapientes,
coram rege veniant, et dicant* OMNES *vel* SECUNDUS *ex eis:*

25   Quod iussisti, rex bone, fecimus;
Gentes multas vobis subegimus,
Et de rebus quas adquisivimus
Hunc puerum vobis adducimus.

OMNES *dicant, vel* TERTIUS:

30   Puer iste, vultu laudabilis,
Sensu prudens, genere nobilis,
Bene debet, nostro iudicio,
Subiacere vestro servitio.

Rex

35   Apolloni, qui regit omnia,
Semper sit laus, vobisque gratia,
Qui fecistis mihi tot patrias[2]
Subiugatas et tributarias.

Rex Puero

40   Puer bone, nobis edissere
De qua terra, de quo sis genere,
Cuius ritus[3] gens tuae patriae?
Sunt gentiles sive christicolae?

Puer

45   Excorandae principans[4] populo,
Pater meus, Getron vocabulo,

---

2 = *terras.* **3.** *religion.* **4.** Cf. p. 190, l. 16.

Deum colit cuius sunt maria,
Qui fecit nos et vos et omnia.

Rex

50 Deus meus Apollo deus est
Qui me fecit; verax et bonus est.
Regit terras, regnat in aethere;
Illi soli debemus credere.

Puer

55 Deus tuus mendax et malus est;
Stultus, caecus, surdus et mutus est;
Talem deum non debes colere,
Qui non potest seipsum regere.

Rex

60 Noli, puer, talia dicere;
Deum meum noli despicere;
Nam si eum iratum feceris
Evadere nequaquam poteris.

Interea Eufrosina, comperta oblivione filii, ad ecclesiam Nicholai redit; cumque filium suum quaesitum non invenerit, lamentabili voce:

66 Heü! heü! heu! mihi miserae!
Quid agam?   Quid queam dicere?
Quo peccato merui perdere
Natum meum et ultra vivere?

70 Cur me pater infelix genuit?
Cur me mater infelix abluit?
Cur me nutrix lactare debuit?
Mortem mihi quare non praebuit?

Consolatrices[5] exeant et dicant:

75 Quid te iuvat haec desolatio?
Noli flere pro tuo filio.
Summi Patris exora Filium,
Qui conferat ei consilium.

---

5. feminine of *consolator*.

Eufrosina, quasi non curans consolationem earum:

80   Fili care, fili carissime,
Fili, meae magna pars animae,
Nunc es nobis causa tristitiae,
Quibus eras causa laetitiae.

Consolatrices

85   Ne desperes de Dei gratia,
Cuius magna misericordia
Istum tibi donavit puerum;
Tibi reddet aut hunc aut alium.

Eufrosina

90   Anxiatus[6] est in me spiritus.
Cur moratur meus interitus?
Cum te, fili, non possum cernere,
Mallem mori quam diu vivere.

Consolatrices

95   Luctus, dolor et desperatio
Tibi nocent, nec prosunt filio.
Sed pro eo de[7] tuis opibus
Da[7] clericis atque pauperibus.

Nicholai roga clementiam,
100   Ut exoret misericordiam
Summi Patris pro tuo filio,
Nec falletur tua petitio.

Eufrosina

Nicholae, pater sanctissime,
105   Nicholae, Deo carissime,
Si vis ut te colam diutius,
Fac ut meus redeat filius.

---

6. *troubled.*   **7.** *give of.*

Qui salvasti multos in pelago,
Et tres viros a mortis vinculo,
110 Preces mei peccantis audias,
Et ex[8] illo me certam facias.

Non comedam carnem diutius,
Neque vino fruar ulterius;
Nullo mero laetabor amplius,
115 Donec meus redibit filius.

Getron

Cara soror, lugere desine,
Tuae tibi nil prosunt lacrimae;
Sed oretur pro nostro filio
120 Summi Patris propitiatio.[9]

In crastino erit festivitas
Nicholai, quem christianitas
Tota debet devote colere,
Venerari et benedicere.

125 Audi ergo mea consilia:
Adeamus eius sollemnia,
Conlaudemus eius magnalia,
Deprecemur eius suffragia.[10]

Dei forsan est inspiratio,[11]
130 Quae me monet pro nostro filio.
Est oranda, cum Dei gratia,
Nicholai magna clementia.

*Tunc resurgant, ad ecclesiam Sancti Nicholai eant, in quam cum
introierint tendat manus suas ad caelum Eufrosina, et dicat:*

135 Summe regum rex omnium,
Rex vivorum et morientium,
Nostrum nobis fac reddi filium,
Vitae nostrae solum solacium.

---

8 = *de.*   **9.** *intercession.*   **10.** *intercession.*   **11.** Eng.

Audi preces ad te clamantium,
140 Qui in mundum misisti Filium,
Qui nos cives caelorum faceret,
Et inferni claustris eriperet.

Deus pater, cuius potentia
Bona bonis ministrat omnia,
145 Peccatricem[12] me noli spernere,
Sed me meum natum fac cernere.

Nicholae! quem sanctum dicimus,
Si sunt vera quae de te credimus,
Tua nobis et nostro filio
150 Erga Deum prosit oratio.

His dictis, exeat ab ecclesia et eat in domum suam, et paret mensam et super mensam panem et vinum, unde clerici et pauperes reficiantur; quibus vocatis et comedere incipientibus, dicat Marmorinus ministris suis:

155 Dico vobis, mei carissimi,
Quod ante hanc diem non habui
Famem tantam quantam nunc habeo;
Famem istam ferre non valeo.

Vos igitur quo vesci debeam
160 Praeparate, ne mortem subeam.
Quid tardatis? Ite velocius;
Quod manducem parate citius.

Ministri euntes afferant cibos et dicant regi:

Ad praeceptum tuum paravimus
165 Cibos tuos et hic adtulimus;
Nunc, si velis, poteris propere
Qua gravaris famem extinguere.

His dictis, afferatur aqua et lavet manus suas rex, et incipiens comedere, dicat:

170 Esurivi, et modo sitio;
Vinum mihi dari praecipio,

---

12. feminine of *peccator.*

> Quod afferat mihi quam citius
> Servus meus Getronis filius.

Puer itaque hoc audiens suspiret graviter et secum dicat:

175   Heü! heü! heu! mihi misero!
      Vitae meae finem desidero;
      Vivus enim quamdiu fuero
      Liberari nequaquam potero.

Rex puero

180   Pro qua causa suspiras taliter?
      Suspirare te vidi fortiter.
      Quid est pro quo sic suspiraveris?
      Quid te nocet?   Aut unde quereris?

Puer

185   Recordatus meae miseriae,
      Mei patris et meae patriae,
      Suspirare coepi et gemere,
      Et intra me talia dicere:

      Annus unus expletus hodie,
190   Postquam servus factus miseriae,
      Potestati subiectus regiae,
      Fines huius intravi patriae.

Rex

      Heu, miselle!   Quid ita cogitas?
195   Quid te iuvat cordis anxietas?
      Nemo potest te mihi tollere
      Quamdiu te non velim perdere.

Interea veniat aliquis in similitudine Nicholai, puerum scyphum cum recentario[13] vino tenentem apprehendat, apprehensumque ante fores componat, et quasi non compertus recedat. Tunc vero UNUS DE CIVIBUS *ad puerum dicat:*

202   Puer, quis es et quo vis pergere?
      Cuius tibi dedit largitio
      Scyphum istum cum recentario?

---

13. wine especially treated or mixed.

Puer

206 Huc venio, non ibo longius;
     Sum Getronis unicus filius.
     Nicholao sit laus et gloria!
     Cuius hic me reduxit gratia.

Quo audito, currat CIVIS *ille ad Getronem et dicat:*

211 Gaude, Getron, nec fleas amplius;
     Extra fores stat tuus filius.
     Nicholai laudat magnalia,
     Cuius eum reduxit gratia.

*Cumque huiusmodi nuntium audierit Eufrosina, ad filium suum
currat, quem saepius deosculatum*[14] *amplexetur, et dicat:*

217 Deo nostro sit laus et gloria,
     Cuius magna misericordia,
     Luctus nostros vertens in gaudium,
220 Nostrum nobis reduxit filium.

     Sintque patri nostro perpetuae
     Nicholao laudes et gratiae,
     Cuius erga Deum oratio
     Nos adiuvit in hoc negotio.

Chorus omnis

226 Copiosae[15] caritatis,[15] etc.

---

14 = *osculatum.*   **15.** the first verse of a hymn in honor of St. Nicholas.

VOCABULARY

VOCABULARY

A

abbas (abba), father, abbot.

abbatia, abbey.

absque = sine.

acquiesco, assent, submit, acquiesce.

adhuc, still, further, in the future.

adiuro, entreat, urge, adjure.

adiutorium, help.

adverto, observe, notice (=animadverto).

aedificatio, upbuilding, edification, explanation.

aedifico, edify, improve.

allego, say, allege.

amodo, ammodo, from now, in the future.

angelicus, of an angel, angelic.

angelus, angel.

Anglice, in English.

angustior, be disturbed, be distressed.

anterior, former (=prior).

antiphona, antiphon.

antistes, bishop, abbot; *occasionally applied to those of inferior rank*.

apostolicus, of an apostle, apostolic; *subst.*, saying of an apostle.

apostolus, apostle.

appropio = appropinquo.

archidiaconus, archdeacon.

aroma, sweet odors.

assero, state, assert.

assertio, statement, assertion.

associo, associate with, attend upon; attach.

astronomus, astrologer, astronomer.

B

baptismus, baptism.

basilica, church, basilica.

benedico, bless.

burgensis, inhabitant of a borough *or* walled town, burgess.

C

capa, cappa, cape, cloak, cassock, cope.

capitulum, assembled body of monks *or* canons, chapter meeting, chapter house; head, heading.

cardinalis, cardinal.

caritas, love, charity, favor.

carnalis, of the flesh, carnal, worldly.

castellum, town, village.

castrum, (fortified) town, castle.

catholicus, catholic.

catus, cat.

causa, thing(s) (=res).

cella, cell, monastery.

cellula, cell, monastery.

certitudo, truth, assurance, certainty.

chorus, chorus, choir.

christianitas = christiani; Christianity.

christianus, Christian.

christicolae, worshipers of Christ.

chronica, *f. sg.*, *n. pl.*, chronicle.

circumcirca, round about.

circumquaque, on every side.

civitas, city, town.

clanculo (=clanculum), secretly.

claustrum, enclosure, cloister, monastery.

clericus, *one who has been ordained in the service of the church,* cleric; scholar, student, scribe, secretary.

clerus = ordo clericorum.

coenobium, monastery.

comes, count.

communio, communion; = **corpus Domini.**

compatior, pity.

competens, proper, appropriate.

compunctus, feeling remorse, aroused, inspired.

concivis, fellow citizen, citizen.

confessor, *one who has suffered martyrdom, one who has entered on a monastic life, one belonging to a lower order of the clergy, a monk of outstanding piety;* confessor, *in the modern sense.*

conforto, strengthen, console, comfort.

congregatio, brotherhood, congregation.

consocius = socius.

conventus, convent, monastery.

conversatio, change, manner of life, monastic life.

coquina, kitchen.

corporalis, of the body, corporal.

creatio, creation.

creatura, creature, creation.

crucifixus, crucified.

cultellus, knife, dagger.

curia, court (royal *or* papal), house.

D

daemon, evil spirit, demon, the devil.

de cetero, in the future, after that.

decanto, sing, recite (= canto).

decanus, dean.

deceptio, deception.

declino, decline, conjugate.

deforis = foras, foris.

deinceps, hereafter, thereafter.

denarius, twelfth part of a **solidus,** denier.

depauperatus, impoverished.

derelinquo = relinquo.

destino, send, address, dedicate.

diabolus, devil.

diaconus (diacon), deacon.

diffamatus, spread about, given a bad name, defamed, maligned.

dilectio, delight, pleasure, love, goodwill.

dioecesis, diocese.

discretus, discreet, wise.

dispareo, disappear.

dominicus, belonging to the Lord; *subst.* (sc. **dies**), *m. and f.,* Sunday.

dominus, lord, master, *title given to the Lord; also to ecclesiastics and gentlemen, especially in the shortened form,* **domnus.**

dux, duke.

E

ecclesia, church.

elemosina = eleemosina, alms.

episcopatus, bishopric, episcopate.

episcopus, bishop.

eques, horseman, knight, horse.

evagino, unsheath.

evangelium, gospel.

excorio, skin, flay.

existo, be.

exoro = oro.

expensae, expenses.

F

falsitas, falsehood.

fervens, fervent, zealous.

festivitas, festal occasion, feast, festivity; = festum.

festum (*generally pl.*), feast, *a day consecrated to the memory of a saint or of some important event;* holiday.

figmentum, invention, figment.

floriger, flowery.

fructifico, fructify.

G

generatio, family, generation.

gentes, heathen, barbarians.

gentiles, heathen, gentiles.

glorifico, glorify.

grossus, great, large, thick; coarse, gross.

gyro, gather around, encircle, turn around.

H

habitaculum, habitation.

habitus, dress.

haeresis, heresy, heretic.

haereticus, heretic.

hebdomada, week.

heremita, hermit.

heremus, desert, wilderness.

hospito(r), dwell, lodge, encamp.

hucusque, up to this time, hitherto.

humilitas, humility.

hymnus, hymn.

I

idolum, idol.

ieiuno, fast.

imperialis, of the emperor, imperial.

impropero, upbraid, reproach with.

incarcero, imprison.

incarnatio, incarnation.

incessanter, incessantly.

indiscrete, indiscriminately, unwisely.

ineffabilis, indescribable.

infans, child.

infernalis, of hell, infernal.

infernus, hell.

infirmo, *pass.*, be ill.

infra = **intra.**

ingenium, clever device, trick.

intimo = **narro.**

iubilo, rejoice, shout *or* sing with joy.

iugiter, constantly.

iuramentum, oath.

iussio, command.

L

laicus, lay, layman, laity, *as opposed to the clergy.*

laudes, lauds; *see note 32, p. 118.*

lectio, lecture, narrative, study.

leprosus, leprous; *m. and f. as subst.*, a leper.

libra, pound.

lignum, gallows, cross.

luminaria, constellation, lamps.

M

magnalia, great deeds.

manduco, eat.

mansio, room, quarters, house.

marca, mark, *a unit of weight for gold and silver, varying at different times and places.*

martyr, martyr.

matutina, matutinus, matutini, matins; *see note 32, p. 118.*

melodia, song, melody.

metropolis, chief city, city.

miles, knight.

miliare, miliarium, mile.

missa, mass.

missus, messenger, legate.

modicus, small; *subst. n.*, a short time *or* distance.

modulatio, measure, melody, song.

monacha, nun.

monachus, monk.
monasterium, monastery.
monasticus, monastic.
mundanus, worldly, of this world.
murilegus, cat.

N

nativitas, nativity, *of Christ.*
nobilitas, birth, descent, fame.
noviter, recently; novissime, at last.
nullatenus, by no means.
num quid, why.

O

obsequium, retinue, attendance, service, ceremony.
obvio, meet.
oratio, prayer.
oratorium, oratory.
ordino, ordain, appoint.
ordo, order of monks.

P

paenitentia, penance.
paganus, heathen, pagan.
papa, pope.
paracletus, the comforter, paraclete.
paradisus, paradise.
parentes, relatives.
parochianus, parishioner.
pascha, Easter.
paschalis, of Easter, paschal.
passio, suffering, *especially the passion of Christ;* disease.
peccator, sinner.
perditio, destruction, perdition.
persecutio, persecution, suffering.
pertranseo, pass through, cross.
pietas, piety, pity, goodness.
pigmentum, spices, wine mixed with honey and spices; sauce.
pincerna, cup bearer.

placitum, pleasure, order; placita, court trial, plea.
planto, plant.
pluries, several times, many times.
pontifex, bishop, pope, pontiff.
populus, army; *pl.,* crowd, crowds.
posse, *noun,* power, force, army; ability.
possibilis, possible.
praedecessor, predecessor.
praedicatio, preaching.
praedico, preach.
praedictus, before-mentioned.
praefatus, before-mentioned.
praelatus, *one of the higher order of churchmen,* prelate.
praesento, hand to, present.
praesul, protector, patron, *title applied especially to bishops, archbishops, etc.*
praesumo, dare, presume.
praevaleo, be powerful, prevail.
presbyter, priest, presbyter.
primogenitus, first-born.
principor, rule, rule over.
prior, *term applied to any superior or elder monk; later, it was applied to the second in dignity or to the head of a priory,* prior.
pro = propter.
prolixitas, extent.
promptuarium, storehouse.
propheta, prophet.
propositum, manner of life, life.
protestor, assert.
psallo, sing.
psalmus, psalm.

Q

quadragesima, Lent.
quadrivium, *the second group of the seven liberal arts,* arithmetic, geometry, music, and astronomy.

qualiter = quomodo.

quantitas, amount, size.

quatenus = ut.

R

recreatio, diversion, refreshment, entertainment.

refectio, a restoring, refreshment, refection.

refectorium, refectory.

refrigerium, rest, consolation.

relatio, narrative.

religio, manner of life; any order of monks or nuns.

religiosus, member of an order.

repatrio, return to one's country.

resurrectio, resurrection.

retributio, retribution, punishment.

reus, guilty, sinner.

S

sabbatum, sabbath.

sacrista, sacristan, *one who has charge of the books and treasury of a church or monastery.*

saecularis, of the world, *as opposed to the church; the term is also applied to ecclesiastics not members of a monastic order;* gentiles.

saeculum, the world.

Salvator, Savior.

salvo, save.

sanctus, saint.

Satanas, Satan.

scandalizo, offend, scandalize.

scandalum, scandal, quarrel.

scholares, students, scholars.

scholasticus, student, teacher, head of a school.

secure (= securo), safely.

seduco, lead astray, seduce.

seu = et.

siquidem, *often indicates transition and is not to be translated.*

solacium, help, assistance, assistant.

solidus, solidus aureus, *varied in value; it is usually given as equal to 40* denarii; *the silver* solidus *equals 12* denarii, *roughly,* a shilling.

sollemnitas, feast, ceremony.

spatha, sword.

specialis, special, peculiar.

spiritalis, spiritualis, of the spirit.

sufficientia, sufficiency.

T

taliter, so, in such a way.

teneo, represent, support; teneor, be bound, be under obligations.

theologia, theology.

totaliter, entirely, totally.

tribulatio, trouble, tribulation.

Trinitas, the Trinity.

tristor, be sad, be downcast.

trivium, *the first group of the seven liberal arts,* grammar, dialectic and rhetoric.

U

undecumque, in every possible way, from whatever place, in every respect.

ut quid, why.

V

vale, *noun,* farewell, adieu.

vel = et.

vicus, street, village.

villa, town.

virtutes, powers, miracles; hosts.